Editorial
NUN

Antropología del amor

Estructura esponsal de la persona

UNIVERSIDAD PONTIFICIA
DE MÉXICO

Ficha bibliográfica

Viladrich, Pedro-Juan
Castilla de Cortázar, Blanca

Antropología del amor. Estructura esponsal de la persona

1a. edición, México, 2023

Versión impresa ISBN: 978-607-59691-4-5
Versión digital ISBN: 978-607-59691-3-8

Editorial Notas Universitarias, S. A. de C.V.
Colección Dignitas Humana

Impreso en la Ciudad de México, junio de 2023
Formato: 15 × 21 cm

438 pp.

Editorial NUN

Es una marca de Editorial Notas Universitarias, S. A. de C.V.

Xocotla 17, Tlalpan Centro II, alcaldía de Tlalpan, C. P. 14000, Ciudad de México

www.editorialnun.com.mx

D. R. © 2023, Editorial Notas Universitarias, S. A. de C. V.
D. R. © 2023, Pedro-Juan Viladrich
D. R. © 2023, Blanca Castilla de Cortázar
D. R. © 2020, Universidad de Piura
D. R. © 2019 EUNSA

Versión impresa. ISBN: 978-607-59691-4-5
Versión digital ISBN: 978-607-59691-3-8

El contenido de este libro es responsabilidad de los autores

Comentarios sobre la edición a
contacto@editorialnotasuniversitarias.com.mx

Dirección editorial y diseño de portada: Miryam D. Meza Robles
Cuidado de edición: Óscar Díaz Chávez
Corrección de estilo: Felipe G. Sierra Beamonte
Formación: Carlos Papaqui Landeros

Impreso en México

Antropología del amor

Estructura esponsal de la persona

Pedro-Juan Viladrich
Blanca Castilla de Cortázar

Índice

Prólogo

El texto que el lector tiene entre sus manos debe su origen a la preocupación de la Universidad de Piura por la educación humanística integral, una de cuyas manifestaciones es la asignatura *Educación para el amor*. Nuestro interés se trasladó a los autores, los profesores Pedro-Juan Viladrich y Blanca Castilla de Cortázar, cuya respuesta ha sido esta *Antropología del amor. La estructura esponsal de la persona*, que tengo el placer de prologar. Una obra que tiene la virtud de iluminar, desde lo más profundo, la vida práctica del amar.

En comparación con el abanico de ciencias y asignaturas que el modelo social y económico demanda a una universidad moderna, consideramos la enseñanza de los amores humanos un objetivo universitario principal, de valor y frutos inapreciables, para los alumnos, los profesores y sus entornos personales, familiares y sociales. Entre los medios, de larga tradición, para este fin destacan los textos, es decir, los libros en cuyas páginas se puede aprender de forma ordenada y sistemática. El presente libro ha sido escrito con este propósito formativo y vocación de servicio. No es este el lugar para ponderar la maestría de los autores, que acredita su vasto y conocido currículo. Sí, en cambio, es sede para subrayar al menos tres características de la obra que nos ofrecen: su necesidad, su novedad y su calidad. A nadie defraudará su lectura, que abre inéditos y apasionantes horizontes.

Me atrevería a sugerir que, todavía en algún sector académico, podría pervivir la suposición de que el amor y el amar son cosa menor, sentimental y privada, en comparación, por ejemplo, con las ciencias médicas y de la salud, las ingenierías, las nuevas tecnologías, las ciencias sociales, jurídicas y políticas, la arquitectura o las ciencias de la comunicación. En realidad, esta comparación yerra su planteamiento, porque el lograr ser un buen amador y el conseguir una pericia profesional, con su correspondiente titulación oficial, son universos diferentes, pero no disociados en la vida concreta de las personas.

Una universidad daría muestras de ceguera si –dado el mundo en que vivimos– ignorara que el éxito profesional no es lo mismo, ni por asomo, que la vida personal lograda. Vivimos modelos sociales en los que, con abundancia significativa, muchas personas padecen fracturas, vacíos y soledades que las ocupaciones profesionales, por exitosas y lucrativas que sean, no llenan ni remedian, ni pueden dar aquel sentido y razones profundas gracias a las cuales vale la pena vivir.

Me atrevería a asegurar que una de sus causas es "la cuestión de la intimidad personal", es decir, el arrinconamiento y descuido de la capacidad de amar, de la maduración personal en las virtudes, del empobrecimiento en el poder de generar entornos reales de compañía y confianza íntimas, como son, por ejemplo, el hogar familiar con sus diversos lazos amorosos, la amistad, o el encuentro personal con Dios. Sin conocer y desarrollar este "otro universo", el de la persona y su intimidad como amadora, nos exponemos a favorecer la fractura interna de las personas y la fragmentación de sus vidas en pedazos contrapuestos, sin que los despliegues profesionales y económicos puedan suplir y llenar las pobrezas, soledades y vacíos íntimos de las personas. ¿Cómo podría una universidad, en cuanto *alma mater*, dar la espalda a estos peligros o ni siquiera percibirlos? La respuesta, sin duda, es valorar como principal una educación de la persona y de los amores en los que se juega el sentido y las razones profundas de la vida. En este contexto recibimos la obra de Viladrich y Castilla de Cortázar y, en su *Antropología del amor*, recomendamos descubrir *la estructura esponsal de la persona*, que es una de sus aportaciones más destacadas, novedosas y fecundas. Probablemente, la más práctica para nuestra vida cotidiana.

Hay un además: el marco institucional, el de nuestro Instituto de Ciencias para la Familia. En una reciente entrevista, el sociólogo Bradford Wilcox,[1] profesor de la Universidad de Virginia, destacó la importancia de que existiesen centros académicos, al interior de las universidades, dedicados al estudio del matrimonio y la familia, pues ofrecían un gran servicio a sus alumnos, entrenándolos para construir una vida con sentido y propósito, que dependerá especialmente de la solidez de sus relaciones familiares y amicales. Con gran anticipación, bajo la inspiración y dirección del profesor Pedro-Juan Viladrich, la Universidad de Navarra fundó en 1980 un Instituto de Ciencias para la Familia, para el estudio multi e interdisciplinar de la sexualidad y los amores humanos, el matrimonio y la familia.

Por su parte, y siguiendo esa estela, desde el inicio mismo de este tercer milenio, la Universidad de Piura cuenta con un Instituto de Ciencias para la Familia fundado en 2005 por la iniciativa de los profesores Paul Corcuera, Mariela García, César Chinguel y Mariella Briceño. Desde su fundación, nuestro instituto ha asumido la responsabilidad de una asignatura transversal que, con la actual denominación de *educación para el amor*, enseñase una antropología y una psicología de las personas, varón y mujer, y los grandes amores humanos.

Esperamos que el presente volumen sea un texto formativo –el primero de otros más en un futuro– para nuestros alumnos, para nuestros claustros de profesores, para profesionales que se ocupan de la orientación personal y familiar y, también, para aquellos lectores que, como padres, madres, hijos, hermanos o abuelos, son los amadores concretos, los que han de vivirlo en el correr del cada día.

Dr. Sergio Balarezo Saldaña
Rector de la Universidad de Piura

---

[1] W. Bradford Wilcox en entrevista personal realizada por la profesora Gloria Huarcaya en la Universidad de Piura.

Introducción

Al cruzar el umbral: el amor como perspectiva principal

Plantear las cuestiones vitales, que afectan al sentido de la vida, desde los fundamentos antropológicos comunes a todos los hombres, cualesquiera que sean sus creencias o convicciones, es una perspectiva cada vez más necesaria. Aunque sólo fuera por el fenómeno de la globalización, que acerca culturas y credos muy dispares, y nos fuerza a trabajar y a convivir con personas que piensan diferente a nosotros.

Pero, por muy distintos que seamos, por diferentes que sean las experiencias que hayamos vivido o las carencias de nuestra vida, hay perspectivas y anhelos que tenemos en común todos los seres humanos de buena voluntad. Compartimos una dignidad inviolable que, en caso de ser pisoteada en nosotros o en los demás, clama por su derecho a ser respetada y, aunque no sepamos por qué, en el fondo de nuestro ser poseemos la capacidad de reconocer lo que es verdad y a aceptarla como tal. Es más, por aquello de que el Creador escribe derecho sobre renglones torcidos, en ocasiones se valoran más aquellas cosas que no hemos tenido –por ejemplo, un hogar amoroso y una familia bien estructurada–, porque, aún sin ser muy conscientes, las hemos echado mucho de menos en el corazón, lo que demuestra que hay en nuestro interior algo más profundo, incluso aún que los claroscuros de nuestra propia experiencia.

En esta convicción y confianza se apoya el presente libro que explora lo que cada uno somos personas, con una dignidad inviolable y que, naciendo con gran tarea por delante, sólo alcanzamos la plenitud cuando aprendemos a hacer de nosotros un don para otros. Somos, además, varones o mujeres, y esa condición, no fácil de explicar, configura en cierto modo el modo de amar que tenemos y que ofrecemos. La identidad masculina y femenina y sus circunstancias han sido poco exploradas, hasta ahora, en los tratados de antropología, pues siempre se han dado por supuestas y, por diversas razones, hoy comienzan a ser una "evidencia olvidada", que interesa poner sobre el tapete del quehacer intelectual.

Este libro trata de lo básico para entender a la persona humana, varón y mujer, y para comprender el amor. Dos realidades profundamente entrelazadas, pues sólo el amor da sentido a la vida humana. Es un hecho que "el hombre no puede vivir sin amor. Él permanece para sí mismo un ser incomprensible, su vida está privada de sentido si no se le revela el amor, si no se encuentra con el amor, si no lo experimenta y lo hace propio, si no participa en él vivamente"[1]. De aquí que los presupuestos con los que nacemos y nos constituyen como persona, tienen una radical estructura amorosa, que aquí denominaremos esponsal.

En efecto, de todos los seres de los que tenemos noticia, *sólo quien es persona goza del poder de amar.* Únicamente las personas pueden entrelazarse siendo, a la vez, amante, amado y unión de amor. Don de sí, acogida en sí, y unión. Viviendo el amante la vida del amado, como si de la propia se tratase, y correspondiendo el amado a su amante con igual predilección, ambos abren entre sí el ser una sola vida, una historia común, en la que el yo y el tú se trascienden, sin evaporarse ni anularse, en un único nosotros. Ser nuestra unión

---

[1] Juan Pablo II, encíclica *Redemptor Hominis*, 1979, n. 10.

es una fuente de vida, de confianza y compañía íntimas, la cima del amarse. Un milagro, en sentido estricto, porque el ser humano, varón y mujer, que siente en lo más profundo de su corazón la necesidad de amar y ser amado, *no ha inventado el amor, pero sí ha sido invitado a su fiesta.*

El amor será, por tanto, la perspectiva dominante desde la cual estudiaremos a la persona humana, varón y mujer.

El poder de amar supone una determinada manera de ser y un ser muy preciso: el de la persona. No sirve cualquiera. Es imprescindible que el ser humano, varón y mujer, sea esponsal y tridimensional en su misma constitución. En este sentido, el amor es una vía privilegiada para acceder al conocimiento del misterio del hombre.

Nuestra concepción se basa en una antropología realista, inspirada en el humanismo y personalismo cristiano. Evitaremos los idealismos que sustituyen la realidad objetiva por una idea o un sistema de ideas, que fuerza a la realidad humana a ajustarse al sistema. También los prejuicios ideológicos –la mayoría de ellos hijos del idealismo– y que contienen el *a priori* de una voluntad de poder que, de antemano, impone su decisión a la razón y a la experiencia, sustituyendo o negando la realidad, y cuyo propósito y fruto final es un pensamiento único y un comportamiento político "correcto".

Por el contrario, intentaremos tener abierta la razón al descubrimiento de lo real, al respeto "al ser" y a "la naturaleza de las cosas", a los datos que sin prejuicios pueden inspirar y ampliar el conocimiento, teniendo muy en cuenta la experiencia vivida por parte de tantas personas que se han propuesto amar, por encima de sus limitaciones y defectos, sin rendirse nunca, y nos ofrecen un testimonio real de vida amorosa lograda.

Amar es la experiencia culminante del ser persona humana. Es nuestro más fiel y profundo retrato. Nos revela a cada ser humano en lo que es, en lo que podría y debería ser, y también en lo que de hecho vive con sus grandezas, limitaciones y miserias. Siendo nuestro más fiel retrato, el amor es tan "misterioso" como es el propio ser humano para sí mismo. Sin embargo, aunque no es fácil amar de veras, es posible y bueno. Todavía más: es bello, inteligente y sabio, libre y gratuito. Siendo así, es razonable afirmar que amar es el gran desafío.

En forma parecida a nuestras carencias al nacer –no sabemos hablar, andar ni sobrevivir por nuestra propia cuenta–, también el amar se nos presenta, primero, como una necesidad de ser amados, de cariño, afecto y reconocimiento. Una etapa en la que estamos más necesitados de recibir amor que capaces de darlo. De esa necesidad hay que transitar a la puesta a punto de nuestra innata capacidad para dar amor, no sólo para recibirlo. La capacidad de amar es signo y componente de la madurez personal. Pero esa maduración requiere tiempo, conocimiento y poda de uno mismo, liberación de aquel egocentrismo que nos encierra en nuestra propia predilección, apertura sincera y desinteresada a los demás, disposición a corregirse de defectos y errores, adquisición de aquellas *fuerzas* que conocemos con el nombre de generosidad, justicia, prudencia, templanza, humildad, sinceridad, magnanimidad, misericordia… (*virtudes* las llamaron los clásicos por *vis* que en latín significa *fuerza y vigor*).

Paulo de Tarso y Agustín de Hipona, en dos contundentes textos, nos dijeron hace siglos que *el amor es de suyo virtuoso* o no es amor. La fuerza y belleza del capítulo 13 de la Primera Carta de san Pablo a los Corintios está en el contraste que establece, de un lado, entre bienes y cualidades que acostumbran a valorar las culturas y las sociedades humanas, y de otro, la superior excelencia del amor que los sobrepasa a todos hasta el extremo que, si éste faltase, el valor del resto se desvanece en la nada. "Aunque hablara las lenguas de los hombres y de los ángeles, si no tengo amor sería como el bronce que resuena o un golpear de platillos. Y aunque tuviera el don de la profecía y conociera todos los misterios y toda la ciencia, y aunque tuviera tanta fe como para trasladar montañas, si no tengo amor, no sería nada" (1 Cor 13, 1-2) Y, un poco más adelante, añade una descripción extraordinaria del interior del amor: "El amor es paciente, el amor es amable; no es envidioso, no obra con soberbia, no se jacta, no es ambicioso, no busca lo suyo, no se irrita, no toma en cuenta el mal, no se alegra por la injusticia, se complace en la verdad; todo lo aguanta, todo lo cree, todo lo espera, todo lo soporta. El amor nunca acaba" (vv. 4-8).

Esta visión del corazón del amor pone de relieve que sus latidos son las virtudes. Es decir, que las virtudes no son elementos externos al amor, que le llueven desde una nube moral; sino, por el contrario, cada virtud es un peculiar bien del don y la acogida –que el mismo amor es– entre los amadores. Esta visión la acoge de pleno san Agustín en su concisa afirmación: la virtud es el orden interno del amor[2]. En suma: las virtudes y el amar son como las flores y su jardín. El jardín es sus mismas flores, pero en cuanto se "conjuntan en una unidad" armoniosa y bella. El amor es, de suyo, virtuoso; y las virtudes, cada una, son una bondad particular –una flor singular– del don y la acogida entre los amadores. Podemos decirlo de otro modo, sin duda contundente, pero clarificador: si no eres virtuoso con tu amado, no amas bien o simplemente no le amas; y si dicen amarte, pero es amor sin virtudes dentro, no te aman bien o no te aman nada.

El paso de la necesidad a la capacidad de amar requiere *educación*. De necios inexpertos o de vanidosos arrogantes sería pensar que se puede comparecer en la escena del amor sin cultivarse adecuadamente. La educación, por su parte, pide ganas de aprender y el realismo –que es humildad– de reconocernos novatos y aprendices. Pero educarse es, además, saber disfrutar los descubrimientos que nos enriquecen y almacenar los avances que vamos logrando, no dilapidando los esfuerzos que nos han costado. Con otras palabras: *el amar se aprende*. Aprende quien ama amar, no quien lo odia o le amarga. Avanza quien, por amor, gusta educarse y podarse, para

---

[2] Agustín de Hipona, *De civitate Dei*, XV, 22: "Unde mihi videtur, quod definitio brevis et vera virtutis ordo est amoris".

ser mejor, porque le complace preferir a los amados más que a sí mismo. El amor se aprende amando.

No siendo el amor un invento humano, los autores de estas páginas son conscientes de sus "ilimitadas limitaciones". La persona y el amor desbordan cualquier inteligencia, probablemente más que la magnitud inimaginable del universo asombra a la astrofísica. Si cada persona es el ser más excelente, el único amado por sí mismo en todo el universo, parece evidente que nos hallamos ante un horizonte sin horizonte, sobre el cual ningún intelecto humano, si le quedan algunas gotas de sensatez y realismo, puede arrogarse la pretensión de abarcar, cercar, definir y darlo por concluido. Reconociendo con alegre humildad esta desproporción entre la profundidad de la persona amadora y la cortedad de nuestras fuerzas, los autores se han atrevido a explorar movidos por la fascinación y por el servicio.

De la misma forma que aprendemos a vivir viviendo, aprendemos a amar amando. Y ayudarnos unos a otros en tan extraordinaria tarea es servicio y responsabilidad que nos debemos, también, unos a otros. Así lo hemos hecho al escribir estas páginas. Nos han ayudado con su acogida entusiasta, con su inteligente lectura, con sus observaciones y atinadas sugerencias, los profesores Paul Corcuera, Mariela García, Gloria Huarcaya, Mariella Briceño, Genara Castillo y Renata Coronado, todos ellos del Instituto de Ciencias para la Familia de la Universidad de Piura. Su colaboración, como un equipo bien conjuntado, y sus consejos nos han sido muy importantes. Justo es reconocerlo y agradecerlo.

Si el atrevimiento de los autores al tratar de la persona y del amor proviene de la intención de servicio y, ya de antemano, reconoce sus limitaciones y lagunas, tal vez sea perdonado por los lectores. A fuer de sinceros, añadimos otra confesión: lo que se entrevé al admirar quiénes y qué somos como personas y amadores es tan fascinante, que la tentación de explorarlo nos ha sido irresistible.

CAPÍTULO I
La persona, el "quién" capaz de amar

Que el ser humano –cada uno de nosotros– sea una persona abre un horizonte antropológico extraordinario y fascinante. Cualquier palabra parece pobre para describir la excelencia de este ser y su modo de ser. Desde el primer momento de su existencia –con cierto permiso, podríamos llamarlo su *Big Bang*– su acto de ser no es sólo el de un ente, un "qué", por consistente que ese "algo" fuera. La persona es más que un "algo", es un "alguien"; es más que un "qué", es un "quién".

1. Un espíritu encarnado que posee su ser en propiedad

Ser persona es *un además radical* a cuanto *tiene*. Es ser un "alguien" singularmente único, el quién interior que es el centro unificador y el dueño de sí y de su naturaleza, el autor inteligente y libre de acciones propias, el sujeto con poder de comunicación con todos los seres y cosas, sean cuales sean sus ámbitos existenciales, desde el más material al más espiritual, desde una minúscula mota de polvo hasta el mismo Dios.

Pongamos un pequeño gran ejemplo de la vida humana corriente, que contiene las características que, en abstracto, acabamos de mencionar: una bella joven de mirada nostálgica, con delicadas manos y un trapito, está limpiando de polvo el portarretratos de su enamorado; lo mira amorosamente y le deposita un tierno beso, mientras su mente, a tiempo cero y velocidad infinita, vuela a donde está su amado… y, con un suspiro íntimo, pide a Dios que le proteja. Solamente quien es persona puede hacer todo esto: comunicarse en alma y cuerpo, por el amor, con las cosas, las personas, y Dios.

Cada persona no es una individualización de la especie, de la manada. Si hablamos con rigor, "la persona" no existe propiamente, salvo como concepto general. Existen "personas", una a una, porque serlo es *una realidad de suyo única*. Utilizando una expresión anterior, no hay un único *big bang* para todas las personas, como le ocurre al universo. Lo fascinante y extraordinario es que cada persona, por serlo, tiene su propio y singular *big bang*. El acto de ser de cada persona humana –que los filósofos llaman *esse*– consiste en ser *este quién único*. Lo que acabamos de decir –un *big bang* único y propio– tiene consecuencias de enorme alcance.

Significamos la singular e irrepetible identidad de su espíritu, que cada quien recibe como donación en propiedad,[1] para que sea suyo, junto con el modo de ser y tener su cuerpo –y sus sentimientos–, encarnado en el espacio y en el tiempo. Este espíritu personal es inteligente y libre y, por ello mismo, es un particular futuro abierto sin fin. No es tanto su inteligencia, ni su libertad, cuanto "el quién que las tiene" como propiedades y facultades suyas. Su identidad, por personal, exige un nombre propio, singular y exclusivo, el "suyo" y solamente "suyo". La cuestión del *nombre propio de cada persona* –que más que tiene, *es*– resulta tan determinante como misteriosa.

El nombre, en su sentido más riguroso, profundo y misterioso, es la respuesta originaria y final a la enorme pregunta "¿quién soy yo?". Pregunta, en busca de su respuesta, que cada persona tenemos

---

[1] El primero en señalar ese carácter de la persona de tener su propia realidad "en propiedad" es el filósofo español Xavier Zubiri. Cfr. Xubiri, *Sobre el hombre*, Alianza, 1985, p. 111.

abierta adentro. De ahí que no haya perdido vigencia ni dificultad la milenaria leyenda del frontispicio de templo Delfos: "Conócete a ti mismo".[2] Máxima que ya hacía exclamar a Rousseau: "El más útil y menos adelantado de todos los conocimientos humanos me parece que es el del hombre, y me atrevo a decir que la inscripción del templo de Delfos contiene en sí sola un precepto más difícil que todos los gruesos libros de los moralistas".[3]

A su vez, cada quien personal, al tiempo que puede conocerse y determinarse, pide ser reconocido y comunicarse entre intimidades personales como *el "quién" que es y sólo él es*. He aquí una diferencia entre la persona y la naturaleza que ella posee, diferencia que no han advertido muchos filósofos. En palabras de Polo: "El tema de la *persona* no es pagano sino cristiano. Los griegos entienden que el hombre es *naturaleza*: pero realmente no llegan a ver qué (quién) es ser persona".[4]

A propósito del nombre de cada persona, relata Ratzinger:

En el libro del Apocalipsis, el adversario de Dios, la Bestia, no lleva nombre sino cantidad: 666. La Bestia es número y transforma números. Nosotros, los que hemos tenido la experiencia de los campos de concentración, sabemos lo que esto significa; su horror viene precisamente de esto, porque borran sus rostros. Dios, Él mismo, tiene nombres y llama por un nombre. Es persona y busca personas. Tiene un rostro y busca nuestro rostro. Tiene un corazón y busca nuestro corazón. Para Él, no somos los que ejercemos una función en la máquina del

---

2 "Nosce te ipsum". Traducción latina de la máxima griega inscrita en el Templo de Apolo (Delfos): "Conócete a ti mismo y conocerás al universo y a los dioses". Esta inscripción, puesta por los siete sabios en el frontispicio del templo de De fos, es clásica en el pensamiento griego.

3 Jean-Jacques, Rousseau, *Discurso sobre el origen y fundamento de la desigualdad entre los hombres*, Península, Barcelona, 1973, Prefacio, p. 27.

4 Leonardo Polo, *Filosofía y economía*, Pamplona, EUNSA, 2012, p. 209.

mundo. El nombre es la posibilidad de ser llamado, es la comunión.[5]

El nombre, en tanto personal es, por tanto, no-anonimato, el nombre radical –la respuesta a ¿quién soy?– ha de contener la solución en singular al por qué y para qué yo existo y "he venido al mundo". Dicho con otras palabras: si por ser persona, soy mi nombre, entonces mi origen y destino no pueden ser anónimos e impersonales, porque el azar y la necesidad son incapaces de darme un nombre personal, una respuesta definitiva y singular al ¿quién soy?, al ¿por qué y para qué existo? Quien es persona, por serlo, ha de tener un origen y un destino también personal. Y esa Persona creadora es la única capaz de pronunciar mi nombre originario y definitivo.

Nuestro nombre radical, el original y final, es un misterio incluso para nosotros mismos, puesto que no podemos dárnoslo y, sin embargo, de manera constante lo sentimos, sin pronunciar, adentro de nuestra intimidad. Tan es así que no tenemos duda ninguna acerca de que solamente cada uno de nosotros es su propia persona y no otro ajeno. Pero esa identificación consigo mismo no parece bastante para darnos nuestro nombre radical y final. Puedo preguntarme ¿quién soy? de manera radical, pero a ese nivel no puedo responderme a mí mismo. En las relaciones amorosas la cuestión de nuestro nombre íntimo, desnudo y radical se manifiesta en el esplendor de su enigma y su necesidad de pronunciación.

Los que se aman –el amante y el amado– quieren conocerse y ser reconocidos en su identidad más profunda y singular o, dicho con otra palabra, en su exclusiva y propia "intimidad". En este sentido, el "nombre" del quién personal –el radical de cada uno de nosotros– es más hondo y más radicalmente único que cualquier nombre y apellidos, que cualquier personaje, rol o función, que cualquier nominación que la sociedad puede atribuirnos, pues todas ellas –Juan, María, ingeniero, peruano, presidente– no son singularmente únicas sino

---

[5] Joseph Ratzinger, *El Dios de Jesucristo*, Sígueme, Salamanca, 1979, pp. 24-25.

repetibles. Al amar a nuestros amados, nuestro amor no se queda en que es campesino, taxista o peluquera, con o sin cuenta bancaria.

El amor perfora hasta el último nivel interno, hasta el quién desnudo, pues son los amantes, en y desde su intimidad, los sujetos del amarse. Siendo así, el nombre nuestro, desnudo y único, es un misterio y sólo se lo atisban entre sí, aunque veladamente, quienes se aman.

Con razón Shakespeare, sabiendo que el amor pide a los amantes darse un nombre íntimo, nuevo y exclusivo –el que les define entre sí y por el que sólo ellos se reconocen–, le hace a Romeo pedir a Julieta que le "bautice". Dice Romeo a Julieta: "Si de tu palabra me apodero, llámame tu amante, y creeré que me he bautizado de nuevo, y que he perdido el nombre de Romeo".[6] También Miguel de Cervantes hace a su Quijote enamorado "bautizar" a la vulgar campesina Aldonza con el nombre nuevo de Dulcinea del Toboso: "Llamábase Aldonza Lorenzo, y a ésta le pareció ser bien darle título de señora de sus pensamientos; y, buscándole nombre que no desdijese mucho del suyo y que tirase y se encaminase al de princesa y gran señora, vino a llamarla Dulcinea del Toboso".[7]

Cuando esa comunicación entre los adentros ocurre, mediante el nombre o "identificación en exclusiva" de cada persona –a pesar de la limitación del diccionario humano–, se ha logrado perforar el plano de lo repetido y común de los "nombres culturales y sociales" para identificar la singularísima identidad íntima. Cualquiera tiene esa maravillosa experiencia cuando, en familia, por ejemplo, la madre dice "Juan, hijo mío, dame un abrazo". Pues al decir Juan –nombre del que hay algunos cientos de miles– esa madre atraviesa el significado genérico y, pidiéndole un abrazo, su intención de amorosa caricia penetra hasta ese "quién" íntimo y exclusivo que es la "persona"

---

[6] William Shakespeare, *Romeo y Julieta*, acto II, escena II, jardín de Capuleto, Madrid, EDAF, 2010, p. 32.

[7] Miguel de Cervantes, *Don Quijote de la Mancha*, parte primera, al final del primer capítulo.

de su hijo, cuya comparecencia desea sentir en el abrazo de su cuerpo. Sin esa "comparecencia" de la persona, el abrazo del cuerpo estaría "vacío" o, lo que es peor, podría ser farsa o mentira.

Veamos que nos dice nuestra propia experiencia. Al llamarle "Juan", en realidad, a quien identifica es a "este mi singular hijo mío". Como es evidente, la identidad personal de ser, en exclusiva, este hijo mío podría, en vez de Juan, haber recibido el nombre de Alberto o Tomás o cualquier otro, pues el nombre social, en sí repetible y no exclusivo, no logra definir la identidad íntima y desnuda. Pero el amor, sea cual sea el nombre social, sí penetra hasta el sujeto íntimo y desnudo. Y al hacerlo, intenta darle un nombre exclusivo, un nombre que designe la intimidad que, entre sí, quienes se aman comparten. Esta es la razón del inventarse "nombres" cariñosos, de "rebautizarse" entre amadores, recurriendo a apodos y diminutivos, a veces con emotivo acierto, otras con aquella cursilería que sólo chirría a los extraños.

El "nombre" de la íntima identidad de cada persona no está concluido y cerrado. Tampoco lo está ninguna persona humana. Su "nombre" abarca su biografía, su realización vital en el tiempo y el espacio, sus obras. Pero no termina ahí. Cada persona –el espíritu y el nombre de semejante quién– se abre a un horizonte sin horizonte, más allá de la muerte del cuerpo. En este sentido, el acto de ser –en el que el nombre de su identidad fue pronunciado por primera vez– posee una vigencia incesante, una actualidad constante, una irrevocabilidad existencial y una apertura a un futuro que no es la fatal repetición del pasado sino oportunidad de innovación, una pervivencia incluso más allá del tiempo, que siempre se ha nombrado como "inmortalidad". A esta presencia de su quién personal, por encima y debajo de los cambios de la edad y de los entornos sociales, podemos llamarla *la subsistencia de su espíritu*, en el que reside el principio vital de su cuerpo y psique, que por ser actualizadas por ese *esse* –que es su subsistir– son también cuerpo y alma *personales*. En este sentido, *cada persona es ella y sólo ella para siempre*.

Dado que no está conclusa, la persona humana tiene *poder de crecer* –y también de empobrecerse– en medio de los espacios y los tiempos en los que vive. En este sentido, si miramos nuestro pasado y lo comparamos con nuestro presente, tenemos la experiencia de haber "cambiado", y mucho, en ciertos aspectos. Por ejemplo, un día no sabíamos escribir y ahora somos arquitectos. Avanzados en años, miramos nuestro álbum de fotos y nos cuesta reconocernos en aquel joven que fuimos. Sin embargo, debajo de cualquier cambio, en la raíz, cada uno de nosotros sigue siendo la misma y única persona que sólo cada cual es. De esa identidad que perdura a través del tiempo no tenemos ninguna duda. Crecemos, menguamos, cambiamos. Pero ninguno de esos avatares nos trae adentro a otro quién personal, o a dos o tres o más, que conviven dentro de nosotros, o nos echan y son los nuevos dueños de nuestro ser. Al que suceden tantos cambios y todas las cosas es al mismo quien que siempre somos. *El quién personal subsiste y perdura*. En esa confrontación entre los cambios y nuestro quién espiritual, tenemos la experiencia de lo que es la subsistencia de nuestro acto de existir –el *esse* de cada persona–, su actualidad y su presencia. Entre lo que nos pasa y se pasa, nuestra persona no se desvanece, sino que permanece.

Es característica peculiar del ser persona el ser *"propietaria" de su ser y de sus acciones*. Aunque la persona humana tiene la experiencia interna –la tenemos cada uno de nosotros– de no ser el creador de su ser desde la nada y, en cambio, de haber recibido quién es y lo que es, *esa "donación" lo es "en propiedad"*. La persona, cada una, es la única dueña de sí. Podemos preguntarnos por qué y para qué somos esta singular y única persona, señora de su ser y tener. Pero no tenemos duda alguna de que, adentro de nosotros, en la radical intimidad donde cada uno es él y solo él consigo mismo, no hay ningún otro quién o varios que son los dueños de mi persona. A esta propiedad se la ha llamado "suidad",[8] queriendo expresar con lo

---

[8] Cfr. Xavier Zubiri, *Sobre el hombre*, Madrid, Alianza, 1986, p. 133 y ss.

inédito de ese término que la persona es autoposesión, que "su ser es suyo y solamente suyo".

Y, entre otras consecuencias de semejante "suidad", pertenecen a la persona unos derechos "suyos", que conocemos con el nombre de derechos y libertades fundamentales, que le son innatos e inalienables, más radicales que aquellos otros derechos que concede cualquier poder humano, civil o eclesiástico. Por eso, los derechos y libertades, que llamamos "fundamentales", deben ser reconocidos, respetados y protegidos por todos, como condición *sine qua non* para que una autoridad y una sociedad sean "justas" con las personas.[9] Son lo "suyo" del ser persona y ningún poder humano les hizo persona. Bajo esta luz se comprende que cada ser humano, en cuanto es radicalmente persona, es un "además"[10] de la esencia, más profundo, amplio y superior a la condición de ciudadano, de súbdito, de trabajador o de asalariado. En ese *además*, que es, radica su incondicional valía.

2. La persona es coexistencia

Además, el quién que cada uno somos, en su mismo *esse* o acto de ser, no es una soledad aislada, sino constitutivamente coexistencia con otras personas. Cada persona es autoposesión y autodonación como potencial constitutivo. Nuestra identidad –en su misma raíz, origen y destino–, es coexistencia en su mismo ser y, desde ahí, en el obrar y convivir entre identidades personales. Mediante esa comunicación con las demás personas de su mismo existir como "alguien único", que implica a toda su alma y cuerpo, cada persona humana va

---

[9] Cfr. Blanca Castilla de Cortázar, *Dignidad personal y condición sexuada. Un proseguir en Antropología*, Valencia, Tirant Lo Blanch, 2017, pp. 20-46.

[10] Sobre la persona como "además" cfr. Leonardo Polo, *Presente y futuro del hombre*, Madrid, Rialp, 1993, pp. 197-203.

conociendo y realizando el potencial del quién que es. Él mismo, comunicándose y conviviendo, va definiendo el nombre naciente de su identidad originaria y, haciéndolo cada vez más suyo con su propio obrar y biografía, participa como autor de sí mismo.

La persona aislada y solitaria es una contradicción, un oxímoron sin sentido. La persona –cada uno de nosotros– es relación con y para las demás personas. Zubiri lo expresa de un modo gráfico: "Existir es existir 'con' –con cosas, con otros, con nosotros mismos–. Este 'con' pertenece al ser mismo del hombre: no es un añadido suyo. En la existencia humana, todo lo demás va envuelto en esta peculiar forma del 'con'".[11] Aunque vale en sí misma, el destino de la persona no es encerrarse en sí misma. Es en relación desde su mismo origen, lo es en el despliegue de su potencial, lo es en el logro de su destinación. Y lo es radicalmente en su mismo acto de ser. Su *esse* es existencia con y para, es decir, *coexistencia:*[12] consigo misma, con el cosmos, con las demás personas y con Dios.

No estamos hablando de "cualquier" relación. Este aviso es oportuno porque acostumbramos a emplear esa palabra al referirnos, por ejemplo, a las relaciones entre planetas y sol, a la fotosíntesis como relación de las plantas con la luz solar, o a los contactos de las hormigas o entre los animales de una manada. La relación constitucional de la persona es otro nivel cualitativo. Es relación que contiene entendimiento racional y voluntad libre, autoconocimiento y autodeterminación, pues lo supremo de la relación personal es que, siendo autoposesión de sí, puede ser don de la propia persona a otras personas. Esta relación donal –manifestación de ser coexistencia y señor de su naturaleza en la autodonación– es exclusiva del ser personal y, como tal, un imposible para cualquier ente impersonal. Como veremos, *en ser autoposesión y autodonación radica el poder de*

---

[11] Xavier Zubiri, *Naturaleza, historia y Dios*, Madrid, Alianza, 1987, p. 429.

[12] Como coexistencia describe Leonardo Polo a la persona humana. Cfr. L. Polo, *Antropología transcendental I: La persona humana*, Pamplona, EUNSA, 1999, pp. 31-36.

amar, lo que a su vez es también una luz certera acerca de lo que, en verdad, es amar.

Pero la persona, por su poder de conocer y querer, puede relacionarse con todas las cosas a todos los niveles. Porque, por ejemplo, gracias a su intelecto racional y a su voluntad libre, "conoce" la estructura interna del átomo de plutonio, define con acierto a la mariposa monarca y sus migraciones, sabe qué es el mar y lo bucea, además de admirar la belleza de todas las cosas. A todas, el ser humano le puede poner nombre y conferirles un significado para el hombre. "Y el hombre –Adán– puso nombre a todos los seres de la tierra" (Génesis, 2, 20). El poder de nombrar –de darle a cada cosa su "nombre" adecuado– es exclusivo de quien es espíritu personal y, por ello, posee *intellectus*, es decir, el poder intelectual de penetrar *adentro* de las cosas y, al *conocer* su ser, darle su *nombre*. Todas las cosas que hay en el cosmos "reciben" su nombre, pero no de sí mismas, sino de quien es persona. Ninguna constelación, ni león ni rosa se dan a sí un nombre. Solamente la persona posee su propio nombre en propiedad y el propio entendimiento de sí, además de poder dar nombre a las "cosas". "Pero para él no encontró una ayuda adecuada" (Gen 2, 20). El texto de Génesis nos pone de relieve, además, que en las cosas –cuanto hay en el cosmos– el hombre no encuentra la compañía que necesita su condición personal, porque esa íntima compañía, "adecuada" a su ser, sólo puede dársela otra persona.[13]

Pues bien, puede darles "nombre" porque su condición de persona es superior a las cosas impersonales –cuanto el universo contiene–, sobre las cuales domina como señor. Y el señor "nombra", pues

---

[13] Un reciente y completo comentario a este primer libro de la Biblia, de lectura asequible: Francisco Varó, *Génesis*, Madrid, BAC, 2016. Comentarios de numerosos expertos sobre los relatos genesíacos de la creación del hombre, como varón y mujer, contrastados con los entornos sociales y culturales con los que convive la elaboración del texto del Génesis, durante el milenio que transcurre desde la cautividad de Babilonia (586 a 537 a. C.), hasta la muerte de san Agustín (430 d. C.), se encuentran en dos excelentes volúmenes: VV.AA., *Masculinidad y feminidad en el mundo de la Biblia y Masculinidad y feminidad en la Patrística*, Pamplona, Servicio de Publicaciones de la Universidad de Navarra, 1989.

conocer y definir es, en cierto modo, el dar el por qué y el para qué. Aunque esas relaciones no son entre personas, sin embargo, son conocimiento para el hombre de su "estar en el universo" en esa doble vertiente: tanto como cuerpo entre los cuerpos, cuanto como espíritu encarnado en un cuerpo personal. Ambos tipos de relación son razón de su "presencia y acción en el universo", y permiten a la persona establecer en los espacios y los tiempos "su hogar y construir su sociedad" con dominio respecto de cuanto existe. Y así, por ejemplo, "mi" familia o "mi" Perú no son, para las personas, una simple manada, colmena, hormiguero, o especie animal ni vegetal.

En la comunicación de la persona con cuanto hay, estableciendo en medio su hogar y sociedad, el universo, ni entero ni mil que hubiera, puede corresponderle con un don y una acogida al modo de otra persona, pues el universo no lo es. Así pues, en su sentido más propio, la relación de coexistencia de la persona lo es entre personas. De cuantas relaciones las personas pueden establecer entre sí, hay una de máxima excelencia. Y esta relación suprema, la que anida en la misma constitución de su acto existencial, es aquella de su intimidad personal con la intimidad de otras personas, mediante la cual se dan y se acogen, comunicándose recíproca y mutuamente, no sólo en el obrar sino también en el ser. En estas relaciones, por ser don real de sí y acogida en sí, las mismas personas y su naturaleza se implican hasta la raíz de su ser, compartiéndose las intimidades más hondas. Son las relaciones de amor.

Como en su momento veremos –ahora a guisa de ejemplo– la persona humana, por persona, es un "quién familiar": es este hijo de este padre y esta madre, es este hermano de sus hermanos y hermanas, es este nieto o este abuelo. Son co-identidades profundísimas, comunicación y participación en la misma carne y sangre. Si hablamos con propiedad –lo que parece ocioso anunciar– ningún ente material ni mineral, vegetal o animal, es realmente padre, madre o hijo. Sencillamente porque no son personas y carecen de un "quién" que, por poseer su ser, puede colaborar en su creación. Los "contactos" de los otros seres del universo no son comunicación inteligente y libre de una intimidad espiritual y de su naturaleza encarnada.

De aquí que la familia es una comunidad de identidades y vínculos –una comunión íntima de diversos amores entre personas– exclusivamente humana. Bacterias, pinos y leones no "son" hijos ni padres, ni madres. Sin duda, se nutren y reproducen, pero ni por asomo –ni aguardando millones de siglos– inventarán la gastronomía, regentarán un restaurante, ni se darán entre sí aquel "nombre" con el que nos "reconocemos" la singular intimidad y su vínculo afectivo cuando decimos "Juan, hijo mío", o "amor mío, eres el hombre de mi vida" o "madre no hay más que una". Sólo en la imaginación humana, un ratón recibe un "nombre" y es Micky Mouse y tiene una "novia" que se llama Minnie, o un pato es "Donald" y su "Tío McPato" es banquero. Sólo la sensibilidad espiritual de la persona sabe apreciar la belleza de unas flores, a las que llama "margaritas" sin que esos vegetales lo sepan, y simbolizando un sentimiento íntimo extraordinariamente hondo y único, las ofrece a otra persona diciendo: "Te amo, vida mía". Amar, sin duda, es la experiencia suprema del ser persona y de que, cada uno de nosotros, lo somos en encarnación única.

3. El quién es "alguien" que intuye tener su origen y destino en "Alguien"

La inteligencia y la libertad, aunque no las tengamos en forma absoluta y a pesar de sus limitaciones y condicionantes, son realmente experiencia de conocer y de querer. Nos abren luz y anhelos personales, es decir, experimentamos adentro que nuestra persona entraría en un absurdo existencial si el quién, que sentimos ser, no tuviera por "padre", u origen y destino, a Alguien personal. Que fuéramos producto casual del azar o la necesidad de un mero "algo" y que por futuro tuviéramos un destino ciego y sin sentido, nos produce –y nunca mejor dicho– una triste angustia vital. ¿Para qué saber quién soy y para qué me vivo, si quién soy y mi vida carecen de un significado inteligente, sabio, libre, y trascendente a la materia anónima? ¿Para qué comunicarse y compartir intimidades personales si esas relaciones de amor, afecto, solidaridad y amistad –cuya conservación me pide sacrificios, sufrimientos y abnegaciones– son pulsiones de la necesidad y del azar, espejismos cuya ilusa apariencia es mero producto hormonal y bioquímico?

Nuestro ser personal tiene "escrito en su corazón"[14] –en su *esse*, que es espíritu– un anhelo de verdad, bondad y belleza. Un ansia de sabiduría y libertad. Un deseo profundo de amar y ser amado. Podrá errar, tal vez desfallecer, al buscarlas. Pero la falsedad, la maldad y la fealdad, si las identifica, le repugnan y no las quiere para sí. A su inteligencia y a su voluntad, al sentido profundo de su libertad y señorío sobre sí, le disgusta ser engañado, sometido y manipulado. Desde antiguo se dijo –por ejemplo Cicerón[15]– que, si bien errar es humano, empecinarse en el error es de necios sin sustancia. "Busca adentro, no afuera" –sugería san Agustín[16]–, porque la sabiduría se encuentra en

---

[14] Desde antiguo, recogido por muchos grandes maestros, se estimó que, en el fondo del alma, incluso entre quienes parecen cegados por una vida corrupta, hay una intuición innata sobre determinados principios éticos y de justicia. Para aludir a este asiento tan radical y universal se acuñó y difundió la expresión "inscrito en el corazón". Por ejemplo, en san Pablo, Romanos, 2, 15, san Agustín la empleó con frecuencia, por ejemplo, en *De Trinitate*, XIV. XV, 21; en *Ochenta y tres cuestiones diversas*, q, 53,2; o en *De libero arbitrio* I, V, 11; I. VI, 14; *Comentario a los salmos*, 57 (58), 1. Con deliciosa agudeza, dice en sus célebres *Confesiones* II, 4, 9: "...ley de tal modo escrita en el corazón de los hombres, que ni la misma iniquidad puede borrar. ¿Qué ladrón hay que sufra con paciencia a otro ladrón?".

[15] Entre las muchas fuentes clásicas –"errare humanum est, sed perseverare diabolicum"–, aquí rememoramos la versión de Marco Tulio Cicerón (Filípica, XII, 5): "Cuiusvis hominis est errare; nullius nisi insipientis, in errore perseverare" (Errar le puede ocurrir a cualquier hombre; pero es de necios perseverar en el error). Es un aforismo generalizado, sin duda, pero por eso mismo en riesgo de petrificarse. Sin embargo, es muy profundo. No sólo porque expresa una evidencia experimental humana, que a todos concierne. Además, el aforismo se asienta sobre la distinción entre la persona y su naturaleza. Es de naturaleza humana el equivocarse, pero es de la persona el corregirse o el perseverar en el error.

[16] La dimensión, que es llamada y ha de implicarse en el amar o en ser sabia, es nuestro quién personal, al que san Agustín, en un consejo de gran alcance terapéutico y psicológico, llama el hombre interior: "Noli foras ire, in te ipsum redi, in interiore homine habitat veritas; et

"el hombre interior", es decir, en "los latidos del corazón" de la persona, en la voz de su conciencia.

La persona tiene "adentro" un tipo de soledad –sólo él es quien es– con una radical potencia de compañía, es decir, de darse y de acoger en sí. La sentimos a modo de íntima nostalgia de una compañía a la que encontrar. Es por esa condición personal, por la que el ser humano no es un mero producto biológico. Adentro –en su *esse* como coexistencia– es constitutivamente este hijo, padre, madre, hermano, amigo… amante y amado, esposo. La culturas y modelos sociales "visten" esas identidades radicales, conforman sus posibilidades de realización según cada aquí y ahora –a veces las dificultan y las imposibilitan como, por ejemplo, en donde impera la esclavitud– pero no las crean. Porque no las crean, tampoco pueden aniquilarlas.

Hemos sido y somos esposos, hijos, padres y madres, hermanos, amigos y amantes –por poner ejemplos históricos recientes– diga lo que diga, aunque lo prohíba, el nazismo, el fascismo, el comunismo…, y cualquier dictadura totalitaria futura. Y somos esos nombres y relaciones de amor, no por ser judíos, cristianos, islámicos o ateos, ni por blancos, negros o cobrizos, ni por ser de derechas o de izquierdas, ni americanos, asiáticos o europeos, sino *por ser personas humanas*. Por encima y por debajo de cualesquiera diferencias, los nombres y los lazos familiares son experiencia primaria de la existencia de una común naturaleza humana, que compartimos por igual. A su vez, en esos nombres y lazos late un llamado a comprenderlos y vivirlos, no según las leyes del más fuerte, las violencias y las necesidades del instinto de las especies, sino a la luz de la gratuidad y la libertad del amor entre personas, que es capaz darse y acogerse, de modo entero y sincero, hasta el punto de crear vínculos biográficos.

---

si tuam naturam mutabilem inveneris, trascende et te ipsum". (No te desparrames afuera, vuelve a ti mismo, es *en el hombre interior* donde habita la verdad; y si tu manera de ser [tu personalidad psicológica] fuera mudable, entonces trasciéndete a ti mismo"), san Agustín, *De vera religione*, XXXIX, 72. Ese "trasciéndete a ti mismo" significa "ama", es decir, olvídate de ti mismo, escapa del agujero egocéntrico, no te dejes atrapar por el ego y sus obsesivas exigencias, pon a tu hombre interior a ocuparse de los demás, de su bien y necesidades.

Ser persona abre preguntas personales que sólo satisfacen respuestas personales. ¿Quién soy, de dónde vengo, a dónde voy? Las tres van encadenadas. ¿Por qué? Porque, si recordamos lo dicho antes, una persona –un quién espiritual encarnado en el tiempo y espacio materiales–, es un alguien singular, único, capaz de conocerse y conocer, autor de sus actos y responsable de su realización vital, un señor de su naturaleza, un quién inteligente, libre y capaz de dar y de darse. Una persona, por tanto, es alguien que se pregunta sobre sí mismo: ¿quién soy?

Que seamos cada uno "nuestra persona", en consecuencia, hace difícil por lo menos y hasta contradictorio, que nuestro origen sea un azar anónimo, o una necesidad impersonal, y que nuestro destino final sea el ciego vacío de la nada o un absurdo existencial sin sentido alguno, un vivir que camina hacia ninguna parte. ¿De dónde vengo y a dónde voy? La persona, por ser inteligencia y libertad, se pregunta de forma espontánea por el qué y el para qué de su existencia, por el sentido de su vida concreta, y reclama respuestas de calidad proporcionada a la categoría personal de sus interrogantes. ¿Cómo puede ser que lo anónimo e impersonal sea "el padre" u origen de mi persona? ¿Mi inteligencia y libertad, que solamente las personas tenemos, no me piden explicarse en una inteligencia y una libertad personales y creadoras? Mi libertad ¿cómo es posible que haya nacido de la ausencia de libertad, de la fatalidad azarosa y ciega? ¿Estoy pavorosamente a solas en un universo en el que ninguna cosa, vegetal o animal se hace esas preguntas? ¿Esas mismas preguntas sobre su "soledad", tan exclusivas de la persona humana, no son la huella –una sutil voz en el corazón– de la existencia y presencia de una "compañía" adecuada?

¿Hay una compañía trascendente real o sólo inventaremos respuestas para resignarnos a nuestra soledad cósmica o para evadirnos vendándonos los ojos?

Las respuestas antropológicas han sido muy variadas y diferentes en las culturas humanas a lo largo de la historia. Y lo siguen siendo hoy. Pese a su múltiple diversidad, parece posible encontrarles tres líneas principales de inspiración: la panteísta, la materialista, y la trascendente.

3.1. La tesis panteísta

La panteísta cree que el universo es eterno, que siempre fue, es y será. Que su movimiento es infinito, sin principio ni fin, y que en ese dinamismo se incluye toda metamorfosis, transformación y retorno en un ciclo incesante. La inimaginable magnitud del universo –que la astrofísica y cosmología actuales nos demuestran– reduce a la vez nuestro planeta Tierra y a cada uno de nosotros a menos que un átomo, una casi nada minúscula y efímera. Ante tamaña inmensidad, considerarse una persona, una subsistencia única y sin fin, puede parecer arrogancia del ignorante o una ilusión para sobrellevar la finitud.

La idea panteísta se refuerza a caballo de la comparación de magnitudes entre el inmenso cosmos y la efímera voluta de polvo que es cada vida humana. En consecuencia, afirmando un universo eterno y total, pues es el todo que todo lo comprende, se le abre al imaginario humano una explicación: la divinización de ese universo totalizante y eterno. Dios es el universo y el universo es Dios.

Nótese bien: el Dios panteísta –el universo totalizante y eterno– no es un ser personal que trasciende absolutamente al cosmos. Por el contrario, el universo total, en su conjunto y en cualquiera de sus partes, es Dios mismo. Por esa razón, desde lo más grande, como una constelación de galaxias, hasta lo mínimo, como un fotón de luz, son diferentes manifestaciones del mismo total universo y, por eso, epifanías divinas. De ahí el término "panteísmo": todo es dios. El ser humano, en este marco antropológico, es una individuación peculiar, dada su conciencia e inteligencia, pero pasajera, como la hoja de otoño, del eterno y cíclico devenir del universo. Su origen es una emanación singular y su destino es el desprendimiento de esa individuación y su regreso al magma cósmico. Aquel para siempre propio de la subsistencia de cada ser humano, el acto de ser de la persona del que es propietaria, aquel "quién único" que soy y el serlo sólo yo para siempre –que antes afirmábamos de la condición personal de cada ser humano–, resulta inaceptable al panteísmo.

En las concepciones panteístas, el hombre, cada ser humano, es "un poquito" de Dios porque es "un trocito" del universo y su devenir. Y si es así, el sentido de su destino es regresar al cosmos y fundirse en sus ciclos infinitos y retornos incesantes. Por eso, en algunos panteísmos se cree en las reencarnaciones entre seres humanos y de estos con otras criaturas y cosas. En general, las mitologías antiguas, por ejemplo, la grecolatina, reposaban sobre un fondo panteísta, pues los dioses –desde Urano, Saturno y Zeus hasta los semidioses y héroes– habían "surgido" en algún momento del universo eterno y dentro de su devenir, no afuera y antes. Eran seres superiores a los hombres, pero no al cosmos. Los dioses mitológicos tenían principio e historias demasiado parecidas a los sucesos y dramas humanos. El universo panteísta no tenía principio ni tampoco era un protagonista, identificable al modo de un sujeto personal, de historias y dramas. El universo panteísta, siéndolo todo, carece de intimidad y, por ello, de un nombre propio. Es un eterno anónimo.

3.2. La tesis materialista

El materialismo agrupa aquellas antropologías cuyo denominador común es, de un lado, la creencia en que la materia es la única realidad existente y, de otro, que no existe ningún ser de naturaleza espiritual, ni Dios ni dioses, ni espíritu y alma inmaterial en los seres humanos, ni en ningún lugar o espacio. La materia es el ser, el único, y es inmanente. O no tiene principio ni fin y se manifiesta en dinámicas de transformaciones, desarrollos evolutivos, y configuraciones fruto de combinaciones entre leyes determinantes y azares impredecibles; o bien, tiene un principio y tal vez un final, en todo caso inmanente y sin razón trascendente a la propia materia. El espíritu, los dioses, un mundo trascendente al material, un alma inmortal, un origen y destino humanos por parte de un Ser Creador, serían, en la explicación materialista, una invención del imaginario humano, sin correlato real.

El hombre, en el materialismo, se imagina e inventa lo divino, lo espiritual y las religiones como respuesta a su confrontación entre el ansia de vivir y su certidumbre de que va a morir. Conciencia y rechazo de la "muerte", tomado este término en su sentido más amplio y profundo, producen la búsqueda de sentido, consuelo y esperanza ante las calamidades, enfermedades, injusticias y toda clase de dramas de la indigencia y finitud humanas. De ahí arrancarían los fideísmos, la creencia en la inmortalidad, la fabricación de los dioses, las creencias espirituales, las religiones y sus explicaciones. Son un opio, una evasión, una huida de la realidad material. Dios no crea al hombre, porque no existe. En los materialismos, es el hombre, porque muere y para huir del regreso a la nada, que es su implacable origen y destino, quien crea a los dioses.

Para los materialismos, en suma, cualquier realidad es solamente material, tiene una estructura y dinámica reducible a actividad y explicación, exclusiva y excluyentemente, material, y por ello constatable a los sentidos y la experiencia empírica. El azar y la necesidad, las leyes inmanentes de la materia, son –unidas a las necesarias y enormes magnitudes de espacio y tiempo que exceden la imaginación y experiencia de la vida singular humana– lo que ha hecho aparecer al hombre, su proceso de concienciación y racionalización, y también su colapso final.

En este marco, la creencia materialista y los cientifismos totalizantes convergen y se retroalimentan. La ciencia es un tipo de saber, no el único, que se caracteriza por el conocimiento de las causas y efectos susceptibles de experiencia empírica y de verificación de las estructuras y dinámicas, sensiblemente manifestadas, mediante la repetición de los experimentos. La cuestión es si la dimensión empíricamente constatable de la realidad, aquella que puede ser pesada, medida, cuantificada y localizada porque es estructura y dinámica material, es toda y la única la realidad existente. Las ciencias, sin duda, pueden y deben acotar, mediante la construcción de sus métodos de observación y verificación, la parte de la realidad que "su ojo" ha decidido ver, porque lo que ese "ojo" ve puede ser demostrado empíricamente. Pero la "realidad" integral de lo que "es" puede ser mayor y distinta, más profunda y cualitativamente diferente, respecto a la parte cuantificable, medible y empíricamente sensible.

Sin embargo, muchas veces lo más importante es lo que no se ve. De hecho, cada día cualquier persona vive decenas de acontecimientos "ordinarios" cuya naturaleza "no se mide ni se pesa", como, por ejemplo, la buena fe en la compra en el supermercado, la verdad afectiva del abrazo de los hijos al llegar del colegio, o la confianza en que la cena no está envenenada. La buena fe, el cariño filial o la confianza, por ejemplo, aunque tienen su manifestación en nuestro cuerpo, no son "realidades" cuantificables por su peso y tamaño, ni podemos construir métodos, instrumentos o experimentos para "verlas u oírlas" con los ojos y orejas. Ningún fármaco es capaz de "fabricarlas" reales y de verdad. Sin embargo, nuestro corazón las siente y "realmente". Desde nuestra alma surgen y a nuestra alma van y la alcanzan.

La ciencia deriva en cientifismo cuando "cree" que toda realidad, sin excepción, no tiene otra dimensión que la que se manifiesta al conocimiento empírico, que fuera de su experimento sensible no hay certeza ni verdad alguna, y que, con los resultados del método empírico y experimental, tarde o temprano, se penetrará en el entero conocimiento de toda la realidad. Nos hallamos, entonces, en la convergencia entre materialismo y cientifismo. Es decir: sólo existe la materia y sólo el experimento empírico y repetible es el único saber que la penetra, porque la realidad no esconde otra cosa dentro que pura materia y toda ella –mediante el instrumento adecuado– es manifiesta al experimento empírico.

En ese momento, la ciencia corre el peligro de ideologizarse y convertirse en cientifismo, el cual, por su deriva a ideología dogmática, tiende con significativa frecuencia a extrapolar sus conclusiones mucho más allá de cualquier resultado empírico constatado. Entonces, sin confesarlo ni rubor ninguno, hace filosofía, antropología, teología, ética y política, y hasta predicamentos sobre el amor. Conviene advertir que la afirmación según la cual es irreal cuanto no es materia empírica, es una simple tautología –es obvio que lo espiritual, por serlo, no es ni aparece como lo material a los sentidos– y, además, el cientifismo es similar a una "creencia", es decir, una posición de la voluntad previa al discurso racional.

Por ejemplo, cuando algún astrofísico dogmatiza acerca de la ausencia de rastros cósmicos de Dios en el universo, como si Dios tuviera que "estar" en alguna galaxia lejana y su "presencia" tuviera que poder ser constatada en alguna radiación interestelar empíricamente observable por algún "ojo" artificial, un instrumento material fabricado, como una potente antena parabólica o un observatorio en órbita terrestre. Pero Dios, por Dios y espíritu puro, por principio no es un objeto astral, ni ocupa espacio y tiempo galáctico.

En este sentido, hay quienes se preguntan si Dios de algún modo es un espíritu, una energía, o un Dios personal y por qué no se encuentran rastros de Él en alguna constelación interestelar. Preguntado acerca de este interrogante, Ratzinger responde:

Precisamente el que sea *persona* significa que no se puede circunscribir a un lugar concreto. En nosotros los seres humanos, la *persona* es también lo que trasciende el mero espacio y me abre a la infinitud. Lo que me permite estar aquí y en otro lugar al mismo tiempo. Lo que hace que no esté solo allí donde en este preciso momento se encuentra mi cuerpo, sino que viva con un horizonte más amplio. Y justo porque Dios es persona, no puedo fijarlo en un lugar físico concreto, pues la persona es lo abarcador, lo diferente, lo mayor".[17]

[17]   J. Ratzinger, *Últimas conversaciones con Peter Seewald,* Bilbao, Mensajero, 2016, p. 290.

Menos astronómico y más frecuente es oír afirmaciones dogmáticas, en algunos neurólogos, acerca de que el amar es una mera tormenta bioquímica de neurotransmisores y hormonas; o en alguna piscología y psiquiatría que, al tiempo que niegan dogmáticamente el espíritu y el alma humanas, se permiten la contradicción de recurrir a ellas, evitando mencionarlas, cuando solicitan de sus pacientes un golpe de generosa y gratuita abnegación, que ningún fármaco ni acción externa produce, para acoger paciente y tiernamente al hijo drogadicto severo, para sostener su esperanza y evitar el precipicio del suicidio. Dogmatizar que el cerebro es un órgano total, en el que se explica el completo ser humano, es una "creencia", por lo demás con muy poca base. El cerebro es un instrumento orgánico de la persona, pero no es ésta, de la misma forma que el amor activa los neurotransmisores y el ritmo cardiaco, entre otras cosas corporales, pero amar ni es simplemente una sobredosis de serotonina, ni un aumento en veinte pulsaciones del corazón. ¿Las profundas respuestas "interiores" –como, por ejemplo, el perdón de ofensas–, que necesita el éxito de las terapias en los conflictos y enfrentamientos familiares, son solamente hechos materiales de cuerpos sin alma? Si así fuera, ¿no podríamos provocarlos "materialmente" con fármacos? ¿La fidelidad, la perseverancia de la esperanza, la abnegación y el sacrificio por amor… son un mero y entero "producto" de un ansiolítico, de un antidepresivo o de dos botellas de champagne? ¿Hay alguna pastilla para perdonar o para amar de veras? ¿Por qué no pueden ser "fabricadas desde el afuera" de la persona?

Cuando, por ejemplo, cualquier hematólogo nos presenta los resultados de un completo y validado análisis hecho a nuestra madre enferma de cáncer, nos manifiesta un plano real de nuestra madre –lo que ella es para la hematología–, sin duda "verdadero", sobre el que se basará un diagnóstico y un tratamiento oncológico. Pero, como es evidente a un hijo, ese análisis científico –y cualquiera otro que pueda añadirse con el mismo método empírico– no es "toda la verdad y realidad" de cuanto es nuestra madre, ni siquiera es la dimensión más profunda e íntima, por la que ella es nuestra "mamá", cual resulta ser la "realidad personal" por la que ella nos ama, por la cual la amamos, nos sentimos y conducimos como su hijo, y por la que estamos dispuestos a cualquier abnegación, sacrificios y cuidados con los cuales corresponder al amor materno, fiel, constante y tierno, que de ella hemos recibido.

¿Qué instrumentos y qué método científico son capaces de "medir" la entera realidad de tal amor y su persona, cuantificarlo en un análisis, y aplicarle un tratamiento farmacológico o quirúrgico? ¿Podemos llevar el anhelo de amar o los desamores a una farmacia o a una mesa de operaciones? Cada ciencia conoce una dimensión de lo real y, tratándose de ciencias empíricas sobre los seres humanos, captan su parte de realidad, pero no toda, ni siquiera la más importante y exclusiva, que es la íntima y personalísima, es decir, la que atribuimos al "alma humana" o, mejor dicho, al espíritu del quién personal, que late adentro y es el propietario de su "cuerpo y alma", de su organismo psicosomático.

3.3. La tesis transcendente y el libro del Génesis

Que el ser humano ha sido creado por Dios es el denominador común de la respuesta trascendente. En consecuencia, entre su Creador y sus creaturas hay una relación, que en el ser humano es de más profunda correspondencia porque, a diferencia de las otras creaturas, la humana tiene conciencia de esa relación de comunicación y de las conductas que solicita. Y puede elegir su respuesta. De esa "relación" entre Dios y el ser humano proviene el término "religatio" (*re-ligare*), que significa una fuerte y profunda vinculación, y de ahí la palabra "religión". Sin embargo, esta explicación creacionista ha sido y es muy variada. Dado que este texto no es un manual de filosofía, ni teodicea, ni de historia de las religiones, y teniendo en cuenta que nuestro objetivo es la exploración de la persona humana, desde la perspectiva del amor, examinaremos aquella trascendente que nos ofrece una concepción más directa, amplia y profunda del origen y destinación del ser humano precisamente como amador.

Las más importantes religiones monoteístas son las llamadas "del Libro": el judaísmo, el islamismo y el cristianismo. Sin embargo, como ya le ocurriera al pensamiento filosófico griego y latino, tanto el judaísmo como el islamismo no han desarrollado una afirmación del ser humano, en cuanto persona, que emplace al hombre ante Dios para una relación tan "interior y personal" como es la que, entre amante y amado, es el amor mismo o comunión íntima. En el cristianismo Dios es Padre y su Verbo es Jesucristo, y en Él todo ser humano es llamado a ser hijo de Dios y hermano del Verbo, es decir, a relaciones *personales* e íntimas de índole *amorosa*. De aquí que el cristianismo, más que "del Libro", sea una religión "con Libro" porque, sobre todo, consiste en el encuentro *personal* con una *Persona*, Jesucristo, que da la vida por cada hombre: "Me amó y se entregó por mí" (Gal 2. 16, 19-21).

Desde esta perspectiva, que supone un enaltecimiento tan grande de cada ser humano y una concepción inédita de su mismo acto de existir, precisamente como persona –su *esse*–, la antropología más personalista, la que más valora y ahonda la condición del ser persona, ha sido la respuesta del cristianismo.

Encuentra esta antropología personalista sus fundamentos en la interpretación de los primeros capítulos del libro del Génesis y en el desarrollo de dicho germen, sin cesar, hasta el día de hoy. Esta evolución ha integrado a la fuente genesíaca el extraordinario impacto, por un lado, del dato de Dios Trino (tres "Personas" en la unidad de un solo Dios) y, de otro, la toma de la íntegra naturaleza humana por parte del Verbo de Dios en "la persona" de Jesucristo. Ambos misterios fundamentales del cristianismo sobre las "Personas" del Padre, Hijo y Espíritu Santo, y sobre la única "persona" de Jesucristo, el Hijo hecho hombre –dos naturalezas y una sola persona–, han aportado luces innovadoras sobre la condición personal del ser humano, varón y mujer.

Es bien conocido el texto del Génesis que culmina el relato del proceso de creación del universo, sus leyes y orden, y todas las especies de las plantas y los animales: "Dijo Dios: Hagamos al hombre a nuestra imagen, según nuestra semejanza… Y creó Dios al hombre a su imagen, a imagen de Dios lo creó; varón y mujer los creó. Y los bendijo, y les dijo: Creced, multiplicaos, llenad la tierra y sometedla… Y vio Dios todo lo que había hecho; y he aquí que era muy bueno" (Gen 1, 26-28 y 31).

3.4. Informaciones de los relatos del Génesis a la razón

¿Qué datos antropológicos nos aporta el Génesis? La primera información a la razón es que el universo no es eterno, sino que tiene un principio en tiempo y espacio. No sería en el decurso de una materia sin principio ni fin donde surgirían los dioses, como suponían las antiguas mitologías, sino todo lo contrario. Los dioses, a su vez, no serían seres superiores en poderes a los hombres, pero inferiores al universo mismo, dentro de cuyo seno aparecerían. El dato del Génesis a la razón es que un único Dios es el ser eterno, sin principio ni fin, el que preexiste al universo, quien lo crea por una decisión libre y poderosa, quien trasciende de manera absoluta y entera a todo lo creado, material o inmaterial, siendo acto y espíritu puro.

La segunda información es relativa al hombre. El origen del ser humano no es el azar ni la necesidad, anónimas e impersonales, es decir: un momento ya casual ya fatal de la evolución de un universo material eterno. El origen del hombre es una decisión "personal" de Dios Trino, un acto creador especial, un acto directo del entendimiento y de la voluntad de Dios, un acto creador –un *fiat*– diferente al del resto de cuantos seres hay en el universo. En este sentido el hombre es llamado "segunda criatura".[18] En la intimidad de cada ser humano,

---

[18] Cfr. L. Polo, "La coexistencia del hombre", en Actas de las XXV Jornadas Filosóficas de la Facultad de Filosofía de la Universidad de Navarra, Pamplona, 1991, p. 36.

en su *esse* más radical, hay una singular decisión creadora de su ser. *Un fiat personalizado en exclusiva*. Somos, cada uno, un ser que, ante los ojos de Dios, Él mismo conoce en particular, y así lo estima, valora y califica como "muy bueno" (Gen 1,31).

La tercera información, que le llega a la razón, resulta fascinante y también inquietante. El ser humano es creado por Dios *"a imagen y semejanza" del propio Dios*. Y por eso resulta tradición constante deducir del sello de la *imago Dei*, que hay en el ser humano, ciertas potencias y facultades superiores, propias y exclusivas de "quién es persona", como son la inteligencia, capaz de conocer el ser y la esencia de las cosas y, lo que es más importante, capaz de autoconocimiento; y la voluntad libre, capaz de elegir y, con ello, capaz de dirigir la propia vida y actuar como dueño y responsable de las propias conductas. Hasta aquí lo fascinante.

Lo inquietante comienza cuando el hombre, viéndose con inteligencia y voluntad libre, se considera a sí mismo "como Dios", es decir, con poder de crear la realidad, incluido qué sea el bien y el mal, a su antojo. Esta es la tentación radical – "seréis como dioses"– que tan diáfana relata el Génesis (Gen 3, 5). Obviamente, para ser como Dios, ocupando su lugar, el hombre debe negar la existencia de Dios. La creencia según la cual afirmar al hombre exige negar de Dios anida en la entraña de las antropologías de corte luterano, pues para Lutero había que optar entre el hombre o Dios, entre razón o fe, entre naturaleza o gracia. Ciertamente él optó por Dios, la fe y la gracia, pero cuando sus sucesores quisieron afirmar al hombre tuvieron que negarlo para fundar una antropología que apoyara al hombre, y a la razón.[19] Ahí se radicalizó el drama del humanismo ateo que cuaja en los diversos humanismos materialistas como, por ejemplo, en Marx

---

[19] Su exponente más claro es Feuerbach, que llegó a denominarse a sí mismo Lutero 2, pues estaba convencido de afirmar lo mismo que su maestro, aunque fuera al revés, manifestando que quien dijera sólo que era ateo no sabía nada de él, pues él sólo negaba lo que negaba al hombre. Sobre su planteamiento cfr. B. Castilla de Cortázar, *La antropología de Feuerbach y sus claves*, Barcelona, EUNSA, 1999.

o en Nietzsche. Semejante ateísmo no deja de ser una "creencia", un acto de fe, pues es el reverso de aquel acto de fe según el cual el hombre encuentra la verdad de sí mismo cuanto más se acerca a Dios, que le creó a su imagen.

En la racionalidad y libertad de la persona humana –porque en poseer esas perfecciones se asemeja a Dios, que es la inteligencia y libertad eternas e infinitas– hay algo más y de suma importancia. Ser *imago Dei* implica entender al ser humano –a cada uno de nosotros– como "alguien" que trasciende aquella antropología que lo definiría, por su conocer y querer, únicamente como la cima evolutiva de las especies vivas. El hombre no es sólo el animal superior, la especie que culmina la cadena de la materia viviente. El hombre es más que eso. El hombre, en cuanto persona, trasciende la animalidad y por su *esse* se sitúa en un orden existencial cualitativamente distinto. No pertenece y se agota en el mundo de las especies, aunque sea la superior de ellas.

El ser humano pertenece al universo de las personas. ¿Qué de sí está puesto en el universo personal? No tanto lo que "tiene", incluida inteligencia y voluntad, cuanto el "alguien" o espíritu personal único que "es". Dicho de otro modo: no somos, por personas, tanto nuestra inteligencia y voluntad, cuanto "el quién" que las tiene. La condición espiritual de su "quién" le supone dos diferencias importantes respecto de la animalidad.

Primera: su espíritu personal –el quién que cada uno somos– no es material, ni cíclico como el día que termina en noche, sino que puede crecer abierto a un horizonte sin horizonte, y a un subsistir sin fin. La tradición filosófica llamó a esta temática la inmortalidad del alma.

Segunda: en razón de la *imago Dei* puesta en su espíritu personal, la distancia ontológica entre el ser humano y cualquier animal o vegetal es mayor que la que hay entre el hombre y Dios. Aun afirmando la absoluta y sustancial diferencia entre Dios y el hombre, la *imago Dei* impresa en la condición personal humana trae como correlato antropológico que *el hombre se parece más a Dios que a cualquier animal viviente.*

La consecuencia es clave, por ejemplo, para la antropología, la psicología o la ecología. En efecto, el hombre se conoce más verdaderamente a sí mismo cuanto más se acerca a Dios, que cuanto más se busca entre los animales. Su deber de "cuidar de la naturaleza" viene de los deberes propios del buen y justo señor, más que de ser un animal más entre los animales –el inteligente y libre–, o materia entre la materia, aunque sea materia consciente.

Volviendo a las informaciones que nos aporta el libro del Génesis, el cuarto dato abre la condición humana al misterio insondable de la intimidad de Dios y, en este sentido, pone a la razón ante sus límites inmanentes –pues ella, con su sola luz, no podría ir más allá y tener el poder de penetrar la intimidad del propio Dios–, al tiempo que la conmueve con una luz e inspiración inagotables. ¿Cuál es esa extraordinaria información? En Génesis 1,26 afirma el Creador: "Hagamos al hombre a *nuestra* imagen, según *nuestra* semejanza". Dios, que hasta ahora habla en singular, se refiere ahora a Sí mismo en plural –es la primera vez que, aunque veladamente, se intuye la Trinidad–. Acto seguido, en una brevísima expresión, se relata la acción divina: "A imagen de Dios lo creó, varón y mujer los creó" (Gen 1, 27). Este referirse Dios al hombre, primero en singular, luego en plural, contiene también velada pero nítidamente que el ser humano, a imagen de Dios es unidad y pluralidad conjuntamente. En otras palabras, precisamente en nombre de *esa imagen y semejanza con la Trinidad,* es por lo que *el ser humano es creado varón y mujer.* Dos personas diferentes que comparten una misma naturaleza humana.

En ese sentido, Juan Pablo II ha puesto de relieve que la plenitud de la imagen de Dios no se encuentra en una persona aislada. En el progresivo desarrollo de la imagen Juan Pablo II va desde la Persona a la Comunión. "El hombre se convierte en imagen de Dios –afirma–, no tanto en el momento de la soledad cuanto en el momento de la comunión. Efectivamente, él es 'desde el principio' no sólo imagen en la que se refleja la soledad de una Persona que rige el mundo, sino también, y esencialmente, imagen de una inescrutable comunión divina de Personas".[20]

¿Por qué, en ser persona humana como varón y en serlo como mujer, hay un misterio insondable? Porque en esa diversa manera de ser igual y completamente la misma naturaleza humana –en la masculinidad y la feminidad– hay una imagen y semejanza de Dios especialmente intensa e íntima. En efecto, Dios no es un ser solitario y aislado. Dios son Tres Personas, la del Padre, la del Hijo, la del Espíritu Santo. Y las tres son un solo Dios, una única naturaleza divina, en la comunión eterna de amor del Padre con el Hijo en el Espíritu Santo. Esta diversidad de personas en el seno de la unidad de naturaleza, esta intimidad amorosa de Tres Personas unidas en un único Dios, es la dimensión misteriosa, pero extraordinariamente buena, puesta en que el ser humano lo sea como varón y mujer. La "unidad de los dos" –las personas diferentes del varón y la mujer en la unidad de su común naturaleza humana– , viene a ser, entonces, una imagen de la "unidad de los Tres".[21]

Desde esta perspectiva, Juan Pablo II pudo decir que el modelo originario de la familia humana hay que buscarlo en Dios mismo, en el misterio trinitario de su vida. Y añadió: "El 'Nosotros' divino constituye el modelo eterno del nosotros" humano; ante todo de aquel 'nosotros' que está formado por el varón y la mujer, creados a imagen y semejanza divina".[22] En otras palabras, el "Nosotros" que, en la unidad de un único Dios, son el Padre, Hijo y Espíritu Santo es el modelo originario y eterno del "nosotros humano", cuyas expresiones primarias son el nosotros formado por la unión entre el varón y la mujer, y el nosotros de la familia.

---

[20]   Juan Pablo II, Audiencia general, 14.XI.79, n. 3, en *Varón y mujer. Teología del cuerpo I*, p. 74.

[21]   Cfr. Juan Pablo II, Carta Apostólica *Mulieris Dignitatem*, 1988, n. 7.

[22]   Juan Pablo II, *Carta a las familias*, 1994, n. 6.

A imagen y semejanza de la comunión de amor, que es la naturaleza de Dios, así la naturaleza humana es modalizada en una diversidad –el modo masculino y el femenino– para que pueda ser comunicación y unión de amor. De este modo, la razón recibe aquella inspiración según la cual la sexualidad humana contiene una especial intimidad de imagen y semejanza con la manera de ser de Dios Trino. Si Dios Trino es Amor, entonces el ser humano ha sido creado varón y mujer, a imagen y semejanza de Dios Amor, llamado "por amor, al amor".[23] El amor, en consecuencia, es el origen y destinación del misterio humano, el sentido de la existencia de cada persona. Nuestros amados concretos son "las razones de nuestra vida". Dicho de otro modo, quien no ama a nadie o rechaza amar, está muerto en vida.

El ser humano no es macho y hembra, como las especies vivas impersonales. El ser humano lo es como persona corpórea masculina y como persona corpórea femenina. Bajo esta luz, la dualidad sexual humana tiene una *intrínseca condición personal*, cuya dimensión espiritual la eleva holgadamente del orden sexual del resto de las especies vivas. En éstas, la dimensión sexual está incoada –como modo de reproducción y de intercambio genético–, pero no incluye, porque no puede, la dimensión de comunicación y unión libre y amorosa, que es espiritual y constituye la razón última de la diferencia sexual. Por ser varón o mujer nos parecemos mucho más a Dios que a los animales. Entre otras cuestiones la condición sexuada humana tiene un significado más profundo que el de colaborar en la trasmisión de la vida, aun siendo esta una dimensión importante y en cierto modo fundamental. Esta intuición ha llevado a Bernhardin Krempel a afirmar que el "sexo" se forma verdaderamente sólo en el ser humano, mientras que en los animales y las plantas se encuentra

---

23 Juan Pablo II, Exh. Apost. *Familiaris consortio*, n. 11: "Dios ha creado al hombre a su imagen y semejanza: llamándolo a la existencia *por amor*, lo ha llamado al mismo tiemp *al amor*". La cursiva o itálica es original del texto.

sólo en forma atenuada, limitándose en ellos a la conservación de las especies.[24]

La diferencia sexual humana posee un intrínseco y radical *significado esponsal*, porque solamente encuentra su íntegra verdad de sentido y realización en el universo del amor. Es en el seno del amor donde, además, recibe la bendición del crecer y multiplicaos, el poder de engendrar, colaborando en la procreación de nuevas personas, donde Dios es el principal autor. Cada hijo no es sólo transmisión genética y cadena de ADN de un cuerpo y una psique, aportada por los padres, sino un nuevo, inédito y único espíritu personal, que sólo Dios puede crear. Engendrar un hijo –cada uno en singular– es una *procreación* entre los padres y Dios.

En suma, el ser humano lo es como varón y mujer, ambos personas en la humanidad común, que reflejan la diferencia y la comunión entre las personas divinas. Esa diferencia, de corte espiritual se manifiesta en su humanidad de forma dual que, a través de su humanidad masculina y femenina, expresa la radical e íntima complementariedad *constitutiva* entre amante, amado y unión. Cada uno de nosotros, en cuanto persona humana, no es un ser aislado y solitario en su más profundo adentro. Su misma estructura y dinámica constitucionales –ser varón o mujer– es radical relación personal de comunicación de la misma humanidad, que está modulada diversa y complementariamente, y que expresa así su diferencia espiritual más íntima: dos modos de amar, dos modos de dar y aceptar, que juntos son unión. La comunicación más excelente e íntima es la que acontece en los diversos géneros de amor: el conyugal, el paterno-filial, fraterno, intergeneracional y en la amistad. Es, en este sentido, en el que

---

[24] Cfr. B. Krempel, *Die Zweckfrage der Ehe in neuer Beleuchtung*, Einsiedeln-Colonia, Verlag Benziger, 1941, citado en VV.AA., *Mysterium Salutis. Manual de Teología como Historia de la salvación*, Cristiandad, 1970, t. II p. 578. De esa intuición, sin embargo, no es deducible la tesis que sostiene el autor de que el único fin del matrimonio es la complementación de los cónyuges por medio de la unión sexual.

se describe a la familia como el santuario primario del amor y de la vida personal.

Son, por tanto, cuatro los mensajes centrales, con los que el libro del Génesis, ilumina a la razón para informarle sobre el origen del hombre y sobre el sentido de su ser:

1. El universo no es eterno, tiene un principio en tiempo y espacio, en la decisión y el poder de un Ser eterno, sin principio ni fin, que es quien lo ha creado.
2. El ser humano también es creación de Dios, una creación especial, pensada y querida expresamente por Dios, con capacidad para hacerse cargo del resto del universo.
3. El hombre es creado a imagen y semejanza de Dios. El sello de la imagen de Dios es su peculiar quién interior, que le constituye como persona. No es un algo, sino un alguien, inteligente, libre y capaz de amar.
4. La condición humana se abre al misterio insondable de la intimidad de Dios. La imagen de Dios, en cuanto Trinidad, no se refleja sólo en cada persona singular, sino que la plenitud de la imagen se halla en la unión –unión-con, comunión– entre personas. Por ello crea al ser humano varón y mujer, una unidad de naturaleza y dos personas distintas. El hombre es creado por Dios Trino, que es Amor, con una estructura personal para el amor. Una "unidad de dos", cuna y fuente de la pluralidad humana.

Cualquiera puede observar que, en la historia colectiva y en las vidas singulares, esos cuatro datos antropológicos, contenidos en los relatos del Génesis, han sido y son constantemente ignorados, falseados o corrompidos. Los ejemplos son demasiado abundantes: la discriminación y maltrato de la mujer, el aborto, el abandono y abusos hacia los niños, las violaciones y prostituciones, los mercados sexuales, las disociaciones y rupturas entre el amor y el sexo, las fracturas, enfrentamientos y odios en el seno de las familias, la superficialidad impersonal en las relaciones de intimidad, etc. Todos esos malhadados hechos son ciertos. Pero aquí ocurre, por ejemplo, como con las enfermedades, que son prueba de la existencia de la salud, precisamente por su pérdida y por la necesidad de recuperarla. Si no existiera realmente la salud, ¿cómo podríamos conocer qué es la enfermedad, saber que es privación y sufrimiento, y dedicarnos a curarla?

Como existe la salud, por fortuna, también existe el buen y verdadero amor, y las familias unidas que nunca se rinden. Que, en un marco de violencia, de abuso utilitarista o de compraventa y mercado, el amor sea imposible y que esa clase errada de sexualidad disocie, vacíe y destruya a sus practicantes, lo que nos prueba es que el amor y la sexualidad verdaderas exigen un universo de respeto personal, de incondicionalidad en la estima, en suma, de afirmación del significado personal y esponsal que constituye la verdad y el corazón de la sexualidad humana. Ahora bien, el darse y acogerse sincera y enteramente –el amor auténtico y bueno– ha sido confiado a la libertad de las personas. Y el abuso de esa libertad puede maltratar y corromper al amor, convirtiendo su lugar en un desierto o en un infierno.

4.   La valía de cada persona

Es con la inspiración personalista –que comienza a reabrirse, tras siglos de ausencia en la filosofía política de Europa–[25] cuando Immanuel

---

[25] Tras la pérdida de la noción de persona, Zubiri recoge el camino penosamente rehecho por la filosofía moderna desde el sujeto cartesiano, pasando por el yo, hasta que Kant devuelve a la noción de persona categoría metafísica, aunque solamente desde una perspectiva moral. Esta indagación dispersa entre sus obras, ha sido en parte recopilada. Cfr. B. Castilla de Cortázar, *Noción de persona en Xavier Zubiri*, Madrid, Rialp, 1996, pp. 29-73.

Kant, en *La Fundamentación de la metafísica de las costumbres*, vuelve a referirse a la persona. La segunda formulación del imperativo categórico de la moral se formula en los siguientes términos: "Obra de tal modo que uses a la humanidad, tanto en tu persona como en la persona de cualquier otro, siempre al mismo tiempo como fin y nunca simplemente como medio".[26]

La persona por serlo –cada uno de nosotros– es un ser que vale incondicionalmente porque es un fin en sí mismo, y nunca un medio o algo que sólo vale en tanto es útil o sirve como instrumento. Pero el imperativo categórico de Kant no nos dice de dónde le viene al ser humano esa incondicional valía ni tampoco por qué es un fin en sí mismo. Podríamos pensar que un imperativo categórico es una verdad inmanente, de evidencia y obligatoriedad intrínsecas, un producto de la razón consigo misma. Podríamos, entonces, deducir que la persona, si es un fin *en sí misma*, también lo es *para sí misma*. ¿Somos, cada uno, el principio y el fin *para* nosotros mismos? ¿Es el egocentrismo –un hacerlo girar todo, incluidos los demás, en torno a uno mismo– la plena realización de cada persona?

El humanismo "inmanente" se enriquece y transforma la luz de una antropología "trascendente". En un pasaje preciso y bello *Gaudium et spes*, inspirándose en la *imago Dei* del Génesis, dice: "Esta semejanza demuestra que el hombre, única creatura del universo a la que Dios ha amado por sí misma, no puede encontrar su propia plenitud si no es *en la entrega sincera de sí mismo a los demás*".[27] La clave radical, la novedad trascendente, es el amor. Por tanto, la fuente de la valía incondicional de cada persona es su originaria y constitucional condición de *amado* –Dios nos ama el primero y como amante nos crea–, que puede corresponder como amante y, entre ambos, engendrar la comunión de amor. Esta es la vida excelente o, si se prefiere, la propia del ser persona. Y bajo esa luz, cada persona,

---

[26] I. Kant, *Fundamentación de la metafísica de las costumbres*, Ariel, 1999, § 429,10, p. 189.

[27] Concilio Vaticano II (1962-1965), Constitución *Gaudium et Spes*, n. 24.

aun siendo un fin en sí misma y nunca un mero medio, sin embargo, no posee esa valía para sí misma, encerrándose en un egocentrismo, sino *para darse y acoger ella misma a los demás*, con quienes puede ser un nosotros y una comunión de amor. De aquí que, si aplicamos la perspectiva del amor, la formula kantiana habría que completarla diciendo que siendo la persona fin en sí misma, no es fin para sí misma. En cuanto *amador* –la triple posición de amado, amante y unión–, el fin de cada persona siempre es otra persona.

El texto de *Gaudium et spes* subraya estas dos vertientes. De un lado, la valía intrínseca y excepcional de cada persona. De otro, la destinación al don, en cuya virtud cada persona, valiendo incondicionalmente "por" sí misma, no es "para" sí misma. La distinción es clave. ¿Por qué? Ni más ni menos porque fundamenta que al amar, que es don de sí y acogida en sí, la persona no se "pierde" al entregarse, sino que *se gana y crece*.

Desde la perspectiva de la valía, cada uno de nosotros, por ser una persona singularmente única e irrepetible, es literalmente una "joya" en su quién personal. Dicho sin metáforas, cada persona, por serlo, es más valiosa que todo el universo material –como afirmara Tomás de Aquino[28]–, porque es un fin en sí misma, lo que significa que su valía es intrínseca e incondicional, y no depende de la utilidad propia de los medios, las herramientas o los instrumentos. Este es el sentido que expresamos con la palabra "dignidad" de la persona humana. De cuanto contiene la realidad del cosmos, cada persona humana, varón o mujer, es el único ser que ha sido amado por sí mismo, cada uno es valioso por sí mismo. Esa valía de su quién personal plantea una doble vertiente, por un lado, la naturaleza de su reconocimiento y estimación, y por otro, quiénes son capaces de ofrecer dicho reconocimiento y valoración. Con otras palabras, la valía única de cada persona, por serlo, es un "bien personalizado", un quién digno

---

[28] Tomás de Aquino, *Suma Teológica,* I, q. 29, a. 3: "Persona significa lo más perfecto en toda la naturaleza".

de la aprobación y relación máxima entre personas. Por eso decimos que ser persona es poseer un quién capaz de amar, ser amado y unirse por amor.

Ninguna relación existe, que sea más íntima y personalizada, que el amor. Amar es propio de la persona porque sólo un quién, que posee en propiedad su ser, puede darse a sí mismo y acoger en sí a otro ser personal, que a su vez le corresponde con su recíproco don y acogida. En la experiencia del amar, la persona se reconoce y realiza. Descubre que, al amar, puede dar y recibir muchas "cosas" –bienes materiales, servicios, recursos, utilidades–, pero si, adentro de esas "cosas", no comparece la propia e íntima persona, dándose y acogiendo ella misma, no hay propiamente amor, porque en las "cosas", por sí solas y sin comparecencia en ellas de la persona, no hay intencionalidad ni intimidad, ni comunión, sino vacío.

En consecuencia, es en el amar donde encontramos las respuestas a las grandes preguntas. Por ejemplo: ¿quién soy, de dónde vengo, adónde voy? Desde la perspectiva del amor, no tenemos un origen anónimo e impersonal, ni un destino ciego. El origen de cada persona y su destinación existencial es absolutamente personal. Radica en un acto de amor creador, que pone en la existencia a *este quién amado*, al que Dios –el Quién que le amó primero– le "nombra" por su nombre primero y final –que eso es llamarle a la existencia desde la nada– y en el mismo llamarle por su nombre, le dona, en propiedad, un quién personal y una naturaleza, capaces de corresponder con amor.

Cada uno de nosotros puede preguntarse: ¿valgo según sirvo de herramienta útil? En los avatares de la vida, quizás los infortunados, nos haremos esa pregunta. De su acertada respuesta va a depender, en cualquier circunstancia adversa, el que poseamos las razones de vivir, la alegría de amar, y un sentido trascendente de nuestra existencia.

La valía de cada persona, por serlo, y su origen en un acto de amor creador y máximamente "singularizado", cuyo sentido es corresponder con amor, nos aportan muchas consecuencias en la antropología y en la psicología. Hay tres importantes. La primera, la cuestión de la desnudez de la intimidad y la incondicionalidad de su valor. La segunda, la gratuidad y libertad innatas e inalienables del amor. La tercera, la cuestión del "espacio de libertad" entre el quién personal, su naturaleza y sus conductas vitales. Las desarrollaremos en posteriores capítulos. Bastará ahora con introducirlas brevemente.

La "desnudez" significa que el sujeto radical del amar, *el amador*, es el quién personal íntimo, el que late en la raíz misma de cada ser humano masculino o femenino, el "desnudo" de cuantos "personajes", "identidades" y "roles" –disfraces y camuflajes– adquiere o le son atribuidos en el modelo social, económico, cultural y político en el que vive. Dicho de otro modo: no ama el alcalde, la campeona de tenis, el médico, el campesino o la camarera de la pizzería, sino sus desnudas e íntimas personas. Y en esa intimidad desnuda es donde radica el valor incondicional, no en los personajes, los roles y las máscaras sociales. Propiamente, sólo las relaciones de amor se adentran en el hondón más profundo y ahí se comunican.

Por eso mismo –y esta apreciación es decisiva para el diagnóstico y la terapia– muchas disfunciones amorosas provienen del miedo, las dificultades, las ocultaciones y simulaciones, los errores en la pretensión de interponer "personajes", en vez de dar y acoger el desnudo íntimo. Darse y acogerse sin miedos o disfraces, sin esconderse y con confianza, es una tarea para hacer –no un dado espontáneo–, un esfuerzo con frecuencia arduo, una conquista de la constancia, la honesta lealtad y la fidelidad y, en todo caso, un fruto conjunto –la mutua ayuda– entre amadores.

Pero nuestro interior desnudo no es un vacío hueco, sino un ámbito interno lleno de "territorios" con un profundo y grande potencial. Por eso mismo, esa intimidad deberá ser exquisitamente cuidada, en lo que le sembramos, abonamos y cosechamos, para no ser desertizada o corrompida. El amar de verdad va a pedir a nuestro quién una rica y virtuosa intimidad. Por ejemplo, la sinceridad, la lealtad y la fidelidad, la armónica templanza, la libertad interior, la tolerancia y el respeto, la ternura y la compasión, la esperanza constante, la fuerza de la abnegación y del sacrificio…, es decir, el universo de las virtudes. Faltos de esos valores o, a lo peor, padeciendo los contrarios, nos será muy difícil o imposible amar. Estudiaremos la educación de la intimidad más adelante. Aunque lo venimos haciendo desde el principio de estas páginas.

La gratuidad y libertad del amor nos ponen de manifiesto, quizás con una inesperada sorpresa, el carácter espiritual del santuario de la interioridad personal. ¿Por qué nuestro espíritu personal es un santuario? Porque, ni aun queriendo, podemos dar nuestra desnuda intimidad y acoger en ella, *de forma verdadera y auténtica*, mediante cualquier forma de violencia o de compraventa por un precio. Comprados, vendidos u obligados, aun rindiéndonos, sólo podemos "fingir", simular o aparentar, fabricándonos máscaras y antifaces para ocultar que no nos damos y acogemos íntimos y desnudos. No podemos amar, de veras y en rigor, por miedo o por interés, a nuestro comprador o a nuestro violador. Esa gratuidad y libertad del amar es innata e inviolable, tanto como lo es nuestro quién personal.

Muy importante, sobre todo en psicología y terapia, es la percepción del *espacio de libertad* entre la persona y su acción. Quiere decirse que, en última y radical instancia, el quién personal no se confunde con su conducta vital. No olvidemos que es en el quién personal donde radica la valía incondicional y desde donde se irradia a nuestro cuerpo humano. A veces entre una persona y su conducta parece no haber diferencia, pero, por fortuna, siempre queda un residuo de espacio y tiempo. Pongamos unos ejemplos. El condenado a muerte o a cadena perpetua por la comisión probada de varios asesinatos. El alcohólico o el drogadicto severos. En ambos casos, siempre el quién personal, poniéndose "frente" a su conducta delictiva o adictiva, puede arrepentirse o puede luchar contra su hábito. Es posible arrepentirse en el último minuto de la vida, si el quién personal puede enfrentarse a lo vivido y distanciarse de ello, porque ambos no son lo mismo. Es el caso de Dimas, el llamado "buen ladrón". Una paradoja luminosa: "buen" es la persona; "ladrón", la vida vivida. No son lo mismo.

Hay, por tanto, un espacio de libertad entre la persona y su acción. Y ese espacio –que puede ser grande o pequeño según la madurez, gobierno de sí o, todo lo contrario, casi reducido a la nada– es lo que nos permite tener esperanza en la salvación, recuperación, corrección, arrepentimiento y, a la postre, *cambio de vida*. Si no hubiera ese "espacio señor" sobre la propia vida y naturaleza, serían un cruel espejismo las esperanzas de una madre en el cambio o arrepentimiento de su hijo drogadicto o delincuente; serían imposibles cualesquiera terapias dirigidas a superar enfrentamientos, conflictos, malestares familiares y conyugales. Este espacio nos muestra la valía incondicional de la persona que subsiste a sus conductas. Pero, a la vez, en este espacio la persona cultiva sus hábitos, también por fortuna los buenos, las virtudes. Por eso decimos, ante un esfuerzo de cambio y arrepentimiento, que *vale la pena*, porque el quién todavía vale pese a sus conductas equivocadas y porque puede cambiarlas. La función terapéutica de la psicología depende de ese espacio de libertad y de su ampliación, espacio donde acontece el tratamiento al cambio y la ayuda a la mejora; espacio que el terapeuta aprovecha y ayuda a ampliar.

5. Una novedad, con poder de innovar la historia

El ser persona es novedad en un doble sentido. En el primero, porque cada persona –cada uno de nosotros–, es única e irrepetible. Ella misma es una novedad radical. Nadie nunca, ni en el pasado ni en el futuro, habrá sido o será su persona. Esa novedad es algo más que una irrepetibilidad de su ser, en sentido de peculiaridad estática. Es poder de cambio, desde la inteligencia y la razón, desde la libertad y la voluntariedad, y desde la sabiduría y arte de amar de su corazón que engendra relaciones profundas de intimidad conyugal, genealógica o familiar, y de amistad con muchas otras personas.

> Las personas son novedades –afirma Polo–, no surgen de la historia, ni tienen como *a priori* a la historia, sino que irrumpen desde la creación de cada una de ellas (…) La historia recomienza en cada ser humano. (…) Son comienzos estrictos. El hombre, la libertad humana, es un comienzo en la historia, pero no un único comienzo sino una pluralidad de comienzos discontinua. (…) Esos comienzos libres discontinuos, esas libertades sin antecedente histórico, esas libertades que se estrenan por la creación, esas novedades radicales que son cada una de las personas, no están para existir separadas. (…) La persona es comienzo o irreductibilidad. En la creación no hay nada más radical que la persona (…) pero esos comienzos libres se autotrascienden, se destinan.[29]

El destinarse a otro, es otro modo de describir el amor, que es el verdadero y mayor motor de la historia.

En segundo lugar, siendo una novedad en sí misma, cada persona contiene, en su ser, un poder de innovación creadora. Un tipo de innovación que supone una aportación inédita. En palabras de Polo: "Si el hombre es persona, sus resultados, su productividad, no es una causa de su naturaleza como diría el radical clásico, sino más, es una exuberancia, una aportación, un otorgamiento. La persona es aquel ser tan alto que todo lo que hace tiene el sentido de una aportación, y a la persona no le pasa nada porque le quiten lo que ha

---

[29] L. Polo, *Persona y libertad*, Pamplona, EUNSA, 2007, pp. 231-233.

producido, ya que es una fuente inagotable. Tiene necesidades, pero no es un necesitar, sino un otorgar".[30]

Siendo la persona una novedad, comunica su poder de innovación a sus obras y, desde su conducta, a muchas personas, incluso sin darse cuenta. Como les pasa a los creadores que no alcanzan a prever todas las implicaciones de sus descubrimientos.

No es que el hombre se encuentre ante lo inesperado, sino que el hombre produce lo inesperado. Para poner un ejemplo, en los programas de las computadoras siempre aparece algo que no estaba previsto por quien las programó. Y sucede, no porque no los utilice bien, sino porque su funcionamiento es tal que da más de sí de lo que previeron el ingeniero que la construyó y el que diseñó el programa. Es evidente que la computadora es un producto humano y ahí acontece lo inesperado, es como si el computador fuese capaz de reorganizarse estructuralmente y dar una salida que no estaba prevista.[31]

Quizá el ejemplo del programador informático quede lejos para muchos. Pero eso mismo ocurre en cada invento o descubrimiento, que tiene muchas más potencialidades que las previstas inicialmente por quien lo inventó o realizó. Pero también es una experiencia cotidiana en nuestro actuar. Por ejemplo, cualquiera que da una clase o asiste a ella, o a una charla, a un sermón en la misa del domingo, "dice más que lo que cree haber dicho" y el oyente oye cosas que el orador no dijo, pero al oyente se le ocurren al escucharlo, no así a su vecino de asiento, ni siquiera al que dio la clase. Cuántas veces los alumnos nos felicitan por cosas que aprendieron de nosotros, que los maestros ni recuerdan, ni enseñaron conscientemente.

---

[30] L. Polo, *Filosofía y economía,* Pamplona, EUNSA, 2012, p. 274.

[31] L. Polo, *Persona y Libertad,* Pamplona, EUNSA, 2007, pp. 187-188.

Ahora bien, innovar, revolucionar, cambiar el pasado, significa que el ser personal es futuro modificable, comunicación abierta, tiempo nuevo de creatividad, renovación a mejor. La persona –cada uno de nosotros– es novedad porque no está sumergida, como los vegetales y los animales, en un pasado que se reitera en el presente. Los seres impersonales "evolucionan", desde luego, pero a lo largo de millones de años, sumergidos en ese fluir sin poder tomarlo en sus manos, sin poder introducir su propio cambio, sin una innovación inteligente y libre. La persona, por el contrario, es futuro abierto al cambio ingeniado con su razón, querido por su voluntad, alentado por su corazón.

En el segundo sentido, cada persona, con base en su novedad radical y su apertura de libertad hacia el futuro, puede con su vida introducir una innovación insustituible y decisiva en la "historia" humana, en la vida de los demás. Conviene detenerse un momento en este dato extraordinario. Esta innovación no podemos ponderarla con los parámetros culturales e historiográficos con los que, convencionalmente, seleccionamos y distinguimos a "las personalidades" que han influido en la "historia" universal o particular. La innovación que trae cada persona excede en mucho la capacidad de medición de los parámetros al uso en las culturas. Según esos parámetros, a guisa de simples ejemplos, los padres o los abuelos de Abraham, Sócrates y Aristóteles, Mahoma, Shakespeare, Cervantes, Beethoven, Napoleón o Bolívar serían seres anónimos, personajes secundarios, personas de existencia insignificante. De hecho, ¿quién los identifica en los libros de historia? Allí no aparecen. Y, sin embargo, ninguna "personalidad histórica", en cualquier campo, habría nacido si faltase cualquiera de sus antepasados ni habría descollado sin la influencia y relaciones con muchas personas, la mayor parte de ellas desconocidas para la cultura oficial. No es sólo una aportación genética. Se trata de la presencia, en cada vida, de otras vidas entrelazadas, unas con otras, en las genealogías personales. Una madre, un abuelo –anónimos y corrientes–, por resumir ejemplos, pueden tener una influencia "histórica" incalculable.

Los antedichos ejemplos nos sirven para esclarecer la innovación que es cada persona, sin excepción, y su enorme potencial. No lo es –y aquí conviene prestar atención– porque entre sus descendientes vaya a aparecer un genio literario o musical o una personalidad política o militar. De manera que, si no les floreciera en su genealogía un personaje histórico, sus vidas se sumirían en la insignificancia. Lo que se quiere decir es que la historia humana, se conozca o no en la cultura historiográfica oficial, no sería la misma si faltase una sola persona. Y no sería la misma, porque la novedad de cada una se incorpora, lo sepamos o no, a una multitud de interacciones íntimas con otras personas, incluidas aquellas que son presencias, condicionantes y reacciones interiores secretas, la cuales no se habrían producido si aquella primera no hubiera existido jamás.

Cada vez que una persona entra en nuestra vida, nosotros no somos ya lo mismo. Nuestra vida ya no será igual que si no hubiera entrado. Su aportación nos ha enriquecido, a veces transformado. Tal vez, por desgracia, encogido y perjudicado. No depende del tiempo que haya estado, sino de lo que nos ha dado. Esto tanto para bien como para mal, aunque el mal nunca tiene la última palabra. Esa experiencia, quizá fuente de mucho dolor, puede terminar convertida en bien, por la humildad, el arrepentimiento, la capacidad de comprender que han engendrado en nosotros. Pues bien, si el encuentro con una sola persona puede transformar nuestra vida, todas las personas –tantas– que han estado en ella, sobre todo en las relaciones familiares, pasen o no a la historia oficial, han sido y son insustituibles.

La novedad personal no es la misma que la evolución de las especies. Esto es así porque cada persona ya es, ella misma, una novedad radical e inédita: No es un "cambio" más, un número que suma y se acumula, como ocurre en el mundo de las especies vivas, el orden del cosmos y sus intrínsecas transformaciones. Siendo esos cambios significativos, no obstante, son cosa "menor". La "mayor", la novedad radical es cada persona, ella misma, porque como tal se incorpora al universo de las personas y lo modifica con su presencia, con un alto y único poder renovador. Cuál es "exactamente" esa modificación "renovadora" es algo que nos excede, no sólo por la magnitud y complejidad de interacciones, muchas imposibles de conocer y ponderar, sino por la naturaleza espiritual de la presencia de cada persona y su potencia de influencia en la intimidad de otras, por ejemplo, la de una abuela con un nieto gracias a una pequeña conversación íntima ocurrida durante unos breves minutos una tarde cualquiera, aquel beso en un momento milagrosa y oportunamente trascendente. Los ejemplos podrían multiplicarse al infinito: basta con asomarse a lo que ocurre en cada hogar, en tantos millones de historias familiares, para comprender este coexistir y convivir con sus enormes consecuencias.

El contraste con este universo de las personas se nos hace evidente, si lo comparamos con el mundo de las cosas o de las especies vivas impersonales. Por ejemplo, la astrofísica puede predecir en un futuro qué hará y dónde estará un cometa, un planeta o nuestro Sol. Ni el cometa, planeta o estrella tienen "libertad personal" para cambiar, innovar o revolucionar sus trayectorias. Podemos predecir el futuro de las migraciones de las aves, de las manadas de elefantes, de las estaciones del año. En realidad, su "futuro" es una proyección pautada de su "pasado". Basta con conocer las leyes que rigen esos "comportamientos" para poder anticiparlos, pues esas cosas y animales viven sumergidos en dichas leyes.

Pero, ¿podemos anticipar del mismo modo el futuro de los comportamientos humanos? Desde luego que no. No podemos anticipar ni la marcha de la bolsa de valores ni los resultados de la liga de futbol o de unas elecciones. Por eso hemos inventado, por ejemplo, las casas de apuestas, las encuestas y las estadísticas. Son aproximaciones, a veces ni siquiera. La razón es sencilla: la persona puede innovar y cambiar hasta sus propias predicciones sobre sí mismo. Puede inventarse la reacción ante lo imprevisto y no queda sujeta, por ello, a repetir esa reacción una y otra vez, aunque las circunstancias o los imprevistos parezcan los mismos. ¿Por qué? Porque el vivir del ser, que es persona, es futuro abierto, nuevo, libre de lo que ha sido su pasado. Y en dicho futuro abierto y libre, cada uno de nosotros puede introducir su propia novedad.

En el mundo de la especie, donde las individuaciones –este león, por ejemplo– no son valías incondicionales en sí mismas, ni tampoco ninguna de ellas posee intimidad e intencionalidad con que darse y acoger, las leyes que rigen son física y bioquímica determinantes. En efecto, la mayor fuerza –incluida la violencia–, y el sometimiento implacable a la adaptación exterior, son los "valores" de la especie, la manada o la colmena. El universo de la persona, en cambio, se rige por leyes fruto de su libertad –por ejemplo, el derecho–, y de entre ellas, la más excelente es la "ley" del amor, que de suyo es sabiduría, gratuidad y libertad. Por ejemplo, en el mundo de la especie no hay lugar para el nacido paralítico, ni para el viejo incapaz de buscarse su alimento, ni para los más débiles. En el universo de las personas, los más frágiles, enfermos o necesitados –pensemos en nuestros hijos, hermanos, padres o abuelos cuando se ven aquejados de enfermedades y desgracias– son los más cuidados, atendidos y protegidos, sencillamente porque el amor hace más personales y sabios estos comportamientos humanos.

Los humanos somos muchas cosas, sin duda. Pero, es por amor y para amar que, en nuestra raíz existencial, somos personas. Por personas somos *amadores*. Cada amador es, en sí mismo, una novedad como amante, amado y vida de unión. Y en cada amor hay una potencia de innovar, hacer historias nuevas, irrepetibles, insustituibles, cuya magnitud y trascendencia en la historia singular y en la colectiva superan lo que el mayor telescopio imaginable podría cuantificar, predecir y detallar. ¿Qué sería de la poesía o la narrativa –la literatura, el teatro, el cine...– o las artes mismas –la pintura, la escultura, la música, la arquitectura de las casas, la moda...– sin las aventuras y contraluces del amor en la vida de los seres humanos? Probablemente existirían, en tono menor, como artes del aburrimiento existencial.

6. La educación para el amor, una primera responsabilidad

Supongamos que hemos asimilado la novedad que cada uno somos y puede aportar. Y nos entusiasma. Entramos a fondo en la vida de muchas personas, hasta su intimidad, y la cambiamos para bien o para mal. Lo hacemos al enamorarnos, al ser padre o madre, al ser hermanos, al conmover afectivamente un área de intimidad. ¿Somos conscientes del impacto que causamos en otro, o solamente cuando somos nosotros los heridos? Tenemos una gran responsabilidad al ejercer este poder de entrar, conmover, innovar la vida íntima de los demás. Podemos hacer mucho bien o mucho daño. Entrar en la vida íntima de alguien sólo lo justifica un amor honesto, sincero, leal. Y para poder darlo y acoger con esta calidad y verdad, es imprescindible educar nuestra madurez para amar.

Quizás entendamos ahora mejor lo injusto y dañino de las frivolidades, soberbias y egoísmos de quienes juegan al amor, a "entrar en la vida íntima de otro", para satisfacer sus vanidades, sus apetitos de poder, y sin el menor propósito de responder de las consecuencias y los daños. El amor no puede separarse de la responsabilidad por el otro, como ha puesto de relieve Karol Wojtyla, pues la persona del otro ha de ser tratada no como medio sino como fin en sí misma, que es otro modo de decir con amor. El amor a su vez es tratar al ser humano como persona, nunca como objeto.[32]

Adoptemos la perspectiva de la responsabilidad. Nos aportará algunos descubrimientos.

---

[32] Karol Wojtyla, *Amor y responsabilidad*, Madrid, Palabra, 2011.

Por ejemplo, nos subrayará la valía del prójimo, de cada persona y de su vida. ¿En qué sentido? En primer lugar, en la proclamación del *derecho a la vida y a la integridad física*. Es el derecho fundamental más básico, porque de su reconocimiento y protección dependen los demás derechos y libertades fundamentales. La vida humana – el bien que protege ese derecho fundamental– incluye, desde luego, la "vida física", pero no se agota en ello: lo que reconoce y protege es la vida humana digna, esto es, justa con la condición de persona. Comprendido que se trata no sólo de vivir, sino también de hacerlo dignamente, se nos añadirá otro aspecto clave. Se trata del *derecho* –que es también un *deber* y una *responsabilidad*– a poder desplegar y aportar cuanto potencial innovador contiene una persona. Es el derecho al desarrollo en libertad y respeto de la propia personalidad y de su biografía.

Veamos algunas consecuencias prácticas. Bajo esa consideración, podremos entender, por ejemplo, la atroz injusticia que es el homicidio, porque amputa de cuajo una vida y su novedad. Vida que hasta tendría ocasión de introducir parte de su singular novedad en cautiverio, por ejemplo, en el recluido en un campo de concentración o en el condenado a cadena perpetua, pero no en quien sufre la pena capital y es ejecutado. La experiencia de muchos de esos casos, nos permite hacer esa afirmación.[33]

Se nos hará, a su vez, muy clara la brutal injusticia de las diferentes formas de esclavitud, porque son privaciones de una vida propia y libre; o aquellos sofocamientos del potencial innovador que

---

[33] Esta experiencia de resistencia del espíritu personal en condiciones extremas, cuando al ser humano no le queda otra posesión que su mera existencia desnuda y expoliada, fue vivida en carne propia, como superviviente el holocausto judío, por el psicólogo Viktor Frankl, y relatada en su obra emblemática *El hombre en busca de sentido*, Barcelona, Herder, 1991, fue la base de su logoterapia. Frankl buscó caminos humanistas para enfrentarse y superar sufrimientos intensos y profundos, que pueden conducir a la pérdida completa del sentido de vivir, ayudando a la persona del paciente a recuperar el valor de la propia existencia y las razones para vivir. Su método de logoterapia, basado no tanto en la medición, experimentación y farmacología, cuanto en la confianza en los resortes espirituales de la persona y en la conducción logoterapéutica del paciente en manos de un experto y sabio maestro, ha tenido dificultades para consolidar una praxis profesional extendida, aunque mantiene el prestigio de su fundador.

cada vida personal contiene, porque mediante diversas formas de violencia –desde la tortura física y psíquica a las más sutiles formas de la amenaza– se provoca el miedo a ser y a manifestarse como uno es y querría; o mediante aquellas compras de la voluntad, aprovechando circunstancias de necesidad, cuyo efecto es someter la libertad de las personas a un dictado externo. Las formas de la esclavitud son muchas. También en el campo afectivo. Las hay primitivas y físicas, pues conllevan cadenas y grilletes en el cuerpo. Las hay psíquicas, que son coacciones directas sobre la libertad interior o también mediante la creación de entornos cercanos y ambientes sociales en los que se impone un pensamiento único, dogmático y excluyente, y se promueven comportamientos externos obligados –políticamente "correctos"–, a la vez que proscriben y condenan las legítimas y libres manifestaciones de las singularidades personales.

Con seguridad, además, estamos comprendiendo más a fondo la gravedad de la violencia de género y la doméstica, el maltrato con la excusa falsa del amar, o aprovechándose de la convivencia en el mismo hogar, como son, por ejemplo, las lacras del abuso sexual, del maltrato de niños y ancianos. El daño infringido a esas "intimidades personales" es enorme y hondo, a veces irreparable de por vida. Entenderemos, a su vez, la decisiva importancia –con las responsabilidades particulares–, en preservar las armonías, respetos, paz y amores en el hogar familiar, pues la corrupción del óptimo, que es una familia, produce lo pésimo, un infierno.

Con la misma perspectiva, aunque en su reverso positivo, podremos valorar la enorme importancia del acceso a la educación para cada persona, pues conlleva la apertura a condiciones y recursos que promueven la realización de su novedad y la aportación de sus capacidades innovadoras a los demás y a la sociedad. Entenderemos, bajo esta luz, por qué la persona merece respeto, *ella misma es respeto*. Derecho a ser respetada en su novedad y singularidad. Pero también *deber* de respetar la novedad y singularidad de los demás. En ambas vertientes, el respeto implica educación de su derecho y de sus deberes. La ignorancia y la mala educación son madres –no las únicas, pero sí muy prolíficas– de la desconsideración, faltas de respeto, desprecios y humillaciones, violencias contra la novedad singular y distinta de cada persona.

Comprender que cada uno somos una persona única y asumir su dignidad y valía es, de suyo, una gran luz. ¿Qué ilumina? Por de pronto, nos dice qué es lo justo… y lo injusto. No es poco, sin duda. ¿Por qué? Porque un cimiento básico, imprescindible si se quiere amar, es reconocer a cada uno lo suyo y darle lo que le pertenece. Porque esa sabiduría y voluntad de justicia es motor de civilización para la sociedad; pero, para cada uno en particular, es una fuente de sanos criterios para una vida lograda, que no haga daño a nadie y haga bien a muchos.

La capacidad de innovar, cambiar y revolucionar nos ha puesto de relieve un extraordinario y exclusivo poder del ser que es persona. No estaba escondido, sino a la vista de la experiencia cotidiana. Nos basta con abrir los ojos. Pero ese poder, dado que la persona también es libre, está abierto al bien y al mal, a la justicia y la injusticia, al recto uso y al abuso. Las principales motivaciones de la conducta humana vienen del temor, el interés o el amor. En efecto, podemos obligar con la fuerza o ser sometidos por el miedo; podemos comprar y vendernos, y podemos ofrecernos libre y gratuitamente por amor. Las fuerzas y fines de la innovación, el cambio y la revolución –hasta el arrepentimiento y la corrección de malos pasos– están en nuestra libertad y podemos "elegir" intervenciones que hacen daño o que son beneficiosas y mejoran a los demás.

Guerra o paz son "innovaciones" humanas. No las traen las estaciones del año ni la gravedad física. Ahora bien, cuanto más afirmemos este poder y libertad de elegir la propia conducta, más estamos por eso mismo afirmando la responsabilidad respecto de la conducta elegida. *La persona, en tanto es libertad, es responsabilidad*. Responde de sus actos y de sus consecuencias. Es responsable del uso de su novedad. Aún más, a quien ama, por eso mismo, le place ser responsable.

7. Verdad y libertad de la persona van juntas

El mal y la mentira necesitan imponerse; el bien y la verdad se ofrecen a la libertad personal. ¿Por qué? Porque el mal y la mentira *no son*; en la realidad profunda, son sucedáneos del bien y fantasmas de la verdad; por eso, al no ser, necesitan imponerse empleando alguna forma de la violencia y la coacción. En cambio, el bien y la verdad *son* y, por eso, se ofrecen a la libertad porque son absolutamente refractarias a las violencias y coacciones, a las que no necesitan para nada. Es este un *test* infalible. Verdad y libertad caminan juntas, inseparablemente; en caso contrario, ambas mueren. Una verdad impuesta contra la libertad enseguida se corrompe y deja de ser verdad. Una libertad sin verdad se convierte en pura arbitrariedad o en veleidad sin sentido, y pronto en una escena donde domina "el capricho y la voluntad de poder" del más fuerte.

Por eso, en constante paradoja que la historia nos demuestra, la libertad sin verdad y la verdad sin libertad son madres de las tiranías y las dictaduras en el plano colectivo, y en esclavitudes, adicciones y daños –hasta la patología– en las vidas particulares.

A la luz de la comunión entre verdad y libertad, nuestra incorporación al universo de las personas –superando y trascendiendo el mundo de las especies animales–, presenta la naturaleza de una invitación, de una propuesta a la libertad de cada persona humana, de *un ofrecimiento respetuoso*, no de una ley física, ni un dictado tiránico. En esta conjunción entre verdad y libertad, cada uno de nosotros puede experimentar su condición de persona, es decir, el anhelo de nuestra inteligencia por la verdad y de nuestra voluntad por el bien.

¿Por qué la verdad y el bien no se imponen a la libertad? ¿Por qué la atmósfera de la libertad es donde mejor respira la verdad? Para que la aceptación del propio origen y la realización del destino vital, por parte de quien es persona, no vengan determinados, sino que sea obra propia, conducta elegida por uno mismo. Para que los valores y virtudes sean adquisición nuestra, elección libre, querida por uno mismo. Para que el vivir sea vida en propiedad, sea biografía nuestra. Para que el don y la acogida íntimas puedan ser *gratis et amore*.

Conocerse y vivirse desde la propia libertad significa, además, que nuestra vida no es un mero sucederse en el tiempo, sino que tiene la trama de la biografía, de un relato que nos escribimos. Pero este vivir una biografía lograda supone tiempos y espacios. No somos cuanto podemos ser en un sólo acto puntual, a tiempo cero y velocidad infinita. Somos tiempos y espacios, edades, lugares y procesos –potencia que actualizar–, de la misma forma que somos un espíritu personal y subsistente pero encarnado en un cuerpo que nace, crece y muere.

Amar, en consecuencia, es *un aprendizaje en el tiempo y en el espacio*, una experiencia radical sobre quiénes somos y para quién somos, que ha de gobernarse por uno mismo en su cada día, y que *solicita una educación*: un saber cultivarse para que, amando de veras, podamos culminarnos en vez de desertizarnos y calcinar a los demás. Para quien es persona, educarse es comprender, asumir y encarnar en la propia vida un tesoro de verdades que, por serlo, son un ofrecimiento –no una imposición– a su libertad. Y entre las verdades, la más decisiva e importante es la verdad sobre el amor.

8. Lo permanente y lo perecedero en el dinamismo de la persona

¿En qué medida somos tiempo que pasa y se desvanece? ¿También el amor viene, hierve y se evapora? ¿Cuánto tiempo cuesta convertirse en buen amador? Saber amar mejor –más verdadero y bueno, es decir, más sabio, libre y gratuito– dura toda la vida. No es porque seamos malos aprendices, poco dotados y negligentes, incluso perversos. Además de *esos posibles riesgos, ocurre que el amar es un horizonte sin horizonte*, un rebelde enfrentamiento a la muerte. ¿Es esta una expresión retórica, una contradicción o una fascinante verdad?

Junto al movimiento material de nuestra naturaleza corpórea, que es perecedero –un amanecer hacia su ocaso–, la persona es un espíritu cuyo dinamismo tiene un "horizonte ilimitado", que trasciende, en cierto modo, el tiempo y el espacio. Recordemos las palabras citadas anteriormente: "la *persona* es lo que trasciende el mero espacio y me abre a la infinitud. Lo que me permite estar aquí y en otro lugar al mismo tiempo. Lo que hace que no esté solo allí donde en este preciso momento se encuentra mi cuerpo, sino que viva con un horizonte más amplio. (…) la persona es lo abarcador, lo diferente, lo mayor".[34]

Es fascinante, realmente, que podamos *crecer más y más* en ternura, generosidad, paciencia, afabilidad, templanza, delicadeza…, y que la experiencia de dicho crecimiento conviva con la otra del envejecer e ir perdiendo las fuerzas del cuerpo. Es un espectáculo esplendoroso ver la intensidad de la comparecencia amorosa de espíritus personales en las manos ajadas y artríticas de los ancianos esposos, de nuestro abuelo o abuela, cuando nos toman la mano, nos acarician la mejilla o están presentes en el brillo de su mirada, pese a sus ojos ya tan soterrados que ven poco, pero están llenos de ternura y amor hacia nosotros. Se trata de la experiencia del quién personal, de su naturaleza espiritual, que puede crecer en amor pese al declinar de su condición corporal y material. En la caricia amorosa de nuestros abuelos, por ejemplo, podemos experimentar la "juventud" de su espíritu personal, el quién que ama, al tiempo que su cuerpo está enfermo, gastado e impedido. Esta experiencia no es exótica y rarísima. Está ante nuestros ojos. Basta con sentarse, por ejemplo, al lado de nuestra abuela y, tomándole esa mano ajada, sentir su íntima comparecencia, intensa, viva y amorosa, cuando ella nos la estrecha o nos acaricia.

---

[34] J. Ratzinger, *Últimas conversaciones con Peter Seewald*, p. 290.

No estamos terminados, sino abiertos a una realización biográfica en gran parte en nuestras manos. Sobre todo, en la decisión de amar. Estar en nuestras manos aconseja aprender a amar más y mejor. Parece un objetivo de alta inteligencia personal el educarnos como amantes, amados, y capaces de fundar, conservar y restaurar nuestras relaciones amorosas. Lo antes posible nos conviene descubrir por qué al amor le es imposible ser necio, violento, comprado o vendido, manipulado por el interés y la utilidad egoísta. ¿Por qué? Porque en esas atmósferas –la ignorancia y los errores, las violencias y las utilizaciones abusivas–, a la persona se la trata como un mero medio, y no como un fin con valía incondicional en sí misma. Por eso mismo, el amor verdadero es sabio, libre y gratuito.

9. La complejidad humana, su unidad y capacidad de crecimiento

Vivimos en un momento histórico en el que parece urgente "repensar" la identidad personal y su llamada al amor, para redescubrir con luces nuevas el don de ser *amadores*, con capacidad de construir nuestras propias relaciones, empezando por los lazos familiares. La identidad personal, es decir, el ser esta singular persona humana masculina o femenina, está en el fondo de la comprensión de los amores familiares, empezando por el amor conyugal entre varón y mujer. Pero la cuestión acerca de qué sea ser varón o mujer es uno de los grandes radicales antropológicos. Uno de los más profundos, misteriosos y, como veremos, "abiertos".

No es esta una cuestión fácil al discurso intelectual. Por una parte, es evidente que nos levantamos cada día siendo quienes somos y lo que somos, sin que ello dependa cada mañana de las luces de nuestro intelecto. Lo que somos sencillamente es y sigue siendo. Si no fuera así, si nuestro ser dependiera de su exacta comprensión racional, si el vivir cotidiano dependiera del conocerse, habría días que no podría levantarse de la cama la mayoría de la humanidad. Bien, una cosa es lo que somos y otra lo que nos conocemos. En este sentido veremos más adelante que no es lo mismo el "yo" que la persona. Pero, por otra parte, le cuesta mucho a nuestro entendimiento racional dominar cuanto somos, "meterlo completo en la cabeza", sin género alguno de dosis, parcialidad, dudas y errores. La extensísima historia del pensamiento filosófico y de las ciencias que se ocupan del ser humano, que continúa el día de hoy sin signos de concluirse, nos demuestran esas dificultades. Es cierto que no estamos dándole vueltas a la primera línea del libro del hombre. Hay avances, sin duda. Pero tampoco estamos ante la página final.

Parece razonable afirmar que "el ser humano es una realidad sumamente compleja, que requiere una averiguación de sus entresijos, esto es, de la conexión de sus facultades, las cuales pueden ajustarse o irse desajustando. El hombre tiene que aprender a serlo".[35] Cualquier planta, pajarito o bacteria lo son, rápido, sin cargar su aprendizaje sobre las espaldas toda la vida. Ni veinte o treinta años sobre las de sus padres. Para el ser humano el conocimiento y cultivo de sí mismo no sólo está abierta y dura toda su vida, sino que es una tarea clave en la que se juega la realización lograda o no de su biografía. Este aprendizaje puede fracasar, es decir, conducir al desajuste de las dimensiones de su ser. Ocurre, entre otros errores, cuando reduce el ámbito de sus intereses, cuando se encierra en aquel ensimismamiento de pretender vivir como mero individuo aislado, cuando sus relaciones con los demás se limitan a aquellas de las que espera obtener utilidades en beneficio propio.

La persona humana no es unidimensional, sino muy compleja, porque es un compuesto de espíritu, cuerpo y alma, como veremos. Pero el espíritu y la materia, que parecen tan diferentes e insolubles

---

[35] L. Polo, "El hombre como hijo", en J. Cruz (ed.), *Metafísica de la familia*, Pamplona, EUNSA, 1995 (Filosófica, 99), p. 321.

como el agua y el aceite, en la humanidad de cada persona son más que íntimos compañeros, pues –como decían los antiguos clásicos– entre alma y cuerpo hay una unidad sustancial, sustentada por una unidad más radical, aportada por la unicidad personal. Somos una unidad latiendo, como un único corazón, en todas nuestras dimensiones humanas.

Es de común experiencia que somos diversas dimensiones: físicas, psíquicas, emocionales y espirituales. Pese a ser las nuestras, no son fáciles de conocer al completo ni de gobernar con estable e íntegra armonía. No somos, ni nunca seremos, una máquina automatizada. En cierto sentido, cuanto podemos llegar a ser, con y desde lo que somos, es un desafío y una conquista biográfica. Una importante medida de nuestra compleja naturaleza y de nuestro mismo ser está "abierta", sin realizarse y en nuestras manos. Ante la posibilidad del éxito o del fracaso en la consecución de la propia felicidad y en la de los seres queridos, interesa averiguar lo que la sabiduría humana ha alcanzado sobre qué y quién es el ser humano, con el fin de tener herramientas intelectuales y morales, que alumbren la inteligencia y la voluntad para conseguir una vida lograda y fecunda.

La complejidad humana tiene factores constitucionales dados, como por ejemplo su anatomía corporal o el funcionamiento fisiológico de sus sistemas orgánicos. Es un factor constitutivo andar erecto con dos piernas, que el corazón bombee la sangre en nuestro cuerpo, respirar con los pulmones y así oxigenar el organismo. No es humano reptar, pero es humano latir y respirar. Querer entender, desear, sentir, vigilias y sueños, emocionarse... son constitutivos humanos. Pero, a su vez, forma parte de la complejidad humana la simbiosis con el entorno social, que cambia en cada tiempo y lugar; y también el avance de los conocimientos que le aportan las diferentes ciencias, que son "esfuerzos del hombre" y, por lo tanto, una manifestación especialmente autorizada, por sus métodos y rigor, de la misma necesidad del ser humano de saberse y completarse, en tanto se ignora a sí mismo y tampoco está concluido.

En cada revolución cultural, revisamos y reorganizamos nuestra idea de nosotros mismos y del mundo. En cierto sentido, el ser humano es, también, un parto de sí mismo, un engendrarse, una manera de ser –una naturaleza– tan compleja como "abierta", es decir, "sin hacer". En este sentido, el ser humano también es su cultura, se "encarna" y manifiesta en ella; por ella se conoce mejor y la "incorpora" a su autoconocimiento y autorrealización.

En este horizonte "abierto", qué seamos como varón y mujer, qué sea la sexualidad personal humana, qué sea amar y los grandes amores con sus contenidos específicos, han sido temas que, en la historia del pensamiento filosófico y científico, no han sido los más centrales y prioritarios. Y, sin embargo, una perspectiva desde la persona masculina y femenina, un enfoque desde el amor y los amores, convierte la cuestión de la identidad humana dual –del ser varón o mujer– y, desde esa dualidad, el ser amante, amado y unión en trilogía y enigma principal.

Sin embargo, la antropología que poseemos está muy fragmentada. Así lo puso de relieve ya a principios del siglo xx Max Scheler en las siguientes palabras:

Poseemos una antropología científica, otra filosófica y otra teológica, que no se preocupan una de la otra. *Pero no poseemos una idea unitaria del hombre.* Por otra parte, la multitud siempre creciente de ciencias especiales que se ocupan del hombre, *ocultan* la esencia de este mucho más de lo que la *iluminan*, por valiosas que sean. Si se considera, además, que los tres citados círculos de ideas tradicionales están hoy frecuentemente quebrantados, y de un modo muy especial la solución darwiniana al problema del origen del hombre, cabe decir que en ninguna época de la historia *ha resultado el hombre tan problemático para sí mismo* como en la actualidad.[36]

Dicho diagnóstico no ha perdido vigencia un siglo después.

El ser humano tiene, por una parte, una constitución recibida, pero a la vez ha de irse forjando a sí mismo a lo largo de su vida. En este sentido, *el ser humano nace y se hace*. Dependerá de lo que haga, de lo que elija, pueda y le dejen hacer, el desarrollo de su propia personalidad. Por eso, conocerse a sí mismo, al menos inicialmente y persistir en mejor conocerse, es el reto y la oportunidad. Como resulta que es la primera vez que vivimos nuestra vida, y somos siempre aprendices en cualquier edad que tengamos, la frecuencia del tanteo, ensayo y dudas son tan "naturales" como las posibilidades de errar. Cicerón advirtió, como ya hemos recordado, que errar es de humanos, pero perseverar en el error es de necios desustanciados. Así pues, lo malo de un error o mal paso no es que nos ocurra, sino que por necedad o soberbia nos empecinemos en la terquedad de sostenerlo y repetirlo. Siendo consecuentes con lo dicho, parece sabio abrazar una actitud humilde; estar abiertos para aprender de las experiencias de otros, aprovechar las aportaciones de los grandes maestros en humanidades, desde su *alma mater*, que es la universidad.

Con estas perspectivas y objetivos, pese a que la tarea es tan enorme que causa "temor y temblor",[37] proseguiremos explorando los principales fundamentos antropológicos y psicológicos para llegar a las claves de la persona y del amor.

---

[36]   Max Scheler, *El puesto del hombre en el cosmos*, 6a. ed. (1a. ed. 1929), Buenos Aires, Losada, 1967, p. 24.

[37]   *Temor y temblor* es el título del libro de Søren Kierkegaard, considerado como la presentación de la angustia existencial moderna. Lo publicó en 1843 con el pseudónimo de Johannes de Silentio y en su introducción, además de vaticinar su encumbramiento universal, insinuaba que el título encerraba algunas claves secretas. Conocida la personalidad de Kierkegaard, su obsesión con la figura de Abraham y el sacrificio de Isaac, parece muy razonable suponer la influencia de la expresión "temor y temblor" como aparece en la carta de san Pablo a los Filipenses, 2, 12-16.

CAPÍTULO II
Estructura donal
de la persona

Comenzábamos este estudio constatando que sólo quien es persona goza del poder de amar, por lo que el amor sería la perspectiva dominante desde la cual estudiaremos a la persona humana, varón y mujer. Constatábamos también la estructura triádica del amor y del ser amador, pues únicamente las personas pueden entrelazarse siendo, a la vez, amante, amado y unión de amor. Don de sí, acogida en sí, y unión, el amor se convierte en una vía privilegiada para acceder al conocimiento del misterio del hombre.

En el capítulo anterior se exploró la valía de cada persona, en cierto modo absoluta, pues recordábamos que la primera de las dos dimensiones de la persona, recogidas en el breve y magistral pasaje de la *Gaudium et Spes*, afirma que cada persona –cada uno de nosotros– es "el único ser en el universo al que Dios ha amado por sí mismo". Pero a esta afirmación le sigue inseparablemente un segundo aspecto: que la persona "sólo alcanza su plenitud en el don sincero de sí a los demás".[1] En este capítulo nos iremos adentrando en esta segunda dimensión: qué es el don de sí, que abre al amor.

---

[1] Concilio Vaticano II (1962-1965), Constitución *Gaudium et Spes*, n. 24.

1. Descripción del don de sí

Comencemos desde la fenomenología del don, tal y como se experimenta en la vida, por ser este el punto de partida para llegar a la verdad antropológica.

1.1. Ser don

Ser persona es *ser donal*. Entendamos bien esta afirmación fundamental. Lo que quiere decir, ante todo, es que la constitución misma del ser persona es *ser don de sí misma*. Nuestra estructura donal lo es, ante todo, de nuestro ser; no viene del obrar ni ahí se reduce. Nuestro obrar sigue al ser. Inmediatamente hay que añadir, para evitar el error abstracto, que cada uno de nosotros –la persona singular, única y real– es por ello un don propio, irrepetible, único. Encarna lo donal de una manera personalmente propia. Bajo esta luz, entenderemos su contrario, es decir, la alienación: la reducción –por la propia conducta o por violencia ajena– de cada uno de nosotros a masa, manada, individuo anónimo sumergido en la especie animal.

¿Qué significa que el mismo *esse* de cada persona sea *donal*? Que la estructura y dinámica radicales de nuestro acto de existir y de su subsistencia es coexistencia para el don de sí y la acogida en sí de los amados. No sólo tenemos muchas "cosas" que dar y que poner en la comunicación, sino que es nuestra misma persona la que se dona, porque ella es así. La quintaesencia de la persona es ser donal.

1.2. Entrelazamiento entre entrega y acogida

El término *donal*, gracias a ser inusual, nos sirve para llamar nuestra atención y para identificar de forma inequívoca su significado y su doble vertiente. La persona es donal porque su estructura y dinámica radical es la coexistencia, ser-con y para. Cada persona es donal con dos dinámicas. Nos damos mediante la entrega al otro y, en su nivel mayor, al amado. Y también nos damos mediante la acogida del otro adentro nuestro. *Entrega y acogida* son las dos formas del don de sí, del ser donal. Ambas formas del don son "apertura" al amado: la entrega desde fuera, la acogida hacia adentro. Supongamos un ejemplo sencillo y común. Porque amamos a alguien, buscamos con qué significar nuestra *entrega* y le regalamos una flor. Nos la *acoge* feliz y agradecida, y al poco, él o ella, queriendo correspondernos, nos obsequia con un libro de poesías; y nosotros, para demostrarle nuestra acogida –pues se nos entrega por medio del libro– le sonreímos, apretamos el libro contra nuestro corazón, y le damos las gracias con un beso. Algo que no existía antes ha nacido entre nosotros, a causa del don, su acogida y la recíproca correspondencia: un cierto grado de unión.

A su vez, podemos emplear el término amante en sentido de quien se entrega y el término amado en sentido de quien acoge. A su vez, como venimos haciendo, utilizaremos el término *amador* para compendiar en él la triple posición que somos en el amar: amante, amado y unión. Nos serviremos de ellos para poner de relieve *la estructura y la dinámica tridimensional* del amor.

Entre amante y amado se entrelazan ambas dinámicas de entrega y acogida. En efecto, el amante que, al serle acogido su don, es por ello amado; y el amado, que al acoger el don y devolver el suyo, se entrega también como amante. Observemos la estructura don-acogida-don del amor. El don del amante que es aceptado por el amado y, además, devuelto como don, que a su vez es acogido, y así sin fin. Con otras palabras: el amante que, por acogido, pasa a ser amado, y el amado, que, al devolver, se convierte en amante. Este entrelazamiento es la base de la correspondencia amorosa.

1.3. El engendramiento recíproco
y el ser nuestra unión

El entrelazamiento del don-acogida-don entre amante y amado, que sustenta la correspondencia, no es un trenzado cualquiera. Es un recíproco engendramiento en el amor. Veamos por qué.

El amor no es cosa de uno, del amante a solas consigo mismo, porque sin amado que le acoja, si hay indiferencia o rechazo, el amante es un intento frustrado de serlo. De modo que el amado, al acoger, hace que el amante lo sea. Dicho con las otras palabras: la entrega que no es acogida no logra ser entrega, sino mero conato. A su vez, nadie es amado si no tiene amante, de suerte que el amado –la acogida– puede serlo en la misma medida que tiene un amante o un don que acoger. En este sentido, amante y amado se engendran recíproca y mutuamente –por causa de su amor– en lo que son el uno para el otro. Es importante comprender que en este engendrarse está la vida de la correspondencia amorosa. De manera que esta se des-anima, cuando el amante no se entrega o el amado no acoge, o cuando hay una desproporción, descuido o desaire entre el don y la acogida.

Describamos la cuestión desde la experiencia amorosa. La correspondencia, mientras es algo que sucede sin más que su casual ocurrir, une desde luego, porque ya es amor, pero sólo en un primer grado de profundidad. Ahora bien, los amadores pueden decidir vivir ese corresponderse más allá de su mero suceder, trascendiendo esa pasividad de "lo que nos pasa y sentimos", para convertirlo en identidad íntima recíproca y definitiva, es decir, en aquello que entre nosotros *somos* y, por serlo, juntos haremos que siga ocurriendo como "nuestra manera íntima de ser y convivir". O, con otras palabras, como la deuda de amor que nos vincula. Quizás no sea ocioso advertir que empleamos el verbo ser en sentido estricto y riguroso. Decidir *ser* nuestra correspondencia de don y acogida, deja de ser un hecho casual, y nos transforma el ser mismo. Se convierte en nuestra identidad íntima.

Le podemos llamar compromiso al decidirlo, y vínculo al serlo. De la casualidad de lo que les ocurre, los amadores han asumido ser la causalidad del amor que debe ocurrirles. Más allá del yo, de la dualidad del yo y el tú, esta decisión les engendra, como unión. Estamos ante la tridimensionalidad del amarse, cuya estructura y dinámica, además de la correspondencia entre amante y amado, es adentrarse en ser una única unión. Este "ser unión" les confiere una "identidad" íntima: ser el "nosotros unido". Entre varón y mujer el ser "nuestra unión", como vínculo de coidentidad fiel y biográfico, equivale al ser esposos, o mejor, cónyuges.

Baste ahora este anticipo. En su momento, exploraremos ciertos territorios de la intimidad humana, cada uno con un *contenido donal diferente*, que tienen una potencia de unión amorosa para toda la vida: por ejemplo, la unión conyugal, el amor entre padres e hijos, entre hermanos. Son identidades amorosas biográficas. Cada una contiene su específico entrelazamiento, correspondencia y unión. Pero no adelantemos acontecimientos. Vayamos paso a paso.

1.4. La integridad del don

La persona humana, por persona, *es don en su entera humanidad*. Don de su persona, de su alma y de su cuerpo. No sólo de su espíritu ni de su alma, ni de su cuerpo, *por separado* o *faltando* alguno. En el amor podemos ser donales de forma íntegra, entera, comprometiendo en armonía la comparecencia del espíritu, alma y cuerpo. Cada una de nuestras dimensiones aporta lo propio al don integral.

Un sencillo ejemplo: es medianoche y algo me despierta, es mi hijo, con los ojos desencajados de miedo, acurrucándose en mi cama. ¿Qué le pasa? Una pesadilla nocturna. ¿Qué hago? Le abrazo, le acaricio la espalda, le susurro palabras cálidas, seguras, tiernas: "No tengas miedo, sólo fue un mal sueño, quédate conmigo hasta que te duermas". ¿Qué he puesto en juego con mi hijo asustado? Todo mi ser, en todas sus dimensiones, dándole seguridad y cariño amorosos. Ha sido sencillo. No he necesitado un complejo plan de negocios ni un máster académico. Solamente una actitud, la de amar. Mi inteligencia para comprender qué le sucedía, mi voluntad dirigiendo mi cuerpo en mi abrazo, en mi voz suave y tierna, en mis caricias tranquilizadoras a su espalda, en mi decisión de hacerle un espacio en mi cama, en mi paciencia en esperar que se duerma, en mi templanza para convertir en acogida lo que para un egoísta habría sido una molesta interrupción de su descanso y, quizás, cuatro gritos destemplados, impacientes e irritados de rechazo: "Vete ahora mismo a tu cama y no me molestes más, niñato estúpido". No ha sido así, por fortuna. Mi persona y todo su sistema psicosomático han actuado armónicamente, poniendo cada dimensión su propia aportación: inteligencia, voluntad, sensibilidad emocional, brazos, voz, manos, cuerpo. El hábito de amar, como padre o madre, me lo ha hecho fácil y sencillo.

Es importante que no pase desapercibido un importante aspecto de la anterior escena. El espíritu personal de ese padre o esa madre *comparecía* en su cuerpo y se manifestaba mediante el abrazo, la voz, la caricia. La persona humana no tiene, sino que *es cuerpo masculino o femenino*. Y el cuerpo humano –el de cada uno– es personal, es decir, manifiesta a nuestro quién espiritual masculino o femenino, mediante el cual comparece la persona misma, dentro de sus manos, abrazos, miradas, besos, voz tierna. El cuerpo, por tanto, es la primera palabra de la persona humana, su medio de comunicación hacia los demás de su persona y su intimidad, el signo primario sensible de su espíritu invisible. Siendo como somos, por humanos, cuerpo personal, parece altamente razonable cuidar con respeto exquisito de nuestro cuerpo, en cuanto es manifestación de nuestra persona en su don y acogida.

Volveremos sobre esta fascinante naturaleza comunicativa de nuestro cuerpo –la palabra primaria de nuestra persona–, porque abre luces insospechadas acerca, por ejemplo, de *qué es* la limpieza, la sincera transparencia, la pureza, fidelidad, confianza, compañía y otros muchos valores que, encarnados en el cuerpo, vivifican la comunicación amorosa o, por el contrario, si están ausentes, la oscurecen e incomunican. En efecto, sin acto de presencia donal de la persona, los actos del cuerpo están vacíos o, lo que es peor, pueden contener otra presencia, contraria al don, como es, por ejemplo, la intención de apropiación, dominio y sometimiento del otro, la mentira y el fingimiento, la traición y la infidelidad. Un abrazo puede estar vacío, ser sólo un gesto de cortesía mundana hacia quien nada nos importa. Un aparente acto generoso –ofrecerse a llevarnos en el carro–, puede contener una intención utilitarista, hipócrita, de abuso. Un beso puede darse con la pérfida intención de confiar a quien hemos traicionado. En suma, siendo el cuerpo la palabra sensible de nuestra persona al darse y al acoger, no podemos consentirnos un cuerpo para la mentira, la impostura, la zafiedad y la traición. El precio es la muerte del amor.

2.   Los ámbitos de la relación donal

La condición donal, de suyo, es relación con otras personas. Ese ser relación, como hemos reiterado, no se refiere a los contactos, nexos y leyes que hay entre cosas inanimadas o entre vivientes no personales, porque carecen de intimidad espiritual en propiedad. Y esta es ahora la cuestión: lo donal es entrega y acogida de las intimidades personales. Es comunicación, participación y unión en la íntima persona. ¿Íntima? La respuesta es rotundamente afirmativa. ¿Por qué? Porque lo donal en el ser humano no se refiere a las cosas y a cualquier bien externo que pueda intercambiar o regalar, aunque lo incluye, sino específica y radicalmente al don más íntimo, el de la propia persona. Claro que podemos darnos alimentos, casas, tierras, y joyas; en cierto modo, también los animales dan alimentos a sus cachorros y polluelos, nidos y el tesoro de alguna suculenta lombriz.

Pero nosotros, en tanto personas, podemos comunicar en don y acogida, con voluntad consciente, libre y gratuita, nada más y nada menos que al íntimo quién personal. Y esa comunicación, sin duda, es la que hay en el amor.

Podemos ahora formular una base antropológica y psicológica de la persona humana, varón y mujer, que nos será un principio inspirador fundamental: *somos coexistencia donal: esa es la estructura y dinámica constitucional del singular e irrepetible* esse *de cada persona humana.*

Si somos coexistencia donal, entonces el amor es amar a alguien distinto, concreto, identificado. Coexistencia es lo contrario a mónada solitaria y encapsulada en sí misma. Y lo donal es, de suyo, apertura y relación con otro diferente. Sin amado no hay amante. Sin amante tampoco hay amado. La persona humana, en cuanto capaz de amar y ser amada, es constitutivamente relación. No mero roce, sino relación de entrelazamiento, correspondencia y unión. La condición donal –entrega y acogida entre personas– comunica y reúne las intimidades en comunión de personas.

Para ser don y acogida, la persona ha de tener intimidad. Un ámbito inmediato, propio y soberano donde cada espíritu personal coexiste, dialoga y convive con toda su naturaleza humana masculina o femenina, con su alma y cuerpo. Desde ese ámbito íntimo, por soberano, puede darse y acoger adentro de sí "en persona". Sin esa intimidad propia y soberana, ¿qué don o acogida de nuestra persona podríamos ser? Ninguno, como les ocurre a los animales.

En principio, la persona está en su intimidad "a solas" consigo misma. Y ese "estar a solas" significa que en su interior la persona está en comunicación directa consigo, sin necesitar intermediario alguno, y además en su intimidad se halla "desnuda". ¿Qué quiere decir esa "desnudez"? Que, en la intimidad, el quién personal no es militar, ganadero, médico, rico o pobre, peruano o francés, guapo, flaco o feo; en la intimidad el quién personal anda "desnudo" de todos esos ropajes culturales y sociales externos, está sin "máscaras", pues le basta y sobra con ser quien es, su nudo espíritu personal encarnado en su naturaleza.

¿La intimidad de la persona consigo misma, por ser desnuda, está vacía? Desnudez no es vacío. La donalidad íntima, que la persona misma es, no es un hueco desierto. Está muy nutrida de ámbitos respecto de las cuales poder ser una donalidad específica, concreta, diferente una de otra, identificable. Podríamos llamar a esos ámbitos *territorios de la intimidad humana*. En todos, el quién personal comparece desnudo, con su valía radical e incondicional. Pero cada "territorio íntimo" contiene sus peculiares razones de bondad, dones y acogidas específicos y diferentes de la humanidad de la persona. Esos ámbitos son: la paternidad y la maternidad, la filiación, la fraternidad, el genealógico, la amistad. Observemos que se corresponden con los amores íntimos: el de los padres y los hijos, el de los hermanos, entre abuelos y nietos, entre amigos personales.

¿Falta alguno? Sí, dos especialmente íntimos. A propósito, hemos dejado de mencionarlos, para ahora subrayar su importancia. Tenemos adentro un territorio donde el otro no está dado, como en la genealogía consanguínea, sino por elegir. Por esa "soledad inicial" es el ámbito íntimo más libre, el "más mío y sólo mío", el de mayor soberanía humana. Dado que es donal, ese ámbito tiene potencial para ser, entre sus amadores, "el más mío y sólo mío que entrego para ser el más tuyo y sólo tuyo; y el más tuyo y sólo tuyo que acojo como el más mío y sólo mío". ¿Cuál ese extraordinario territorio? Se trata de aquel ámbito íntimo donde la coexistencia donal de cada persona humana consiste en ser este singular *varón* o *mujer*. No es el ser hijo ni hermano, ni padre o madre, ni abuelo o nieto. Es más básico y profundo. Lo podemos describir como el ámbito íntimo de *la unión amorosa entre las identidades sexuadas masculina o femenina*. El ámbito donde pueden copertenecerse en cuerpo y alma, haciéndose poseedores el uno del otro. Es el ámbito de la unión conyugal.

Todavía resta un ámbito último de intimidad, donde nuestra radical condición de personas creadas se abre a su Creador. Mientras el *partner* adecuado para las anteriores áreas íntimas es, bajo una razón de bondad distinta, un compañero humano; en esta última es una presencia de Dios como amador. Podemos calificar de *templo* a esta última y radical estancia íntima, si al término le quitamos las imágenes de los edificios externos y las sustituimos por santuario espiritual, tabernáculo interior reservado a la presencia y comunicación con Dios.

Ningún otro ámbito de nuestra intimidad humana es templo y tabernáculo de Dios Creador y Amador, ni siquiera el más íntimo entre los humanos, que es la intimidad conyugal entre varón y mujer. ¿Por qué? Porque siendo la unión conyugal entre varón y mujer la más íntima en cuanto ambos son humanidad, ni el esposo ni la esposa son Dios para su cónyuge. Dios Amador es Quien, creando nuestra persona, nos amó primero y definitivamente (*ad aeternum*). Salvo Dios, nadie es, ni puede ser, este Amador primero y creador nuestro. Ocupar con algo o alguien, que no sea Dios, este templo o tabernáculo íntimo, que cada uno somos, es lo que, con todo rigor, se califica de idolatría.

Baste ahora con esta introducción a los territorios de la intimidad y a sus amores. Más adelante le dedicaremos un capítulo.

3. La donación amorosa no es posesión

La persona, por serlo, no puede ser objeto de propiedad, y mucho menos con la excusa del amor. La propiedad, de suyo, implica dominio del dueño sobre una cosa. La persona nunca es cosa ni el amor propiedad de uno sobre otro. Toda aproximación, confusión o ambigüedad en cuya virtud uno domina, somete, absorbe o anula al otro no es amor, sino otra cosa, en general opuesta. No todo el mundo explica el amor como donación, aunque tiene raigambre clásica. Desde la filosofía griega se viene considerando la voluntad en el hombre únicamente como fuente del deseo y del lograr tener y poseer. Desde esa perspectiva la reflexión sobre el dar se torna oscura. "Ahora bien –se pregunta Polo–, ¿qué puede haber más allá de la tendencia a poseer y de la posesión misma? Obviamente, el dar, el donar. Si la actividad de la voluntad es donante, transciende lo que los griegos entendían por *télos*. (…). Donar es dar sin perder, la actividad superior al equilibrio de pérdidas y ganancias: el ganar sin adquirir o el adquirir dando".[2]

A pesar de la poca reflexión que ha habido en la historia de la filosofía sobre el don, a lo largo del siglo xx, sin embargo, se ha desarrollado una extensa reflexión en torno a la donación, sobre todo por parte de autores franceses. Partiendo de la antropología cultural, Marcel Mauss presenta el dar como la forma social más arcaica de hacer intercambios, sobre la base de la tríada dar-recibir-devolver, triple exigencia que se refiere no sólo a los bienes económicos sino también a los ceremoniales y rituales.[3] Posteriormente otros extenderán a todas las sociedades el primado del don, al que describen como "toda prestación de bienes y servicios, sin garantía de retorno ni contrapartida, con el fin de crear, alimentar o recrear el vínculo social de las personas".[4]

Sobre la base de las observaciones, M. Henry o J.L. Marion desarrollan una fenomenología del dar; en C. Bruaire y J. Maritain se puede hallar el esbozo de una ontología de la donación, y en E. Lèvinas y P. Ricoeur, un diseño ético con o sin reciprocidad. Planteamientos

---

[2] L. Polo, *Filosofía y economía*, Pamplona, EUNSA, 2012, p. 242. Cfr. Ricardo Yeepes, "Una nueva inspiración en la crisis de la antropología. Superar el tener con el dar", Madrid, Aceprensa, 1988 (102/88): 404-407.

[3] Cfr. Marcel Mauss. *Ensayo sobre el don. Forma y función del intercambio en las sociedades arcaicas*, Buenos Aires, Kartz, 2009. Cfr. también Maurice Godelier, *El enigma del don*, Barcelona, Paidós, 1998.

[4] Jacques et Caillé, Alain, Godbout, *L'esprit du don*, París, La Découverte, 2000, p. 29.

éstos dispares, en ocasiones dentro de un complicado discurso, lleno de aporías, en expresión de Derrida.[5]

Con frecuencia la reflexión actual en torno a la donación se torna complicada, en parte debido a su enfoque económico o sólo práctico, cuando su esclarecimiento requeriría ir desde la ética a la antropología, es decir, hasta el aspecto ontológico que la fundamenta. Pero la mayor parte de los estudios sobre la donación carecen de una fundamentación antropológica, aún poco estudiada y tras la que muchos autores buscan.

Entre los pensadores que han tratado la cuestión desde una dimensión ontológica, cabe citar a Karol Wojtyla y a Leonardo Polo. Respecto a Wojtyla, aparte de lo ya citado de su obra bajo el título "el don desinteresado", se ha traducido recientemente un texto inédito, que apareció en polaco en 2006, sin mencionar ni la fecha ni las circunstancias en las que se escribió.[6] A él nos iremos refiriendo más a delante. Por su parte, Polo, ha propuesto una ontología del amor, en su antropología transcendental.[7] "El amor –afirma– es un trascendental que invita al encuentro del otro. (…) En definitiva, la soledad de la persona ha de ser eliminada por otra persona, pues una existencia monádica sería para la persona la desgracia pura".[8]

Al calificarlo como transcendental, sitúa el amor donal en el ámbito de las propiedades peculiares de la persona y lo cataloga como la más elevada, con una característica peculiar en el marco de una antropología dual, como la suya, puesto que el amor, junto con la familia, son las dos realidades humanas que presentan una estructura triádica más clara.

---

[5]   Cfr. Jacques Derrida, "Justicia y perdón", en *¡Palabra! Instantáneas filosóficas*, Madrid, Trotta, 2001, p. 96. Para ver un conjunto de aporías cfr. Urbano Ferrer, *Acción, deber, donación. Dos dimensiones éticas inseparables de la acción*, Madrid, Dykinson, 2015, pp. 139-209.

[6]   Juan Pablo II, "El don desinteresado", en Mauro Leonardi, *Como Jesús*, Palabra, 2015, pp. 263-277.

[7]   Cfr. L. Polo, *Antropología transcendental I: La persona humana*, pp. 217-228.

[8]   L. Polo, "Ética socrática y moral cristiana", *Anuario Filosófico*, 40.

Como antecedente de la reflexión sobre el don recogemos las siguientes palabras de Tomás de Aquino:

> Según dice el filósofo don es propiamente *entrega sin deber de devolución*; esto es que se da sin intención de recibir algo a cambio; esto implica donación gratuita. La razón de la gratuidad en la entrega es el amor, pues hacemos regalos a quienes deseamos el bien. Por lo tanto, lo primero que le damos es el amor con el que le deseamos el bien. Por eso es evidente que el amor es el primer don por el que todos los dones son dados gratuitamente.[9]

Esta primera premisa permite obtener al menos dos conclusiones: que don y amor son dos cuestiones intrínsecamente relacionadas y que la donación amorosa se sitúa en otro plano, y es algo más que un *do ut des*. A continuación expondremos esta cuestión desde distintos ángulos.[10]

4. Aceptar no es menos que dar

En primer lugar, ya hemos constatado que la estructura del dar es tríadica. Aunque tanto en el cosmos como en el ser humano se pueden hallar vestigios de relaciones tríadicas, éstas no son frecuentes.

Ordinariamente, la complejidad humana se organiza al enfocarla con el criterio de dualidad. Por ejemplo: cuerpo y alma, voluntad e inteligencia, interioridad y medio externo, sujeto y objeto, individuo y sociedad, etc. También el amor puede ser abordado desde este

---

[9] Tomás de Aquino, *Suma Teológica*, I, q. 38, a. 1, c.

[10] Parte de las ideas que siguen y otras pueden verse en Blanca Castilla de Cortázar, "Amor donal y transcendencia", en *Miscelánea Poliana*, 2017 (57): 29-53.

enfoque dual, como ha sido frecuente entre los teóricos del amor. Bastaría recordar la diferencia entre eros y ágape. La obra más famosa al respecto, que lleva este título, es de un autor sueco Anders Nygren, pastor luterano, y en su pluma eros y ágape se presentan de modo dualista e incompatible.[11] Recientemente Benedicto XVI en su encíclica, *Deus, caritas est* ha presentado una visión de eros y ágape más integrada, sin las contraposiciones y fragmentaciones tan habituales en concepciones anteriores.

Sin embargo, considerado desde la perspectiva de la donación, el amor presenta, más que una dualidad, una estructura tríadica. Con sencilla genialidad ya san Agustín señaló que en el amor hay que considerar tres cosas: el amante, el amado y el amor mismo o unión, reflejo de la tríada divina, Padre, Hijo y Espíritu Santo.[12] Según la terminología de Polo la estructura del dar es: dar-aceptar-don.[13]

Entrando ya en la estructura del don, detengámonos primero en el dar y el acoger, otros modos de llamar bien a la entrega y a la aceptación. Contempladas desde la acción ambas actividades aparecen jerarquizadas, como parece desprenderse del célebre pasaje de Hc 20, 35: "Hay más felicidad en dar que en recibir". Tesis que se afianza si se considera que el que da es porque tiene, mientras que el que recibe es porque carece. Desde esta óptica, se comprende la dificultad para hacer regalos a quien tiene mucho o tiene de todo. Otro ejemplo se puede poner desde el ámbito docente: no hay profesor si no hay alumnos, y el alumno no sólo recibe, sino que también da en cierto modo al profesor con su atención y con sus observaciones al intentar aprender, permitiendo a aquel ver las cuestiones con más profundidad y dar lo mejor de sí mismo. Con todo entre el don del profesor y el del alumno hay una cierta jerarquía. Da más el que sabe que el ignorante.

---

[11] Anders Nygren, *Eros y ágape. La noción cristiana del amor y sus transformaciones*, Sagitario, 1969.

[12] Cfr. San Agustín, *De Trinitate*, 8, 10,14.

[13] Cfr. L. Polo, *Antropología trascendental I. La persona humana*, pp. 217-228.

Observemos, sin embargo, que esta jerarquización donde el dar es más que el recibir responde a la dinámica del ámbito del tener, desde la que también se puede decir con verdad que "nadie da lo que no tiene". Pero esta no es la única perspectiva posible. También se puede contemplar el dar desde el ámbito del ser, desde lo que se es, y no desde lo que se tiene. En el escenario del ser, el don está relacionado con el amor, lo que plantea otra perspectiva. Y, como se advierte tanto en el planteamiento de Polo como en el Karol Wojtyla, en el ámbito del amor, el dar y el acoger tienen la misma categoría ontológica, es decir, dar y acoger están al mismo nivel y producen también el mismo tipo y profundidad de felicidad: como pasa en el amar y en el ser amado, dos caras de una misma moneda.

Contempladas desde el ámbito del ser personal, el dar (entregarse) y el acoger (aceptarse) no están jerarquizados. Polo afirma con nitidez: "Aceptar no es menos que dar", lo que nos introduce en el carácter donal de la persona.

El primer don, el más radical, es el que el propio ser humano recibe para existir –su *esse* personal–, que le comunica la capacidad de dar. "Desde su ápice divino, el don del amor es operante. Tomás de Aquino entiende la creación como la donación del ser (*donatio essendi*): la criatura no es una parte de Dios (Dios no tiene partes), sino realidad otorgada. El otorgamiento es tan radical como la realidad. Por eso se dice que la criatura no se presupone: se crea de la nada (*ex nihilo*). Asimismo, cabe decir que el otorgamiento del amor presta al actuar humano un carácter 'operoso'"[14] o donante. En este sentido, la persona humana es una creación donal de Dios, en la que Dios es el que da el ser al hombre, como amante, y es el hombre el que acepta el don de Dios, como amado, y posteriormente le corresponde, mediante su entrega a Dios, surgiendo así el entrelazamiento y unión de amor entre ambos.

---

[14]   L. Polo, *Filosofía y economía*, Pamplona, EUNSA, 2012,, p. 243.

Conviene advertir que el ámbito del tener y el del dar, que son distintos, se corresponden con la diferencia entre naturaleza y persona. La capacidad de tener no es poco importante. Como iremos viendo es el distintivo de la naturaleza humana respecto a la de los demás seres. Pero en todo caso, la capacidad de tener corresponde a la naturaleza, mientras que lo diferencial de la persona es su capacidad de dar y de darse.[15] En efecto, si como ya se ha dicho la persona tiene su propio ser en propiedad, si su *esse* es suyo, entonces puede darlo. De aquí que el don como el amor, en sentido estricto, es algo propio de la persona, tanto en el darse como en el acoger en sí al don del otro.

Karol Wojtyla, por su parte, desarrolla aspectos inéditos. Para él también "el donar y el aceptar el don –afirma– se compenetran, de modo que el mismo donar se convierte en aceptar, y el aceptar se transforma en donar".[16] Sus exposiciones coinciden también en que la persona es una creación donal de Dios, pues "cada criatura lleva en sí el signo del don originario y fundamental. El concepto de 'donar' (…) señala al que dona y al que recibe el don, y también la relación que se establece entre ambos. (…) En el relato de la creación del mundo visible el donar tiene sentido solamente respecto al hombre (…) *que, en cuanto 'imagen de Dios', es capaz de comprender el sentido mismo del don*".[17] En este sentido, todo el universo es un regalo que Dios hace al ser humano, la única criatura que es capaz de recibirlo como tal don.

Pues bien, partiendo de estos presupuestos comunes, en Wojtyla se descubre una ampliación del significado del don recibido. Por una parte, el primer don es la persona misma, que a su vez es capaz de aceptar dones: "El hombre aparece en la creación como

---

[15] Cfr. L. Polo, "Tener y dar", en *Sobre la existencia cristiana*, EUNSA, 1996, pp. 103-135. Cfr. también L. Polo, "Tener, dar y esperar", en *Filosofía y economía*, Pamplona, EUNSA, 2012, pp. 207-268.

[16] Juan Pablo II, *Varón y mujer. Teología del cuerpo I*, Audiencia 17 del 6.II.1980, 8a. ed., Palabra, 2011, p. 121.

[17] Juan Pablo II, *Varón y mujer*, Audiencia 13 del 2.I.1980, n. 4, p. 99.

aquel que ha recibido el mundo como don"[18]. Pero aún hay más, aún hay otro don más excelso, el ser humano aparece "como aquel que, en medio del 'mundo', ha recibido como don al otro hombre":[19] Dios le dona otras personas.

Obviamente que otras personas "nos sean dadas", nada tiene que ver con adquirir la propiedad sobre ellas. Significa que estamos hechos –ser donal– para entrar en la vida de otras personas, como amadores, y para acoger en nuestra vida a otras personas, a las que recibimos y aceptamos, a las que nos damos y amamos. Desde esta perspectiva, aparece el hijo, el padre y la madre, el hermano, los abuelos y nietos, el marido y la esposa, los amigos. Tantas y tantas personas en cuya vida entramos, pues se nos han "dado" para amarles.

Juan Pablo II hace hincapié en que, para comprender el sentido mismo del don, es preciso tener presente que el ser humano, constitutivamente, es algo más que soledad, pues en él es también constitutiva la relación, en cuanto llamada a la comunión de las personas humanas: "Comunión de personas significa existir en un recíproco "para", en una relación de recíproco don".[20] En ese sentido es clarificadora su explicación de que "desde el principio" Dios crea un hombre y lo hace dual, varón y mujer (Gen 1,27):[21]

> Creó, en este caso, significa todavía más –comenta–, pues significa que entregó recíprocamente uno a otra. Entregó al varón la feminidad de ese ser humano que se le asemejaba, le hizo su ayuda y, al mismo tiempo, entregó el varón a la mujer.

---

[18] *Ibidem.*

[19] *Ibidem.*

[20] Juan Pablo II, *Varón y mujer*, Audiencia 14 del 9.I.1980, n. 2, p. 102.

[21] Es sabido que en el Génesis hay dos relatos de la Creación y en el segundo parece que Adán aparece en la existencia antes que Eva. Sin embargo, la exégesis actual interpreta Génesis 2 a la luz de Génesis 1, 26-27 interpretando Génesis 2, un texto metafórico, sin contradecir el pasaje anterior. Cfr. Castilla de B. Cortázar, *¿Fue creado el varón antes que la mujer? Reflexiones en torno a la Antropología de la Creación*, Madrid, Rialp, 2005. También en *Annales Theologici*, Roma, Edizioni Ares, vol. 6 (1992/2): 319-366.

Por tanto, desde el principio, el hombre es dado por Dios a otro. (…) La mujer se le da al varón para que él pueda entenderse a sí mismo y, recíprocamente, el varón es dado a la mujer con el mismo objetivo. Deben confirmar uno a otro su humanidad, sorprendiéndose de su doble riqueza.[22]

La mujer "es dada" al varón por el Creador y acogida, es decir, aceptada, por él como don. La acogida de la mujer por parte del varón y la propia manera de aceptarla –como la ha querido el Creador, es decir, "por sí misma"– se convierten en una primera donación, de modo que la mujer al donarse se "descubre" a sí misma. Cuando en esa aceptación queda asegurada la entera dignidad del don, mediante la ofrenda de lo que ella es en toda la verdad de su humanidad, entonces llega a la íntima profundidad de su persona y a la plena posesión de sí.[23] Pero a su vez, la mujer es dada a quien ya se le había confiado a ella (cfr. Gen 2,18), pues "Dios le confía de un modo especial el hombre, el ser humano".[24]

Si al inicio de la creación Dios crea al hombre varón y mujer, a imagen de Dios, uno en naturaleza y trino en personas, podríamos afirmar de un modo intuitivo que Dios crea una naturaleza –la humana–, dual en personas. Esta intuición está contenida, en la famosa "unidad de los dos", varón y mujer, de la que habla Juan Pablo II, a imagen de la "unidad de los tres".[25] La persona humana, a la que Polo describe como dual, Juan Pablo II le añade que es unidual, relacional, ontológica y complementaria,[26] una diferencia originaria y no aniquilable.

---

[22] Juan Pablo II, "El don desinteresado", en Mauro Leonardi, *Como Jesús*, Palabra, 2015, p. 265.

[23] Cfr. Juan Pablo II, *Varón y mujer*. Audiencia 17 del 6.II.1980, n. 5, pp. 121-122.

[24] Juan Pablo II, Carta Apostólica *Mulieris dignitatem*, 1988, n. 30.

[25] Cfr. *Ibidem*, nn. 6-7.

[26] Cfr. Juan Pablo II, *Carta a las mujeres*, 1995, nn. 7-8.

5. El amor comienza en la correspondencia

El calado de la cuestión del don y del amor se vislumbra mejor desde la correspondencia, que está en el centro de la discusión en torno a la donación. ¿Hay necesidad o no de la correspondencia cuando se recibe un don? Aunque un don sea gratuito, en el sentido de no originarse en un pago y precio, parece que de él habría de seguirse al menos el agradecimiento. Es decir, un don tiene que tener algún tipo de eco en el beneficiario del mismo. Esta cuestión reaparece al hablar de la deuda, al menos de la conciencia de estar en deuda y, contemplada exclusivamente desde el nivel de la acción o desde el nivel del tener, puede suscitar diversas aporías.[27] Pero en el fondo, lo que se está planteando en la escena del ser y del amar es algo más profundo que simple relación entre un donante y un recipiendario. En el amor, en caso de que el amante no sea aceptado sino rechazado, lo que se frustra es el don mismo, su identidad de amante, que pierde su sentido e incluso su ser mismo, en cuanto don.

Se trata de una cuestión perenne que aparece en los grandes pensadores, aunque sólo sea de un modo incoado, a saber, que la correspondencia es imprescindible para que exista el amor: "La intención principal del amante –afirma Tomás de Aquino–, es a su vez ser amado por el amado; pues el esfuerzo del amante se dirige a atraer al amado a su amor, y si esto no sucede, es necesario que ese amor se disuelva".[28]

Esta afirmación taxativa plantea diversas preguntas. ¿Es que la reciprocidad es imprescindible para que exista el amor? ¿Es que el amor no correspondido no es amor verdadero? ¿Significa esto que cuando un amor no es correspondido habría que disolverlo *ad*

---

27 La mayoría planteadas por Derrida, en gran parte recogidas en Urbano Ferrer, *Acción, deber, donación*, pp. 160-167.

28 Tomás de Aquino, *Summa contra Gentiles*, l. III, cap. 151.

litteram? Lévinas, por ejemplo, plantea el don ético sin reciprocidad, sin contraprestación ni contrapartida. No nos detendremos en dicha propuesta, simplemente constatarla, así como algunos versos del cancionero, que también propugnan un amor sin correspondencia. Una jota española, por ejemplo, dice así:

> "El amor sin esperanza
> es el más lindo querer;
> yo te quiero y nada espero:
> mira si te quiero bien".

Y el galán de la zarzuela *La alegría de la huerta* canta:

> "Serranica de mi vida,
> mira si te quiero bien,
> que aunque te cases con otro
> en jamás te olvidaré".

Estas coplas hablan de muchas cosas: de desinterés, de amar al otro por sí mismo… Por otra parte, un amor no correspondido puede tener vigencia mientras haya esperanza y, mientras hay vida, un amor puede esperar. Ahora bien, ¿se puede hablar de amor verdadero, con su estructura y dinámica completas, si este no es aceptado?

La cuestión se clarifica desde la gratuidad del amor. La gratuidad está mal enfocada si se plantea que el don espera algo a cambio, un pago a un precio. Ese algo es el error. "El amor con amor se paga" –que es refrán de gran verdad– excluye un enfoque de intercambio por algo o algo que se le deba. No hay ningún algo que pueda pagar al amor y su gratuidad. Sin embargo, "el amor con amor se 'paga'", a su vez, indica en rigor la correspondencia amorosa, pues el amante-don no acaba de serlo más que por el amado-acogida, y en ese entrelazamiento empieza propiamente el amor, que no es un fenómeno singular, donde se bastaría el amante consigo mismo, sino triádico o tridimensional. El amor que "paga al amor" solamente puede ser el amado que, al corresponder al don con el suyo, "paga" con amor de acogida al amor de entrega. De este modo, entrelazándose en la correspondencia, amante y amado, los dos en ambas posiciones, engendran su "nuevo pago" que en amor es su unión como modo de ser juntos el "nosotros". Comprendida esta tridimensionalidad, claro es que el "amor solamente con amor se paga". En consecuencia, la correspondencia no es un "pago" sino estructura y dinámica del mismo amar.

Afirma Edith Stein:

> La entrega conduce a la unión; no llega a la plenitud más que gracias a la acogida por parte de la persona amada. Así, el amor exige, para su plenitud, la entrega recíproca de las personas. Sólo así puede el amor ser afirmación plena, porque una persona no se abre a otra más que en la entrega. Sólo en la unión es posible un conocimiento propiamente dicho de las personas. El amor… es a la vez recibir y acto libre (…) Pero el amor, en su máxima plenitud, no es realizado más que en Dios: en el amor recíproco de las personas divinas, en el ser divino entregándose a sí mismo.[29]

Vayamos, pues, al núcleo de la cuestión. ¿Por qué sin correspondencia un amor no existe, en sentido fuerte? Se trata de una consecuencia de la estructura misma del amor, que no es una realidad unilateral. No hay amor sin amante y amado. Y no hay amante sin amado, ni don perfeccionado si éste no es acogido, por lo que *el amor en cuanto tal –en sentido estricto–, sólo comienza en la reciprocidad*, en el amor correspondido, cuando yo soy de otro y el otro es mío.

---

[29] Edith Stein, *Ser finito y Ser eterno,* en *Obras completas*, III, Burgos, Monte Carmelo, 2007, pp. 1041-1042.

Esos posesivos, tuyo y mío, son componentes intrínsecos del amor:

> El ser amante se constituye por el amado (…). El don de sí del amante es un movimiento cuya perfección –lograr ser don, es decir, que lo mío sea tuyo– se logra en su acogida por el amado, que acepta como suyo aquel mío del amante que este le ofrecía. Tampoco podría el amado lograr ser acogido si no hubiera don del amante. La reciprocidad, en su estructura radical, es un entrelazamiento recíproco en el que amante y amado logran realizarse, el uno por el otro, precisamente como don y como acogida.[30]

Por tanto, insistiremos en que sin correspondencia el amor, en rigor, no existe, pues el amor establece su estructura y dinámica en la reciprocidad.

6. Cuando el don es otra persona

Si buscáramos una descripción sintética de qué entiende por amor Karol Wojtyla sería esta: es un "don desinteresado". Al decir esto, Wojtyla no está pensando en un amante aislado sin amado; sino en *el amador* (término que, como ya dijimos, reúne el ser amante, amado y unión). "La conciencia del don y de la donación se halla claramente inscrita en el imagen bíblica de la creación",[31] sobre todo porque cuando en el último día Dios llama a la vida al hombre: varón y mujer

---

[30] Viladrich, Pedro-Juan, "Por qué y para qué uno con una para toda la vida". La cuestión de la unidad de vida en el amante, en la correspondencia con el amado y en la unión conyugal, en *Ius Canonicum*, 2015 (55): 550.

[31] Juan Pablo II, "El don desinteresado", en Mauro Leonardi, *Como Jesús*, Palabra, 2015, p. 265.

los creó (Gen 1, 26-27), en ese momento crear significa todavía más, significa que el don recibido, por uno y por otra, es la otra persona.[32]

Al comienzo de la Creación nos encontramos, por tanto, con algo singular: que el don otorgado es otra persona. Esto es importante para profundizar en el misterio del amor. "Los seres humanos no sólo viven uno junto a otro –afirma–, sino en diferentes referencias: viven uno para el otro; uno para otro son hermano o hermana, marido y mujer, amigo, educador o educando. Puede parecer que no haya en eso nada extraordinario (...) Esa imagen *se adensa* en ciertos momentos y es justo ahí en esas densificaciones, cuando se realiza el mencionado don de un hombre a otro".[33] Es entonces cuando uno puede advertir respecto a otra persona que "Dios te me ha dado".

Una de esas densificaciones se produce en los padres cuando tienen un hijo. Lo dice Eva, asombrada, cuando tiene a su primer vástago: "He adquirido un varón con el favor de Dios" (Gen 4, 1), otro modo de decir: "Dios te me ha dado". En efecto, "la maternidad constituye la primera forma de la encomienda del hombre al hombre. 'Dios quiere darte otro hombre', es decir, Dios quiere confiarte este hombre, y confiar significa que Dios cree en ti, cree que sabes acoger este don, que lo sabes abrazar en tu corazón, que supone responder a este don con el don de ti mismo".[34]

"Dios realmente nos entrega personas: los hermanos, las hermanas en humanidad a partir de nuestros padres. Y luego con el paso del tiempo, cuando crecemos, pone en el camino de nuestra vida a personas siempre nuevas. Y cada una de ellas representa en cierto sentido un don para nosotros, a cada una de ellas podemos decir: 'Dios te me ha dado'. Esta conciencia se vuelve para cada uno de nosotros fuente de riqueza interior".[35] "Dios me ha dado –confiesa– multitud

---

[32] Véase nota 22.

[33] *Ibidem*, p. 263.

[34] *Ibidem*, pp. 266-267.

[35] *Ibidem*, p. 266.

de personas, jóvenes y ancianas, chicos y chicas, padres y madres, viudas, sanos y enfermos. Siempre al dármelas, a la vez me las confiaba, y hoy veo que de cada una de ellas podría escribir una monografía (…) Había entre ellas personas sencillas, obreros de la fábrica; había también estudiantes y profesores universitarios, médicos y abogados; había, en fin, sacerdotes y personas consagradas. Había, obviamente, varones y mujeres".[36]

7.   Libres de la libertad del don

Una de las experiencias originarias que Wojtyla analiza en su *Teología del cuerpo*, contemplando al ser humano tal y como salió de las manos de Dios, antes del pecado, la describe afirmando que ambos –varón y mujer– eran *libres de la libertad del don,*[37], expresión en la aparece dos veces la palabra libertad. La primera vez, en el sentido del autodominio con el que, en el estado de inocencia originaria, cada uno se poseía plenamente a sí mismo y estaba libre, sin trabas para hacerse don de sí mismo al otro. Ese sentido resulta evidente.

Lo que requiere más explicación es la segunda expresión: "libertad del don", que precisa desentrañar previamente el significado del cuerpo, que Juan Pablo califica como esponsal, entendiendo por tal, la participación del cuerpo en el don desinteresado al otro.

El significado esponsal del cuerpo es doble: por una parte, el cuerpo humano manifiesta al otro que su poseedor es una persona. Así, a través del cuerpo, Adán descubre que Eva es alguien como él, aunque sea distinta, cuando afirma: "Esto sí que es carne de mi carne y hueso de mis huesos" (Gen 2,23). Y ser persona es ante todo haber

---

[36]   *Ibidem*, p. 274.

[37]   Juan Pablo II, Audiencia 16.I.80, n. 5, en *Varón y mujer, Teología del cuerpo I*, 8a. ed., Palabra, 2011, p. 107: "Creados por el Amor, esto es, dotados en su ser de masculinidad y feminidad, ambos están 'desnudos', porque son libres de la misma libertad del don".

sido amada por sí misma por Dios. El cuerpo humano es el modo de reconocer o afirmar que estamos ante una persona, con su consabida dignidad.

En segundo lugar, el cuerpo es capaz de manifestar el amor. Ahora bien, la expresión externa responde a un amor interior, donde cada uno ha de haber sido aceptado recíprocamente por el otro como don: "La 'afirmación de la persona' no es otra cosa que la acogida del don, la cual, mediante *la reciprocidad, crea la comunión de las personas; ésta se construye desde dentro*, comprendiendo también toda la 'exterioridad' del hombre, esto es, todo eso que constituye la desnudez pura y simple del cuerpo en su masculinidad y feminidad".[38]

Una vez explicados estos presupuestos estamos en condiciones de entender el significado de la libertad del don en el marco del amor interpersonal, como mutua acogida: "*Libres de la libertad del don*, varón y mujer *podían gozar de toda la verdad, de toda la evidencia humana*, tal como Dios Yahveh se las había revelado en el misterio de la creación. (…) la libertad interior del don –don desinteresado de sí mismos– permite a ambos, varón y mujer, *encontrarse recíprocamente*, en cuanto el Creador ha querido a cada uno de ellos '*por sí mismo*'" (cfr. *Gaudium et spes*, 24).[39]

La acogida mutua puede expresarse de múltiples maneras, por lo que la unión física de los cuerpos –propia del matrimonio– es una expresión entre otras de la unión espiritual entre ellos, es decir, es un don libre, pero no el único ni el más importante, precisamente porque el significado esponsal del cuerpo sexuado sobrepasa una de sus manifestaciones físicas: "El cuerpo humano, orientado interiormente por el 'don sincero' de la persona, revela no sólo su masculinidad o feminidad en el plano físico, sino que revela también este

---

[38] Juan Pablo II, Audiencia 16.I.80, n. 4, en *Varón y mujer, Teología del cuerpo I*, 8a. ed., Palabra, 2011, pp. 110-111.

[39] Juan Pablo II, Audiencia 16.I.80, n. 3 y 4, en *Varón y mujer, Teología del cuerpo I*, 8a. ed., Palabra, 2011, pp. 109-110.

valor y esta *belleza de sobrepasar la dimensión simplemente física de la 'sexualidad'*".[40]

Esto pone de manifiesto sobre todo que el amor, en su raíz, es virginal, es decir, es don desinteresado, que se da al otro, trascendiendo la dimensión física del amor –y sus posibles pulsiones y necesidades con poca o nula libertad– y permite entender también la vocación al celibato:

> Si Cristo ha revelado al varón y a la mujer, por encima de la vocación al matrimonio, otra vocación –la de renunciar al matrimonio por el Reino de los cielos–, con esta vocación ha puesto de relieve la misma verdad sobre la persona humana. Si un varón o una mujer son capaces de darse en don por el Reino de los cielos, esto prueba a su vez (y quizá aún más) que existe la libertad del don en el cuerpo humano. Quiere decir que este cuerpo posee un pleno significado 'esponsal'.[41]

8. La esponsalidad, arquetipo "por excelencia" del amor

Frente a otros planteamientos asexuados del amor, Juan Pablo II, partiendo de la Creación, descubre –como estamos viendo– la importancia del amor entre varón y mujer, al que por otra parte se le reconoce como arquetipo de excelencia, el que expresa con más luz la fuerza y la belleza del amor.

---

[40] *Ibidem.*

[41] Juan Pablo II, Audiencia 16.I.80, n. 5, en *Varón y mujer, Teología del cuerpo I*, p. 112.

Ciertamente, con el término amor nos podemos referir a muchos ámbitos de la vida, entre los que el amor entre un hombre y una mujer aparece como el primer arquetipo.

En primer lugar, recordemos el vasto campo semántico de la palabra *amor*: se habla de amor a la patria, de amor por la profesión o el trabajo, de amor entre amigos, entre padres e hijos, entre hermanos y familiares, del amor al prójimo y del amor a Dios. Sin embargo, en toda esta multiplicidad de significados destaca, como arquetipo por excelencia, el amor entre el hombre y la mujer, en el cual intervienen inseparablemente el cuerpo y el alma, y en el que se le abre al ser humano una promesa de felicidad que parece irresistible, en comparación del cual palidecen, a primera vista, todos los demás tipos de amor.[42]

¿Por qué ese amor es el arquetipo primero nos podríamos preguntar? En primer lugar, es primero porque de él surgen todos los demás. En los albores de la Creación las dos primeras personas humanas son un varón y una mujer creados por Dios, entregados el uno al otro, para que entre ellos puedan vivir la "comunión de personas", a imagen de Dios Trino, su Hacedor.

"En el primer encuentro beatificante, (el varón) encuentra a la mujer y ella le encuentra a él. De este modo, él la acoge interiormente; la acoge tal como el Creador la ha querido 'por sí misma', como ha sido constituida en el misterio de la imagen de Dios a través de su feminidad; y recíprocamente, ella le acoge del mismo modo, tal como el Creador le ha querido 'por sí mismo' y le ha constituido mediante su masculinidad".[43]

---

[42] Benedicto XVI, encíclica *Deus caritas est*, 2005, n. 2.

[43] Juan Pablo II, Audiencia 16.I.80, n. 3 y 4, en *Varón y mujer, Teología del cuerpo I*, pp. 109-110.

En la unión del hombre y la mujer, toda experiencia es un enriquecimiento increíble, al ser deslumbrado por los dones y la belleza, e incluso por el misterio de la persona del otro sexo. La característica masculina de ir hacia adelante y dar es complementaria con la característica femenina de recibir. Y así, en el nivel más profundo de su ser, se tiene una clase de adaptación, de correlación entre ellos (…) como los colores complementarios, que cuando están juntos, cada uno logra la mejor ventaja del otro, y hace que la bondad y la belleza de la otra persona se fortalezcan.[44]

Como más adelante desarrollaremos, al inicio Dios crea a dos personas, varón y mujer, que entre sí pueden llegar a la Unidad, una "unidad de los dos", a imagen de la "unidad de los tres" de su Creador. Esa unidad de los dos es promesa de plenitud y felicidad.

9.   "El mío para ser tuyo", clave del amor

En esa unidad de los dos, de la creación, aparece también la clave del amor. Anteriormente se ha dicho ya que el amor comienza con la reciprocidad: que el amor que uno ofrece sea aceptado por el otro.

El primer don es el amor, decíamos con palabras de Tomás de Aquino. Cuando uno se entrega y es acogido y, a la vez, recíprocamente recibe al otro, entre ellos pueden decirse: yo soy tuyo, tú eres mío. Y se ha afirmado que esos posesivos, tuyo y mío, son componentes intrínsecos del amor. Nada tienen que ver con la propiedad o cualesquiera dominios que se tienen sobre las "cosas". Es importante tener muy presente esta diferencia sustancial, porque quienes se aman, y se hacen el uno del otro, son personas, valiosas, incondicional

---

[44] María Fedoryka, *Understanding Man and Woman*, 2014, (video), núm. 3 (Humanum Series).

y definitivamente en sí mismas, nunca cosas u objetos sobre los que ejercer dominio, prepotencias de dueño, sometimientos del siervo, manipulaciones y abusos por buscar en el otro sólo la codicia de la utilidad o el placer. Pues bien, el tuyo y mío, propios de la relación varón-mujer son el prototipo humano de esos mismos posesivos, que también se encuentran en otros tipos de amores, por ejemplo, entre paternidad o maternidad y filiación. Bastaría pensar en la fuerza de la expresión, en boca de una madre: tú eres *mi* hijo o estos son *mis* hijos, paralela a la expresión del salmo que en boca de Dios afirma: "Tú eres *mi* Hijo, yo te he engendrado hoy" (Ps 2). En amor, solamente puede decir "mío" a su amado, si previamente se le ha entregado y donándose, se ha hecho suyo. Por eso, por ejemplo, una madre, por su amor de entrega, puede decir ¡hijo *mío*!

Por otra parte, la promesa de felicidad que el amor trae está unida a compartir la vida con esa persona. Esa copertenencia puede ser de la vida entera, uno con una para siempre, como ocurre en la unión del amor conyugal: "En una perspectiva fundada en la creación, el *eros* (deseo de felicidad) orienta al hombre hacia el matrimonio, un vínculo marcado por su carácter único y definitivo; así y sólo así, se realiza su destino íntimo".[45]

Como veremos más adelante, siguiendo su novedosa y sugerente antropología, Karol Wojtyla afirma en 1995, que entre varón y mujer *lo que es recíproca es la complementariedad,* pues "la mujer es el complemento del varón, como el varón es el complemento de la mujer: mujer y varón son entre sí *complementarios*".[46] De modo que, en la relación entre ellos, es preciso advertir no sólo la reciprocidad sino la complementariedad, que es condición necesaria para llegar a la "unidad de los dos".

---

[45]   Benedicto XVI, encíclica *Deus caritas est,* 2005, n. 11 b.

[46]   Juan Pablo II, *Carta a las mujeres,* 1995.

Con estas expresiones Karol Wojtyla está dando forma filosófica a cuestiones que conoce bien como poeta.[47] Los poetas, ciertamente, penetran mejor que nadie el ser y el sentido. Un poeta y cantante español describe el amor esponsal como algo intangible y profundo entre *tú y yo*, como un lugar donde escuchar tu voz, un perdonarme *tú* y un comprenderte *yo*. Además, y, sobre todo, canta a la "unidad de los dos", valiéndose de imágenes como *una* fruta para *dos, un* paraguas para *dos* o *una* única historia escrita *entre* dos o *crear juntos un mundo para los dos*. Y, refiriéndose a la tentación confiesa: "No cabe la mentira en algo transparente, hermoso y frágil como es el amor. No le llames cobardía, hay cosas que en la vida son sólo para *dos*, tan sólo *dos*.[48]

Wojtyla pone de relieve que la dualidad varón-mujer está diseñada por Dios, no sólo para el matrimonio y la procreación, sino para la comunión de personas, cualquiera que sea el estado y las circunstancias de cada cual. Así, una vez explicado que el don, incluso el específico dentro del matrimonio (la *una caro*) es una expresión libre del amor, Juan Pablo II tiene una profunda libertad para reconocer la belleza y la imagen de Dios en el amor humano en todas las circunstancias, donde la diferencia y la relación varón-mujer juega un papel fundamental en la comunión de personas, pues la complementariedad de ambos es necesaria no sólo en el matrimonio sino *en todas las facetas de la vida*, según los específicos y diferentes complementos

---

[47] Karol Wojtyla escribió en 1956 *El taller del orfebre* (publicada en 1960), una obra de teatro sobre las luces y sombras de los amores de tres parejas, cuyo punto de articulación son los anillos que fabrica el orfebre. Hay una edición española de la BAC editada en Madrid en 2003. Entre los destellos menos divulgados, pero resplandecientes de la personalidad de Karol Wojtyla impresionan –obviamente, para quien esto escribe– su pasión por el teatro y la poesía, y su capacidad de construir una amistad permanente con mujeres, con algunas de las cuales mantuvo correspondencia hasta el final de su vida. Teatro y amistad, vividas por Wojtyla como autor y no como espectador, son un arte supremo, porque ambas son amores. Requieren una sobresaliente sensibilidad y una aguda penetración en la intimidad humana masculina y femenina. Y, precisamente, de la intimidad de la persona es de lo que estamos tratando.

[48] Expresiones entresacadas de diversas canciones de José Luis Perales.

de lo masculino y femenino en las relaciones de amistad, profesionales, culturales, políticas.

Humanidad significa llamada a la comunión interpersonal. El texto del Génesis 2, 18-25 indica que el matrimonio es la dimensión primera y, en cierto sentido, fundamental de esta llamada. Pero no es la única. Toda la historia del hombre sobre la tierra se realiza en el ámbito de esta llamada. Basándose en el principio del ser recíproco "para" el otro en la "comunión" interpersonal, se desarrolla en esta historia la integración en la humanidad misma, querida por Dios, de lo "masculino" y de lo "femenino".[49]

Esta cuestión, que requiere integrarse con el estudio de las diferentes áreas de la intimidad humana, diferentes a la unión conyugal, pone de manifiesto, en primer lugar, que el modelo de amor esponsal entre varón y mujer es, por una parte, una imagen de Dios: supone un signo crucial para entender incluso la intimidad divina. En este sentido Benedicto XVI ha relacionado la monogamia con el monoteísmo: "A la imagen del Dios monoteísta corresponde el matrimonio monógamo. El matrimonio basado en un amor exclusivo y definitivo se convierte en el ícono de la relación de Dios con su pueblo y viceversa, el modo de amar de Dios se convierte en la medida del amor humano".[50]

---

[49] Juan Pablo II. Carta Apostólica *Mulieris dignitatem*, 1988, n. 7.

[50] Esta misma idea está expresada por Juan Pablo II en su Audiencia general de 1980, n. 4, al presentar el adulterio como la antítesis de la relación esponsal. Benedicto XVI concluye: "Esta estrecha relación entre eros y matrimonio que presenta la Biblia no tiene prácticamente paralelo alguno en la literatura fuera de ella". Benedicto XVI, Enc. *Deus caritas est*, n. 11 b.

Por otra parte, también es modelo de otros amores, por ejemplo, el del celibato, al que hacía antes referencia. El celibato por el reino de los cielos es, ante todo, una vocación esponsal, es decir, movida por el amor –el ser don de sí y acogida en sí–, que expresa, incluso de un modo más gráfico, el desinterés intrínseco de todo amor verdadero. Amor en el que "el mío para ser tuyo" –ese ser mío que tiene en su seno la vocación de ser tuyo– se hace realidad con una gran profundidad.

CAPÍTULO III
La tridimensionalidad humana: cuerpo, alma y persona

Después de las ideas introductorias y globales de los dos primeros capítulos, a continuación, profundizaremos en la persona y el amor desglosando algunas características ya apuntadas con las categorías filosofías. Realizaremos un pequeño viaje por la antropología, partiendo del cuerpo, pasando por el alma hasta llegar al espíritu, el quién, que es otro modo de decir persona. Iremos explicando las nociones utilizadas en los tratados de antropología, con el objetivo de tener una visión ordenada, sistémica y unitaria de las múltiples dimensiones de la condición humana.

No es fácil conocer al ser humano. La antropología es como una compleja sinfonía en la que intervienen muchos instrumentos, o si se quiere como un gran concierto de órgano en el que se utilizan simultáneamente varios teclados. Nos proponemos describir dichos teclados, para –en la medida de lo posible– saber de dónde procede cada melodía. Todo ello, como paso previo, para hablar más adelante de la constitución personal del varón y la mujer, y abrir la autopista que cada cual ha de recorrer con sus decisiones libres, aprovechando las posibilidades que le ofrece el entorno cultural y social.

1. Coordenadas duales y triádicas de la antropología

Para ordenar los datos antropológicos es importante trazar unas coordenadas y tener unos puntos de referencia, que las armonicen y unen. En este sentido, partiremos de la constatación de que la persona *nace y se hace*, y tanto en lo que recibe al nacer, como en su desarrollo posterior, encontramos estructuras duales y triádicas.

Comencemos con algunos ejemplos de las duales pues, según Leonardo Polo, la complejidad humana se organiza si la enfocamos con el criterio de dualidad. Cuerpo y alma, voluntad e inteligencia, interioridad y medio externo, sujeto y objeto, individuo y sociedad, naturaleza y cultura, varón y mujer, son algunas dimensiones humanas en las que se puede apreciar la dualidad. En ella se basa, por otra parte, la posibilidad de doblez (la hipocresía, el disimulo, el fingimiento). Ciertamente, la doblez presupone la dualidad y sólo así es posible.[1]

Las principales visiones antropológicas que se han dado en la historia del pensamiento humano, a partir del siglo v a.C. han sido o bien el monismo –antiguo y nuevo–, que reduce todo a materia o a espíritu, o, siguiendo la ruta abierta por Sócrates, otras dos perspectivas de enorme transcendencia y vigencia desarrolladas por Platón: la dualista –que separa cuerpo y alma, materia y espíritu–, y la visión integradora de ambos elementos en la unidad substancial, nacida de la recepción cristiana de la doctrina hilemórfica de Aristóteles. A nadie se le oculta la continuidad en el tiempo, con distintos matices, de los tres enfoques y los frutos de la visión integradora, que está en el origen del humanismo de Europa, que tuvo como resultado, entre otras cosas, la puesta en marcha de la ciencia experimental.

Sin embargo, existe una cuarta visión antropológica, también clásica, que estructura triádicamente la antropología distinguiendo

---

[1]   Cfr. L. Polo, "La coexistencia del hombre", en Rafael Alvira (ed.), *El hombre: inmanencia y trascendencia*, vol I, Pamplona, Servicio de Publicaciones de la Universidad de Navarra, 1991, v. I, p. 33.

entre cuerpo, alma y espíritu, Se trata de una semilla presente en la tradición, aunque menos desarrollada y con influjo menor en la historia, pero de gran calado. Con raíz bíblica, san Pablo en la 1 Tes 5,23 afirma: "Vuestro ser entero, espíritu, alma y cuerpo". En opinión de Ortega y Gasset, también se encuentra en Platón[2] y su primer desarrollo fue posiblemente el de Agustín de Hipona que comprende la unidad del ser humano en forma tríadica (ser-conocer-amar) como imagen de Dios que es causa del ser, luz del conocer y fuente del amor.[3]

Esta tradición pone de manifiesto que, además del cuerpo y del alma –la estructura dual de las antropologías más conocidas–, existe en el ser humano una dimensión más profunda, que es el espíritu, al que hemos identificado con las expresiones el "quién", el "espíritu personal" o, simplemente, como la "persona" única e irrepetible, que cada ser humano es.

La dimensión tridimensional del ser humano puede descubrirse también desde otras perspectivas. Por ejemplo, distinguiendo entre persona, naturaleza y cultura. Por una parte, tendríamos la persona, el quién irrepetible; por otro lado, su naturaleza –dual: cuerpo y alma–; y a estas dos dimensiones con las que el hombre nace habría que añadir la cultura, es decir, lo que recibe de su entorno familiar y social y lo que realiza a lo largo de la vida con su libertad y poder de disponer (su personalidad, hábitos, biografía). Dicho con otras palabras, adoptamos una visión tridimensional cuando subrayamos que, desde su comienzo, la persona humana, a su vez dotada de una constitución dual de cuerpo y mente, a la que se añade una tercera dimensión, que es la transformación cultural y social, que se va operando a lo largo de su biografía personal.

---

[2] La tríada vitalidad-alma-espíritu se encuentra ya en Platón, aunque en la *República* habla del apetito no del cuerpo. Cfr. José Ortega y Gasset, *Vitalidad, alma, espíritu*, en *Obras completas*, II, Madrid, Revista de Occidente, 1962, p. 455 y ss.

[3] Al buscar en el interior de cada hombre una imagen trinitaria habló de las potencias humanas distinguiendo entre inteligencia, memoria y voluntad: cfr. san Agustín, *De Trinitate* l. 10, cap. 11 y l. 14, caps. 6-7. O bien, memoria, inteligencia y amor: *De Trinitate*, l. 15, c. 22.

Ciertamente, el desarrollo antropológico más conocido es el de cuerpo y alma, y en la tradición se ha descrito el alma humana como espiritual, uniendo dos principios distintos en uno solo. Lo mismo pasa en la Biblia, en ocasiones espíritu y alma parecen significar lo mismo, mientras que en otros lugares se distinguen con claridad las dimensiones de alma y espíritu y sus funciones.[4] También en la doctrina de la Iglesia se ha dicho siempre que cada alma humana es creada por Dios. En este estudio defenderemos que el alma, como elemento esencial de la naturaleza humana, es transmitida por los padres, mientras que lo que lo Dios crea en cada ser humano es su *esse* personal, su quién espiritual único.

La explicación dual de la naturaleza humana, siendo legítima y aunque ha dado muchos frutos, manifiesta límites y no consigue superar las críticas de las que ha sido objeto (por ejemplo, al substancialismo o a la noción de naturaleza frente a la cultura y, sobre todo, la convicción moderna de que naturaleza y libertad pertenecen a dos ámbitos humanos diferentes). La antropología, por otra parte, dentro del humanismo europeo se ha considerado como una ciencia segunda dependiente de la metafísica, planteamiento que resulta claramente insuficiente.

De aquí que, así como la ciencia avanza, parece necesario que la filosofía no se conforme sólo con repetir los desarrollos antiguos, sino que ella misma debe proseguir su andadura, haciendo nuevos hallazgos que faciliten, desde su ámbito, la perspectiva integradora que se anhela. Dicho con otras palabras, no basta superar el monismo y el dualismo entre materia y espíritu, ni quedarse en la integración lograda en torno a la unidad substancial hilemórfica que, siendo fecunda y válida, resulta insuficiente. En diversos pensadores

---

[4]   Así, entre otros lugares, 1 Tes 5,23, habla de "vuestro ser entero, espíritu, alma y cuerpo". Aunque en ocasiones espíritu y alma parecen significar lo mismo, en otros lugares se distingue entre alma y espíritu: así Hb 4,12 afirma que la Palabra de Dios penetra hasta la división del alma y del espíritu. Ap 6,9 y Hb 12,23 distinguen las dos dimensiones del alma y, el espíritu y sus funciones.

del siglo xx se encuentra un gran reclamo para lograr una síntesis antropológica más profunda.

Lo cierto es que el planteamiento de la antropología como disciplina primera, que conectada con la metafísica sin embargo no se deriva de ella, presente ya en Max Scheler, está pidiendo desde hace casi un siglo, cada vez con más intensidad, una ontología peculiar para la antropología. En este sentido, la existencia de una tercera dimensión antropológica, como distinta de las otras dos –cuerpo y mente– la puso de relieve Viktor Frankl, en su magistral experiencia de la libertad interior. Frankl, que tenía cierta experiencia, por su profesión de psiquiatra, de bucear en la intimidad humana advirtió que el odio provocaba la muerte. Quizá el detonante fuera el "instinto" de supervivencia en el campo de concentración nazi, pero lo cierto es que la vivencia del total despojo –trabajo, familia, ropa, comida, salud...–, le hizo visible y viva su libertad interior. Poseía algo que era tan suyo que no pertenecía a nadie más y que nadie le podía arrebatar: su intimidad personal. Y comenzó a reavivar y fomentar en su mundo interior los gratos recuerdos, los momentos felices, el amor de su mujer, el ejercicio de su trabajo vocacional. Mientras le molían a trabajos físicos forzados, a hambre y sed, pensaba en cómo podría ayudar y trasmitir a otros lo que estaba viviendo, de modo que aquella vida tan absurda, sufriente, humillante y alienante comenzó a tener sentido.[5]

De hecho, cada vez es más frecuente –también dentro de la psicología actual–, diferenciar cuerpo, mente y espíritu, como tres dimensiones humanas que, aunque unidas, cada una es distinta de las otras dos. Entre ellas, la línea más fina es la que se traza entre lo psíquico y lo espiritual, que distinguiría entre el orden natural –al que pertenece la psique–, y el nivel espiritual, que transciende

---

[5]   Cfr. V. Frankl, *El hombre en busca de sentido*, 2a. ed., Herder, 2001.

la dimensión psicosomática,[6] siendo un componente radical de cada persona humana.

Como venimos diciendo, esta visión es una semilla clásica –sobre todo cristiana–, que no ha sido suficientemente desarrollada, al ser, una y otra vez, subsumida en el esquema dual de la naturaleza. Algo similar ha pasado con la noción del ser como acto o con la noción de persona. Como es ya suficientemente conocido, Tomás de Aquino descubrió un nuevo orden metafísico, más allá de los co-principios aristotélicos –substancia/accidentes, materia/forma, acto/potencia, a los que luego haremos referencia–, al distinguir entre esencia y acto de ser (*esse*), es decir, entre lo que algo es y que sea o "exista". Pero esta distinción, que ya vislumbraron los pensadores griegos cristianos del siglo IV, ha pasado en penumbra siete siglos, a pesar de ser la piedra angular de la síntesis tomista.

Pues bien, este descubrimiento –diferenciar entre *esencia* y *existir*–, aplicado a la antropología es enormemente fecundo, como se ve en los trabajos de Leonardo Polo. Y, en este sentido, encontramos otra estructura dual, de la que cuerpo-alma serían un sólo componente, es decir, la naturaleza o esencia; mientras el espíritu (o persona) radicaría en el *esse* o acto de ser. En este contexto se advierte con claridad que el alma –en cuanto forma substancial– forma parte de la esencia, mientras que el espíritu –que también puede denominarse persona– pertenece al plano del acto de ser. Todos los seres vivos tienen una composición psicosomática más o menos evolucionada, pero sólo el ser humano es espíritu, sólo él es persona. La diferencia entre cualquier otro viviente y una persona, no es sólo ni principalmente que el hombre tenga una naturaleza de más alto rango –una naturaleza racional, como consta en la célebre definición de Boecio ("substancia individual de naturaleza racional")–, sino en la categoría de su *esse*, que es lo que le constituye en persona.

---

[6] En torno a la diferencia entre alma –*psyché*–, y espíritu –*pneuma*–. Cfr. Attilio Danese, *Unità e pluralità*, Roma, Città Nuova, 1984, p. 69.

Como se advierte, estructuras duales y triádicas surcan la antropología y estructuran al ser humano y su acción. El amor y la familia también son estructuras triádicas, mientras que la condición sexuada es dual. En este capítulo nos centraremos, en las estructuras triádicas señaladas al comienzo: cuerpo, alma y persona, por una parte, y persona, naturaleza y cultura, por otra.

2.   La corporeidad, punto de partida

Max Scheler propuso comenzar la antropología partiendo del *mundo de la vida* para, a través de ella, llegar al *mundo del espíritu*, verdadera dimensión en la que el hombre se diferencia de los animales. En su exposición el trasfondo último de lo real está constituido por los dos elementos básicos del cosmos: la *vitalidad* y la *espiritualidad*. Según su planteamiento, caracteriza al hombre participar de esos dos elementos: por el primero forma parte del cosmos y por el segundo lo transciende. Al participar del espíritu el hombre es *persona*, puesto que posee "el centro activo en que el espíritu se manifiesta dentro de las esferas del ser finito".[7]

A partir de Scheler la antropología añade, a otras más positivistas o más metafísicas, una metodología que parte de principios asequibles a la inteligencia humana, bien sea por verificación empírica o bien por el análisis de la experiencia humana, universalmente constatable a través de su descripción.

Siguiendo esta sugerencia metodológica, la corporeidad humana se nos presenta como el punto de partida de la antropología, dado que aporta datos originarios y universalmente evidentes para todos. El cuerpo se considera como un radical antropológico imprescindible para conocer el significado de la vida humana, porque es la

---

[7]   Max Scheler, *El puesto del hombre en el cosmos*, p. 24.

encarnadura propia de un espíritu único, la formalización material de la persona y de su intimidad en un espacio y tiempo finitos. Somos polvo del cosmos, el "barro del alfarero", al que se infundió un aliento de vida personal, un quién espiritual. Por eso, no tenemos un cuerpo, sino que *somos* nuestro cuerpo. *La corporeidad es el modo de ser de la persona en cuanto "humana".*

En efecto, la antropología realista da importancia al cuerpo en cuanto que "manifiesta a su persona". Y aunque esta expresión haya sido empleada recientemente por Karol Wojtyla,[8] sin embargo su experiencia vivida es antigua. Véase, por ejemplo, el delicioso texto de Cervantes en el que don Quijote da instrucciones a Sancho para conocer los sentimientos íntimos de Dulcinea mediante la observación de sus reacciones externas:

> Anda hijo –le dice–, y no te turbes cuando te vieres ante la luz del sol de la hermosura que vas a buscar. (...) Ten memoria, y no se te pase de ella cómo te recibe: si muda los colores el tiempo que la estuvieres dando mi embajada; si se desasosiega y turba oyendo mi nombre; si no cabe en la almohada, si acaso la hallas sentada en el estrado rico de su autoridad; si está en pie, mírala si se pone ahora sobre el uno, ahora sobre el otro pie; si te repite la respuesta que diere dos o tres veces; si la muda de blanda en áspera, de aceda en amorosa; si levanta la mano al cabello para componerle, aunque no esté desordenado; finalmente, hijo, mira todas sus acciones y movimientos; porque si tú me los relatares como ellos fueron, sacaré yo lo que ella tiene *escondido en lo secreto de su corazón* acerca de lo que al hecho de mis amores toca; que has de saber, Sancho, si no lo sabes, que *entre los amantes, las acciones y movimientos exteriores que muestran, cuando de sus amores se trata, son*

---

[8] Cfr. K. Wojtyla, *Persona e atto*, Librería Editrice Vaticana, 1982, traducción al castellano: *Persona y acción*, pp. 296-298.

certísimos correos que traen las nuevas de lo que allá en el interior del alma pasa.[9]

Cualquier enamorado, como don Quijote, conoce esta experiencia de estar atento al lenguaje del cuerpo, que los sentidos ven, para conocer lo invisible –por interior– de la persona amada.

Fijarnos en la corporeidad humana coincide también con la tradición oriental, que la considera una expresión de la intimidad y de la identidad personal en un sentido estricto, cuasi literal, es decir, en que es el espíritu quien determina a su cuerpo. Las estructuras más profundas y ocultas del mundo empírico corresponden a las leyes del espíritu. Lo fisiológico y lo psíquico –afirma Evdokimov– dependen del espíritu, le sirven y lo expresan. La mujer –añade como ejemplo– no es maternal solamente porque, en su cuerpo, sea apta para engendrar, sino porque es de su espíritu maternal de donde procede su facultad fisiológica y la correspondencia anatómica, y si el varón tiene más fuerza física será porque ahí se expresa una característica de su espíritu.[10]

Partir de la corporeidad es también una de las tesis fundamentales de la antropología de Karol Wojtyla que, como ya anticipamos, lo considera explícitamente como "expresión de la persona". Esta concepción de la corporeidad ya aparece en su libro *Persona y acción*[11] y constituye el *leiv motiv* de su obra magna sobre la teología del cuerpo[12] donde se afirma: "El cuerpo expresa a la persona en su

---

[9] Miguel de Cervantes, *El Quijote*, II, cap. 10.

[10] Paul Evdokimov, *La Femme et le salut du monde: Etude d'anthropologie chrétienne sur les charismes de la femme*, París, Casterman, 1958. Edición en castellano: Barcelona, Ariel, 1970, pp. 7-28.

[11] Cfr. K. Wojtyla, *Persona e atto*, Librería Editrice Vaticana, 1982, en castellano, *Persona y acción*, pp. 296-298.

[12] Cfr. Giovanni Paolo II, *Uomo e donna lo creo. Cathechesi sull'amore umano*, Roma, Librería Editrice Vaticana, 1992, 3a. ed., aunque escrita en polaco antes de su pontificado se publica posteriormente, tras exponerla durante años en 139 audiencias generales. En castellaño hay una edición en cuatro volúmenes: 1. Juan Pablo II, *Varón y mujer. Teología del cuerpo I*, 6a. ed., Palabra, 2005. 2. *La Redención del corazón. Teología del cuerpo II*, Madrid, 1996. 3. *El celibato apostólico. Teología del cuerpo III*, 2a. ed., Madrid, 1995. 4. *Matrimonio, amor y fecundidad. Teología del cuerpo IV*, Madrid, Ediciones Cristiandad, 1998, la tiene en un solo volumen. Edición

ser concreto ontológico y existencial (...), expresa el 'yo' humano personal, que construye desde dentro su percepción exterior".[13] El cuerpo viene a ser, si se nos permite así decirlo, la palabra humana de la persona. Su verbo primario.

Por su parte, para Polo el cuerpo es manifestación, luz iluminante[14] acerca de la persona. Entiende que el espíritu personal tiene el poder de formalizar su humanidad y su cuerpo, el cual está abierto, en comunicación directa e inmediata, con su espíritu. A esta comunicación del cuerpo con su quién personal, y a la influencia de este sobre aquel Polo la denomina "hiperformalización". Lo que quiere decir, por de pronto, es que el cuerpo no es un simple *additum* –algo así como unos pantalones a las piernas, un sombrero a la cabeza o un agua que se "añade" al vino, sin "ser" piernas, cabeza o vino–, sino que el cuerpo es la "carne" misma o humanidad de la persona del hombre, la específica, propia y exclusiva encarnadura de su espíritu en el tiempo y en el espacio materiales. En este sentido, Polo afirma que el cuerpo es el "esbozo inicial del alma".[15]

Tan propio nos es nuestro cuerpo, tan consustancial con la condición humana de nuestro espíritu personal, que si, por ejemplo, una persona humana pudiera abandonar su cuerpo y trasladarse a otro, inmediatamente dejaría de ser la persona humana que es. Este ejemplo, puesto con intención pedagógica, es un imposible ontológico. Habermas lo expone con claridad a propósito de la condición sexuada que se descubre a través del cuerpo: "Una persona es varón o mujer, tiene uno u otro sexo y no podría ser del otro sexo sin ser a

---

crítica John Paul II, *Man and woman He created them. A Theology of the body*, Boston, Pauline, 2006, en Hispanoamérica: *Teología del cuerpo. Teología de la sexualidad humana: de la masculinidad y de la feminidad*, Costa Rica, Promesa, 2007.

[13] Juan Pablo II, AG, 12-XII-79, n. 4, en *Varón y mujer*, p. 92.

[14] Cfr. L. Polo, *Antropología transcendental II. La esencia de la persona humana*, Pamplona, EUNSA, 2003, p. 276.

[15] *Ibidem*, p. 296.

la vez otra persona".[16] En definitiva, a través del cuerpo y de lo que él manifiesta, es como se puede acceder a dimensiones más profundas de la intimidad espiritual de la persona humana, tanto o más reales que las captadas por los sentidos, dimensiones interiores que confieren significado personal al cuerpo.

3. La díada cuerpo y alma

El discurso sobre el hombre, a lo largo de los siglos, ha cristalizado –decíamos– en torno a la estructura dual cuerpo y alma. En el marco de la filosofía aristotélico-tomista, al conjunto de la estructura cuerpo y alma se la conoce con la expresión *naturaleza humana*. Como es sabido, la metafísica descubre en todos los seres unas estructuras duales como substancia y accidentes, materia y forma, potencia y acto, que constituyen principios explicativos de la realidad, distintos entre sí, pero inseparables. En consecuencia, en los seres del universo no hay forma sin materia, ni substancia sin accidentes, ni acto sin potencia. Pongamos un sencillo ejemplo aproximativo. Queremos moldear una jarra para vino o agua, y nos hacemos con la arcilla correspondiente. La arcilla es la materia, todavía sin la forma de jarra. La arcilla tiene su propia forma en bruto, gracias a la cual la podemos identificar como arcilla, pesarla, medirla, cogerla con las manos y ponerla en el torno. Todavía no es una jarra, pero en la arcilla está la potencia –la posibilidad real– de transformarse en jarra. Va a necesitar de nuestra potencia de ser artistas alfareros. Tras el correspondiente trabajo, ya tenemos la jarra –una sustancia con su materia y forma– y dudamos de qué color pintarla. Como un color concreto es un accidente –lo no necesario–, un amigo, sediento e impaciente por beberse el vino, nos dice que da igual marrón que blanca, porque de

---

[16] Jürgen Habermas, *El futuro de la naturaleza humana*, Paidós, 2002, p. 115.

uno u otro color –accidentes– seguirá siendo una jarra que, por fin, viene con el vino.

Mediante el ejemplo del trabajo del alfarero, fabricando una jarra de un pedazo de arcilla, nos introducimos en el pensamiento filosófico. Con la inspiración de la metafísica aristotélico-tomista, aquellos conceptos duales –substancia y accidente, materia y forma, acto y potencia– se han aplicado a la explicación del conjunto alma y cuerpo de la naturaleza humana. Todos, en distintos campos, hacemos al día muchas cosas que reciben una explicación racional bajo la luz de aquellas herramientas conceptuales. Ponemos en acto nuestras potencias –realizamos en acto lo que podemos ser– en el campo profesional, en el deporte, en nuestras relaciones familiares. Al hacerlo, hay cosas que son sustanciales, que son el cimiento imprescindible y no sustituible, pero que va acompañado de cosas accidentales, que pueden no estar sin que perdamos la substancia, por ejemplo, de ser humano –por el color más o menos blanco o negro de la piel–, o de ser hijos de nuestros padres, aunque no vivamos en el domicilio paterno.

Tal vez ahora estemos en mejores condiciones intelectuales para asumir que pensar con rigor significa saber distinguir en la mente sin separar en la realidad, o unir sin confundir. Esos matices, muy importantes, nos permiten alcanzar una visión más profunda y estructurada de la realidad, no sólo para las ciencias empíricas, sino en el buen orden mental de la vida cotidiana, ganando el llamado sentido común, pues la filosofía viene a ser un desarrollo más elaborado y preciso del ejercicio espontáneo de la inteligencia humana.

Pues bien, siguiendo esas lúcidas diferencias, en una primera aproximación se ha explicado al hombre, en similitud con lo que comparte con el resto de seres vivientes, como un compuesto de materia y vida, del que el cuerpo vendría a ser la materia y, a su vez, el alma sería la forma substancial y el principio vital de la materia corporal. Ambos, aunque "distintos", componen una unidad y no pueden subsistir por "separado". Cuando se rompe esa unidad, sobreviene la muerte de ese ser. La noción de la unidad nos ilumina, además la interdependencia que hay entre ambos: el cuerpo no puede utilizarse de cualquier forma sin afectar el alma, y el ánimo del alma se ve influido también por la salud, el buen uso o el abuso del cuerpo.

3.1. La expresión "naturaleza humana"

Incluso viendo al hombre como uno más entre los seres vivos, se distingue con un cuerpo muy peculiar –bípedo, con manos y un gran cerebro–, que ya manifiesta una diferencia importante respecto de los otros seres corpóreos. El hombre tiene una corporeidad *libre de especificaciones instintivas* y, en este, sentido no especializada ni sometida por completo a una programación determinante. Esta libertad frente a lo instintivo supone –es evidente al nacer y durante muchos años– una paradójica fragilidad e indefensión ante las pericias que necesita el sobrevivir y el crecer hasta la madurez. Los seres humanos no seríamos viables, nos moriríamos a los pocos días, sin un entorno cuidador, protector y educativo.

Adquirir esas capacidades para madurar y vivir como seres humanos exige el uso de la inteligencia racional, la voluntad libre para elegir y un determinado uso del cuerpo, por ejemplo, de las manos o las piernas. Sin esas facultades nos sería imposible crecer y vivir. Se trata de evidencias comprobables por todos y, en este sentido, universales. Por su parte, la consideración de la distintiva calidad del alma humana respecto a otros vivientes (también las plantas y los animales tienen "alma", en el sentido general de principio vital), se remonta al origen de todas las culturas.

El hombre se sabe distinto a las plantas y animales. Incluso una concepción zoologista o animalista, que reduce al hombre a ser una especie animal más, no puede ocultar que el ser humano aparece cualitativamente distinto al resto de especies –inteligencia y voluntad libre–, pues solo a él se le puede ocurrir "autodefinirse" como especie y "elegir" como profesión la zoología, esto es, una ciencia inventada por él. Es de pura evidencia que ningún animal es capaz de ser zoólogo ni veterinario, ni domador de leones en el circo.

En la historia del pensamiento filosófico ha sido notable la influencia de Platón, que difunde también la creencia pitagórica de la preexistencia de las almas en un mundo supraterreno donde habitarían las ideas puras. Por su parte, Aristóteles formula su profunda teoría de la composición hilemórfica, término según el cual la materia y la forma substancial son la estructura de los seres corpóreos, también la del hombre (su cuerpo y su alma), que se articulan en una peculiar unidad de dos principios inseparables hasta la muerte, constituyendo la unidad de ambas la naturaleza.

El lenguaje popular –no el filosófico– emplea el término "naturaleza" para referirse, unas veces a la "tierra virgen" aún no transformada por el trabajo humano: los mares y ríos, las montañas, los desiertos, y los climas; y otras veces llama "naturaleza" a todo cuanto contiene el universo –el planeta Tierra, el Sol, las estrellas y las innumerables galaxias–, queriendo identificar cuanto existía antes del hombre y sigue permaneciendo en torno a él, sin ser fabricado por el hombre. Por otro lado, también se dice que "lo natural" es aquello que hacen los animales, mientras que lo artificial es fruto de la obra humana. Estos usos, en la lengua popular, del término "naturaleza" son tan frecuentes cuanto imprecisos. Por ejemplo, pedimos un zumo "natural" de naranja, sin caer en cuenta que la fruta que ante nuestra mirada exprimen es resultado del trabajo del hombre. Las naranjas que nos comemos no existen en la naturaleza virgen. Y lo mismo podemos decir del pan, la carne de pollo y de vacuno, o la raza de nuestro perro preferido. En todo ello ha mediado la presencia del hombre con su inteligencia y trabajo.

Conviene aquí, en consecuencia, acostumbrarnos al significado filosófico del término naturaleza y olvidarnos del uso popular. En el campo filosófico, el concepto de naturaleza tiene muchas acepciones –basta consultar un diccionario de filosofía– y, aplicada al ser humano, una larga y discutida historia. Para navegar por ella, nos será útil entender por naturaleza, a modo de brújula, *el modo de ser*, que tiene todo ser como propio, en cuanto *su principio de operaciones y modo de obrar*.

Aristóteles distinguió en la naturaleza un principio de crecimiento, otro de alteración y un tercero de locomoción, este último poseído por los animales, pero no por los vegetales. Pero respecto al principio intelectivo, peculiar de los seres humanos, en diversos lugares afirma que la intelección no pertenece a la naturaleza,[17] vinculando la inteligencia con la tenencia de las "manos", unas herramientas extraordinarias, ajenas a las extremidades de cualquier animal, cuya anatomía y uso revelan inteligencia. Señalaba así la peculiar categoría que a sus ojos tenía el ser humano que le diferenciaba del resto de los seres del cosmos.

"El hombre –afirma Aristóteles– es el único de los animales que se mantiene derecho porque su naturaleza y su esencia son divinas".[18] Para los griegos lo divino fundamentalmente era el pensamiento y la sabiduría,[19] por lo que Aristóteles advierte que en el hombre hay algo: el principio intelectivo, que él denomina "intelecto agente", que no pertenece a la naturaleza,[20] sino que "viene de fuera y sólo él es divino".[21] Una anotación extraordinaria. Por tanto, entre las facultades del alma, además de la voluntad, incluye el intelecto paciente o memoria intelectual, al que distingue del *intelecto agente*, que para él pertenece a otra dimensión humana. El intelecto agente le pareció cosa divina. Sobre ello volveremos.

Lo mejor del pensamiento griego –por ejemplo, Aristóteles– se encontró con dificultades para describir lo propio del ser humano –sobre todo su entendimiento– únicamente en términos de la

---

[17] Cfr., entre otros, Aristóteles, *De partibus animalium*, 641 b 5-10.

[18] *Ibidem*, 686 a 27- 29.

[19] *Ibidem*.

[20] Cfr., entre otros, Aristóteles, *De partibus animalium*, 641 b 5-10.

[21] Aristóteles, *De generatione animalium*, II, 3, 736 b 27-28.

naturaleza. Los filósofos y teólogos medievales ampliaron el concepto de naturaleza humana, para incluir en ella una dimensión espiritual, que reforzaba las capacidades racionales y voluntarias, interpretando la inteligencia –tanto el intelecto agente como el paciente–, como facultades del alma, pues no encontraban otra manera de explicar dicha espiritualidad.

En la edad moderna se enfatiza la diferencia entre la naturaleza –que implica necesidad y límites– y la libertad –que supone un poder creativo, innovador, no sujeto a límites– y, a partir de Kant, se distinguen, de un lado, las ciencias de la naturaleza –por ejemplo la física, química, astronomía o la anatomía médica– y, de otro, las ciencias del espíritu –por ejemplo, la filosofía, la moral, el derecho, o la política–, por lo que el uso del término "naturaleza" comienza a presentar dificultades para aplicarlo, sin más, al entero ser humano, el cual no es sólo bioquímica sino también, por ejemplo, hijo, trabajador y ciudadano.

Estos inconvenientes se agudizan a partir del nacimiento de la antropología cultural. ¿Qué es el hombre: naturaleza o cultura? ¿Un modo de ser recibido desde el nacer o un modo de ser que, por su libertad, se crea y realiza a lo largo de la vida? Esclarecer esta cuestión –quizás, "decidirla" desde un encubierto *a priori* de la voluntad– dará lugar a décadas de una polémica que, en un contexto dualista, contrapone naturaleza y cultura. A una y a otra las interpretarán, además, como dos realidades enfrentadas que, a la manera del juego de la "tira-soga", tiran del hombre con la pretensión de ganarle al otro adversario el mayor terreno posible y, si es posible, expulsarle del campo de juego. En este combate, en algunos casos "a muerte", el equipo de la cultura prevaleció sobre el de la antigua naturaleza.

Como resultado, el recurso al concepto de una naturaleza, como explicación radical única, ha perdido fuerza en el lenguaje antropológico, donde el ser cultural del hombre aparece cada vez más como una manifestación, muy propia y exclusiva, de su específica manera de ser frente al resto de vivientes –como los vegetales y animales–, incapaces de darse una cultura, de cambiar y progresar, de construirse una historia abierta.

Refugiada en el mundo del iusnaturalismo, el concepto tradicional de naturaleza sufre un exilio por parte de la cultura de la llamada postmodernidad, no sólo en la filosofía sino también de las ciencias sociales, en particular en la ciencia jurídica. Esta, en efecto, reduce todo el fenómeno jurídico al derecho positivo, pone en manos del poder legislativo la determinación de lo legal y lo ilegal, y rechaza cualquier norma iusnaturalista anterior y superior al poder legislativo y a su producción jurídica. Este positivismo absoluto –expulsado el antiguo derecho natural y sus normas justas por naturaleza–, relativizará los valores jurídicos en su tradicional referencia a una justicia objetiva, y reducirá el ámbito de lo legal a lo que quiera la voluntad popular o los hechos sociales con relevancia política o electoral, los cuales, gracias a su representación parlamentaria, consiguen convertirse en leyes. Es decir, es legal todo lo que el poder legislativo aprueba como tal. Es cierto que, todavía se dice en algunos ámbitos intelectuales y en las conversaciones del pueblo llano, con verdad, que no todo lo legal es justo y que lo reclamado por justicia no siempre es reconocido en la ley. Pero, por desgracia, esa confrontación queda en meras palabras, porque vence la legalidad, aunque sea injusta: los jueces tienen la obligación de aplicar las leyes… y éstas no siempre son justas.

Actualmente, cierto uso de un concepto de naturaleza pervive en el ámbito científico, dentro de posiciones biologicistas, en las que el hombre es considerado una especie más compleja y evolucionada dentro de las especies animales.

Eliminada una naturaleza objetiva, dada y originaria, en el existencialismo el ser humano es exclusivamente su libertad, como única raíz principal, y su esencia viene a ser el resultado de sus decisiones a lo largo de su vida. Es decir, la esencia humana estaría al final, y no al principio, como había mantenido la tradición filosófica.

Ahora bien, ¿la experiencia de "la vida vivida" confirma que sólo somos cultura, que todo nuestro ser se define al final de la vida, en forma de biografía terminada? ¿Esa experiencia de lo real no está continuamente diciéndonos, con innumerables ejemplos prácticos, que cada uno de nosotros, además de la libertad, tiene una dotación inicial –no sólo la aportación genética que nos viene de nuestra genealogía–, unos talentos físicos y mentales, éstos y no otros, que nos vienen dados y constituyen una dotación originaria para ser y vivir cuanto podemos ser, como el punto de salida que toda meta necesita para serlo? ¿Qué es una meta sin línea de salida? ¿Es posible definir una meta final… para quienes ignoran qué son al partir y qué son corriendo?

Esto manifiesta que la exclusión total del término naturaleza para estudiar al ser humano deja sin explicar con qué cuenta, en su inicio, para hacer el viaje de la vida. Cada ser humano *es humano desde el principio*, aunque tenga mucho que desarrollar. Pues bien, el término naturaleza expresa la pertenencia a nuestra especie: somos seres humanos y no pájaros o leones: por eso no podemos volar, aunque coincidamos en ser bípedos como las aves, y no piamos, sino que podemos hablar, articulando palabras. Somos mamíferos como los leopardos, pero no tenemos garras ni la fuerza de sus colmillos para desgarrar, ni la potencia de sus patas para correr. La naturaleza humana dispone de una serie de capacidades, que se han denominado "facultades" –a las que más tarde nos referiremos–, que van desde los sentidos externos hasta la memoria o la voluntad, que tienen una gran capacidad de desarrollo y nos permiten estar por encima del resto de las especies. Es evidente que no volamos como las águilas ni nadamos como los delfines, pero les superamos por nuestra capacidad de construir una nave espacial o un submarino atómico. No piamos, pero componemos toda clase de música, incluso sinfónica. No hacemos nidos, sino ciudades. No nos limitamos a reproducirnos. Podemos fundar una familia y amarnos.

La naturaleza es el modo de ser, en cuanto humanos, que recibimos cuando nacemos y nos da un abanico de posibilidades para poder actuar. Capacidades que nos permiten aprender a hablar, a salir de la ignorancia y conocer más y más; y tenemos también una voluntad libre capaz de elegir –por eso preferimos muy pronto estar con mamá que con extraños y los caramelos a las verduras–, voluntad cuya fortaleza y amplitud conforme en el entorno en el que vivamos.

Así es la experiencia real de la vida humana. Lo explicamos a propósito del vino, que no es sólo cultura. Sin tierra, clima, cepas y racimos –naturaleza– no hay vino, por mucho que trabaje y fantasee –cultura– un bodeguero. Y sin viticultor y enólogo, sin el arte y ciencia del vino, que es cultura vinícola, podemos esperar sentados algunos millones de siglos ante la tierra, el sol y algunas cepas, porque estos elementos –la naturaleza– también son incapaces de destilar una gota de vino, sin el trabajo o cultura humana. La experiencia humana nos dice que somos, por así decirlo, un matrimonio –una alianza muy íntima– entre "naturaleza" y "cultura".

Esa visión más realista, no obstante, exige repensar la estructura del ser humano, redefiniendo la antigua idea de la naturaleza humana, incorporando al discurso nuevo, sobre todo el *esse* originario del hombre, su acto radical de ser persona única, del que hemos hablado desde el principio, que constituye otra dimensión humana, la más profunda e íntima, sobre la que más tarde volveremos.

Sin embargo, aunque la noción de naturaleza no es suficiente para explicar en su más honda constitución al entero ser humano, la expulsión absoluta del concepto de naturaleza originaria del lenguaje antropológico está teniendo más inconvenientes que ventajas, porque "una naturaleza" –un modo de ser recibido–, aunque no abarque aquello más característico de la realidad humana –que sería la libertad de su espíritu personal y su poder creativo e innovador–, sin embargo nos da cuenta de unas capacidades humanas originarias y reales que no pueden ser soslayadas.

Estas capacidades propias de nuestra naturaleza inicial, por otra parte, están a disposición del que las posee, pero sólo para su ejercicio y siguiendo sus leyes. Es decir, su poseedor no puede utilizarlas arbitrariamente pues puede destruirlas. Pongamos algunos ejemplos partiendo de un dicho de la sabiduría popular que aquí puede ser ilustrativo. Dice así: "Dios perdona siempre, los hombres a veces, la naturaleza nunca". La naturaleza tiene sus leyes, y si no se siguen o se destruye o se venga. Por ejemplo, cuando ingiero un alimento, el estómago necesariamente digiere, y si lo que he tomado es veneno, me muero. Puedo tomar drogas, por supuesto, pero no puedo evitar que se deteriore, quizá irreparablemente, el sistema nervioso. Puedo tener excesos, en la comida, la bebida o el trabajo, pero más temprano que tarde deterioran mi salud. Por "poder" –el querer arbitrario, caprichoso y necio–, puedo desafiar mi carencia de alas naturales y la ley de la gravedad, arrojándome de la cima de un rascacielos, porque terca y estúpidamente espero llegar antes a mi oficina o al supermercado. Sabemos el resultado de ese ir contra la naturaleza: seremos un cadáver estampado en la acera.

La naturaleza aporta posibilidades y pone condicionamientos: hay cosas que no puedo hacer, aunque quiera, por ejemplo, ir ahora mismo a 100 km de distancia: tengo que tomar un medio de transporte, y eso lleva su tiempo. Tampoco puedo ser cantante si no tengo buena voz, o conseguir una capacitación profesional sin estudio o esfuerzo. Dicho de otra manera, la naturaleza me da o me niega unas posibilidades, y para cultivarlas tengo que seguir los procesos adecuados.

Las leyes que subyacen en la naturaleza humana, no son sólo procedentes de la física y de su corporeidad, también existen dentro de su psique o de su mente. En el proceso cognitivo y de aprendizaje, no se puede aprender todo de repente. Hay que seguir un proceso, desde lo más fácil a lo más difícil, y cuando ya se ha conseguido un nivel, se puede acceder a otros que no hubieran sido posibles sin ese punto de partida.

En todo caso, debajo de la polémica entre naturaleza, cultura y libertad anida, y a veces hasta se oculta, una versión postmoderna de un antiquísimo debate: la cuestión del "alma" y su relación con el cuerpo.

En efecto, el *iter* filosófico sobre las relaciones entre el alma y el cuerpo ha tenido muchas derivas a lo largo de la historia. Los dualismos que contraponen alma y cuerpo, como exigiendo decidirse por una a costa del otro, acaban en monismos irreales tanto espiritualistas como materialistas, pues no somos puro espíritu ni pura materia, ni ángeles ni animales, ni solamente barro. La unidad entre ambas dimensiones, contra la fuerte inercia dualista, se ha tornado problemática en muchas ocasiones[22] y, no pocas veces, resulta difícil de conjugar con lo que en el hombre hay de inmortalidad. Y esta es la gran cuestión, la inmortalidad del espíritu personal de cada ser humano, cuya afirmación o rechazo es el latido de fondo en las antiguas y las modernas polémicas.

¿A qué se llama alma? La noción misma de "alma" –el principio o fuerza vital interior que late en todo viviente, según la visión clásica– a lo largo de la historia se le han ido dando tantos significados diferentes entre quienes la afirman y los que la niegan, entre los que la consideran unida al cuerpo o separada de él, que para volver a hablar sobre la realidad que significa, diversos autores han optado por nombrarla en griego: *psique*, y así distinguirla de la *physis* o naturaleza material. *Psique* es el vocablo griego que hoy se ha difundido tanto en las ciencias humanas (psicología) como en las médicas (psiquiatría).

Por su parte, entre quienes se atienen a una visión exclusivamente científica del ser humano, neurólogos o filósofos de la ciencia –tras la caída del conductismo, en la década de los años cincuenta del siglo xx–, es opinión cada vez más frecuente y común que el cuerpo no es explicable sólo por reacciones químicas. Consideran que es

---

[22] Cfr. Henri Berson, *El alma y el cuerpo*, Madrid, Encuentro, 2009.

necesario otro elemento que ellos denominan *mente,*[23] con la que designan ese "algo" –un "alma" que se evita mencionar– sin el cual el cuerpo y su funcionamiento resultan incomprensibles. A su vez, tanto desde la filosofía de la ciencia (K. Popper) como desde la neurología (W. Penfield, J.C. Eccles) se llega a la conclusión de que *la mente* no es el cerebro, porque un órgano neuronal, con sus áreas y nexos bioquímicos y eléctricos, no basta para dar razón de los fenómenos mentales, entre los cuales sobresale la presencia inmediata y directa del sujeto personal –mediante el cerebro y el resto de su cuerpo, pero sin serlo– al entender, querer, al conmoverse afectivamente o, como experiencia contundente, al amar.

Tampoco el corazón, como órgano que bombea sangre oxigenada, se puede confundir con aquello que llamamos "corazón" y que, en vez de sangre, contiene afectos, sentimientos y conmociones emotivas. Y cuando corremos hacia nuestro enamorado, porque llega tras un largo viaje, nuestra persona comparece inmediata y directa en nuestras piernas, que tanto corren, en nuestros brazos y labios, con que "abrazamos y besamos", sin que por ello se nos ocurra pensar que solamente somos piernas, brazos y labios. Porque las piernas, los brazos y los labios, junto a los órganos del corazón y del cerebro, no abrazan ni besan por sí solos, sin la comparecencia enamorada de la persona "dentro" de esas partes de su cuerpo. No es el labio "quien" besa, sino aquella parte de la boca –el cuerpo, a la postre–, mediante la cual la persona es "quien" besa, porque sólo ese "quién personal", por espiritual, puede amar. Pero la persona tampoco se identifica con la naturaleza: ella es, siempre, un ademán radical al beso de sus labios.

Por tanto, tiene que haber en el ser humano, amén de la estructura cerebral o del sistema cardiovascular, otra realidad de naturaleza distinta, no orgánica, no material, a la que se debe la animación de la materia corpórea. El ánima, etimológicamente significa vida. La vida

---

[23] Cfr. Mario Bunge, *The Mind-Body Problem. A Psychobiological Approach*, Oxford, Pergamon Press, 1980. Versión en castellano: *El problema mente-cuerpo. Un enfoque psico-biológico*, 3a. ed., Madrid, Tecnos, 2011.

en el universo, aporta algo más que la materia inerte. Y dentro de la vida hay diversos grados: una cosa es la vida vegetativa de las plantas y otra de un nivel superior, la vida de los animales, a la que se incorpora la autolocomoción. Pues bien, un tercer nivel, a nivel anímico, es la del ser humano: su ánima tiene unas virtualidades especiales y superiores que no aparecen en los animales, sobre todo a nivel cognitivo y tendencial. Sobre esto habló certeramente, aun tratándose de un tema complejo, Aristóteles en sus libros que llevan precisamente ese título: *De anima*.[24]

Pues bien, en el lenguaje científico actual la *mente* es una dimensión humana inmaterial, inseparable del cuerpo, que viene a significar algo parecido a lo que se ha querido expresar durante siglos con el término *alma*, en un sentido parecido al de la forma sustancial en el lenguaje aristotélico.[25]

Lo dicho hasta aquí, ante todo, sirve para manifestar la estructura dual cuerpo-alma, a la que se ha recurrido secularmente para expresar el conocimiento del ser humano. No siempre con pleno acierto, pues en más de una ocasión la dualidad se ha tornado dualismo, es decir, separación y contraposición entre alma y cuerpo; o bien se han defendido posiciones monistas o materialistas al negar el alma espiritual y afirmar solamente el cuerpo material.

3.2. Redefiniendo la naturaleza humana: la capacidad de tener

Acabamos de exponer el debate que, en amplios sectores del postmodernismo, ha expulsado el término naturaleza para hablar

---

[24] Una síntesis puede hallarse en J. Ferrater Mora, *Diccionario de filosofía I*, Barcelona, Ariel, 1994, pp. 112-113.

[25] · Un certero y documentado *status quaestionis* de la dialéctica mente-cerebro: entre el monismo y el dualismo, puede hallarse en J.L. Ruiz de la Peña (ed.), *Las nuevas antropologías*, Santander, Sal Terrae, 1983, pp. 131-199.

del ser humano. Y también se ha señalado que a pesar del significado total y último que, en otras épocas, se ha concedido a la expresión naturaleza humana, aun así, decíamos, su exclusión absoluta del vocabulario antropológico tiene más inconvenientes que ventajas. Se ha expuesto también, someramente, en contraposición la posición existencialista que considera que el hombre cuenta inicialmente sólo con la libertad y que la esencia –lo que es– está al final, como fruto de su actuar. Ciertamente el existencialismo tiene algo de razón: las propias decisiones van determinando lo que uno llega a ser. Sin embargo, esta concepción, aun teniendo un aspecto verdadero, como decimos, empobrece la antropología por la eliminación de un elemento importante en el punto de partida, además de la libertad –que también es un don inicial recibido–, que dé una explicación satisfactoria a la dotación preliminar con la que cuenta el ser humano, previa a su actuar libre.

Lo cierto es que la filosofía actual más realista sigue manteniendo la noción de naturaleza, entendiendo por ella *la unidad psicosomática entre cuerpo y alma humana* o entre cuerpo y mente, en la línea de la composición hilemórfica que descubrió Aristóteles, constituyendo el modo de ser o "esencia" germinal que recibe el ser humano en su nacimiento, que define su pertenencia a la especie humana, aunque luego haya de ser completada a través del libre actuar. De este modo, *se puede denominar "naturaleza" a la dotación inicial y reservar la noción de "esencia" para el resultado final*, poniendo así en su lugar la aportación existencialista.

Una vez aceptado el uso de un concepto de "naturaleza" en la antropología, es importante establecer con claridad donde está la distinción entre la naturaleza animal y la humana, redefiniendo dicha noción. Dicho con palabras de Polo: "La antropología versa, ante todo, sobre la cuestión de la naturaleza del hombre en tanto que esa naturaleza es diferente de cualquier otra. Investigar una realidad desde el punto de vista diferencial es buscar su definición: establecer sus caracteres comunes con otras y lo que en ella hay de peculiar".[26]

Leonardo Polo, de forma nítida y convincente, sitúa lo diferencial de la naturaleza humana en la *capacidad de tener* que el hombre posee como dueño, prácticamente ausente en la naturaleza animal. Explica, además, que dicha distinción es un hallazgo aristotélico, que posteriormente se ha desdibujado. En efecto, según cierta interpretación tradicional, se supuso que Aristóteles define al hombre como *animal racional,* cuando lo que realmente dice es que el hombre es *el animal que tiene logos.*

De aquí que lo rigurosamente característico de la naturaleza del hombre es el tener, que hace posible el poder disponer sobre lo que tenemos. *Tenemos aquello que racional y libremente podemos disponer, usar y disfrutar.*[27] En eso nos diferenciamos no sólo de las piedras sino de los animales, que tampoco son poseedores. También ese tener nos diferencia de Dios que, por ser Acto y Espíritu puro, está más allá de este concepto del tener humano que define nuestra naturaleza. En palabras de Polo: "Tener es una relación más débil de la que corresponde al Ser absolutamente perfecto, que es idéntico a sí mismo en términos de *ser.* El hombre, sin embargo, no es enteramente perfecto, y en cuanto ser relacional, es capaz de apropiación, lo que marca la diferencia tanto con lo superior como con lo inferior a él".[28]

Por otra parte, en la naturaleza humana se pueden distinguir tres niveles posesivos, en los que la relación de tener es más o menos intensa según el plano en el que se analice esta capacidad:

1. El primer espacio es el relativo al "tener con el cuerpo": por ejemplo, vestidos o posesiones, o también a través del hacer, por ejemplo, el hacer un cesto.

---

[26] L. Polo, "Tener y dar", en *Sobre la existencia cristiana,* EUNSA, 1996, p. 103.

[27] Cfr. Tomás de Aquino, *Summa Theologiae,* I, q 43.a.3.

[28] L. Polo, "Tener y dar", en *Sobre la existencia cristiana.* EUNSA, 1996, p. 105.

2. El segundo nivel se refiere al tener incorpóreo o inmanente, por ejemplo, el conocer. Aquí entra todo el campo cognoscitivo, dentro del cual Aristóteles pudo decir que "el alma es, en cierto modo, todas las cosas",[29] pues en su mente puede poseer, inmaterialmente, las formas de lo que los seres son.

3. El tercer nivel es más profundo, en el que nuestra naturaleza incorpora a sí misma una perfección, mediante la constancia en ciertos actos, que generan hábitos. Cuando esos hábitos nos mejoran y aumentan nuestra libertad, las llamamos virtudes; si, en cambio, deterioran el tenerse a sí mismo y su libertad, porque esclavizan, los llamamos vicios.

Desde esta perspectiva, la capacidad de tener, de la que luego se puede disponer, además de ser más o menos intensa, muestra también una graduación entre sus tres dimensiones, cuyas relaciones posibilitan una definición más profunda de la naturaleza humana. Esta mayor profundidad consistiría en descubrir que el actuar humano –que su naturaleza le procura (no olvidemos que por naturaleza estamos entendiendo la esencia en cuanto principio de operaciones)– funciona mediante el proceso de poner medios para conseguir un fin. Entonces, "en la medida en que ejerce la relación medio/fin (el hombre) es dueño de su conducta práctica desde sus operaciones inmanentes, y dueño de estas últimas desde las virtudes".[30] En efecto, esa capacidad de tener, por un lado, le hace ser dueño de sus actos; pero, por otro, nos descubre que incluso en esta dimensión intermedia cabe la presencia e influjo de una dosis de la libertad en sus actos, que será, como más tarde explicaremos, el poder peculiar de la dimensión superior del hombre: su espíritu personal.

Hasta aquí hemos puesto de relieve que la capacidad de tener y de ser dueño de su conducta, es lo que hace a la naturaleza humana

---

[29] Aristóteles, *De anima*, III, 8, 431b 21.

[30] Cfr. L. Polo, "Tener y dar", en *Sobre la existencia cristiana*, EUNSA, 1996, p. 107.

peculiar y distinta de la naturaleza de los otros seres vivientes, vegetales y animales. Pasemos ahora a desarrollar algo más el tema de los hábitos.

3.3. Naturaleza, facultades y hábitos

Desde el mismo inicio de estas páginas hemos subrayado que la persona humana es un sujeto espiritual único y singular que *tiene* su propio ser en *propiedad*. Un espíritu encarnado en la materia, es decir, que ejerce su propiedad en el espacio y el tiempo.

Sin embargo, aún no hemos llegado, en el proceso de explicación filosófica, al quién que cada uno es. De momento seguimos hablando de su naturaleza o modo de ser de la especie humana que, aunque individualizada en cada uno, plantea características comunes con el resto de los humanos. En este caso nos toca abordar un asunto peculiar sólo de la naturaleza humana, de su capacidad de aprendizaje y crecimiento, que los clásicos expresaron con el nombre de hábitos.

Como es manifiesto, el ser humano nace "prematuramente" en el sentido de que no está terminado, ni física ni psíquicamente: por ejemplo, su sistema nervioso requiere para completarse el entorno y el afecto familiar –el cerebro termina de configurarse después de un año de haber nacido–, y su autodescubrimiento personal y su autorrealización moral van a necesitar, a lo largo de mucho tiempo y espacio, una educación adecuada y un cultivo esforzado y duradero. El nuevo vástago humano –el niño en relación con los cachorros animales– es el que necesita más tiempo para estar en condiciones de valerse por sí mismo; tiene que aprenderlo todo, desde andar hasta hablar. Pero puede hacerlo porque nace con una serie de posibilidades innatas en germen, unas comunes a todos, otras propias de cada uno. Ahora nos referiremos a las comunes. En todo caso, es indiscutible que la naturaleza humana viene dotada de una serie de incipientes capacidades, que es preciso ir desarrollando, de entrada, para sobrevivir.

Esas potencialidades humanas se han denominado *facultades*. Ya se ha señalado que Aristóteles distinguió en la naturaleza humana un principio de crecimiento, otro de alteración y un tercero de locomoción. Sobre la base de las facultades orgánicas (nutritiva, de crecimiento y reproductiva), la psicología clásica de corte tomista ha enumerado hasta 18 facultades o capacidades, que han sido ordenadas desde las cognoscitivas, partiendo de los cinco sentidos externos, hasta las tendenciales, que culminan en la voluntad, que se relaciona a su vez con la inteligencia. Así se muestra en el esquema siguiente.

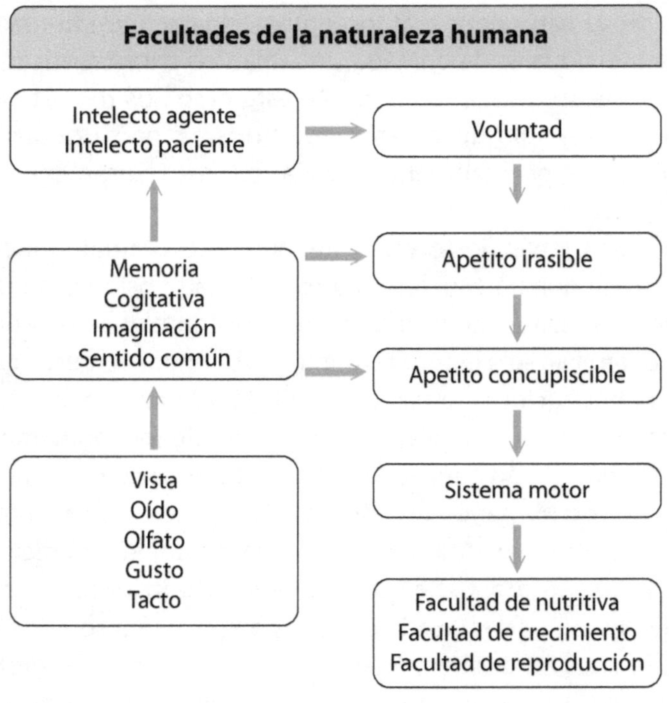

Ciertamente se trata de un esquema que la reciente psicología ha mejorado. En concreto, ahora se conoce que el número de los sentidos es mucho más amplio que los cinco señalados. Zubiri, en su teoría de la inteligencia, habla hasta de 11 sentidos, especificados por la distinción de sus órganos receptores: "Visión, audición, olfato, gusto, sensibilidad laberíntica y vesticular, contacto/presión, calor, frío, dolor, kinestesia (abarcando el sentido muscular, tendinoso y articular), y la cenestesia o sensibilidad visceral.[31]

Probablemente el lenguaje clásico nos resulta hoy algo extraño, por ejemplo, cuando habla de apetitos irascible o concupiscible. Por irascible se entendía la intensidad y fuerza dinámica con que el sujeto se inclina o tiende al bien apetecido, y por concupiscencia, la dirección final hacia sí –no hacia los demás– con la que un sujeto busca los bienes para la satisfacción o la necesidad propia. En el lenguaje popular actual, como es obvio, podría suponerse que el apetito irascible o el concupiscible son estados de ira violenta o de egoísta complacencia sexual, respectivamente. Lo que querían decir los clásicos con aquellos términos, que son tendencias o pasiones humanas, hoy se las conoce como emociones. A ellas nos referiremos más adelante.

Por otra parte, como se advierte en la psicología clásica, se distinguen a nivel intelectual, el intelecto paciente del intelecto agente, según diferencia que procede de Aristóteles, para quien el intelecto agente era la parte divina del hombre, que no procedía de la tierra sino de los dioses.[32] Esta referencia a los "dioses", en nuestro lenguaje sería una alusión al *esse* espiritual de la persona. De ahí que interpretar el entendimiento como agente aristotélico como una facultad en el plano de la naturaleza, como hace Tomás de Aquino, resulte algo forzado. Más adelante veremos cuál puede ser un estatuto más adecuado para este concepto.

---

[31] X. Zubiri, *Inteligencia sentiente*, Madrid, Alianza Editorial, 1980, p. 100.

[32] Cfr., entre otros, Aristóteles, *De partibus animalium*, 641 b 5-10 y 686 a 27- 29.

Lo que aquí se quiere señalar es que la mayor parte de estas capacidades –llamadas facultades– con las que se nace, han de ser desarrolladas por medio de los actos. La repetición de actos, a su vez, va dejando una huella permanente en quien los hace, como una especie de tatuaje, que ni se hace ni se borra fácilmente. Pues bien, a esa "marca estable" los clásicos llamaron *hábitos*, expresión que hoy vuelve a ser de aceptación general. Estos –a la manera, por ejemplo, de una carretera que facilita los pasos, el caminar y la comunicación– allanan dentro del sujeto la disposición y la consecución de los nuevos actos. Quien, a base de constancia, adquiere hábito de estudio y de trabajo, le cuesta menos hacerlo que quien no tiene hábito de estudiar o trabajar. Los entrenamientos, por ejemplo, de los deportistas, de los pilotos aéreos o de muchos profesionales se basan en la adquisición de hábitos.

Ahora bien, no hay un único hábito, sino muchos tipos en función de las diversas facultades que actúan y crean surco. Conviene observar que los hábitos los creamos nosotros, como resultado de nuestro obrar. Son, como dijeron los antiguos clásicos, una "segunda naturaleza", forjada por uno mismo mediante las obras de su vida, a partir de aquella recibida al nacer.

El ser humano, en contraste con el resto de los seres del Cosmos, es capaz de crearse hábitos, pues, aunque su naturaleza tiene leyes no está ni completamente programada, ni mucho menos concluida. Dichos hábitos van desde las *destrezas físicas*, a las técnicas o a las artísticas –como bailar ballet o tocar un instrumento musical–, hasta los *hábitos intelectuales*, como el conocimiento de una ciencia o un idioma, o los *hábitos morales*, que inclinan el modo de actuar con templanza, justicia, generosidad o prudencia. Los hábitos son, por lo tanto, una característica humana en exclusiva, base de crecimiento y avances, no sólo biográfico sino también científico-técnico y cultural frente al inmovilismo del resto de las especies vivas, que siguen ancladas en las mismas leyes desde que comenzaron a existir.

Desde el punto de vista biográfico, e incluyendo ahora a su quién poseedor, dicho crecimiento se torna decisivo. ¿Por qué? Porque nuestro obrar en la vida humana, si abrimos la hipótesis de la inmortalidad del espíritu personal, no puede entenderse solamente como acciones finitas en el tiempo o, dicho de otro modo, como hojas de otoño que el viento dispersa o lágrimas que caen en la lluvia y desaparecen. Nosotros, con nuestra libertad personal, de algún modo nos convertimos en nuestras obras, que se nos transforman en manera de ser. No en la superficie de la piel, como un tatuaje. Con algunas obras y sus hábitos, en lo profundo del alma. Por ejemplo, el ser generoso, honrado, veraz, o bien, intencionado.

La generación de hábitos, su suma y articulación, construyen una personalidad que modula el temperamento recibido. Es decir, nos generan una identidad biográfica –la "segunda naturaleza" de los clásicos– de cuya edificación hemos sido responsables en gran parte. Nuestras obras dejan su rastro en el obrante y, como la sombra al cuerpo, nos acompañan allá donde vayamos. Y si el alma –ahora en sentido de espíritu personal– es inmortal, sus hábitos de obrar la acompañan *in aeternum*: más allá del tiempo, para siempre.

Veamos, mediante un ejemplo muy conocido, una aplicación práctica –en especial en el campo de los recursos terapéuticos– de que nuestro ser *habitual* nos acompaña como la sombra al cuerpo: algunos buscan quitarse problemas, cambiar o ser felices yéndose a una isla paradisiaca, a un lugar exótico, alejado de su vida ordinaria, y allá viajan…, pero al llegar descubren que, donde vayan, ellos siguen siendo los mismos, que el cambio o la renovación no vienen de afuera, que lo que les pasa o, tal vez, atormenta, lo llevan adentro –son sus hábitos– y les acompañan a cualquier lugar donde viajen. Ningún lugar externo nos esconde de nosotros mismos.

4.   La persona nace y se hace

Como venimos señalando el ser humano presenta diversas coordenadas, unas duales y otras triádicas, que se entrelazan entre sí. Comenzábamos este capítulo señalando una tríada: cuerpo, alma y espíritu personal. De momento sólo hemos abordado la díada cuerpo y alma que, a su vez, se pueden agrupar en una sola dimensión: la psicosomática, entendida como naturaleza recibida inicialmente. La naturaleza, decíamos, es la esencia en cuanto principio de operaciones. La recibimos, no la inventamos, y es capacidad de tener, y con la acción y los hábitos la cultivamos e incrementamos, o decrecemos. Tenemos ya dibujada una primera dimensión humana, la columna central del esquema que vamos a presentar a continuación.

La persona, nuestro quién que somos, también lo recibimos, es un don para cada uno. Siendo persona y naturaleza nacemos, a través de nuestra acción, y con las posibilidades que nos ofrece nuestro entorno social, cultivamos y desarrollamos los talentos recibidos. Parafraseando algo modificado un slogan existencialista podemos decir que la persona "nace y se hace".

4.1. Persona, naturaleza y cultura

Adoptando la perspectiva de que el ser humano nace y se hace, podríamos hablar de otra segunda tríada: persona, naturaleza y cultura, al distinguir lo que el hombre recibe inicialmente (persona y naturaleza), y lo que realiza culturalmente a lo largo de la vida (personalidad y biografía vivida).

Persona, naturaleza y cultura, serían entonces tres dimensiones humanas diferentes que, sin embargo, no están separadas, y suenan, podríamos decir, las tres a la vez. Se podrían ver como tres teclados del órgano que interpreta una misma partitura, la del misterio humano, que anida en cada uno de nosotros. Esa tridimensionalidad se trata de reflejar en el cuadro adjunto.

La persona nace y se hace		
Persona plano del ser ser-con	Naturaleza plano de la esencia recibida	Cultura Acción
Quién	Qué	Qué
Libertad Inteligencia Amor	Mente (alma/yo)	Cuerpo (cerebro) Sexo	Responsabilidad género
Corazón, Afectividad, Sentimientos y Emociones		
Capacidad de dar autodeterminación	Capaz de tener hábitos	Personalidad Esencia realizada

Como un adelanto, aún parcial y aproximado, que se irá explicando poco a poco, podríamos comenzar con este esquema que, aunque limitado por ser un grafismo, puede ser orientativo y agrupa gran información que ya ha ido apareciendo, según distintos estratos de profundidad, y que se irá completando progresivamente.[33] Así, la afectividad, que se abordará más adelante, aparece claramente como una dimensión transversal.

Es decir, en cada una de esas dimensiones se pueden ver las mismas realidades con matices diferentes. La libertad, por ejemplo, es una de las propiedades más profundas de la persona, pero se manifiesta también en la naturaleza y sobre todo en la acción, a través de la responsabilidad. O el sexo, que se sitúa aquí a nivel corpóreo porque es donde inicialmente se descubre, y se manifiesta en la cultura a través del género. Más adelante se verá que el sexo también tiñe las dimensiones anímicas y, más aún, transciende la

---

[33] Lógicamente las mismas realidades se podrían expresar con otras palabras, más adecuadas a la propia síntesis personal de cada autor o profesor.

naturaleza, porque tiene connotaciones espirituales y determina la identidad personal.

A la espera de abordar con detenimiento la reflexión sobre el espíritu personal –primera columna–, detengámonos antes a describir algo de la tercera, calificada como cultura y su relación con la naturaleza.

4.2. La dualidad naturaleza y cultura

La díada naturaleza y cultura se ha presentado de un modo dualista durante décadas en el debate antropológico. Por tanto, una vez expuesto cómo integrar la noción de naturaleza dentro de la antropología, regresemos por un momento a esta disputa ya señalada.

Tengamos en cuenta que no es fácil saber qué se entiende por cultura: cada autor le da un sentido propio. Este término adquirió una especial relevancia con el nacimiento de la antropología cultural y actualmente su significado proviene de esta perspectiva científica. Quizá su principal característica es que no se asocia a la necesidad, sino más bien a la libertad, englobando tanto las realizaciones propias de la libertad y su aporte a la construcción de una cultura colectiva.

Es un dato de experiencia que, a pesar del enorme don de la libertad, el ser humano no escapa a algunas leyes, al menos en su corporeidad, como, por ejemplo, las biológicas de las que se sirve la medicina, o las físicas y las bioquímicas que condicionan los récords deportivos o la mayor parte de fármacos, que compramos en las farmacias e ingerimos esperando cumplan unas previsiones físicas y químicas en nuestro organismo.

Por su parte, también se advierten ciertos universales psíquicos de los que se ocupa la psicología –y aplica la psiquiatría–, intentando conocer ese algo –tan complejo–, que constituye el psiquismo humano en el que aparece el subconsciente, los arquetipos colectivos, las ideas, las creencias, las preferencias, las actitudes, los impulsos, los deseos, las manías y los tipos de comportamiento. En consecuencia, parece una evidencia innegable que toda la estructura psicosomática –cuerpo y alma– está sometida a ciertas leyes.

Ante esta constatación, no necesariamente como un opuesto hostil, tenemos también la evidencia de la libertad y las muchas posibilidades abiertas, no fatales o determinadas, y muy distintas en las variables que ofrece para solucionar unas mismas necesidades o problemas. De ahí que no haya una cultura sino muchas culturas, en razón de las respuestas múltiples y diferentes –muchas veces igualmente válidas– que aporta la libertad. Pongamos el ejemplo del arte culinario. Es posible confeccionar una dieta completa y equilibrada en calorías y nutrientes esenciales con base en diferentes alimentos e ingredientes básicos. Los carbohidratos proceden de distintos cereales, frutas, legumbres y verduras, lo mismo que las proteínas, por lo que según las zonas se utiliza más el trigo, el arroz, la pasta o la patata, como elemento base, y además los mismos alimentos pueden cocinarse con múltiples recetas.

¿Por qué entonces, en ciertos sectores intelectuales, la naturaleza se ha opuesto a la cultura presentándolos una *versus* la otra? La experiencia constata que el ser humano nace inacabado y que para desarrollarse requiere de las relaciones con su familia –en primer lugar, con su madre y padre en un hogar–, de la educación, de las posibilidades del entorno, en otras palabras, de aquella realidad envolvente que llamamos cultura. El niño ha de aprenderlo todo desde andar, comer o hablar. Pues bien, la realización concreta de esas actividades es siempre cultural, como lo es tener una lengua materna y no otra.

Ciertamente, lo hemos visto ya, la libertad se descubre en las acciones que se derivan de la peculiar naturaleza humana, principio de las mismas. Pero, ¿es la naturaleza el enclave final y definitivo de la libertad? La filosofía medieval amplió la noción de naturaleza para integrar en ella las peculiaridades humanas, por eso habló de "alma espiritual" y de la libertad integrada en una de las facultades de su naturaleza: la voluntad. Si un alumno preguntara a un profesor ¿qué es la libertad?, siguiendo la filosofía escolástica, éste podría contestarle que es un apellido de la voluntad. Entre los actos humanos se han distinguido dos tipos: los llamados "del hombre" que el sujeto hace sin decidirlo, por ejemplo, la digestión o el andar sonámbulo, y los denominados "humanos", que se caracterizan porque el sujeto los elige y decide libremente, por ejemplo, hacer un favor a un amigo, casarse o votar en las elecciones. En este sentido, la libertad se ha presentado, tradicionalmente, dentro de las características de una potencia de su naturaleza: la voluntad.

¿Es suficiente esta explicación? Hasta los autores medievales, como Duns Scoto, advirtieron que el pináculo del actuar humano, el amor, que siempre comporta libertad, estaba insuficientemente tratado en la tradición aristotélico-tomista. Pero fue sobre todo en la edad moderna cuando la libertad es reconocida como un valor difícilmente acotable dentro de la naturaleza. Libertad y naturaleza se presentaron entonces como dos parámetros contrapuestos y disociados. Cuestión aún sin resolver en la actualidad. En este sentido afirma Palacios:

> Uno de los problemas más evidentes que ha planteado siempre (el fundamentar la dignidad en la naturaleza) es el cómo avenir el concepto que supone la naturaleza humana con la afirmación de la libertad del hombre. En efecto, si la naturaleza es fin, como escribe Aristóteles al principio de su *Política* (I, 2, 1252 b32), ¿cómo puede el hombre tener impuesta su naturaleza y tener al mismo tiempo la capacidad de imponerse a sí mismo sus propios fines? ¿Cómo se puede ser por naturaleza algo y ser a la vez libre para llegar a serlo? ¿Cómo cabe concebir –para decirlo con expresión de Millán-Puelles–, la síntesis humana de naturaleza y libertad?[34]

---

[34] Juan Miguel Palacios, *La condición de lo humano*, Madrid, Encuentro, 2013, pp. 49-50.

Por tanto, no es sólo la experiencia de carencias y necesidades del ser humano desde niño, que solamente un entorno cultural puede satisfacerlas y ayudarle a desarrollarse, por lo que el bando "cultural" se ha opuesto al de la antigua "naturaleza" y ha intentado suprimirla. En el fondo de la problemática late que no se ha hecho todavía un desarrollo teórico de la libertad, adecuado a su poder y características.

No vamos a entrar aquí, en forma minuciosa, a cómo los modernos han tratado el asunto de la libertad. Sólo abordaremos un punto: que, aunque la libertad y sus productos culturales, sean diferentes de la definición de naturaleza, no por ello está justificado tratarlas como dos realidades humanas contrapuestas e incompatibles. Aunque no sepamos explicarlo por completo, lo que no se puede negar es la evidencia de que, en la vida, naturaleza y cultura se dan conjuntamente. Es más, la naturaleza humana sería inviable sin la cultura, hasta el punto de que se podría afirmar que ella misma es intrínsecamente cultural. Recordemos el ejemplo, antes expuestos, de la conjunción de naturaleza y cultura, de "tierra" y "trabajo", en la experiencia de qué es el vino o el pan. Nuestra vida –esa es la experiencia de cada uno de nosotros– también es una conjunción entre naturaleza, cultura, esfuerzo y libertad.

En efecto, esta experiencia pone de relieve que en el ser humano naturaleza y cultura se van entrelazando, siendo una la posibilidad para el crecimiento de la otra. En realidad, a poco que se medite, se cae en la cuenta de que el desarrollo de la naturaleza humana es el origen mismo de la cultura. Es la cultura –y no la mera física corpórea o la biología y bioquímica– y la educación la que conforma un escenario de mayor o menor desarrollo en cada modelo de sociedad y en cada época histórica. Cultura es el fruto de las acciones libres no sólo hacia fuera sino incluso en el marco de la propia personalidad. No en vano el término cultura viene de cultivar, no sólo la tierra, sino el propio carácter y el espíritu. En este sentido, cada cultura refleja un nivel de grandeza humana tanto del pueblo como de sus personas.

Así, por ejemplo, frente a un hecho cotidiano como el peinarse o el vestirse, que se puede cumplir de manera muy básica –haciéndose una simple "cola de caballo" o con cualquier prenda improvisada– cabe la intervención del espíritu que embellece y perfecciona el resultado (un gran peinado, la alta costura y sus creaciones, las joyas del orfebre, etc.), pero también puede simplificarlo y empobrecerlo. Lo mismo, frente a los grandes hechos como la muerte. En la cultura peruana, por ejemplo, desde épocas milenarias se ha ofrecido un gran culto a los muertos: se cuidan las exequias, los familiares y amigos acompañan durante las horas del duelo, se elevan plegarias por el alma del fallecido. Una serie de actos libres reflejan el sentido de trascendencia que se posee sobre la muerte, y al mismo tiempo el valor de la solidaridad en los momentos de dolor.

En conclusión, las críticas modernas a la noción de naturaleza humana, para sustituirla por la cultura, pueden ser superadas, pues se trata de dos aspectos no contrapuestos sino comunicados e interdependientes. De aquí que parece muy razonable seguir manteniendo que el hombre es poseedor de una naturaleza recibida, con la que comienza su existencia, en la que se le ofrecen las capacidades que podrá ir desarrollando a lo largo de su vida. La naturaleza recibida, además, nos fija los límites originarios de lo que, precisa e indudablemente, es ser humano y no otra cosa, como un simio o una masa de células. Forma parte de esta naturaleza radical la capacidad de tener y disponer, que es su nota distintiva, por la que se distingue del resto de las naturalezas de otros seres.

Ahora bien, la naturaleza –compuesta según la composición hilemórfica de cuerpo y alma–, no agota el ser humano, ni da razón última de su libertad ni de su capacidad de amar. No llega, por tanto, al núcleo más radical de su complejidad, por lo que se plantea que existe en él una dimensión más profunda, distinta del alma y del cuerpo, y de la unión entre ambos. Esta será la próxima cuestión a analizar.

5.   La persona, centro y encuentro

Entramos, a continuación, al núcleo del ser de cada uno, a su quién único e irrepetible, al que se refiere la noción de persona. Es la dimensión humana más importante y más profunda, aunque la de más difícil acceso, al menos para la reflexión, porque es la más íntima a la que, sin embargo, se accede a través de sus manifestaciones más visibles y tangibles.

Descubierta en el siglo IV de nuestra era, no obstante, a lo largo de la historia del pensamiento hasta el siglo XX, la noción de persona ha tenido, de hecho, poco peso antropológico. Bastaría recordar que toda la teoría política de la modernidad se funda en el individuo, no en la persona. Y ser individuo no es exactamente lo mismo que ser persona. Un individuo, por definición, puede ser y estar aislado –como una mónada solitaria–; en cambio, una persona es un ser relacional y abierto a otros en y desde su misma estructura y dinámica constitutivas.

Rescatando algunas intuiciones valiosas, según vimos, Kant sostiene que la persona es un fin en sí misma, por lo que nunca ha de ser tratada como medio, es decir, como objeto. Esto lo afirma en el marco de la ética, pero en ningún momento explicita qué entiende por ser persona. Además, Kant subraya el valor incondicional de cada persona, no su constitución donal. Por eso, las posiciones de inspiración kantiana podrían sostener que la persona, por ser un fin en sí misma, también ha de ser el fin para sí misma. De aquí que la proposición de la valía incondicional de la persona ha de completarse con su constitucional estructura y dinámica donal. *La persona es un fin en sí misma, pero no es fin para sí misma.*

El fin, o plena realización personal, está siempre en otra persona, a la que sale al encuentro o a la que abre la puerta. Y esto porque la persona es *ser-para* la donación, para el amor. Solamente cuando vive *para-otro* es cuando alcanza su plenitud, que consiste en haber logrado darse y acoger en aquellos bienes que cada territorio de su intimidad contiene para los respectivos amados.

Pero, cuando doy dinero a otro, ¿no adelgaza mi bolsa en ese mismo instante? Entonces, cuando uno se entrega… ¿no se pierde a sí mismo y se perjudica?

Esta pregunta nos pone frente a la diferencia entre las realidades materiales y espirituales. Cuando, por ejemplo, se comparte un pastel entre varios, cuanto más sean toca menos. Sin embargo, un saber compartido se agranda cuando más número de personas lo conocen.

**La persona, fin en sí misma,
tiene su fin en otra persona**

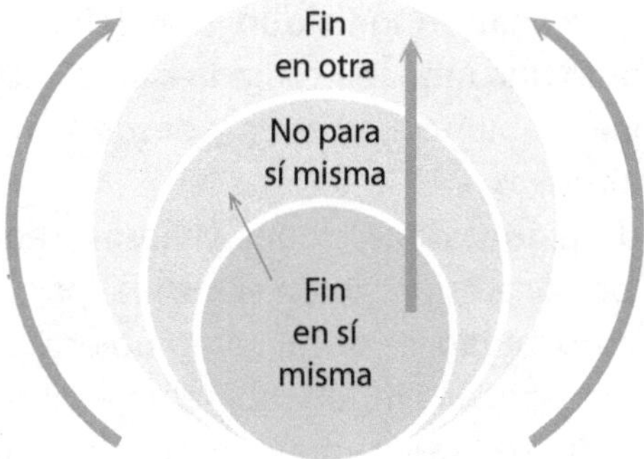

Que el darse no sea pérdida, y que el codiciar y apropiar para sí provoque empobrecimiento interno, es una de las experiencias más claras de que somos un espíritu personal y del sorprendente e inesperado modo de ser del espíritu a diferencia del cuerpo material. Es una experiencia que está al alcance de cualquiera. En efecto, cuando amamos –nos damos a nosotros mismos y en nuestra intimidad acogemos al otro– no perdemos ese amor, como ocurre con las cosas materiales, que se miden, ocupan y pesan, y si las damos… se nos van y las perdemos.

En nuestro espíritu personal ocurre todo lo contrario: el don, cuanto más se da, más se nos transforma "adentro" en un manantial de mayor caudal y, al revés, cuanto más egoístas y mezquinos somos, en vez de acumular, más ruines, tacaños, pobres y miserables nos volvemos. No es necesario insistir en esta evidencia de la experiencia interior. Pero como toda bondad verdadera, se nos ofrece a la libertad. Uno ha de elegir entre entregarse para ganarse una vida viva, o reservarse para sí mismo y con ello perderse y convertirse en un muerto en vida.

Mediante un planteamiento antropológico más técnico, el filósofo Leonardo Polo expone que una persona sola, aislada, encerrada en y para sí, sería "una desgracia absoluta",[35] pues no tendría con quién comunicarse ni a quién darse.

Aquí se hace muy conveniente evitar cierta confusión que viene de antiguo. Se trata de interpretar la incomunicabilidad personal como imposibilidad de relación en coexistencia con otras personas. Polo, en cambio, señala que la irreductibilidad de cada persona, en ser quien es y sólo serlo ella, no es un aislante, es decir, una soledad cerrada en sí misma. En este sentido, la persona puede describirse también como "encuentro" con otra persona que se nos hace presente en la intimidad –pues eso es acogerla en su sentido más propio y real–, a la que se puede amar y ser correspondido por ella del mismo modo. Pero hay algo más, el encuentro es posible, porque está posibilitado desde dentro, desde la propia constitución *esse* de la persona. Al dinamismo le antecede la estructura.

---

[35] L. Polo, *Presente y futuro del hombre*, p. 167.

En efecto, ni en Dios ni en el hombre la persona es sólo relación. En Dios, la teología describe a la persona divina como "relación subsistente",[36] es decir, una relación con valor por sí misma (subsistente), no sólo por el *plus* de estar vertido a otros. Algo parecido se puede decir respecto al ser humano, porque su relacionalidad está intrínsecamente unida a su ser, donde se encuentra su "centro", un centro subsistente. El ser (*esse*) de la persona no es un ser a secas, como el del cosmos, sino como han ido describiendo de diversas maneras los pensadores del siglo xx: el hombre es un *ser-con* en Heidegger,[37] y un *ser-para* en Lévinas,[38] o es *co-existencia* en Polo. La apertura relacional se enclava, pues, en el mismo acto de ser (*esse*) personal de cada quien.

En la persona, entonces advertimos dos dimensiones: su *esse*, que le da valor por sí misma, y su apertura relacional. En este sentido se puede decir que la persona es centro y encuentro. Ambos aspectos son estructura, en la cual ya hay un principio dinámico o de finalidad ínsita en la misma estructura, que es "previa" y fundamenta la dinámica externa, la que mediante acciones y conductas genera nexos con los demás y logra los frutos efectivos. Ser centro y ser encuentro, estructura y dinámica, son inseparablemente dos características unidas en su *esse* personal.

Sin embargo, esto ha tardado mucho en formularse filosóficamente. Aunque Aristóteles fue el pensador socrático más maduro y

---

[36] Cfr. Tomás de Aquino, *Suma Teológica*, I, q. 29, a. 4: en Dios no puede haber más distinción que la que proviene de las relaciones de origen. Las relaciones en Dios no son accidentales sino subsistentes. Por consiguiente, la persona en Dios significa la relación de origen en cuanto subsistente.

[37] Heidegger, al elaborar una analítica del *Dasein*, trata de superar el aislamiento en que queda el yo en la filosofía occidental, incluso en el pensamiento de su maestro Husserl, a pesar de los esfuerzos de la quinta meditación cartesiana. Concibe el *Da-sein* como *Mit-sein*. El *Da-sein* es siempre un ser-con-otros. Cfr. Heidegger (1889-1976), *Ser y tiempo*, Buenos Aires, FCE, 1987, cap. IV, pp. 133-142.

[38] Cfr. E. Lévinas, (1906-1995), *Totalité et infini. Essai sur l'extériorité*, La Haye, M. Nijhoff, 1961; traducción al castellano: *Totalidad e infinito. Ensayo sobre la exterioridad*, Salamanca, Sígueme, 1977.

el que primero sintetizó con más profundidad la sabiduría que es posible alcanzar con la razón, sin embargo, no se detuvieron con él los descubrimientos sobre qué es el ser humano. Un nuevo nivel de conocimiento llegó gracias al cristianismo, que ahora forma parte del acervo cultural universal de la humanidad. Se trata de una visión más honda en cuanto a lo que el hombre tiene de espiritual, y que a partir del siglo IV de nuestra era se denominó con el término *persona*.

Estamos ante un término paradójico. Aunque todos utilizamos con frecuencia esta palabra, si nos preguntaran exactamente qué quiere decir quizá no sabríamos explicarla, incluso después de haber cursado estudios de filosofía.[39]

5.1. Descubrimiento de la noción de persona

¿Conocieron los maestros del pensamiento griego –Sócrates, Platón y Aristóteles– la noción de persona? El filósofo Xavier Zubiri afirma: "Entre otras limitaciones, la metafísica griega tiene una fundamental y gravísima: la ausencia completa del concepto y del vocablo mismo de *persona*". La noción de persona la forjaron en el siglo IV los llamados capadocios –por los lugares del Asia menor donde vivieron, la actual Turquía–, principalmente Basilio el Grande, Gregorio Nacianceno y Gregorio de Nisa. Estos pensadores cristianos buscaban distinguir entre naturaleza y persona para poder explicar la Trinidad de "personas" y la unidad de "naturaleza" en un solo Dios.

Por esta vía trinitaria, los Padres Capadocios aportaron un revolucionario avance a la comprensión del ser humano. Según expone Zubiri, hicieron un esfuerzo titánico para distinguir entre el término de hipóstasis (que en latín se tradujo como persona) y el de substancia (la noción crucial de Aristóteles). Lo hicieron despojando a la noción de substancia de su carácter de puro *hypokeímenon*, es decir,

---

[39] *Vid.* conferencia de Blanca Castilla de Cortázar: ¿Quién es la mujer? El genio femenino se puede encontrar en la web de la Fundación Educatio Servanda (https://www.youtube.com/user/educatioservanda), VI Congreso de Educación Católica.

lo que está por debajo de un ser, que lo sostiene, y que no es mero accidente. Su noción de *hipóstasis* explicó filosóficamente lo que el sentido jurídico de los romanos había atribuido al término persona en cuanto un "sujeto" capaz de ser titular de derechos y deberes, distinto de los animales y las cosas.

La primera consecuencia es que ser una persona no es un algo sino *un alguien*, diferente a ser una mera cosa y, por tanto, algo más que ser una substancia, mero individuo de una especie más evolucionada. A este descubrimiento de que lo real no es sólo substancia –modo de ser– sino subsistencia (*esse*), hay que añadir también que los Padres Capadocios describieron que la persona, además de ser alguien con valor por sí mismo, es alguien intrínseca y constitutivamente abierto relacionalmente a otras personas. Por eso describieron a la persona divina como "subsistente relacional". Dicho de otro modo: todas las cosas tienen su substancia, pero sólo quien es persona es un alguien subsistente –con un valor intrínseco por sí mismo, persistente y definitivo–, que al tiempo que se posee a sí mismo, está abierto relacionalmente a los demás.

Ser persona no es ser mero individuo, sino alguien que desde sí habla de otros, por eso, en cierto modo, la persona y la sociedad se miran desde su origen. La sociedad no se forma por una decisión o un consenso voluntario: somos seres familiares y abiertos a otros, antes de que podamos decidirlo, porque estamos hechos así, y no sólo porque no podemos cubrir las necesidades de nuestra naturaleza (que también) sino sobre todo porque somos personas y, por serlo, nos comunicamos, entrelazamos las vidas y amamos.

La noción de persona pasó pronto a aplicarse al hombre, designando ante todo al ser (*to êinai*), un ser único e irrepetible, que es dueño y poseedor de su propia naturaleza, siendo ésta lo poseído por la persona. Este es el descubrimiento –a propósito de la reflexión sobre la Trinidad– al que responde la creación de esa nueva palabra para designar a aquellos seres que tienen una dignidad peculiar.

5.2. La célebre definición de Boecio

No obstante, el camino abierto no fue fácil. Boecio (480-525), por ejemplo, al que se debe una definición muy conocida y repetida –la persona es una substancia individual de naturaleza racional–, al aplicar esa noción a la antropología incurrió al menos en tres graves errores, separándose de la noción originaria. Primero, hace una definición de un quién, que sólo es susceptible de descripción. Segundo, sustituye el término subsistencia, que habían utilizado los Capadocios para designar directamente al *esse*, por el de substancia, retornando al vocabulario que habían abandonado los creadores de la noción, porque no puede expresar a la persona. En tercer lugar, no incluye en ella la constitutiva estructura relacional.

La formulación de Boecio define en todo caso la naturaleza del hombre, pero no sirve para explicar en qué consiste ser persona. Acerca al hombre más a las creaturas del cosmos –animales y vegetales– que a Dios. Ahora bien, la clave del misterio humano no está en los animales, sino en Dios.

Veamos por qué es importante superar las deficiencias de Boecio, cuya definición aún sigue dándose por buena, incluso por intelectuales de prestigio.

En primer lugar, si la persona tiene que ver con el ser –con el mismo *esse*–, entonces no se puede definir, sino solamente describir. Sólo las esencias son susceptibles de definición: el quién, el nombre originario y final de su *esse*, es inefable incluso para sí mismo y, por tanto, no se puede encerrar dentro de un cercado. El ser persona –por la singularidad única de cada una– solamente se puede describir fijándonos en cómo se manifiesta.

En segundo lugar, Boecio, al abandonar la noción de subsistencia, retomando el término de substancia, pierde la principal diferencia entre cosa y persona descubierta por los Capadocios. La persona, en efecto –cada persona– no sólo tiene una substancia con accidentes –cosa que también tiene una rosa o un robot–, sino que es un *además* decisivo: la persona es –cada una– un quién subsistente por sí mismo, subsistencia en propiedad, incondicionalmente valiosa y abierta a los otros.

El descubrimiento del *esse como distinto a la esencia substancial*, que ya está en los creadores de la noción de persona y que más tarde desarrollará Tomás de Aquino, tiene importantes consecuencias cuando se aplica a la antropología.

En realidad, todo lo creado está compuesto de esencia y acto de ser. También el cosmos, porque si no tuviera *esse* no existiría. También el cosmos persiste, pues, aunque los individuos de las especies desaparecen, el universo en su conjunto dura, persiste y sólo podría desaparecer por un acto de aniquilación de su Creador. Lo que aquí se está queriendo poner de relieve es que el *esse* de cada persona es mucho más valioso que el *esse* del cosmos, porque ese cosmos entero y cada una de sus substancias son un algo, mientras que cada persona, cada una, es un *quién*. El *esse* de cada persona, como veremos, no desaparece con la muerte –que es la separación entre el alma y el cuerpo–. Pero la característica del *esse* humano no es sólo que dura en el tiempo, sino que también es abierto a otros, intrínsecamente coexistente. De ahí que la principal diferencia entre ser un algo y ser éste quién está en la categoría de su *esse*. Y desde ahí quedan condicionados los diversos estratos ontológicos.

Desde esta perspectiva, la definición de Boecio, centrada en una individualidad y una racionalidad, no dice nada sobre el "alguien" que cada uno es, gracias a su peculiar tipo de *esse*. La persona, recuerda Zubiri a propósito de un texto de Juan Damasceno (676-754), significa el Ser (*to êinai*).[40]

En tercer lugar, decíamos, Boecio no incluye en su definición una relacionalidad constitutiva –el *ser-con* o *ser-para* que le hace ser coexistente–, lo que dio pie a que, más tarde, se pudieran concebir a los seres humanos como seres aislados, solitarios, al modo de los átomos de Demócrito o las mónadas de Leibniz.

---

[40] Cfr. X. Zubiri, *Naturaleza, historia y dios*, Madrid, Alianza Editorial, 1987, p. 477.

Como consecuencia –de lo que Boecio fue plenamente consciente–,[41] su definición de persona no se puede aplicar a Dios, de cuya imagen proviene el hombre, varón y mujer, ser persona. Esto enturbia la analogía entre el ser humano y Dios, y entorpece el desarrollo de la conceptualización de en qué consiste la imagen y semejanza de Dios como varón y mujer, que preside la información del Génesis.

Este lastre, que sigue pesando hoy, ha supuesto una gran rémora para la antropología tanto filosófica como teológica. Tras Boecio el *iter* de la noción de persona se torna sinuoso, se recupera y se vuelve a perder según los autores y desaparece de hecho de los fundamentos de la cultura occidental, que se apoya en la naturaleza o en el individuo aislado, pero no en la persona.[42]

5.3. Avatares de la noción de persona

Tomás de Aquino (1224-1274), que partió pacíficamente de Boecio, tras un gran esfuerzo terminó por superar al menos una de esas pérdidas y al final de su vida describió a la persona como "subsistente espiritual",[43] radicándola de nuevo en el *esse*. Su concepción la han resumido Schütz y Sarach diciendo que "Persona para él designa ese modo y manera inmediatos en que el ser real posee su esencia plenamente y dispone libremente de ella".[44] En definitiva, la persona difiere de cualquier otro individuo por la categoría del *esse*, por lo que para Tomás de Aquino la "persona significa lo más perfecto de toda la

---

[41] Boecio, *De Persona et duabus naturis*, PL 64, 1343.

[42] *Vid.* B. Castilla de Cortázar, *Noción de persona en Xavier Zubiri. Una aproximación al género*, Madrid, Rialp, 1996, pp. 29-73.

[43] Tomás de Aquino, *De Potentia*, 9, a.4, c: Persona es un "subsistente distinto de naturaleza espiritual".

[44] Cfr. Ch. Schütz, R. Sarach, *El hombre como persona*, en VV. AA., *Mysterium Salutis*, Einsiedeln-Benziger Verlag, 1965. Traducción al castellano: *Mysterium Salutis. Manual de teología como historia de la salvación*, Cristiandad, 1970, t. II, p. 720.

naturaleza".[45] A pesar de todo, como se advierte, el Aquinate no incluye expresamente en dicha descripción la dimensión relacional.

La tardía escolástica volvió a perder, en estériles polémicas, lo que Tomás de Aquino recuperara.[46] De hecho, la noción de persona, al difuminarse su sentido propio, dejó de utilizarse en el lenguaje filosófico; y a los seres humanos, como al resto de los seres del cosmos, se les denominó simplemente "individuos". Esta reducción acarreó muchas consecuencias. Sobre la noción de individuo se ha fundado toda la filosofía social y política, partir del siglo XVIII, cayendo unas veces en el individualismo y otras en el colectivismo, como sigue ocurriendo a pesar de los esfuerzos del comunitarismo.

Tras la escolástica, perdida ya la dimensión transcendental de la persona, la filosofía moderna no consiguió un concepto perfilado de la realidad personal. En palabras de Zubiri, a filosofía moderna

> Desde Descartes hasta Kant, rehizo, penosa y erróneamente, el camino perdido. El hombre aparece, en Descartes, como una sustancia: *res*, en la *Crítica de la razón pura* se distingue esta *res*, como sujeto, del *ego* puro, del yo; en la *Crítica de la razón práctica* se descubre, allende el yo, la persona; a la división cartesiana entre cosas pensantes y cosas extensas sustituyó Kant la disyunción entre personas y cosas. La historia de la filosofía moderna ha recorrido así, sucesivamente, estos tres estadios: sujeto, yo, persona.[47] Sin embargo, qué sea persona es cosa que Kant dejó bastante oscura. Desde luego no es solo conciencia de la identidad, como para Locke. Es algo más. Por lo pronto, es ser *sui juris*, (…) ser imperativo categórico.[48]

---

[45] Tomás de Aquino, *Suma Teológica*, I, q. 29, a. 3: "Persona significat *id quod est perfectissimum in tota natura*, scilicet subsistens in rationali natura".

[46] Cfr. Eudaldo Forment , "El personalismo de santo Tomás", en *Sapientia* 1990 (45): 277-294.

[47] Aquí Zubiri aclara que "en realidad no se ha pasado de distinguir estos tres términos como si fueran tres estratos humanos; haría falta plantearse el problema de su radical unidad".

[48] Zubiri, *op. cit.*, pp. 425-426.

Por tanto, a pesar de sus esfuerzos, la modernidad sólo llega al nivel ético sin alcanzar la cuestión radical acerca de la persona.

Tras dicho recorrido histórico, la propuesta de Zubiri es retroceder el camino recorrido en los últimos siglos y rehacer de nuevo el discurso para recuperar "la dimensión, estrictamente ontológica, en que por última vez se movió la escolástica, (...) desdichadamente esterilizadas en pura polémica",[49] para desde ahí seguir avanzando. Y resume los logros alcanzados en la época medieval, afirmando que "en la articulación entre *intimidad, originación y comunicación* estriba la estructura metafísica última del ser personal".[50]

Esas tres áreas –intimidad, comunicación y relación de origen– son los tres horizontes a explorar en la reflexión de los filósofos preocupados por conocer mejor el *esse* personal.

En el siglo xx ha habido muchas voces que han reclamado la recuperación de la noción de persona, sobre todo tras las atroces experiencias de las dos guerras mundiales, y se han hecho estudios al respecto para fundamentar la dignidad de cada persona y el carácter innato e inviolable de su derechos y libertades fundamentales. Aquí señalaremos algunas de sus conclusiones.

5.4. Descripción del *esse* personal

La primera característica importante es que la pregunta sobre la persona no responde a *¿qué* es la persona?, sino a *¿quién* es la persona? En palabras de Karol Wojtyla: "En la noción de persona se incluye algo más que en la de *individuum*, persona es algo más que naturaleza individualizada. (...) Es una plenitud que no consiste sólo en ser concreta (...). El lenguaje corriente dispone de un pronombre lapidario y expresivo a la vez: la persona es un *alguien*. (...) La persona es un sujeto que existe y actúa, pero con esta nota, que su existencia (*esse*) es

---

[49] *Ibid.*, p. 426.

[50] *Ibid.*, p. 475.

personal, y no tan sólo individual".[51] En otras palabras, la persona no es una cosa, es un alguien –no un algo–, es un quién único, no simplemente un qué.

Hannah Arendt lo ha resaltado de un modo inigualable: "Lo nuevo aparece en forma de milagro. Del hombre capaz de acción cabe esperar lo inesperado, lo infinitamente improbable. Y, una vez más, esto es posible sólo porque cada hombre es único, de modo que con cada nacimiento algo singularmente nuevo entra en el mundo. Con respecto a este alguien que es único cabe decir verdaderamente que nadie estuvo allí antes que él, (de modo que) la pregunta planteada a cada recién llegado es "¿quién eres tú?".[52]

Aunque ya lo adelantamos al principio, tal vez no es inoportuno recordar que, si comprendemos la excelencia –en cada uno de nosotros– del ser persona y su poder innovador, entonces comprendemos mucho mejor los derechos y libertades fundamentales del hombre, y por qué son innatos e inviolables. Se nos hace luz sobre la gravedad del homicidio, del aborto, del maltrato, de las faltas al respeto que merecen, por derecho "propio" –que no nos concede ninguna autoridad humana–, todos y cada uno de los seres humanos.

La peculiaridad de la persona, a diferencia de las cosas, puede describirse diciendo que tiene *su propio acto de ser, su esse, en propiedad*, de tal manera que es dueña de su propia realidad. Zubiri lo describe con gran verdad:

> Ser realidad en propiedad, he aquí el primer modo de respuesta a la cuestión de en qué consiste ser persona. La diferencia radical que separa a la realidad humana de cualquiera otra forma de realidad es justamente el carácter de propiedad. Un carácter de propiedad que no es simplemente un carácter mo-

---

51 K. Wojtyla, *Persona e atto*, Librería Editrice Vaticana, 1982. Traducción al castellano: *Persona y acción*, Madrid, Palabra, 2011, pp. 129-130.

52 Hannah Arendt, *The Human Condition*, Chicago, The University Chicago Press, 1974. Traducción al castellano: *La condición humana*, Barcelona, Paidós, 1993, p. 202.

ral. Es decir, no se trata únicamente de que yo tenga dominio, que sea dueño de mis actos en el sentido de tener derecho, libertad y plenitud moral para hacer de mí o de mis actos lo que quiera dentro de las posibilidades que poseo. Se trata de una propiedad en sentido constitutivo.[53]

Esta propiedad constitutiva tiene una importante consecuencia para cada uno de nosotros en el terreno práctico y cotidiano, a la que ya se ha hecho referencia, al hablar de Dimas, el buen ladrón. Supone distinguir la valía intrínseca y constitucional de cada persona respecto de la valoración que, en la moral o la justicia, merecen sus actos. Pongamos, esta vez, un ejemplo extremo: hay un espacio entre una persona y sus asesinatos. Pese a la maldad y crueldad de sus actos, subsiste el valor de cada persona, en cuya virtud le detenemos, procesamos y condenamos mediante procedimientos que respetan sus derechos procesales a la defensa, a la presunción de inocencia, o a tratarle en presidio con el respeto debido a las personas, en vez de aplicarle la misma o mayor crueldad que él tuvo con sus víctimas. Este espacio entre persona y acción permite el arrepentimiento y la renovación del sujeto personal, pese a sus conductas pasadas. Y esta diferencia entre la persona y su mala vida, por ejemplo, la viven con claridad meridiana las madres de delincuentes. Pongamos ahora algunos ejemplos de la vida corriente. Cuando corregimos a un cónyuge, un hijo, un compañero o un alumno por alguna conducta inapropiada, no podemos calificar a su misma persona utilizando un insulto –estúpido, desgraciado, inútil, fracasado...–, como definiéndola completa y definitivamente: su ser no es su obrar y éste puede

---

[53] Según Xavier Zubiri lo característico de la persona en tener su realidad en propiedad constitutiva. Completemos el principio y el final del texto citado: "Cada persona encierra en sí el carácter de un mí. Ser persona es ser efectivamente mío. Ser una realidad sustantiva que es propiedad de sí misma. (...) Yo soy mi propia realidad, sea o no dueño de ella. Y precisamente por serlo, y en la medida en que lo soy, tengo capacidad de decidir. La recíproca, sin embargo, es falsa. El hecho de que una realidad pueda decidir libremente entre sus actos no le confiere el carácter de persona, si esa voluntad no le perteneciera en propiedad. El 'mío' en el sentido de la propiedad, es un mío en el orden de la realidad, no en el orden moral o en el orden jurídico": X. Zubiri, *Sobre el hombre*, Alianza Editorial, 1986, p. 111.

cambiar y mejorar. Cuando salvamos a la persona, la mejora pretendida se allana; cuando insultamos a la persona, la corrección se dificulta y las partes se enconan y enemistan. Tal vez este matiz, abismal, por cierto, nos permita comprender la profundidad de aquel consejo evangélico, donde la distinción está presente, que sugiere "no juzgar ni condenar" a la persona, actitud perfectamente compatible con no aprobar ni compartir su conducta.

La persona, por tanto, viene a ser *el núcleo interior de cada cual, del que nacen sus acciones*, pero no se confunde entera, completa y definitivamente con ellas. *La persona es el acto de ser que cada una ha recibido* –nadie se lo puede dar a sí mismo: no hay autogeneración–, pero *del cual pasa a ser propietaria, y nadie más tiene derecho de propiedad sobre ella*. Decir esto, es otro modo de afirmar que es inteligente y libre, con capacidad no sólo de libre arbitrio –escoger entre el bien y el mal–, sino más profundamente con capacidad de autodeterminación y con una innata creatividad.

En definitiva, *la persona es dueña de sí,* tiene derecho a la autodeterminación *y nadie puede poseerla a menos que se entregue.* Ahí radica su dignidad. Y quizá su principal característica, junto con la inteligencia y la libertad, es su capacidad –no sólo de tener capacidad que no tienen los animales–, sino de dar y sobre todo de darse a sí misma y acoger en sí, precisamente porque su ser –aunque recibido–, es suyo. Si comprendemos este señorío o propiedad característica, podremos entender que solamente quien es persona es el quién capaz de amar, el quién que puede dar lo suyo: su propio ser.

5.5. La persona no es el alma ni el yo

Aunque no acaban aquí las características del quién personal, exploremos ahora la diferencia del espíritu con respecto a su alma y cuerpo. La persona, ese alguien único y su núcleo íntimo, es distinto de la estructura psicosomática que nos trasmiten nuestros padres, es decir, no se identifica ni con el cuerpo ni con el alma –psique o mente–, ni con el conjunto de las dos. La persona más bien tiene que ver con el espíritu, que sólo puede dar Dios.

Una experiencia profunda y vital, no filosófica precisamente, de esta diferencia entre el espíritu de cada persona y su sistema psicosomático, la tienen los padres ante cada uno de sus hijos. Intuyen que cada hijo, su singular y única persona, desborda por completo lo que ellos, padre y madre, han puesto en su concepción, gestación y crianza. Esta experiencia les es más patente, aunque parezca paradójico, cuando tienen un hijo con graves carencias psicosomáticas, que no podrá valerse nunca por sí mismo, del que sienten, no obstante, el latido inconfundible del espíritu personal único que tiene adentro. Y esos padres, como el resto del entorno familiar, aman incondicionalmente a la desnuda persona de su hijo, sienten cada día su espíritu y su valía, trascendiendo las limitaciones, deficiencias y enfermedades que padece su organismo psicosomático. No creándolo sus padres, sólo por parte de Dios puede haber sido amado y puesto en la existencia como esta singular, única y valiosísima persona. Esto se explica, con profundidad y verdad, mediante una estructura triádica de la antropología, a la que ya nos hemos referido: espíritu, alma y cuerpo.

Ciertamente en las antropologías duales también se ha dicho que el alma humana es espiritual, pero no se ha clarificado que espíritu y alma son dos principios distintos, con dos niveles ontológicos diferentes. Dicho con otras palabras, ese espíritu personal vendría a ser aquel "soplo" que se habla en Génesis 2, que Dios infundió a una materia terrenal –en el simbolismo bíblico: "barro" de la tierra– que hizo que apareciera en el mundo una especie de homínido verdaderamente peculiar, el único homínido que ha perdurado: el *Homo sapiens sapiens*. Todos los homínidos tuvieron un cuerpo y una psique, sólo el *sapiens sapiens* es persona e imagen de Dios. Frente a todo lo creado, solamente al espíritu personal de cada uno de nosotros, si se nos permite una trasposición de san Pablo en Filipenses 2.6 y ss., "le dio el nombre de los nombres".

La persona no se identifica, por tanto, con su alma, aunque suya y sólo suya es. Tampoco la persona se identifica con el yo. La persona habla consigo misma y utiliza un yo para la conciencia y vigilia de semejante comunicación. Pero el yo es algo que somos, no otro quién espiritual que convive con su persona. Es la persona la que elabora su yo; no al revés, no es el yo lo que engendra al espíritu personal. El yo duerme, puede ser megalómano, hinchado e insoportable. Incluso para su propia persona. Y si eso ocurre, la persona es el quién, el único, que puede poner en su sitio a un ego desorbitado.

Para Polo el "espíritu" es distinto del "alma", pues el primero coincide con el acto de ser personal, la persona, mientras que el alma coincide con lo que él, la modernidad, los psicólogos y psiquiatras llaman el "yo" y la psique.[54] También los distingue Edith Stein, que lo explica del siguiente modo, desde el que concluye que la persona es "*alguien* que dice de sí mismo *yo*":

> ¿Qué quiere decir que el hombre es responsable de sí mismo? Quiere decir que de él depende lo que él es. Y que se le exige hacer de sí mismo algo concreto: puede y debe formarse a sí mismo. ¿Qué quieren decir ese él y ese sí mismo? (…) Él es alguien que dice de sí mismo yo. Eso no puede hacerlo un animal (…). Cuando miro a un hombre a los ojos, su mirada me responde. Me deja penetrar en su interior o bien me rechaza. Es señor de su alma y puede abrir o cerrar sus puertas. Puede salir de sí mismo y entrar en sus cosas. Cuando dos hombres se miran, están frente a frente un yo y otro yo. Puede tratarse de un encuentro a la puerta o de un encuentro en el interior. Si se trata de un encuentro en el interior el otro yo es un tú. La

---

[54] Cfr. L. Polo, "El yo", *Cuadernos de Anuario filosófico*, núm. 170, Pamplona, Servicio de Publicaciones de la Universidad de Navarra, 2004.

mirada del hombre habla. Un yo dueño de sí y despierto me mira desde sus ojos.[55]

Hay también una diferencia entre la persona, en cuanto el singular acto de ser que la pone en la existencia, y el yo dicho por ella, que viene a ser considerado su dimensión consciente. Cuando uno está dormido, por ejemplo, quien duerme es el yo, pero su persona está viva y en acto. En el caso de las personas en estado de coma, el compuesto psicosomático parece desconectado de su dominio consciente, pero su espíritu subsiste en acto. Según la antropología filosófica de otros grandes autores contemporáneos, como por ejemplo Zubiri, el yo es la tercera fase del desarrollo de la personalidad que asciende del me, al mí, hasta el yo. Pero en Zubiri persona y personalidad no son lo mismo. Para distinguir a la persona del yo utiliza un neologismo, el de *personeidad* en cuanto es diferente de la personalidad. El ser humano, en cuanto esencia abierta, es andadura de su vida hacia una progresiva interiorización, que edifica una intimidad de la que carece el animal.

Así lo explica Zubiri. El hombre en cuanto persona es siempre el mismo, sin embargo,

los actos que ejecuta van no solamente calificando al hombre como sujeto que los produce, sino que hay algo más hondo: es que efectivamente estos actos son suyos; aquí interviene el momento de la *suidad*. (...) Cada uno de los actos va calificando, va configurando de una manera modal, rasgo a rasgo, la figura de mi propio ser de lo sustantivo. El ser de lo sustantivo es justamente el "yo". No es la persona; es algo distinto: es la personalidad que va adquiriendo. Para no confundir los conceptos, me resolví a llamar a la persona, en el sentido que he utilizado esta palabra hasta el momento, *personeidad*. Y en cambio *personalidad* es justamente la figura del ser de lo sus-

---

55   E. Stein, *La estructura de la persona humana*, Madrid, BAC, 1998, p. 141.

tantivo que esta persona va cobrando en el inexorable ejercicio de los actos de su vida.[56]

Por tanto, hay que tener en cuenta la distinción entre la persona y el yo, como se distinguen el acto de ser –que hemos recibido como una donación– y la realización de su esencia que ese acto de ser hace a lo largo de su vida, que puede o no llegar a su plenitud,[57] y que, mezclando genética parental con biografía propia, elabora la peculiaridad psicológica de cada yo, la personalidad, con su propio temperamento y rasgos caracterológicos.[58]

Para concluir, podemos afirmar que la persona es el acto de ser (*esse*) de cada hombre, la sede de su intimidad, de cuya estructura trataremos en el capítulo siguiente.

---

[56] X. Zubiri, *Estructura dinámica de la realidad*, Madrid, Alianza, 1989, p. 224. Cfr. también, "La personalidad como modo de ser", en *Sobre el hombre*, Madrid, Alianza, 1986, p. 133 y ss.

[57] Zubiri y Polo coinciden en el contenido de lo que afirman, aunque su lenguaje es diferente. Para Zubiri el transcendental primero es la realidad y para Polo, que en este sentido sigue la tradición tomista, el ser. Para Zubiri la persona es realidad y el ser la persona realizada. Para Polo la persona es el ser y la esencia la plenitud alcanzada en la naturaleza recibida, por obra de la libertad personal.

[58] Conviene no identificar, pese a la proximidad gráfica y fonética, la persona y la personalidad. En sentido estricto, la persona es el quién espiritual, el cual, como titular propietario, lo es de toda su naturaleza y esencia humanas. En este sentido, la personalidad es algo que "tiene" la persona, pues es una cualidad suya o, si se prefiere, un componente psicológico de su naturaleza y esencia, pero no es el quién espiritual radical. Aunque dista de existir una pacífica unanimidad en la psicología y la psiquiatría contemporáneas (por ejemplo, Jung, Kerstchmer, Allport, Heymans, Le Senne, Eysenk, McCrae y Costa) se tiende a considerar a la "personalidad" como la organización subjetiva de la dinámica de los sistemas psicofísicos que configura una forma de pensar, actuar y adaptarse. Este conjunto de características psicológicas se conforma en cada individuo, por la singular convergencia de aportaciones genéticas venidas de la genealogía y adquisiciones biográficas provenientes del entorno parental, educacional y social. Teniendo en cuenta el valor convencional de los términos, de la personalidad, como marco general, formarían parte el "temperamento" y su tipología, más vinculado a la genética, y los "rasgos del carácter", más próximos a las influencias del entorno y a los efectos de la biografía vivida. Una pedagógica y experta exposición, avalada por su condición de veterano profesor y psiquiatra, se encuentra en F. Sarráis, *Temperamento, carácter y personalidad*, Barcelona, Universitarias Internacionales, 2016, en particular p. 50 y ss.

5.6. Persona y apertura

Hasta el momento hemos abordado la primera cuestión con la que Zubiri enlazaba de la tradición medieval: el *esse* como intimidad. Pasemos ahora al siguiente punto que denominaba comunicación. Es la característica que junto con la subsistencia los capadocios introdujeron en la noción de persona, la relacionalidad, perdida por Boecio, y que está en proceso de recuperación en el pensamiento en torno a la persona. Esa "relacionalidad y comunicabilidad" no es otra cosa que la intrínseca y constitutiva apertura de la persona.

En esta línea, el personalismo contemporáneo, apoyándose en la experiencia común –lo propiamente humano, como el lenguaje o el amor, requieren un destinatario–, está incorporando, como constitutiva de la persona, la dimensión de apertura al otro, en la línea de la ya varias veces señalada afirmación de la *Gaudium et Spes* (n. 24), según la cual la persona sólo alcanza su plenitud en el don de sí del amor.

Esto supone que la dimensión social del ser humano es, ante todo, una exigencia de su ser personal antes que de su naturaleza. Nuestra capacidad y necesidad de "sociedad" es de raíz personal y, por ello, no tiene nada que ver, pues la trasciende por completo, con las manadas, las colmenas o los hormigueros.

Por otra parte, esta apertura a la relación y a la comunicación de la persona, radicada en su propia intimidad en su *esse*, es otra manera de decir que, a pesar de tener cada persona un valor por sí misma y, como recuerda Kant, tener derecho a ser tratada siempre como fin y nunca como medio, sin embargo, el fin de una persona –la destinación de su ser coexistencia– no está en sí misma, sino en otras personas.

Respecto a la inclusión de la dimensión relacional en el ser, ya se ha señalado que los filósofos del siglo xx, empezando por Heidegger, describen el ser del hombre no como un ser sin más, sino como un *ser-con*, como, por ejemplo, Buber, Marcel, Lévinas, Zubiri, Polo, entre otros. Zubiri afirma: "Existir es existir 'con' –con cosas, con otros, con nosotros mismos–. Este 'con' pertenece al ser mismo del hombre: no es un añadido suyo. En la existencia humana, todo lo demás va envuelto en esta peculiar forma del 'con'".[59]

En esta línea, Polo va a integrar en una sola noción –*coexistencia*– los dos aspectos intrínsecos e inseparables de la persona, recogidos en la descripción medieval de la persona como "subsistencia relacional". Por una parte, la persona tiene valor propio –en cierto modo absoluto–, por estar anclada en el ser y, por otra, le es constitutiva una apertura relacional.

Describe Polo que no se trata simplemente de que seamos muchos, sino que una persona sola es "un absurdo total";[60] no una contradicción, sino un imposible. "Una persona única sería una desgracia absoluta",[61] porque no tendría con quién comunicarse ni a quién darse,[62] a quién destinarse. La soledad, como origen y destinación de un ser solitario, es el peor infierno, porque es la condena a tener el amar como un imposible ontológico.

En efecto, "no tiene sentido una persona única. Las personas son irreductibles; pero la irreductibilidad de la persona (...) no es aislante",[63] razón por la que la persona es ontológicamente *coexistencia*.[64] Coexistencia significa que la persona es de índole dialógica, no monológica. La persona está abierta radicalmente a otras y, en definitiva, está abierta a un Dios personal. De aquí que la intersubjetividad sea originaria, primordial, indeducible; ninguna persona es, la que es, ella sola; originaria y constitutivamente es coexistente, abierta y, como amadora, en cierto modo triádica.

---

[59] X. Zubiri, *Naturaleza, historia y dios*, Madrid, Alianza Editorial, 1987, p. 429.

[60] L. Polo, "La coexistencia del hombre", en Actas de las XXV Reuniones Filosóficas de la Universidad de Navarra, t. I, Pamplona, 1991, p. 33.

[61] L. Polo, *Presente y futuro del hombre*, Madrid, Rialp, 2012, p. 167.

[62] Cfr. L. Polo, "Libertas transcendentalis", en *Anuario Filosófico* 1993/3 (26): 714.

[63] L. Polo, *Presente y futuro del hombre*, p. 161.

[64] Cfr. L. Polo, *La coexistencia del hombre*, pp. 33-48. En otros lugares como el "además": Cfr. *Presente y futuro del hombre*, Madrid, Rialp, 1993, pp. 197-203.

5.7. Persona y relación de origen

Toca ahora explorar el tercer aspecto en torno a la persona: *la cuestión del origen* de la persona –es decir, cada uno de nosotros, en cuanto engendrado o hijo–, porque es un primer ámbito de la apertura o comunión del ser humano. Veamos algunos aspectos introductorios.

En primer lugar, cada persona humana viene de otras personas, de modo que el nacimiento no es sólo un hecho biológico, sino que es *genealogía entre personas*. Cada uno de nosotros es hijo, nieto, bisnieto…, tiene como "antecesores" a *ascendientes personales*. Cada uno de ellos, en concreto y singular, ha sido "cuerpo genético" y "espíritu amoroso" para nosotros. La reunión de los vínculos genéticos y amorosos conforma una historia genealógica entre personas. Cada uno de nosotros es una persona engendrada por unos padres concretos y únicos. El hijo, cada uno, hace ser padres a su origen personal. Y decimos hijo o padres, en sentido íntegro y riguroso, es decir, en cuanto el vínculo entre padres e hijos reúne, en los que engendran y en el engendrado, la comunidad genética y la amorosa: ser de la misma carne y sangre y amarse incondicional y definitivamente. Esa reunión –que es una manifestación de la conjunción entre naturaleza, cultura y libertad– constituye el vínculo de la genealogía propia de las personas.

Por lo tanto, nuestra concepción y nacimiento no es sólo una fecha o dato cronológico en el tiempo y espacio. Sobre todo, es origen genealógico que precede e introduce una vida "humana" singular y única, es decir, personal. Este origen genealógico tiene a su vez dos vertientes, una relación de procedencia con respecto a los padres y otra respecto al Creador que le dona su ser más profundo.[65]

Desde esta perspectiva, *ser persona humana es ser hijo*. Quiere decirse que la filiación es una identidad humana inserta en la persona misma (*esse*), en la dimensión relacional de la misma. La filiación

---

[65] Para una exposición sobre esta dimensión cfr. L. Polo, "La persona humana como relación en el origen", en *Miscelánea poliana*, EFLP, 2010 (30): 28-41, reeditado en *Studia Poliana*, Pamplona, 2012 (14): 21-36.

es constitutiva de la identidad personal, es definitiva e imborrable, pues por muchos años que pasen nunca se deja de ser hijo.[66]

La filiación nos dice que nuestra existencia fue amada desde su principio y fue fruto del amor procreador. Ser hijo es entrar como amado en el universo tridimensional del amor. Amado por sus padres y por Dios. Ambos, sus amantes, le han amado los primeros: son sus amadores originarios.

Podría ser que uno hubiera venido a la existencia sin haber sido querido por sus padres, lo que se suele llamar "un hijo no deseado". Podría ser incluso un caso no aislado. Entonces, ¿faltaría amor en el origen? El Creador ha diseñado, en su proyecto originario, que la vida se transmita como fruto del amor, pero sabemos que, por efecto de la caída original, son muchas las sombras que se han cernido y se ciernen en las relaciones entre las mujeres y los hombres cuando se unen corpóreamente. Aun así, podríamos discurrir del siguiente modo: es difícil pensar en la probabilidad de que yo fuera concebido. Si mi padre y mi madre no se hubieran conocido o no se hubieran unido aquel día y en aquella hora, incluso, si en vez del espermatozoide que fecundó, entre millones, el óvulo de mi madre, lo hubiera hecho otro, no hubiera nacido yo sino mi hermano o hermana. Si a todas estas improbabilidades se suman por generaciones, hasta el inicio del mundo, que a la existencia de cada uno de mis padres y de cada uno de mis abuelos, bisabuelos y tatarabuelos, les rodea la misma improbabilidad, sólo cabe una conclusión: aún en el caso de que yo fuera un hijo no deseado por mis padres, de lo que no cabe ninguna duda es que Dios me ha amado y ha querido que existiera. El amor, el más grande, siempre es el origen de cada persona.

Tener ese don originario de la vida, por amor, pondrá en la intimidad del "ser hijo" un sello indeleble, quizá desconocido, no

---

[66] Un autor que trabaja la filiación radicada en la persona es Polo. Cfr. L. Polo, "El hombre como hijo", en J. Cruz Cruz (ed.), *Metafísica de la familia*, Pamplona, EUNSA, 1995, pp. 317-325. Cfr. también B. Castilla de Cortázar, "Coexistencia e índole familiar de la persona", en *Miscelánea Poliana*, 2016 (53): 24-54.

vislumbrado, pero el sello está presente dentro de él. Ser un amado en el origen infunde en la estructura y dinámica de nuestra intimidad el movimiento radical de corresponder, es decir, una raíz originaria para *devolver amor como modo de ser*. Sin duda, este es uno de los fundamentos del deber amoroso de "honrar a padre y madre", que se extiende a los hermanos, por tener el mismo origen, a los abuelos ascendientes, por ser nuestra genealogía de origen personal. Así, en el núcleo de la filiación –el núcleo humano más radical es la unión amorosa conyugal– está la fuente primaria –originaria por darse y acoger el origen– del amor entre los miembros de la familia. No es lo mismo la identidad íntima más radical –que es la esponsalidad nupcial– y la primaria, que es la de origen o identidad filial. En su momento, veremos las importantes diferencias entre los ámbitos de la intimidad conyugal y de la filial.

Del hecho de que en la relación de origen no haya autogeneración –que uno no sea padre, ni tampoco hijo, de sí mismo– se derivan al menos tres importantes conclusiones:

1. Se puede afirmar con propiedad que la vida es un "don" que se recibe y "acoge". Los padres inician, como amantes, el don de la vida; el hijo, como amado, lo recibe. Hay ahí una dimensión de libertad, tanto en quien la dona –los padres– como en quien la recibe y, por ello, se le abre a cada hijo la escena vital de acoger y aceptar, cuyas vicisitudes formarán parte de su vida. La filiación, por tanto, tiene índole donal y, por tanto, responde a la estructura y dinámica del amor, que es la propia de la persona.

2. La persona y las realidades sociales primarias –familia como origen de la sociedad– se explican desde su origen en personas singulares y concretas, que son algo previo a sus posteriores decisiones o consensos. Es decir, no es la familia y la sociedad quienes engendran a la persona y la hacen humana. Es al revés, es la persona con otras personas las que fundan la familia –mediante el matrimonio y la procreación de sus

hijos– y de la suma de familias surge la sociedad; son estas personas las que, en un principio, hacen humanas o deshumanizan la familia y la sociedad. La persona es más que ciudadano.

3. Ahora bien, la genealogía y la filiación, en cuanto dimensiones radicales de la persona humana, nos ponen de relieve *que las relaciones* –de forma particular la relación varón-mujer y también la de individuo-comunidad–, *son imprescindibles* para el crecimiento del sujeto y para el emerger de su autoconciencia: porque la persona, y también el yo –su dimensión consciente–, es relacional. Dentro de esa constitución relacional –que los clásicos llamaron sociabilidad natural– se ubica la filiación y, por tanto, el que seamos genealogía interpersonal. Plantas y animales –tal vez ya sea ocioso recordarlo– no tienen genealogía *personal*, no son hijos, ni tienen padre y madre, hermanos y abuelos. Esa personalización de lo animal sólo ocurre en la factoría de Walt Disney en la que el pato Donald tiene un "tío" –un hermano de su padre– que es banquero, y Mickey Mouse tiene por novia a la ratoncita Minnie. No son los patos ni los ratones quienes se dan nombre, parentesco y enamoramientos. Son las personas humanas: el equipo de Walt Disney. No es un recurso nuevo. Ya los autores de fábulas –por ejemplo, Esopo, Fedro, La Fontaine o Samaniego– acostumbraban a usar a los animales como protagonistas de vicios humanos, para así hacer reflexionar a sus lectores, sin herirles directamente.

Hemos dicho que en la relación de origen –aunque los padres no eligen la persona de su hijo, ni este la de sus padres– hay un espacio de libertad y muy grande, empezando por la recíproca aceptación. Lo podemos ver en negativo. En efecto, hay padres anónimos porque sus hijos fueron concebidos desde células seminales de un banco de esperma y estos hijos nunca tendrán la experiencia del amor, hogar y familia de unos padres, porque estos "eligieron" su anonimato; hay padres que matan al no nacido o abandonan a los niños, o los maltratan, o se evaden de cuidarles y educarles. Abusaron de su libertad al hacerlo. Y, por el otro lado, los hijos atraviesan una edad, la adolescencia, en la que se abre un "examen" de los padres, una "crisis" o juicio de revisión, que unas veces lenta y otras rápida, irá concluyéndose con actos de libertad de los hijos, al aceptar y amar a sus padres, o al desaprobarlos en diversa medida.

Ese espacio de libertad exige, para vivirse positiva y constructivamente, no sólo amor –y el respeto es una virtud del amor–, sino también justicia entre padres e hijos. Los padres deben dar lo suyo, en justicia, que corresponde a los hijos, como la crianza y la educación. En justicia se debe al hijo su origen personal, es decir, la verdad genética de la genealogía y la del amor. Por eso, la unión amorosa entre los padres y el hogar, como espacio y tiempo de los amores familiares, es un derecho de los hijos y un deber de los padres.

Estas fuertes y claras consecuencias de la genealogía y de la identidad por el origen personal –que es un "suyo" del hijo– no han de ocultarse, ni susurrarse *sotto voce*, en forma líquida y débil, como quien teme decir lo que molesta a algunas ideologías sectarias. Cualquier persona de mente abierta y objetiva, empezando por los propios hijos afectados, reconoce los severos trastornos que se derivan de la paternidad y maternidad irresponsables, de las fracturas conyugales y de la rotura de los hogares.

La filiación, vinculada a paternidad (ser varón) y maternidad (ser mujer), es *nuestra primera identidad relacional por origen*. Podemos comprender, por lo expuesto, la trascendental importancia del acceso y ejercicio de la paternidad y maternidad. Es la enorme responsabilidad que hay en el ejercicio de la sexualidad y su potencia procreadora. El ser humano, en cuanto hijo, recibe de sus padres, para bien o para mal, una profunda huella en un ámbito muy profundo de su intimidad, que le durará toda su vida. Seamos muy conscientes de ello. Tal vez sea la ignorancia, unida a ciertas fragilidades, más que la consciente malicia o una perversión elegida, la causa de tantas irresponsabilidades, anomalías y males en el acceso y ejercicio de la paternidad y maternidad. Mejor que, en este diagnóstico, erremos por ingenuidad.

5.8. La persona y la capacidad de dar

Si al mirar el ser humano, en cuanto persona, destacamos su espíritu personal –ese *plus ultra* al compuesto alma-cuerpo u organismo psicosomático–, entonces anclamos la antropología en el *esse*, en su ser más radical, que es distinto de la esencia. En efecto, una cosa es *lo que* el hombre es –su esencia–, y otra, más profunda y radical, es *quién* es, su espíritu personal único. Ese anclaje en la persona misma da una profundidad nueva e insospechada que permite ir encajando en una nueva visión sistemática aspectos que hasta ahora estaban, en cierto modo, dispersos o no se acertaban a integrar.

Nos referimos, por ejemplo, a la libertad, pero también a la afectividad y a la condición sexuada, entre otros. Por ejemplo, la condición sexuada, masculina o femenina, ya no podrá considerarse un accidente del cuerpo, ajeno a la identidad profunda de cada persona. Iremos describiendo algunas de estas consecuencias, empezando por la que, quizá, sea la más peculiar del ser personal, su capacidad de dar y de darse, que radica en el *esse* de la persona, en cuanto coexistencia.

Darse y acogerse como varón y mujer, por ejemplo, adquirirán una nueva luz, mayor profundidad e importancia. En efecto, así como dijimos que la capacidad de tener es el distintivo de la naturaleza humana, lo propio de un ser personal es la capacidad de dar, darse y acoger en sí. La condición sexuada masculina y femenina tiene una estructura y dinámica donal. La más propia y soberana, como veremos más adelante.

Dijimos, además, que lo peculiar de la persona es tener su propio ser en propiedad. Es un ser recibido –como en una donación– pero que pasa a ser suyo. De ahí que la persona pueda dar hasta el extremo de entregarse y destinarse a sí misma.[67] Su expresión donal más excelente y profunda es el amor. En efecto, en el amar confluyen los trascendentales de la persona: el entender la verdad, la libertad y la gratuidad, la sabiduría sobre el bien, la gracia de la belleza, el crecimiento creativo y comunicativo, y la unidad íntima y de vida.

6. Propiedades del *esse* personal

Todos hemos intuido, de alguna manera, que realidades como el amor o la libertad tienen que ver con el ser, es decir, que el enclave de esas cuestiones está en lo más radical de nuestra realidad personal. Para ilustrarlo nos referiremos a una experiencia que narra Gabriel Marcel. Pensando en el amor y en la fidelidad que le es inherente, advirtió con una enorme claridad: "El Ser es el lugar de la fidelidad (*D'Être comme lieu de la Fidelité*). ¿De dónde viene –confiesa–, que esta idea que ha salido imperiosamente de mí en un instante dado del tiempo, presente para mí la fecundidad inagotable de ciertas ideas musicales?[68] Una y otra vez se preguntaba asombrado por qué esas palabras tenían para él un valor tan luminoso que, sin embargo, no acertaba a explicar. Cuestiones tan radicales como la libertad, el amor o la fidelidad reclaman su enraizamiento en el ser.

6.1. La trascendentalidad de la persona

Ahora bien, para incluir dentro del ser realidades tan altas, como el amor o la libertad, se precisa un replanteamiento de la ontología, distinguiendo entre la del cosmos y la propiamente antropológica. En ese sentido, Ángelo Scola señala, por ejemplo, que las propuestas

---

[67] Cfr. L. Polo, "Tener y dar", en *Sobre la existencia cristiana*, Pamplona, EUNSA, 1996, pp. 127-135.

[68] G. Marcel, *Être et Avoir*, París, Aubier, 1935, pp. 55-56.

antropológicas de Juan Pablo II en relación con la diferencia entre varón y mujer, a las que más adelante nos referiremos, están pidiendo ante todo una ontología peculiar para la antropología.[69]

Dicho en otras palabras, con la metafísica, incluso después de haber sido recuperado el principal descubrimiento de Tomás de Aquino sobre la diferencia entre *essentia-esse*, no es posible abordar con rigor las categorías propias de la antropología como son la libertad o el amor donal, por no referirnos a la inteligencia en cuanto acto.

En este sentido, *sobresale* el alcance de las propuestas de Leonardo Polo[70] que, tras una ampliación de la ontología clásica, ha desarrollado los pilares de una ontología específica para la antropología, que titula gráficamente *antropología transcendental.*[71]

En primer lugar nos podríamos preguntar por qué califica así, de transcendental, su propuesta antropológica. La respuesta proviene justamente de la peculiaridad que tiene el *esse*, que siendo distinto del "modo" de ser, actualiza todas las perfecciones de la esencia. Por eso al ser se le llama transcendental, porque está presente en todo lo que existe. Pues bien, Polo, que parte del redescubrimiento de la distinción tomista entre esencia y acto de ser, como dos coprincipios diferentes, aunque inseparables, de cada ente, aplica esta distinción a la antropología. En esta línea llega a la convicción de que la persona, en cuanto distinta de la composición psicosomática humana trasmitida por los padres, es justamente el acto de ser,[72] dado por Dios a cada hombre, que le constituye en persona única, como un don incluso

---

[69]   A. Scola, *La experiencia humana elemental,* Madrid, Encuentro, 2005, pp. 134-135.

[70]   Leonardo Polo (1926/2013), filósofo español recientemente fallecido, cuyas obras completas están en proceso de publicación, varias revistas europeas y americanas estudian su pensamiento. Cfr. http://www.leonardopolo.net/

[71]   L. Polo, *Antropología trascendental I. La persona humana* y *Antropología trascendental II. La esencia de la persona humana*, Pamplona, EUNSA, 1999 y 2003.

[72]   Esta posición coincide con el pensamiento maduro de Tomás de Aquino. Cfr. E. Forment, *Ser y persona*, Barcelona, PPU, 1983, pp. 61-62.

para sí mismo. De ahí que como su antropología se apoya en el acto de ser, por eso le llama antropología transcendental.

En segundo lugar, Polo distingue entre la metafísica y la antropología,[73] es decir, entre la esencia y el acto de ser del cosmos, por un lado, y entre la esencia y el acto de ser del hombre, por otro, pues "el ser del hombre no es el ser del que se ocupa la metafísica (…) que no incluye la libertad".[74]

Dicho con otras palabras, en cuanto distinto de la esencia, el *esse* humano es la persona, el otro coprincipio, el que actualiza la naturaleza individualizada de cada hombre que le transmiten sus padres. Al ser la persona acto de ser, y por ello transcendental –actualizando todas las perfecciones formales de cada hombre–, se puede decir que el alma es personal y que el cuerpo es personal o que todo el hombre es personal. O, dicho de otra manera, nuestra persona se trasciende a toda su naturaleza y esencia, y comparece con su presencia, "personalizando" su alma y cuerpo, su obrar y conducta. Conviene precisar esta presencia trascendental de la persona, en cuya virtud su cuerpo y alma son "personales". No se quiere decir que la persona sea el total de la suma cuerpo y alma, de manera que si a esa suma le faltase uno de sus sumandos –por ejemplo, el cuerpo tras la muerte–, entonces dejaría de ser persona. Lo que se quiere indicar es que el espíritu personal actualiza la entera naturaleza y esencia, compareciendo en ellas y personificándolas.

Polo sigue constatando que el hombre se distingue del cosmos tanto en su acto de ser, que es libre, como en su esencia, que es capaz de hábitos. Y como ya se ha señalado, incluye la relación en el mismo acto de ser al describir el ser personal como coexistencia, pues la persona no puede ser sola –sería una desgracia absoluta,

---

[73] Cfr. VV. AA., Entrevista con Leonardo Polo. La distinción entre la antropología y la metafísica, en *Studia Poliana* 2011 (13): 105-153. Cfr. también L. Polo, *Why a Transcendental Anthropology?*

[74] L. Polo, *Why a Transcendental Anthropology?*, South Bend, Indiana, Leonardo Polo Institute of Philosophy Press, 2014, p. 2.

porque no tendría con quién comunicarse ni a quién darse– sino que constitutivamente es dialógica.

Veamos una importante consecuencia. Al distinguir un nivel transcendental propio para lo humano, de un modo similar a como la filosofía clásica distinguió una serie de propiedades transcendentales del ente en general –la unidad, la verdad, la bondad, la belleza–, se sigue que el acto de ser personal también ha de tener sus propias propiedades transcendentales, a las que Polo llama transcendentales antropológicos.[75] Por ejemplo, la libertad o la inteligencia serían dimensiones transcendentales, en cuanto que no se reducen a ser potencias de la naturaleza, sino que, más radicalmente, son propiedades del mismo ser personal. Y entre ellas descuella el amor. De aquí que, si de nuevo nos preguntáramos por el estatuto ontológico del amor, podríamos responder que es un *transcendental antropológico*.

La persona en cuanto distinta de su naturaleza, aunque inseparable de ella, tiene una serie de características propias. La persona está anclada en el nivel del ser (*esse*). Esta afirmación tiene en cuenta que el ser es *transcendental* –se desborda, se comunica, es transversal y universal sin restricción––porque actualiza todas las perfecciones formales. En el lenguaje coloquial, por ejemplo, decimos que una noticia o un evento es "trascendental" porque su eco se extiende mucho más allá del lugar y los protagonistas iniciales. En un sentido profundo, lo decimos del ser que, en su *esse*, posee unos trascendentales que, además de características propias del ser, tienen la fuerza de desbordar su punto de origen y extenderse sin restricción ni límite hacia todo lo demás. La importancia de los trascendentales, en cuanto extensión sin límite, es su aplicación a la persona y, por tanto, a cada uno de nosotros. En la filosofía escolástica se habían señalado unos transcendentales, como la verdad, la bondad, la belleza, la unidad. Pero dichos transcendentales son, ante todo, propiedades de

---

[75] Cfr. L. Polo, *Libertas transcendentalis*, pp. 703-716.

"cualquier ser" en cuanto ser: todo lo que es, por serlo, es bueno, verdadero, bello.

Ahora bien, si tenemos en cuenta que el ser persona es de otro orden ontológico más elevado que el ser del universo –de cuantos seres son impersonales–,[76] podemos vislumbrar propiedades que pertenecen exclusivamente al ser personal, aunque también sean buenas, verdaderas y bellas. Estas propiedades trascendentales "peculiares" de la persona son la inteligencia, la libertad, el amor donal y su coexistencia. Son trascendentales porque atraviesan todo lo humano, influyen en todas las dimensiones humanas, son transversales, se extienden a todas las demás personas y cosas, a la manera como el ser que lo actualiza todo. Por eso, los filósofos las comienzan a denominar *los transcendentales antropológicos de la persona*.[77] Por ejemplo, la libertad o la inteligencia serían dimensiones transcendentales, en cuanto que no se reducen a ser potencias de la naturaleza, sino que más radicalmente son propiedades del ser mismo personal. Y entre ellas está el amor. De aquí que si de nuevo nos preguntáramos por el estatuto ontológico del amor podríamos responder que es un transcendental antropológico.

6.2. La inteligencia como acto

Veamos ahora la inteligencia y su índole trascendental. Ya se ha hecho referencia a que la inteligencia humana tiene una dimensión, que Aristóteles llamó *intelecto agente*, que no se deja encuadrar ni acotar dentro de las facultades de la naturaleza, porque *las transciende*. Recordemos que para Aristóteles este principio intelectivo, peculiar

---

[76] Cfr. L. Polo, *Presente y futuro del hombre*, Madrid, Riaip, 2012, pp. 142-195.

[77] Cfr. L. Polo, *Antropología trascendental I. La persona humana*, Pamplona, EUNSA, 1999, pp. 203-245.

de los seres humanos no pertenece a la naturaleza, sino a lo "divino".[78] En esta línea es preciso volver a traer a colación las dificultades que el propio Aristóteles encontraba para encerrar todo lo humano dentro del término naturaleza. Aristóteles reconocía que hay algo en el hombre: el *nous*, que es divino y no procede del semen, sino que viene de afuera (*thyrathen*), porque no tiene nada en común con la actividad corpórea.[79] Teniendo este matiz en cuenta, su conocida definición del hombre como "animal racional" hay que entenderla como la descripción del hombre: "Aquel que tiene *nous*".

En esta línea, en el desarrollo aristotélico se pueden distinguir dos tipos de intelecto: el llamado intelecto agente y el intelecto paciente. El intelecto agente, el *nous*, viene de afuera, mientras que no es así con las otras facultades del alma. Este *nous* está separado (χωριστὸς), es impasible (ἀπαθὴς) y sin mezcla, es acto y principio activo (τὸ ποιοῦν) superior al principio paciente.[80] Ese principio existe por sí y es una cierta sustancia que no se destruye.[81] En cambio, el intelecto paciente o pasivo está en potencia respecto de los inteligibles y no pasa a estar en acto hasta que piensa.[82]

Ciertamente estos dos tipos de entendimiento humano son difíciles de conciliar y, como es sabido, han dado lugar a diversas interpretaciones,[83] muchas de ellas discutibles, incluida la de Tomás de Aquino, que concibe ambos entendimientos como dos potencias del alma. En el siglo xx esa explicación resulta forzada, como advierte Leonardo Polo, porque no es lo mismo estar en potencia que ser acto. En efecto, las facultades son perfecciones del alma que están en potencia y han de ser cultivadas o puestas en acto, como se ha visto.

---

[78] Cfr. entre otros: Aristóteles, *De partibus animalium*, 641 b 5-10.

[79] Aristóteles, *De generatione animalium*, 736 a 28-29.

[80] Aristóteles, *De anima*, III 430 a 17-19.

[81] *Ibidem*, 408 b 18-19.

[82] *Ibidem*, 429 b 30-31.

[83] Juan Fernando Sellés, *El intelecto agente y los filósofos. Venturas y desventuras del supremo hallazgo aristotélico sobre el hombre I (siglos IV-XV)*, Pamplona, EUNSA, 2012.

Aristóteles escribió que el intelecto agente "viene de fuera y sólo él es divino",[84] texto que ha dado lugar a muchos estudios. Ahora bien, ¿en qué se distinguen el intelecto *paciente* del intelecto *agente*? ¿Cómo articular dentro de una misma realidad –el intelecto– una dimensión pasiva y otra activa?

De un modo descriptivo se podría decir que el entendimiento agente es la inteligencia considerada como *luz* que, por una parte, ilumina los datos recibidos de los sentidos y, por otra, hace posible la abstracción. Pero la abstracción –como muy bien vio Zubiri– es sólo un momento del entender y no el más importante, pues lo característico del entendimiento es su capacidad de captar la realidad en cuanto realidad inteligible –es decir, el ser "interior" o "verdad" de las cosas–, y la diferencia entre lo real y lo pensado, entre lo real y lo virtual. Este sería el *entendimiento agente en cuanto acto*.

Por otra parte, el entendimiento puede ser visto como *potencia*, funciona como memoria y tiene capacidad para procesar conocimientos: ésta sería la parte potencial del mismo, o *entendimiento paciente*, una facultad de la naturaleza humana que es mejorable a través de los hábitos intelectuales. En cambio, el nivel de la persona sería dónde situar el intelecto agente, la inteligencia activa, en cuanto luz, que iluminando los datos recibidos de los sentidos hace posible la abstracción, pero, sobre todo, la que capta el ser de las cosas, lo que les hace reales, vivas. Es también el nivel donde radicar la libertad que podríamos llamar transcendental o nativa.

En definitiva, si preguntáramos de nuevo qué relación hay entre el entendimiento agente y la persona, se podría contestar diciendo que, a lo que Aristóteles llamó intelecto agente, hoy podemos llamarlo un trascendental inmediato y directo de la persona. *Ella misma es inteligencia en acto*, penetración conocedora de la esencia de las cosas. El intelecto agente, como la persona, no es intramundana, no procede de los padres –que transmiten la naturaleza–, por lo

---

[84] Aristóteles, *De generatione animalium*, II, 3, 736 b 27-28.

tanto, viene de fuera y manifiesta que el ser humano es algo más que el resultado de la evolución biológica, que si bien está en el mundo, transciende al mundo. En resumen, lo que Aristóteles denominó intelecto agente es otro modo de decir persona, pues el intelecto agente es una propiedad peculiar de la persona, como ha expuesto Leonardo Polo.[85] De aquí que el entendimiento agente se pueda calificar como el supremo hallazgo aristotélico sobre el hombre.

6.3. La libertad transcendental

Algo similar ocurre a nivel tendencial. Anteriormente se ha aludido a que la modernidad ha planteado una contundente diferencia de principio entre la naturaleza y la libertad, entre lo natural y lo racional.[86] Los modernos, recogiendo el legado de las vivencias de los siglos precedentes, plantearon que la libertad es algo más profundo que el libre arbitrio como característica de algunos actos humanos.[87] Intuición, por otra parte, asequible a la experiencia humana elemental, pues toda persona puede reconocer que cuando hace las cosas libremente, "porque le da la gana", aun sin razones aparentes que lo apoyen, sabe que su querer es anterior y precede a su actuación, y que ese querer libre es lo que, "un momento después", hará voluntaria su acción.

Aunque la filosofía moderna no ha conseguido un desarrollo adecuado sobre la libertad –a pesar de que no faltan los naturalismos y biologismos extremos–, no cabe duda de que ha contribuido a arraigar la convicción de que lo que separa al ser humano del resto de la naturaleza es una diferencia más radical y profunda que la

---

[85] L. Polo, *Presente y futuro del hombre*, Madrid, Rialp, 2012, pp. 142-195. L. Polo, *Antropología trascendental I. La persona humana*, Pamplona, EUNSA, 1999, pp. 203-245.

[86] Para conocer otro modo de plantear la misma cuestión, cfr. R. Spaemann, *Lo natural y lo racional*, Madrid, Rialp, 1989.

[87] Esta intuición arranca de más lejos: cfr. J. de Garay, *El nacimiento de la libertad. Precedentes de la libertad moderna*, Sevilla, Thémata, 2006.

desarrollada en la tradición clásica. Pues bien, si la libertad es algo más que una característica de algunos actos humanos, algo más que un apellido de la voluntad, surge la pregunta: ¿existe entonces otra dimensión de la libertad que no es potencia –capacidad que ha de ser perfeccionada–, sino acto? ¿Existe también una diferencia similar a la del intelecto agente y pasivo también entre una voluntad activa y otra pasiva?

La experiencia nos pone de relieve, por ejemplo, que nuestra voluntad puede venir menguada por una enfermedad física o psíquica, hasta por la ingesta de unas copas o una droga, lo que reduce sin duda el ejercicio de esa "facultad"; sin embargo, aun así, el quién personal no ve igualmente reducida su condición –con sus radicales trascendentales– como si el espíritu personal y el estado de su organismo psicosomático fueran una misma cosa. Conforme al enfoque de la libertad trascendental, el borracho o el enfermo psíquico siguen siendo personas libres.

En este sentido, parece que habría que reactualizar la concepción de la voluntad, no sólo como otra potencia que se tiene, sino como libertad radical, es decir, propiedad constitutiva del alguien en cuanto, "autor", "propietario" y "responsable" de su acción y de su vida. La voluntariedad, por tanto, equivaldría al "mi" de mi acción, es decir, a *mi* acción, en cuanto *mía*, pero la persona dueña y libre precede a su acción, y como propietario de su ser es quien las decide y comparece en ellas –la voluntariedad de las acciones– como su radical autor. En definitiva, parece no sólo posible sino conveniente distinguir entre libertad, como trascendental del ser persona, y la voluntad, como facultad del alma o psicológica, como ha propuesto y desarrollado Polo.[88]

Desde esta perspectiva, se descubre que hay una diferencia entre la libertad transcendental y la voluntad: una cosa es la voluntad

---

[88] L. Polo, *La voluntad y sus actos* (I y II), Pamplona, Universidad de Navarra, 1998; L. Polo, *Persona y libertad*, Pamplona, EUNSA, 2007.

como facultad del alma, potencia capaz de hábitos, y otra *el alguien libre que la activa* moviéndola a la acción, haciendo esa acción como "propia" o "suya", y haciéndose responsable de las consecuencias de "su" acción. En este sentido, como antes sugerimos con el concepto de intelecto agente, a lo que los modernos han llamado libertad –"yo" autor de "mi" acción como "mía"–, también se le puede llamar persona.

Por tanto, se puede concluir diciendo que ni la inteligencia –el quién personal en cuanto conoce–, ni la libertad –el quién en cuanto creador de su acción– son propiamente naturaleza, sino propiedades transcendentales características del ser personal, a la manera como son trascendentales el bien o la belleza en el ente en general.

6.4. El *esse* y el amor

En antropología, el transcendental "bien" se presenta como "amor". Según la perspectiva que se adopte, puede aparecer como el primero o como el último de los transcendentales personales. Pero, en todo caso, siempre es el transcendental más elevado, porque su clara estructura triádica, nos abre a la trinidad divina del Creador y, en sí mismo, constituye el fin de la libertad, descubierta a la luz de la inteligencia.

Volvamos a la intuición de Gabriel Marcel, cuando advirtió, con aquella fuerza que le marcó de un modo indeleble, que "el Ser es el lugar del amor y de la fidelidad".[89] Desde la perspectiva de la antropología transcendental, podemos explicar esta evidencia, indescifrable para Marcel, a pesar de la fuerza y de la verdad con la que se le imponía en su interior.

Afirmados como trascendentales de la persona, nosotros radicamos la libertad, el amor y su fidelidad directa e inmediatamente en el *esse*, en su acto de ser quien es. Si ese es su lugar radical,

---

[89] G. Marcel, *Être et Avoir*, pp. 55-56.

resulta lógico que "sintamos" –cuando nos enamoramos, cuando amamos de verdad a alguien– que amar, que ser fieles al amado, que su vida sea la nuestra, y tantas otras vivencias, surgen de "las entrañas mismas de nuestro ser". Mucho antes de razonarlo, demostrarlo, explicarlo con argumentos, lo hemos percibido con una luz instantánea, sentido como un golpe de evidencia.

El amar mismo es tener adentro una fuente que mana sin cesar, un principio de luz que ilumina la vida de los amadores. Quien amó, lo sabe. Y ¿cómo lo "sabe", sin hacer estudios y trabajos sobre ello, sin sentarse horas y días, al estilo Rodin, para escudriñarlo racionalmente? Lo "sabe" porque está inscrito en el mismo acto de ser quien es. Y desde ahí adentro –como la partitura que somos y tenemos escrita– nos surge esa melodía musical inagotable de la que habla Gabriel Marcel. Cuando surge, "nos" la reconocemos de inmediato, al instante.

El fin de la libertad no es ser, como un perro callejero, un tipo sin raíces y compromisos, con variedad de caprichos, incluidos el absurdo y la contradicción, un vagabundo íntimo, sin nadie a quien rendir cuentas del vivir, ni siquiera a sí mismo. El fin de la libertad, por el contrario, es la plenitud de sentido que emerge del destinarse a otro, del amar y vivir para los amados, del decidir preferirle antes que a uno mismo, del construir, haciendo el bien y amando, una biografía lograda y propia.

La libertad es el poder de auto-destinarse a los amados *por y desde uno mismo*, porque "quiero y me da mi *real* gana", entendiendo que aquí "real" es sinónimo de *soberana*. Veamos alguna de las implicaciones entre amor y libertad. La libertad, intrínsecamente unida a la inteligencia y a la verdad del amor, ya no puede ser concebida como un fenómeno autónomo y arbitrario, sino una búsqueda ante todo del bien del amado, es decir, una ruptura de cualquier encerramiento egocéntrico y, a la vez, una apertura donal al amado.

En el universo del amor, la libertad no es un viaje egocéntrico sin fin, que gira incesante sobre sí mismo, un buscar en la predilección de sí mismo la felicidad, el crecimiento y el bienestar. La libertad no es el "poder" de apropiarse de los amados, como un dueño a su propiedad, porque esa no es libertad sino dominio de uno, mientras para los otros es sometimiento, esclavitud y falta de libertad. Esos solipsismos serían una enorme y frustrada contradicción con la persona. En el universo del amor, que es el más real para quien es persona, la libertad se conjuga mediante la apertura, la predilección y la responsabilidad por el otro amado.[90] El amado es quien más importa a su amante.

Esto nos abre a la tercera propiedad transcendental de la persona, inserta en la apertura relacional: la donación de sí, la acogida en sí, y el co-ser unión: es decir, la tridimensionalidad del amor. El amor siempre es mutuo y recíproco: va en las dos direcciones, porque cada amador es, al mismo tiempo, don y acogida, y ambos ponen su fin en la unión con el otro.

Dicho con otras palabras, *al bien, con su verdad y belleza* –propiedades transcendentales del ente considerado en general–, en antropología de la persona lo podemos llamar *amor*: lo que es excelentemente bueno, verdadero y bello es, de suyo, amarse. Desde el punto de vista ontológico, el amor habría que describirlo como un radical o transcendental antropológico, puesto que el amor no es cosa abstracta, sino *nombre de persona concreta*. Amante, amado y unión no son ideas abstractas, sino personas concretas y reales. El amor pensado, no ama. Y como ya se ha indicado, *amar es... amar a alguien*.

El amor, a su vez, pone de manifiesto la necesidad de una ampliación del transcendental *unidad* que acoja la pluralidad, para poder explicar el amor, que requiere varias personas, al menos dos y diversas, pero cuya culminación es la comunión en unidad. Polo reconoce que la ampliación ontológica que propone afecta sobre todo

---

[90] Esta es la tesis antropológica defendida por K. Wojtyla, *Amor y responsabilidad*, Madrid, Palabra, 2011.

al transcendental *unidad*, no resuelto aún por ninguna filosofía. En su opinión, la unidad no puede ser ni monolítica –que antropológicamente desemboca en la soledad o el individualismo– ni el todo único –que deriva en panteísmo o colectivismo–, sino que en su seno ha de acoger la diferencia, sin cancelarla ni uniformarla, que haga posible explicar el amor interpersonal entre amadores diferentes y la unión (*co-ser*) que posibilita.[91]

En consecuencia, la antropología de Polo podría servir de base para explicar la "unidad de los dos" –de la que habla Karol Wojtyla–, unidad que en sí misma es algo más que la mera suma de dos amadores, aunque la unión de amor humana no constituye otra persona distinta –el Amor mismo o Espíritu Santo– como en Dios. No obstante, la unión de amor entre personas humanas es un acceso a un nivel mayor de ser, un crecimiento de ambos amadores en cuanto unidos o juntos, un trascender la dualidad del yo y el tú, un *co-ser* el "nosotros", y ello en todos los amores humanos verdaderos.

7. Persona e inmortalidad

Hemos señalado que, en el humanismo cristiano, la especificidad y dignidad humana se ha cifrado tradicionalmente en su alma espiritual. De aquí que los intentos de demostrar la inmortalidad del hombre, mediante las luces de la razón, hayan seguido la vía de analizar los actos de las facultades específicamente humanas: la inteligencia y la voluntad. Al constatar el alcance universal del entender y la infinitud de los deseos del querer, se dedujo que el alma también lo es –universal e infinita–,[92] siguiendo la línea platónica y

---

[91] L. Polo, "Planteamiento de la antropología trascendental", en I. Falgueras y J. García, *Antropología y trascendencia*, Servicio de Publicaciones Universidad de Málaga, 2008, pp. 20-29.

[92] R. Lucas Lucas, *L'uomo spiritu incarnato*, Paoline, 1993. Traducción al castellano: *El hombre, espíritu encarnado. Compendio de filosofía del hombre*, Madrid, Atenas, 1995.

la sabia constatación aristotélica de que "el alma es en cierto modo todas las cosas".

Ahora bien, los griegos no llegaron a descubrir la noción del ser como acto ni, como ya se ha dicho, la noción de persona, ambas aportaciones filosóficas procedentes del cristianismo. También se ha constatado que, a pesar de ello, en la tradición cristiana de Occidente, la noción de persona ha dado lugar a acalorados debates académicos, sobre todo en el medievo, pero, de hecho, la noción de persona se debilitó y no tuvo una incidencia real y central en la antropología y en la filosofía social y política.

Por ello, a la luz del discurso anterior, podemos volver a preguntar si lo más profundo del hombre es su alma y si la inteligencia y la voluntad se reducen solamente a ser potencias del alma. En otras palabras, ¿el poder de la libertad y el de la inteligencia, están encerrados en dos potencias del alma o, además de ser eso, las transcienden y radican en el *esse* de la persona? Acabamos de afirmar que pueden considerarse propiedades del núcleo interior de la persona. Entonces, ¿cuál es *el principio activo* que pone en marcha esas potencias anímicas? ¿Es el alma en cuanto distinta de ellas y poseedora de tales facultades o es la persona, en cuanto acto de ser quien es, la que hace subsistir a su alma y la sostiene?

Estas cuestiones vuelven a poner delante la distinción entre el alma –dimensión psíquica de la naturaleza humana– y la persona, aquel acto de ser el quién, que cada uno es, el propietario de su naturaleza, el alguien que es el quién inteligente y libre, el quién que activa su propia autodeterminación en orden a cultivar unos hábitos u otros, y el que, en definitiva, es el responsable de sus actos y de su vida. Si la persona y su alma no se identifican y no son lo mismo –cosa que ya afirmó santo Tomás–, como tampoco lo son la persona y su cuerpo, entonces es preciso pensar una antropología tridimensional: espíritu, alma y cuerpo, o quizá también dual, pero donde cuerpo y alma unidos, en cuanto composición psicosomática o naturaleza humana, se dualizan con el *esse*, espíritu o persona.

Teniendo buen cuidado en no fracturar y separar, como las "partes" o barrios de una ciudad, lo que nuestro intelecto distingue en su diferente inteligibilidad. Distinguir para no confundir, pero no para separar, fracturar y oponer. En este sentido, no está de más que recordemos que "somos" persona subsistente y tenemos alma y cuerpo, unidos sustancialmente; no sólo "tenemos" cuerpo y alma, como cosas que no somos. La persona humana, dijimos desde el inicio, es un espíritu encarnado, es decir, somos nuestra encarnadura, nuestra alma y cuerpo o, si se prefiere, nuestro organismo psicosomático. La persona es el sujeto radical y poseedor del mismo.

Tomemos estas herramientas para volver a la fascinante cuestión de la inmortalidad de la persona humana. Cuestión muy problemática, a las luces de la razón, si los elementos que se tienen en cuenta son únicamente la unidad substancial entre cuerpo y alma o, en desarrollos más avanzados, la unidad sustantiva que describe Zubiri entre los subsistemas corpóreo y psíquico. Para acceder a la intuida inmortalidad es preciso ir por el camino de la subsistencia del acto de ser, que una vez puesto en la existencia no es alcanzable por la separación del alma y el cuerpo.

En efecto, la muerte consiste en la separación entre el alma y el cuerpo, supone el final de la dimensión psicosomática humana, su vuelta al polvo cósmico y la sola consideración de la unidad sustancial del cuerpo y el alma no basta para acreditar una inmortalidad. ¿Qué queda después? ¿A qué responde esa intuición de la experiencia humana, tan arraigada desde épocas inmemoriales y presente en las grandes civilizaciones –incluida la nuestra–, según la cual cada ser humano no desaparece completa y enteramente para siempre?

En estas páginas, no dedicadas *ex professo* a la inmortalidad, nuestro propósito es subrayar un acceso nuevo a la cuestión. A nuestro entender, comienza a clarificarse si se contempla la inmortalidad del alma desde la persona, desde ese acto incorruptible que viene de "afuera" (como afirmaba Aristóteles del *nous* o intelecto agente), que es una subsistencia personal única y definitiva, más radical, en cuanto subsistencia, que su naturaleza psicosomática que, pese a su diferencia, la persona no es algo separado de su alma y cuerpo, pues "somos" cuerpo y alma, y actualiza esta naturaleza psicosomática a lo largo de una biografía, si bien ese "cuerpo" es lo que "se le muere" al quién personal.

Si la persona es un acto de ser espiritual y recibido de afuera del cosmos material, y no compartido por nadie más, se puede vislumbrar que la muerte psicosomática no significa lo mismo que la aniquilación del espíritu de cada persona. Si en la muerte se separan cuerpo y alma, ¿qué pasa con la persona? Si ser persona es radicalmente un acto de ser puesto en la existencia desde "afuera" –por el quién capaz de crear *ex nihilo* a otro quién–, este *esse* de cada persona sólo podría desaparecer mediante otro acto, éste de aniquilación, voluntaria y expresamente querido por el mismo quién cuyo poder creador puso en la existencia el *esse* único de cada persona humana. De manera que la muerte de nuestro organismo material no podemos evitarla a su tiempo e, incluso, está en nuestras suicidas manos, no alcanza a lo más íntimo que somos: aunque quisiéramos no podemos anularnos por completo. Y Dios, que es Padre, no parece tener por costumbre ser infiel a sí mismo y aniquilar a los hijos hechos a su imagen y semejanza.

Desde esta perspectiva, la muerte destruye el sistema psicosomático, pero no puede tocar el espíritu de cada persona: ese es el ámbito ontológico, el sujeto de la inmortalidad, el quién en presencia *in aeternum* ante Dios su creador. De aquí que la persona, entendida como espíritu, comprendido su extraordinario *esse* –el más excelente, según Tomás de Aquino, de toda la creación y el único amado por sí mismo en todo el universo, según *Gaudium et spes*–, es la mejor vía de acceso a la explicación racional de la inmortalidad humana. Por eso se ha podido describir a la persona como "alguien delante de Dios y para siempre".[93]

---

[93] Cardona, C. *Metafísica del bien y del mal*, Pamplona, EUNSA, 1987, p. 90.

Todo esto requiere una mayor profundización racional en lo que supone la creación, también del cosmos. En él los individuos de cada especie desaparecen, pero el cosmos en su conjunto persiste. También el cosmos creado, sólo podría desaparecer por un acto de aniquilación de su Hacedor. Pues bien, esto es más claro aún en el caso de la persona. Cada una de ellas tiene su propio acto de ser y este es de una calidad y dignidad mucho mayor a la de todo el cosmos junto, pues es inteligente, libre y hecha para el amor, a imagen de Dios.

Como subrayamos en su momento –y ahora es clave recordarlo– el *esse* es un co-principio junto a la *essentia* que, si bien distintos, no se dan por separado en los seres –solo en Dios hay identidad entre el Ser y la esencia–; de modo que si el *esse personal,* o quién espiritual, sobrevive, no subsiste solo, sino que precisa al menos parte de su esencia. En este sentido, aquello que pertenece y atribuimos a un "alma" –en cuanto componente humano inmaterial y distinta del cuerpo– no muere, sino que perdura junto a su quién personal.

De ahí que sea verdad lo que siempre se ha afirmado, que "el alma humana es inmortal" porque es la parte esencial que perdura junto con el *esse,* de quien propiamente proviene la inmortalidad. Lo dicho hasta aquí, por tanto, ilumina con mayor claridad lo que ha creído siempre la fe cristiana y sostiene la cultura humanista en ella inspirada, además de otras culturas no cristianas. Entre otras conclusiones posibles se puede apuntar que, cuando en la tradición cristiana se ha hablado de "alma *espiritual*", se estaba con ese adjetivo aludiendo ya a la persona,[94] aunque sin distinguir con claridad que se trata de dos co-principios distintos, pertenecientes a *dos niveles ontológicos diferentes*, el espiritual personal, de un lado, y el alma como forma substancial del cuerpo, de otro. Podríamos decir, desde

---

[94] "El alma acaba por designar a la persona", X. León-Dufour, *Vocabulario de teología bíblica*, Barcelona, Herder, 1982, p. 69.

una terminología más aristotélica, que el alma es el aspecto formal del acto de ser persona.

Desde esta perspectiva, lo único que sería discutible y corregible es la afirmación literal de Tomás de Aquino, de que el alma separada no es persona. Cosa fácil de hacer si se tiene en cuenta su pensamiento maduro porque, si como el mismo aquinate defiende, sin *esse* no hay *realidad* y el *esse* es el principio viviente y personalizador, entonces decir que el alma separada no es persona, sería lo mismo que decir que el alma separada no existe porque no es realidad.[95] El alma, que sí es inmaterial, acompaña al espíritu de la persona y a su destino.

En conclusión, nos parece que una antropología trascendental desde la persona, como hemos venido sugiriendo, esclarece mejor las grandes cuestiones y enigmas del hombre.

8.   La afectividad, dimensión transversal

Desde la perspectiva del ser persona, que como hemos visto se sitúa en el plano del *esse* o acto radical de existir, se pueden reubicar dimensiones humanas que han sido difíciles de integrar en un contexto sistemático. Una de ellas es la afectividad, que trataremos a continuación. Es difícil definir ese ámbito, si nos fijamos en sus manifestaciones, porque son muy numerosas y variadas, porque desde adentro a fuera y desde fuera a dentro conmueven todos los niveles del compuesto espíritu, alma y cuerpo. Pero si nos centramos en el carácter radical y central de nuestro espíritu personal, la afec-

---

[95] Este ha sido uno de los lastres que ha arrastrado la tradición filosófica tras la célebre definición de Boecio. Cfr. B. Castilla de Cortázar, "Noción de Persona y antropología transcendental: Si el alma separada es o no persona, si la persona es el todo o el esse del hombre: de Boecio a Polo", en *Miscelánea Poliana*, 2013 (40): 62-94, de próxima aparición en inglés en la revista *Polian Studies*.

tividad humana arranca de ahí, y aunque lo tiñe todo y presenta tantas manifestaciones, su fuente originaria es la calidez vital que irradia la donalidad de la persona a su alma y cuerpo y que acompaña la comunicación consigo, con el mundo, las personas y Dios. Como "fuego del espíritu", que eso es la calidez que irradia *la vida* de su *esse*, la afectividad desprende muchas y diferentes chispas encendidas. Es una propiedad exclusiva de la persona, por ser donal, que la comunica mediante su organismo psicosomático. Nada menos afectivo que un cadáver, que lo que nunca tuvo vida o la ha perdido.

Como es sabido, los tratados clásicos abordan el fenómeno afectivo al hablar de las pasiones. Se trata de un terreno que no ha sido fácil para los enfoques tradicionales, porque muchos parecen influidos por la idea de que las emociones y los sentimientos carecen de racionalidad, son de suyo ingobernables, atropellan la voluntariedad y su libertad, y siendo así les es "lógico" suponer que la afectividad –conmociones del corazón, sentimientos, pasiones e, incluso, aspectos del fenómeno amoroso– adolece de cierta oscuridad impenetrable. Lo irracional, podríamos decir –con permiso de la tautología– es lógico que sea irracional y, por serlo, sería "claro que fuera oscuro" para la razón. Esta es la imagen que ha presentado con frecuencia la afectividad, los sentimientos, las emociones y buena parte del amor para un sector de intelectuales.

Estas psicologías, de secular tradición, aunque no inciertas, dividen las pasiones según dos tendencias humanas –que denominan con nombres ya en desuso–, a saber: la concupiscible y la irascible; una más espontánea y la otra orientada a conseguir bienes más arduos. En ambas, como pasiones, el sujeto reacciona en pasivo, es decir, los movimientos son causados por las tendencias –no por y desde sí de quien las posee–, que actúan como agente externo en el origen de la conmoción. Para la primera tendencia, la más espontánea, se referencian tres grupos de pasiones contrapuestas: amor y odio, deseo y rechazo, gozo y tristeza. Y para la segunda, la más ardua: esperanza y desesperación, audacia y temor, y la ira, que no tendría pasión oponente. Y en torno a estas once pasiones diferentes se sistematizan, en la psicología tradicional, las demás pasiones del alma.[96]

Hoy, en cambio, se habla más de emociones, sentimientos o afectos. Lo cierto es que entre esas conmociones de la afectividad se advierte una cierta transversalidad, pues hay emociones físicas, muchas de las cuales se despiertan a nivel psicosomático, pero hay otras más profundas, que suelen llamarse afectos y que tienen que ver con las dimensiones más profundas de la intimidad, rondando a la persona. En este último sentido, el "corazón" sería el término simbólico que aludiría a los latidos –afectos y sentimientos– de la intimidad humana, el centro profundo de la vida afectiva, que podría ser identificado incluso con la actividad más íntima de la persona, pues en ese centro, con sus entrañables latidos, se dan cita la inteligencia y la libertad conjuntamente con el acompañamiento de todo el organismo psicosomático.

Ciertamente, los afectos más profundos requieren desarrollar la fuerza del espíritu –o restablecerla donde se haya perdido–, aprendiendo a ejercitar la inteligencia y la libertad en el amor a la verdad y al bien. Este es un hecho indudable, por ejemplo, en la terapia y en el consejo a las personas con problemas. En el error y la mentira los sentimientos también se falsean, los conflictos no se curan y empeoran. Incluso un ambiente festivo necesita ser de verdad y sin excesos, si no es así se torna hastío, amargura o resaca. Uno termina sintiéndose mal, dice "tener mal cuerpo", en lugar de disfrutar y pasarlo bien.

La *alegría*, por ejemplo, no resiste ser solamente un estado corporal y pide, para ser auténtica y profunda, una presencia comprometida de la persona "en persona", es decir, en cuanto espíritu. Y lo mismo podemos decir de la *paz interior*, lo que se evidencia al contraponerla con la euforia psicofísica o con los estados de ansiedad, angustia o desazón psíquica y somática. La paz interior, la serenidad,

---

[96] Cfr. Tomás de Aquino, *Suma Teológica*, I-II, q. 23, a.4, c.

la templanza, la compasión, la misericordia, la generosidad, son virtudes del alma que ordinariamente van acompañadas de sentimientos –puede haber casos en que ser generoso, compasivo o misericordioso cueste esfuerzo, incluso repugnancia, y hay que ser virtuoso "a contra pelo"–, que lo son de la persona "en persona" y, aunque están encarnados en el sistema psicosomático y en su marco se manifiestan, tienen su origen en el espíritu personal y llevan el sello de su modo radical de ser y de su activa presencia.

La misericordia y el perdón, por ejemplo, son actos que no pueden ni entenderse ni vivirse sólo a nivel psicosomático, ni siquiera pueden ser calificados como sentimientos. Son mucho más que eso. Para ofrecer misericordia y perdón, en serio y de verdad, cuerpo y alma necesitan una comparecencia muy fuerte y resuelta de la persona "en persona". El ejemplo máximo se nos presenta cuando esa misericordia y perdón deben *darse* al enemigo, a quien nos ha hecho daño, porque son un *don* que sólo puede engendrar el espíritu personal, gracias a su carácter *donal*. Devolver bien por mal supera la "natural" reacción psicosomática –la ira, el dolor y rencor de la ofensa– que de suyo pide devolver ojo por ojo, cuando menos.

Devolver bien por mal exige una fuerte presencia de la persona "en persona", gobernando sus reacciones psicosomáticas y reorientándolas, para lo cual el espíritu personal tiene que poner en acción sus trascendentales característicos: un entender sabio a la luz del amor, una libertad interior frente a las tendencias psicosomáticas y los usos culturales del entorno, y un amar con obras al enemigo concreto. Se comprende así que perdonar sea un acto glorioso, una máxima grandeza humana, "cosa divina". En este sentido, es común afirmar que la persona cuando más se parece a Dios es cuando más ama a alguien, y que perdonar es una cima del amor.

El ambiente de las sociedades opulentas, con su exceso de bienes materiales, además de provocar enfermedades típicas –cardiovasculares, diabetes u obesidad– y hábitos no saludables –sedentarismo y dieta inadecuada– fomenta emociones superficiales, que estremecen desde afuera el organismo psicosomático, pero que no provienen desde adentro de los valores del espíritu personal. Son conmociones con frecuencia negativas, unidas a la pasividad, el individualismo, el aburrimiento, la tendencia a lo fácil y a la gratificación inmediata de los deseos, placeres y caprichos. Su característica común es que las necesidades, carencias y pulsiones psicosomáticas invaden y colonizan al espíritu personal, que cede su señorío y queda sometido a la esclavitud de un ego hedonista y materialista. Y su síntoma final, bastante extendido, es el hastío cíclico, la insaciabilidad incesante de la necesidad y el vacío interior.

Esta es una experiencia que, en algún grado, está al alcance de cualquiera. En las esclavitudes psicosomáticas mayores –por ejemplo, la drogadicción, el alcoholismo y las adicciones severas– se evidencian, también en forma extrema, aquellos anteriores síntomas: hastío cíclico, síndrome de abstinencia dominador e insaciabilidad, y brutales vacíos, angustias y tristezas internas de la persona, con sentimientos de desesperación y aparición de tentaciones suicidas. No hay contradicción más paradójica: buscando por ciertos caminos los placeres de la vida…, se pierden las ganas de vivir. Parece razonable pensar que esos caminos lo son, pero al abismo.

La abundancia de instrumentos, que en sí es buena –el dinero, los bienes materiales y la técnica–, si en vez de medios se nos transforman en fines y bienes absolutos, entonces subvierten la realidad, crean expectativas que no pueden satisfacer, embotan a la persona y la esclavizan. La tecnología mediática, fuente de progreso –TV, móviles, videojuegos, internet, redes, chateos–, según como se emplee, fomenta el aislamiento provocando, por ejemplo, que los jóvenes apenas tengan conversación, se encierren en realidades que son pura virtualidad fantaseada, y generen dependencias insanas, aparte de exponerse a depredadores, corruptores, delincuentes y demás alimañas que tienen en las redes sociales su lugar de caza.

Si los niños se sumergen muchas horas y además solos, la TV –que es pasiva e invade los sentidos–, frena su imaginación, cercena su creatividad, fomenta el sedentarismo y no pocas veces les roba la infancia, infiltrándoles una información descontextualizada, superficial y simplista, y en ocasiones zafia y perversa, por ejemplo, impidiéndoles sobrecogerse con admiración, mediante la experiencia real de sus padres y en particular de su madre, ante el descubrimiento del origen de la vida. La sumersión horaria habitual, desde la infancia, en el "mundo virtual" de los medios actuales puede, fácil y rápidamente, producir una burbuja de soledad, anestesias afectivas hacia sus familiares, dependencias y adicciones psíquicas, vinculaciones clandestinas peligrosas, un desapego, evasión y aislamiento del niño o del adolescente respecto de la realidad "real" y de las personas "reales" de su entorno familiar, empezando por sus padres, hermanos y abuelos.

Un ejemplo concreto está en la "indiferencia, descortesía y aislamiento" –*una anestesia de la afectividad*– con que niños y adolescentes, inmersos por completo en la TV o en sus videojuegos, no saludan ni se levantan, ni reaccionan ante la llegada de sus padres y, ostensiblemente, ante la llegada de un invitado a la casa. Se trata de un fenómeno anómalo, grave y paradójico, que en palabras de la psicóloga Terry Shurkle nos hace sumergirnos en una atmósfera en la que estamos "conectados, juntos, pero *solos*".[97]

La afectividad normal está emparejada con su apertura real a la realidad de las personas concretas, a la verdad de las cosas, y a bienes reales y permanentes. Y, al revés, la afectividad se trastorna cuando, ajena o contra la realidad de las cosas y las personas, busca satisfacción en "bienes" aparentes que sólo son giros egocéntricos y cerrados sobre uno mismo, o evasiones al mundo virtual y fantasioso, o males destructivos. Los medios virtuales pueden favorecer ese encerramiento egocéntrico, acompañado de la anestesia hacia los demás. En contraste con esas peligrosas variantes de la afectividad

---

[97] Cfr. S. Turkle, *Alone together: Why we expect more from technology and less from each other*, Nueva York, Basic Books, 2010.

hacia clausuras egocéntricas, tanto la raíz como el desarrollo sano del universo afectivo de la persona piden una apertura a la realidad de las cosas y de las demás personas, en vez de una clausura, y una orientación de las intenciones hacia el bien de los demás, en vez de la ansia de satisfacerse a uno mismo a costa de los demás, vistos como meros instrumentos, o bien, aislándose de todo y girando sobre la vivencia subjetiva clausurada al exterior. Todas las adicciones tienen en común este aislamiento, encarcelamiento, esclavitud y anestesia afectiva a los demás, al entorno concreto y real de las personas y los familiares.

Recordemos que, entendiendo bien lo que significa ser apertura, todo afecto y, desde luego, el amar lo es a alguien concreto, distinto, a un "otro" real. Por lo tanto, el despliegue de la afectividad y su orientación a la verdad y bienes reales de los demás exige un cultivo o educación del dinamismo de los propios sentimientos. En ese aprendizaje y en la creación de sus hábitos, la atención abierta, ecuánime y benevolente a los demás hace fluir, como en cascada, sentimientos insospechados del espíritu, emociones más profundas –de otro origen y nivel–, que las puramente psicosomáticas. Las sensaciones de origen y finalidad psicosomáticas tienen un peligro, si no se anda advertido, que es el ensimismamiento, el quedar encerrado en un mundo puramente subjetivista, y en usar a los demás como meros detonantes de la sensación placentera "ensimismada" y egocéntrica. Toda afectividad sana es apertura y estima del otro. El sujeto de una afectividad profunda, por personalizada, es un sujeto en activo –ya no mera pasividad– que se cultiva en su interior y de ahí cosecha formas superiores y exquisitas del don y de la acogida.

Dicho de otro modo, desde el espíritu personal, si se abre y se compromete con el verdadero bien de los demás, nace un universo de afectos y sentimientos inéditos y profundos que inundan el sistema psicosomático, lo vacunan contra el egoísmo, lo enriquecen con las múltiples tonalidades y formas de la calidez, incrementan la facilidad y el gusto por la amable abnegación, el amor a la verdad y al bien, de forma y manera que los afectos "arden" sin que la "zarza" del corazón se calcine, y no esclavizan a la persona sino, por el contrario, la hacen crecer en un horizonte sin horizonte.

Por ejemplo: el estremecimiento en las "entrañas" de la ternura amorosa, la alegría de la generosidad, la conmoción de la compasión y la misericordia cuando damos la mano para levantar al caído o cuando infundimos calor a la vela vacilante del corazón ajeno, o templamos la voz en el trato, o experimentamos nuestra comparecencia personal cuando abrazamos, saludamos o en los esplendorosos escenarios de la caricia amorosa. Siempre podemos crecer más, aunque seamos viejos y con el cuerpo gastado, en esos valores afectivos. Desde otro punto de vista, las artes, el deporte, el aprendizaje de la conversación en familia y con los amigos, el sentido oportuno de los espacios y tiempos, la lectura de literatura y poesía, y la música son ayudas excelentes para cultivar los jardines interiores y prepararse para ser amador.

No se nace amador maduro, en el sentido de ser capaz de darse y acoger en sí. Se nace muy necesitado de ser amado, que es posición muy diferente. En la afectividad donal madura –cuando el sujeto consigue que su capacidad de amar sea mayor que su necesidad de ser amado– anida una educación del alma y del cuerpo, un cultivo en valores superiores por parte del espíritu personal, una armónica irradiación sobre lo psicosomático, una abnegación del egoísmo y una afirmación profunda, constante y perseverante –que crea los hábitos– de la predilección por el bien de los demás, tanto en la intención cuanto en la responsabilidad práctica en lograrlo.[98] Estos frutos no vienen solos; necesitan ser trabajados. Conviene tenerlos presentes, como objetivos a lograr y como síntomas de madurez, en la psicología y en la educación de la afectividad.

---

[98] Cfr. L. Polo, "Los sentimientos", en La capellanía informa, Piura (Perú) X,1999, núm. 79. Reeditado en *Humanitas*, Santiago, Chile, 2001 (22): 211-224.

En suma, la educación de la afectividad no le viene al sujeto personal, ni espontánea ni automáticamente, al contrario. La maduración de la afectividad se origina en el sujeto personal, cuya índole espiritual es la que conoce y ama, y puede infundir el fuego del buen amor en su alma y cuerpo, que son los medios que la persona "tiene" –su naturaleza humana– para la experiencia, encarnación y comunicación de los sentimientos afectivos "personalizados". Exploremos algunos de ellos, los más importantes.

1. *La admiración.* Cabe destacar, en primer lugar, la capacidad para *la admiración*, que tiene su raíz en la inteligencia y en la libertad, y que conjunta verdad y belleza. Quien admira –lo sepa o no expresar en lenguaje culto o, como es más propio, intuya que la mejor palabra es el silencio del puro contemplar– abre los ojos de su espíritu, aprecia en mucho, goza y vibra adentro con la riqueza descubierta, y se rinde ante el resplandor de la verdad, bondad y belleza de las cosas y, sobre todo, de las personas. Admirar –el arma de los poetas y de los filósofos atentos a la realidad– es el mejor modo de aprender. La antesala del conocer. La admiración entre varones y mujeres, por ejemplo, es el mejor antídoto para el machismo y el feminismo igualitarista que manipula el género. No se conoce lo que se ignora, se yerra o se desprecia.

2. *El amor personal.* Admirar la belleza de la naturaleza es una fiesta, y admirarse ante las personas, contemplarlas, es senda segura hacia el amor personal: un acto de la voluntad que se goza en la verdad del otro, que afirma la bondad y belleza de su ser, de que su persona exista. Descubrir a la persona desnuda e íntima del amado es un "vértigo", un estremecimiento del corazón, "unas mariposas en el estómago", ante el misterio, la singularidad única, y la belleza que late en el abismo interior de su alma y cuerpo. Entonces, sin discurso, se comprende el bien que la persona amada es en sí misma, y por qué se la admira

y ama por sí misma. Se abre la fuente de los sentimientos más profundos, íntimos y personales, una afectividad limpia y ardiente que, desde el espíritu personal, embarga cuerpo y alma.

3. *El gozo*. Por su parte, el amor personal lleva consigo *el gozo*. El gozo es más que placer, es un afecto espiritual que desconoce el hedonista, el cual siente placer, pero le resulta imposible gozarse en la contemplación de las personas, en cuanto otras. El gozo no es fruto del placer "de un botellón de cerveza", menos aún si es para su uso y consumo. El hedonista usa, lo usa todo, personas y cervezas, introduce su efecto bioquímico en su sistema psicosomático, pero nada contempla con aquel silencio expectante y conmoción admirativa del espíritu ante la belleza de un bien verdadero. A poco que se prolongue la ingesta cervecera, el espíritu personal queda obnubilado por la embriaguez psicosomática.

   Y en estado de "borrachera" se dicen muchas cosas, pero solamente un necio o un necesitado patológico creerían que unas palabras elogiosas o una declaración amorosa pronunciadas en ese estado pueden ser verdaderas. La "contemplación de la persona del otro", de su valía y belleza únicas, ocurre en otro nivel diferente al que consumimos licores o estupefacientes y sufrimos sus efectos. Obviamente, si hay contemplación real de la persona del amado, con la admiración y estima correspondiente a la percepción de su valía incondicional y única, entonces podemos celebrarlo con una cerveza. Nos daremos cuenta que esa bebida acompaña al gozo profundo del amor, pero de ningún modo es su causa.

4. *El respeto*. El gozo que conlleva el amor a una persona, a la que se admira al captar y estimar su singular identidad, valía y belleza, va acompañado por otro sentimiento positivo, seguramente uno de los más importantes, a saber: *el respeto*. Se trata de una virtud imprescindible en la comunicación personal y,

desde luego, en cualquiera de los géneros del amor. El respeto es la reacción de reconocimiento, aprecio, acogida y consideración, al menos justa, a la valía y posición de la otra persona. Decimos "al menos justa", porque hay muchas clases de respeto, en tanto hay diferentes posiciones del "otro" a reconocer y estimar. Pero, en todo caso, el nivel mínimo del respeto debido es el de la justicia, es decir, el reconocimiento y estima de lo suyo. Por ejemplo, mi vecino no me es simpático a causa de su agrio carácter, pero respeto su propiedad, no la invado, no echo basuras en su jardín y pido su permiso para entrar.

No es lo mismo, por ejemplo, el respeto que merece un casual y desconocido prójimo en la acera o el supermercado, el empleado de banco o el funcionario del fisco, que mi maestro, mi padre y madre, que nuestro enamorado. No es que sean mayores o menores, lo que es distinto es lo que del otro reconocemos, estimamos y respetamos. Hay, por tanto, un respeto básico y general, porque cualquier ser humano, como persona, lo merece, es decir, es de "justicia" dárselo. Pero en los amores, la justicia es solamente el nivel primario, porque todo amor, por serlo, reconoce, estima y acoge mucho más, y ello sin medida. Esa sobreabundancia, más allá de lo meramente justo, la experimentamos, por ejemplo, con nuestro enamorado, nuestra madre o, incluso, con Velázquez o Beethoven a los que podemos admirar muchísimo y profesar un gran respeto por su genialidad y el fruto de su trabajo.

El respeto es una forma considerada y apreciativa de reconocer también un potencial. Por tanto, quien respeta ve dentro de cada persona no sólo lo que es sino lo que puede llegar a ser. Unos buenos padres, un buen maestro, un buen amigo tienen ese matiz del respeto: ven ya ahora un potencial futuro en el hijo, el alumno, el compañero. Y ese *plus ultra* ya se lo reconocemos y estimamos desde ahora. De este modo, el respeto fomenta, promueve, potencia, futuro aquí y ahora. Desde esta perspectiva, se comprende que el respeto genera confianza. Esa especie de fe que se profesa a otro, esa dimensión consistente en reconocer y estimar lo que uno puede llegar a ser, aunque todavía no lo es o quizás pueda estar en peligro, es un factor clave en las relaciones, por ejemplo, entre padres e hijos. En efecto, el hijo, que ha de crecer y madurar, en ello puede errar, detenerse y hasta entrar en pérdida; por eso, encuentra fuerzas, motivación y esperanza en la confianza constante de sus padres que creen en su potencial de mejora. Esa esperanza es, también, respeto al hijo, a su libertad, al derecho a su propia vida.

5. *El agradecimiento.* Se trata de la reacción, en justicia y en amor, de quien reconoce haber recibido una gracia o don no debido, un *gratis et amore* y, en consecuencia, quiere y estima corresponder al donante como se merece. El agradecimiento no es un pago, no es el cumplimiento de una deuda o una obligación. El agradecimiento es una manifestación del espíritu de la persona, que es soberano para obrar en la gratuidad y más allá de todo interés utilitarista. Ese es el escenario en el que acontece el agradecimiento del que ahora hablamos. En un tono mucho menor se puede considerar aquel "dar las gracias" del mundo de la cortesía, de la buena educación y las formas sociales esmeradas. Es tono menor, porque la implicación de la persona "en persona" en dichas gracias corteses es pequeña y, a veces, quizá nula. No es raro, sin embargo, que cosas comunes, no extraordinarias, puedan venir con un *plus ultra* de gracia, por la calidad espiritual de la persona que nos trata, que nos enseña, que nos hace un servicio. Entonces, el *gratis et amore* es una envoltura de gran calidad que no necesitaba la cosa, pero que así nos viene acompañada, no por la cosa o servicio, sino por la finura, exquisitez y bondad generosa de una persona. Obviamente, ese *plus ultra* siempre merece el

agradecimiento "personal" de nuestra persona. En sentido riguroso, por tanto, el agradecimiento es implicación soberana de la persona que, sabedora de haber recibido un don *gratis et amore*, considera honor y honra de su espíritu el corresponder con el agradecimiento, con las palabras, obras y hechos que son pertinentes para manifestarlo y demostrarlo.

Desde otra perspectiva, esta actitud de gratitud, que se manifiesta en correspondencia, pone el don recibido, una vez desarrollado, al servicio de los demás. No es raro, por ejemplo, que una personalidad célebre por sus éxitos y afortunada, ponga sus bienes al servicio de una causa social –creando un fondo económico o una fundación filantrópica–, porque entiende que así salda una deuda contraída con la sociedad y corresponde a lo que recibió. Como es obvio, no es necesario ser un personaje adinerado para visitar la escena del agradecimiento. Cualquiera de nosotros es deudor de muchos bienes y amores recibidos, además, gratuita y generosamente. Debemos, sin duda, agradecimiento a nuestros padres, a nuestros familiares, maestros y tantas personas que nos hicieron un bien al pasar por nuestras vidas. "Es de bien nacidos –dice con profundidad el refrán popular– ser agradecidos".

6. *La adoración*. Por último, la admiración, punto de partida de todas estas insospechadas emociones que son los afectos, se abre a la experiencia más noble del ser humano: *la adoración*. Una admiración, fuente de una dimensión radical del amor, que se dirige a la verdad y al bien más admirable. Pero la verdad, el bien, la vida no son conceptos o ideas abstractas, son personas reales, dicho en directo: son las personas de Dios Trino. La *adoración* viene a ser, cuando este encuentro personal se produce, el punto álgido de la fiesta afectiva, como un banquete nupcial. El amor a Dios, a las personas divinas, alfa y omega del universo del amor, enriquece cada uno de los amores humanos.

9. La formación de la propia personalidad

Tras haber llegado a lo más profundo de la configuración personal, con la que venimos a la existencia, es momento de agregar algo sobre el desarrollo humano en el tiempo. Corresponde a la tercera columna del esquema antropológico del inicio, que bajo el epígrafe "cultura" se culmina, a nivel biográfico, con el desarrollo de la propia personalidad y de los hábitos adquiridos a lo largo de la vida.

Como es experiencia común, usamos continuamente palabras que, si se nos urge a definir con precisión, tendríamos problemas para hacerlo. Así, decíamos ya, no es fácil decir en qué consiste exactamente la cultura. Aquí nos viene bien su sentido etimológico (de *cult:* cultivo, por ejemplo, agri-*cultura*), pues la personalidad es algo a cultivar. Hay quien la describe como la información no recibida genéticamente,[99] pues en ella se engloba la tradición y las posibilidades que aporta el entorno, como punto de partida para la contribución personal.

Hemos hecho referencia ya a que el ser humano llega a la existencia inerme, indefenso, sin saber hacer nada más que llorar y pronto también sonreír –en lo que manifiesta que es persona, pues sonreír es un modo de dar–, pero carente casi de todo. Necesitará un largo tiempo y aprendizaje para valerse por sí mismo. De ahí que, según el esquema, desde una situación de total *dependencia*, se ha de pasar a un nivel de cierta *independencia*... para poder vivir en *interdependencia*. El paso de una situación a otra supone el desarrollo de una serie de actitudes, a las que Covey[100] denomina genéricamente hábitos.

---

[99] Cfr. J. Mosterín, *Filosofía de la cultura*, Madrid, Alianza, 1993, p. 68.

[100] Cfr. S. Covey, *Los 7 hábitos de la gente altamente efectiva*, Barcelona, Paidós, 1997, p. 66.

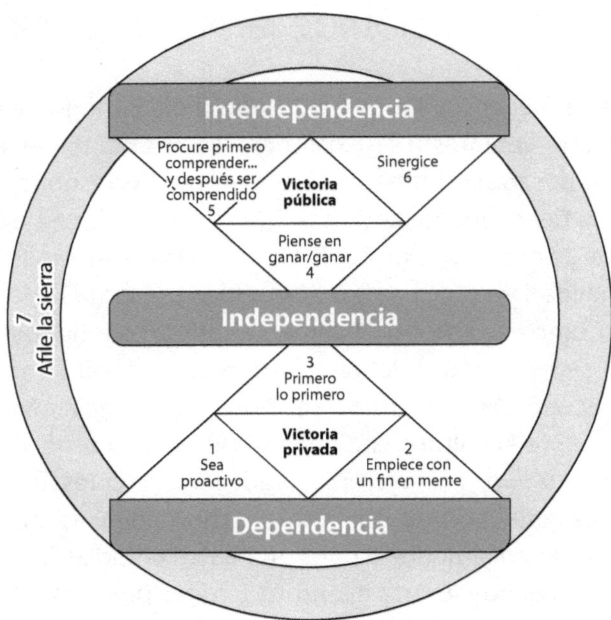

1. *La victoria privada.* El paso a la independencia, supone *una victoria privada* sobre sí mismo –un mejorarse "a solas y discretamente" uno a sí mismo–, que implica el ejercicio de tres actitudes básicas.

    Para superar la dependencia, la primera actitud es: *sea proactivo.* Lo primero es ser consciente del propio poder que anida en nuestro interior para ser consecuente con la propia libertad responsable, que hace a uno creativo respecto a su propia vida. Es importante actuar de dentro a fuera, ser lo que los psicólogos llaman proactivo. Lo contrario es actuar dependiendo de lo que los demás piensan de uno, sintiéndose mal si no le valoran, por ejemplo. Eso supone una esclavitud que impide crecer.

    En segundo lugar: *empiece con un objetivo en la mente.* Es preciso advertir que la creación –también de lo que uno quiere llegar a ser–, comienza en el pensamiento, por lo que el fin que uno se proponga ha de ser ideado, soñado, pensado. Para dejar de ser dependiente hace falta tener proyectos, y pensar cómo llevarlos a la práctica, soñar qué pasará cuando ya estén realizados. Soñar es importante. Lo contrario es perder el tiempo, flotar en la nada.

En tercer lugar: *lo primero es lo primero*. Para llevar a la práctica lo ideado hace falta priorizar la acción, sin dejarse distraer del verdadero objetivo. No basta con tener un ideal en la cabeza, es preciso llevarlo a la práctica, día a día, un paso detrás de otro, aunque parezca que está lejos el final, aunque no se atisbe el horizonte. Lo importante es dar el siguiente paso, rectificar errores, volver a empezar, no cejar en el empeño. No se trata de ser obsesivos, sino de no distraerse de lo importante. Así es como las cosas se concretan, así es como los sueños se hacen realidad, si no por un camino, por otro.

2. *La victoria pública*. Tras haber conseguido un cierto nivel de independencia personal, se está en condiciones de acometer una segunda victoria, que Covey denomina pública, en el sentido de que hace referencia a las relaciones con los demás. Este proceso supone al menos desarrollar otras tres actitudes que este autor describe con maestría.

La primera: *piense en ganar/ganar*. Es importante actuar con el objetivo de que el ganar de uno sea ganancia también de otros. No es necesario, como a veces se ha planteado, como ocurre por ejemplo en las competiciones deportivas, que el éxito propio suponga la derrota de los demás. En la vida, con actitud creativa, cuando alguien hace lo que debe, lo mejor para él es también lo mejor para quienes le rodean y también para los demás.

La segunda: *primero comprender y después ser comprendido*. El procurar comprender antes de querer ser comprendido implica una actitud intencional de apertura y empatía hacia el otro, incluso en cuanto distinto y hasta contrapuesto. Ese empezar tratando al otro como uno desearía ser tratado, la regla de oro de la convivencia, es enormemente fecunda e, imperceptiblemente, sin que quizá sean conscientes, cambia la actitud de los demás, que son trasformados al advertir que son comprendidos.

En tercer lugar: *sinergice*. Este es el arte necesario para trabajar con otros en proyectos comunes, de modo que las energías propias y las ajenas se potencien.

Y para que esas actitudes –que él llama hábitos y lo serán a fuerza de repetirse– lleguen a buen puerto, Covey propone incorporar un nuevo hábito: *afile su sierra*. De un modo práctico, implica saber pararse, para tomar aliento, descansar, reflexionar, mirar las cosas desde otro punto de vista y volver a poner a punto nuestras capacidades. Ciertamente muchas veces hay que trabajar cansado. No hay otro remedio, pero interesa no llegar al agotamiento: sería como intentar cortar árboles con una sierra ya gastada: el esfuerzo es cada vez mayor y el rendimiento cada vez más pobre. Esa aparente pérdida de tiempo se recupera con creces, cuando nuestro espíritu resurge renovado, como un muelle comprimido, expandiéndose mucho más lejos de lo que antes hubiéramos podido.

De fondo este último hábito implica también la tal vez más difícil actitud, relativa a la capacidad de examen crítico, poda y corrección de uno mismo, que consiste en aquella *humildad* –resultado de conocerse objetivamente a sí mismo en vez de fantasearse, ser narcisista o pretendiendo aparentar lo que no se es–, que es bueno cultivar en nuestra vida, para identificar los errores y desterrar los vicios, sabiendo corregir y rectificar a tiempo.

Comenzábamos este capítulo distinguiendo en la estructura humana cuerpo, alma y persona. Hemos ido exponiendo, ayudados por el lenguaje filosófico, la distinción entre ellos, cómo cuerpo y alma forman la naturaleza humana y nos hemos detenido, a explicar quién es la persona, es "alguien" que es espíritu, que ha recibido su ser en propiedad, que es dueño, por tanto, de su propio *esse,* razón por la cual es *radicalmente libre, pues nadie, salvo él, es dueño de sí mismo.*

Distinguimos a la persona del yo, su dimensión consciente, y para hacerlo retomamos los vocablos zubirianos que distinguen entre lo interior, que siempre es el mismo: la *personeidad,* y lo demás que va cambiando en el espacio y tiempo, que puede crecer o menguar: la personalidad. Recordemos sus palabras: el hombre, en cuanto persona, es siempre el mismo, sin embargo,

> los actos que ejecuta van no solamente calificando al hombre como sujeto que los produce, sino que hay algo más hondo: es que efectivamente estos actos son suyos (...). Cada uno de los actos va calificando, va configurando de una manera modal, rasgo a rasgo, la figura de mi propio ser de lo sustantivo. El ser de lo sustantivo es justamente el "yo". No es la persona; es algo distinto: es la personalidad que va adquiriendo. Para no confundir los conceptos, me resolví a llamar a la persona, en el sentido que he utilizado esta palabra hasta el momento, *personeidad.* Y en cambio *personalidad* es justamente la figura del ser de lo sustantivo que esta persona va cobrando en el inexorable ejercicio de los actos de su vida.[101]

Hemos señalado las características del ser personal, más íntimas y profundas incluso que las facultades de la naturaleza: la inteligencia, la libertad, el amor. Y tras señalar que la persona no desaparece de la existencia tras la muerte del cuerpo, hemos repasado también el mundo emocional hasta describir los afectos más profundos, aquellos ligados más directamente a lo íntimo de nuestro ser. Hemos indicado también el camino para ir formando

---

[101] X. Zubiri, *Estructura dinámica de la realidad,* Madrid, Alianza, 1989, p. 224. Cfr. también, "La personalidad como modo de ser", en *Sobre el hombre,* Madrid, Alianza, 1986, p. 133 y ss.

una personalidad rica y coherente, que se forja mediante el cultivo de los hábitos, modos de ser que nos hacen crecer en humanidad y desarrollan los talentos que cada cual ha recibido: cultivan la inteligencia, mueven la libertad para entregarse a los demás, fortalecen los sentimientos del corazón. Tras estas bases pasaremos ahora a conocer mejor nuestra intimidad y la estructura que nos hace capaces de amar, primero describiendo la intimidad misma, después llegando a lo que llamaremos la estructura esponsal de la persona. Estos serán los temas de los dos próximos capítulos.

CAPÍTULO IV
La intimidad personal
y sus notas

Como acabamos de señalar, tras estudiar la estructura del ser personal, cuerpo, alma y espíritu, pasemos ahora a describir la interioridad humana, lo más profundo de la dimensión espiritual, del *esse*, que cada uno poseemos y somos.

¿Qué y cómo es nuestra intimidad? Adelantemos una síntesis que nos sirva de hoja de ruta para responder a las dos preguntas.

1.   Una primera mirada hacia dentro

Una revisión breve nos dice que la intimidad es el "interior" de cada persona, su adentro. "Busca adentro, al hombre interior, no afuera" advierte san Agustín. De acuerdo: lo de afuera no es lo "íntimo", no es nuestro "hombre interior". Pero en tanto la reflexión se propone conocer claro y concreto la intimidad –como el cirujano ve y toca el corazón que tiene en las manos–, ésta se nos escurre como el agua entre las manos. Por lo pronto podemos afirmar que no es cualquier adentro.

No es lo que hay dentro de las cosas, de los animales y plantas, ni siquiera lo que el forense pone al descubierto cuando abre un cuerpo humano. Ni tampoco lo que el cirujano encuentra en su paciente en el quirófano. No es un adentro "físico". No tiene altura, anchura y profundidad. No es parte ubicable del cuerpo y separada de las demás: no está en el cerebro, ni entre el hígado y el corazón. Tampoco en el "bolsillo", donde la guarda el avaro. Sin duda alguna sabemos que la tenemos, la sentimos y experimentamos, hasta la comunicamos, aunque ni los ojos la ven ni los dedos la tocan. Sin embargo, los ojos y los dedos la expresan. Nuestra intimidad está adentro nuestro, pero no es materia corporal, aunque su presencia comparece en, y se comunica mediante, nuestro cuerpo.

La intimidad *es espiritual,* porque es un poder inmediato y directo de la persona de *estar consigo,* como dueña de sí dentro su naturaleza humana. Por ser espiritual, esta presencia y su entorno, en cuanto ámbito inmaterial, no se encuentran las palabras para definirla. No se deja acotar, encerrar, limitar. Pero como *está encarnada* en nuestro sistema psicosomático, y mediante cuerpo y alma podemos sentirla, experimentarla y comunicarla, hay algunas palabras que parecen describírnosla. Por ejemplo, notamos tenerla adentro y, por eso, nos vienen a la mente términos de "localización", como es sede, lugar, habitación, morada, estancia, incluso castillo y otras semejantes, a las que añadimos el adjetivo "interior". Pero, por ser espiritual, la intimidad no es, en rigor, un lugar ubicable en alguna parte material de nuestro cuerpo.

En cuanto manifestación primaria del señorío, la intimidad se asemeja –salvando las distancias y a modo de ejemplo– a la corte de un monarca. Este símil nos ayuda a comprender que la intimidad es *estancia privada y poder presencial,* residencia personal del señor, donde conversa consigo a solas. Pero también un salón del "trono" para recibir audiencias selectas, a las que "abre" la puerta interior; trono desde donde ejerce sus poderes y facultades y, entre ellos, uno muy característico y exclusivo, a saber, el poder de comparecer el quién "en persona" –el rey en vivo y en directo– en cualquier momento y lugar de su naturaleza humana o "reino".

La intimidad es el círculo o ámbito más próximo al quién personal y, a la vez, el acompañamiento de confianza del que se rodea al comparecer en cualquier parte de su naturaleza o, si se prefiere, por todo su sistema psicosomático; por ejemplo, en los labios para un beso amoroso, en la ternura de la mirada, en el susurro de la voz en una conversación confidencial, o en la irritación con que levanta el puño y frunce la boca.

En síntesis, podría decirse que la intimidad es la estancia presencial del quién personal, por dueño, en toda su naturaleza. Una estancia en la que la persona, su dueño y dueña de sí, está y deambula *desnuda* por toda su alma y cuerpo, sin ropajes que la oculten, sin disfraces cuyas apariencias engañen. Íntimos con nosotros mismos no tiene sentido aparentar personajes; podemos estar "desnudos" de todos esos camuflajes. Y así, cuando queremos ser conocidos y amados solamente por ser quienes somos, decimos que abrimos nuestro "corazón" o intimidad, es decir, nos comunicamos "desnudos". De este modo, por ejemplo, nos ve nuestra madre y nos ponemos nosotros en el abrazo al hijo o en la caricia a la pareja amada. El quién que besa, acaricia o abraza, cuando se trata de comunicación íntima, no es el médico, el delantero en punta, el abogado, la soprano, sino el amante, el hijo o la madre. Es decir, *la persona desnuda.*

La intimidad es la manera de estar, tener y disponer del quién personal su encarnadura masculina o femenina. Llamamos la atención sobre lo dicho: *nuestra intimidad es radicalmente masculina o femenina.* Es preciso tenerlo muy en cuenta al describir nuevos aspectos, porque todos ellos, por constitutivamente humanos, lo son en modalidad masculina o femenina. Somos, tenemos y disponemos de esa estancia tan interior y de su poder presencial de comparecer. Las tres cosas a la vez. Lo somos porque en ese "adentro" está presente y desnudo el quién personal que cada uno "somos". La tenemos porque esa estancia, la más interior, es propiedad nuestra y sólo nuestra y, por ser nuestro reino o señorío, nos paseamos por ella desnudos, bastándonos ser ahí el quién que sólo nosotros somos, y guardamos en ella nuestros tesoros más reservados, incluyéndonos a nosotros mismos. Disponemos de semejante "adentro" con gran poder y libertad de comparecer presencialmente –hasta con caprichoso arbitrio– ya para encerrarnos en ella, a solas consigo, ya para abrirla y comunicarla a quien queremos, en la medida, momento y lugar que deseamos.

La intimidad –concluyendo esta síntesis inicial– es como el recinto donde mora y se desenvuelve la condición relacional y donal constitutivas del ser persona. Porque el quién personal es un quién-con en diálogo consigo mismo y con las otras personas; diálogo al que incorpora el "universo" en su sentido de "todas las cosas que existen"; diálogo para el conocimiento y la realización de sí con los demás. En suma: la intimidad es el ámbito interior del diálogo de "la persona en persona" consigo misma y con los demás.

Si la intimidad es aquella estancia del quién personal consigo mismo, desde donde comparece, como señor, por toda su alma y cuerpo, y desde donde puede manifestar y comunicar su persona a los demás, parece razonable reafirmar que la intimidad –centro y encuentro, soledad y compañía, don y acogida de sí– es masculina o femenina. Lo hemos dicho antes, pero, aún a costa de pecar de reiteración, es decisivo tenerlo constantemente en cuenta. De manera que todas las características que se prediquen de la intimidad personal están modalizadas, como todo el ser humano, en forma masculina o femenina. Esta doble y diferente modalización de la intimidad es cosa evidente aunque cualquiera atienda poco a su ordinaria experiencia cotidiana. Pero, además de diversas, las intimidades masculina y femenina son donales y complementarias, como sabe cualquiera que tenga seres queridos –padres, madres, hijos, hermanos, amigos, así como colegas, compañeros, conciudadanos. Esta diferencia es una colosal riqueza en el descubrimiento y realización de la humanidad.

No obstante, la experiencia de las intimidades humanas diferentes, en una versión ejemplar, la gozan los enamorados cuando el varón siente el vértigo de asomarse al misterio de la intimidad de la mujer amada, o cuando ésta pregunta y quiere conocer todo lo que guarda adentro su amado. Sin duda, el enamoramiento es una sutil y secreta llave, una ganzúa de ladrón, que abre entre los amadores sus abismos más íntimos. Quien se ha enamorado… lo sabe.

Baste esta síntesis como mapa y hoja de ruta. Aquí y ahora nos interesa explorarla desde un ángulo muy concreto, que es el del amor. A esa mirada, de cuanto hemos adelantado, le deslumbran dos descubrimientos asombrosos. En cuanto ese "adentro" se nos aparece como la estancia real, exclusiva y reservada, donde reside el monarca –esto es: nuestro quién personal–, entonces la intimidad es *autoconocimiento y autoposesión*. Y ambos –conocerse y darse a sí mismo por sí mismo– lo son en modo masculino o femenino. En cuanto ese "adentro" es poder de disponer de un santuario y refugio donde estar a solas y reservado –incluso encerrarse–, a la vez es también poder de comunicarlo, participarlo y compartirlo, compareciendo en desnuda persona. Por tanto, la intimidad, en su modalidad humana masculina o femenina, es *autodonación y acogida del otro*.

Exploraremos con más detalle esta autoposesión y donación de sí, junto al conocerse y manifestarse, qué es y tiene la intimidad. Pero ambos fascinantes poderes nos han puesto de relieve que, mediante alma y cuerpo –toda su naturaleza humana–, la persona "en persona" –íntima y desnuda– puede ser, si quiere, don de sí y acogida en sí. Bajo esta perspectiva, nos aparece la intimidad como aquel reino donde están los múltiples contenidos del don y la acogida en los cuales, directa e inmediatamente, hay la comparecencia presencial e implicación biográfica del quién personal desnudo. Y si la intimidad, en cuanto autoposesión para la autodonación, es estancia y comparecencia de la persona dándose a sí misma y acogiendo en sí, entonces es que forma parte esencial de la estructura y dinámica del amar.

Podemos decirlo con otras palabras: es la sede desde la que la persona desnuda ejerce el don de sí y de la acogida en sí en modo amante, amado y unión de amor, a través de toda su naturaleza humana masculina o femenina.

2. Descripción del recinto íntimo

Describamos un primer acceso imaginando una escena. Estamos desvelados, antes del amanecer, y nos sentamos a oscuras al borde de la cama. Todo está en silencio. De pronto viene a nuestra memoria un lejano recuerdo que nos enternece. Un día, siendo niños, al despertarnos lo primero que vimos fue una mirada y una sonrisa, la de nuestra madre, mientras su rostro se nos acercaba para darnos un beso. Ahora, en el silencio de la noche, parece resucitar muy adentro aquella cálida sensación con nueva luz. Ahora comprendo que mi madre no sólo velaba mi sueño, sino que antes de cualquiera de mis despertares, antes incluso de nacer, ya estaba velándome, es decir, ya me amaba. Un impulso interior me hace ir a la habitación de mis dos hijos. Mientras duermen plácidamente, les miro como me miró mi madre. Y mi mirada perfora sus apariencias. Ahonda más allá de la postura con la que duermen, de lo que capta una "fotografía", del peso y tamaño de sus cuerpos, de los rasgos de sus rostros que bien reconozco, de sus buenas o malas notas en el colegio, de sus habilidades y de sus limitaciones, de las travesuras que me hicieron ayer. Mi mirada les "ve" mucho más adentro, hasta alcanzar su ser más profundo, allí donde desnudos de todo me lo valen todo. ¿De dónde viene esta mirada mía? También de mi último interior: aquella estancia mía donde habita la raíz –lo más radical– de mi ser, más allá de la cual ya no soy ni tengo nada más. Viene de mí en cuanto amador.

2.1. El quién personal es intimidad esponsal

Mi intimidad, por tanto, alude a una excepcional y única radicalidad de mi quién personal, de su existir adentro de toda mi naturaleza, latiendo su presencia directamente o sin intermediarios –a modo de inmediato ámbito subjetivo– hacia cuanto es y tiene y hacia los demás. Por eso, en mi mirada de amor a mis amados, de mí les mira alguien más radical que mis personajes y roles. No les mira mi ojo de profesional ni el de mi nacionalidad, ni el de derechas o izquierdas, ni el de rico o pobre, sino el ojo de "padre" o "madre", la cual es mirada de una identidad íntima.

Esa tan especial mirada es amorosa y, por serlo, proviene de un adentro mío que no está "vestido" de posiciones sociales y roles ideológicos, donde también estoy desnudo de todo ello, donde sólo soy su padre o madre y ellos son, cada uno de modo único, sólo y desnudamente mi hijo. Tan es así su desnudo final que, si bien puede haber en mi mirada amorosa ciertas singularidades de la "lente u ojo" –a la manera de motas de polvo–, que arrastran características de mi personalidad, temperamento y rasgos psicológicos, no obstante, la mirada amorosa sigue viniendo del quién radical, que es quien "quiere amar y ama" por encima de sus características psicosomáticas y a pesar de ellas.

La intimidad, por tanto, es la interioridad más profunda y más inmediata al quién personal, porque es su primer y originario ámbito de presencia de nuestra identidad única e irrepetible, que la ocupa como innato titular, y desde la que comparece a todo el resto de su naturaleza humana, para manifestar y comunicar muchas cosas, desde luego, pero ante todo una característica constitutiva de su quién personal, que es su esponsalidad.

¿Qué entendemos por esponsalidad íntima? Es el poder darse desde ella y acoger en ella a los amados. La esponsalidad es propiedad radical de la persona, ínsita en su mismo acto de ser o *esse*, por la que es apertura a la relación –al existir con o coexistir–, cuya potencia relacional más excelente es el amar. Por amor y para amar, nuestra intimidad tiene una estructura y unas dinámicas propias para ello. Mediante ellas, es mi misma persona la que se da y la que acoge. Dado que, según quiénes sean los amados y el bien específico que se comunican, existen varios tipos de amores, también la esponsalidad de nuestra intimidad contiene diferentes ámbitos –"territorios" o "provincias"–, en los que el don y la cogida contienen específicos y distintos bienes "amables" y comunicables mediante sus propias estructuras y dinámicas de comunión. Son el conyugal, el paterno y materno, el filial, el fraterno, el de la tradición genealógica, la amistad, y el templo sagrado. Exploraremos esos siete ámbitos en un próximo capítulo. Para evitar redundancias, los llamaremos también territorios o provincias. Al fin y al cabo, lo son del mayor reino que poseemos, que es nuestra intimidad.

La esponsalidad radical y sus "esponsalidades diversas" –el ser amador y serlo en amores distintos– se residencian, a mi modo de ver, en el *esse* o acto mismo de existir de cada singular persona. Polo, en su antropología trascendental, lo denomina instancia o "sede" de la subsistencia del quién personal, en el sentido de que no hay ya nada más radical en nosotros.[1] Entre el quién personal y lo que tiene –o naturaleza recibida– y lo que logra ser mientras vive –su esencia– hay diferencias o "espacios y tiempos". Y, por lo tanto, la esponsalidad –nuestro poder de ser don y acogida– se realiza con la naturaleza concreta, que cada cual recibe, y con lo que consigue con el obrar libre y racional. Pero la esponsalidad es propiedad del quién personal y, de esa raíz principal, pasa al obrar. Por eso, la esponsalidad no pertenece solamente a la naturaleza y a la esencia humana, a lo recibido y a lo realizado, sino a la constitución personal del quién, que por persona somos. El quién personal, ya en su mismo acto de existir, "está hecho" desde, con y para el don de sí y la acogida en sí.

Si los transcendentales de la persona –su inteligencia sabia, su libertad y su amar– radican en el *esse*, entonces la esponsalidad amorosa está residenciada también en el acto de existir como un *prius* a su obrar. Pues el amar, como veremos, no podría ocurrir sin la inteligencia sabia y sin la gratuidad de la libertad. El amor no vive, más bien muere, en una atmósfera necia, equivocada o coaccionada física

---

[1]   *Vid.* L. Polo, *Obras completas, XV Antropología trascendental*, Pamplona, EUNSA, 2015, pp. 237-238.

o psíquicamente. Sigue siendo válido el principio escolástico de que el obrar sigue al ser. Ser persona no tiene sentido como un quién, ya en su mismo acto de existir, constitutivamente solitario e incomunicado, porque en su principio es relación. Y no cualquier relación, de entre tantas que podemos establecer, sino también, en su principio, la que más radicalmente manifiesta el *esse* de persona y su suprema excelencia, que es ser amador. Tendremos ocasión, en las próximas páginas, de explorar estas ideas y interiorizarlas en nuestra vida ordinaria.

En consecuencia, no es descabellado radicar la esponsalidad de la persona en su acto de existir y, desde esa raíz y por su causa, nos comparece en el poder de disponer y realizar la esencia humana, es decir, en el obrar biográfico de cada persona. Me atrevo a temer que los discursos filosóficos puedan fatigar al lector, invitándole a pasar párrafo y página, suponiendo que son elucubraciones maniáticas y teoréticas entre expertos ociosos, por no verle de inmediato la referencia práctica a su propia vida. Que seamos esponsales, cada uno de nosotros, en el acto mismo de existir como este quién único e irrepetible –y también nuestro cónyuge, cada uno de mis hijos, hermanos, abuelos, nietos y amigos íntimos, a los que amamos– significa que amar no es cosa secundaria, menudencias del mundo privado, frente a la importancia de lo profesional, social y público, ni tampoco ventolera sentimental que tan pronto viene como se va.

Si somos esponsales en el mismo acto de existir, entonces o amamos o hemos perdido en otras cosas la identidad nuestra más profunda: somos muertos en vida. Podemos ser más ricos que Craso –y con el viejo patricio romano emular a los primeros de la lista de Forbes–, podemos ser primeros ministros o reyes, premios Nobel, actores y actrices popularísimos, podemos dominar las ciencias y las lenguas. Todo eso y más, si no logramos amar de veras, es disiparse en lo que nos pasa y se pasa, un activismo "como el bronce que resuena o un golpear de platillos" (I Cor 13, 1), un perderse entre los ruidos del mundo. En el amar, pues, nos jugamos el sentido de nuestra vida y las razones del vivir, porque nuestra identidad más radical y la más real –por encima de cuantas ambiciones y logros nos obsesionan– es la de amador. Claro que nos es cuestión trascendental –y la más práctica–, porque en ser amadores está la explicación de la paz, libertad y felicidad interiores o de las angustias, enajenaciones y esclavitudes, y de las soledades.

Aunque todo el ser humano, como ya se ha señalado, es masculino o femenino, si la persona está hecha para amar, en el fondo eso significa la esponsalidad, veremos más adelante la importancia y la semántica que dicha modalización femenina o masculina cobran en este ámbito. Dicho de otra manera, aunque también los huesos, el cerebro o los sentimientos presentan una doble versión sexuada, es justamente el amor el que pide al menos dos modos de amar que, al confluir, formen una unidad. Sobre esta cuestión nos extenderemos en el próximo capítulo.

2.2. La desnudez: mi persona sin personajes

En el silencio de esa noche –el ejemplo anterior– nos hemos topado con la vivencia de la intimidad, con la nuestra y la de nuestros hijos. El silencio, en vez del ruido atronador de la vida externa que podría ahogar nuestro interior, nos ha abierto la senda que conduce a nuestro adentro más hondo donde estamos desnudos de las identidades, personajes, roles y vestimentas que recibimos y desempeñamos afuera, en la vida social, profesional, económica y política.

Nuestra mirada, por ser amorosa, contiene en los mismos ojos una especial presencia de nuestra persona, y en ellos nuestro quién personal comparece, íntimo y desnudo, para "ver" también, a través del cuerpo dormido del hijo, al quién desnudo e íntimo que late en su mayor adentro. Pero esa desnudez íntima, desde la que los padres, por ejemplo, contemplan y en la que el hijo es reconocido, no es una estancia cerrada, introvertida, sino todo lo contrario: *es una desnudez abierta a la relación*, no a cualquiera, sino a la amorosa. Y lo que es muy importante: los cuerpos –en el ejemplo: la mirada de nuestros ojos– manifiestan a su íntima y desnuda persona. Dicho de otro modo, el cuerpo humano, por personal, es en sí mismo espacio y tiempo de la presencia, comparecencia y comunicación de su íntimo quién, es la palabra primaria con que se expresa, y es lo humano más suyo con que nuestro quién encarna, en un espacio y tiempo determinados, su don y su acogida amorosa.

Por fortuna, no parece imprescindible ser padre o madre y regresar de un viaje a medianoche –el silencio de la vida detenida– para experimentar este extraordinario "lugar" interior al que nos referimos con la palabra "intimidad". A poco que reflexionemos, la vida común está llena de momentos en los que la vivenciamos. Decimos con naturalidad que alguien "nos abrió su corazón", "que nos tocó el corazón" o, por el contrario, "que se cerró, se metió en su caparazón y no salió de su armadura". Según el cuidado y delicadeza con que alguien nos comparece, sentimos aquella "compañía" que nos hace confiarle nuestras confidencias interiores o, en cambio, si alguien toma una iniciativa que percibimos como un asalto y atropello de lo que guardamos adentro, nos cerramos como caja de caudales, quizá precavidos, desconfiados, temerosos y hasta ofendidos. La previsión de las intenciones ajenas nos da confianza o nos alarma: nos abre o nos cierra.

¿Qué queremos decirnos cuando solicitamos hablar "con total franqueza" o "de corazón a corazón", o "guardando el secreto" de las confidencias? Sencillamente, estamos aludiendo a nuestra intimidad, pidiendo una comunicación recíproca entre esos "lugares internos". Llamarlo "lugar" –espacio, ámbito o recinto– es una concesión a la pobreza del lenguaje humano. No nos es difícil sentir la experiencia de nuestro interior. Basta con leer la mayor parte de las poesías o escuchar las innumerables obras de la buena música, para que nos "conmovamos". ¿Qué nuestro se conmueve? Nuestra intimidad, y lo hace con un universo de sentimientos diferentes.

El gran poder de las artes es que "nos conmueven el corazón"; equivalente a decir que tienen la llave para abrirnos y penetrarnos hasta nuestro más hondo adentro y hacerlo vibrar. Sin embargo, cuando el intelecto racional quiere nombrar la intimidad, ponerla como un objeto de la mente, esa intimidad –como nuestro mismo y radical quién personal– se escapa, como el viento entre las manos, y no se deja encerrar entera dentro de un concepto. Siempre es un "además" a la definición, es decir, trasciende las fronteras de una idea. Es una experiencia similar a la que describe san Agustín respecto al tiempo: si no me preguntan sé lo que es, confiesa, pero si me lo preguntan no lo sé decir.

Pese a este formidable obstáculo para la razón, los amores son, de suyo, dinámicas unitivas entre las intimidades de las personas. Necesitamos, para mejor amar, saber algo verdadero sobre lo que somos dentro, pues es de donde nos damos y en donde nos acogemos. Ignorar o errar nos impide amar. Sin comunicación auténtica entre intimidades no es posible el flujo del amor. Y ese flujo no es un producto racional, el eslabón final de un discurso o cadena de argumentos, sino una determinación soberana del "corazón", una liberalidad que se justifica en sí misma y por sí misma: "Te amo porque me da la real gana y puedo hacerlo contra todos los argumentos e inconvenientes externos, sociales y políticos".

2.3. Donde late el "corazón" del quién personal

Se hace aquí verdad aquella apreciación de Pascal según la cual "el corazón tiene razones que la razón no conoce".[2] El examen de nuestras experiencias, al modo fenomenológico, nos servirá de ayuda en esta imprescindible tarea. ¿Qué nos enseña el fondo de ojo

---

[2] B. Pascal, *Pensamientos*, n. 277, edición de Brunschvicg, t. XII, XII y XIV de la colección Grans Écrivans de la France, París, Hachette, 1904-1914. Esta feliz y célebre expresión de Pascal nos alerta contra las reducciones del "racionalismo", que el propio Pascal define como aquel exceso consistente en "no admitir más que la razón" (n. 253) como fuente única y excluyente de conocimiento. "Conocemos la verdad –añade Pascal– no solamente por la razón, sino también con el corazón" (n. 282). Amar es una penetrante fuente de conocimiento, en concreto, de las personas amadas, de su intimidad, su personalidad, y su manera de ver el mundo.

de la "mirada amorosa"? ¿Qué hay en aquel "me abrió su corazón" o, en su contrario, "no le conté nada de mí porque no confiaba en él"? ¿Por qué la palabra "corazón" parece la más adecuada para identificar el especial latido de la intimidad personal?[3]

Es muy significativo el recurso a la palabra "corazón". Como es obvio, no nos referimos al órgano físico que bombea la sangre y oxigena nuestro organismo corporal. Sin embargo, su sístole y diástole, su función de motor de los fluidos vitales, su "lugar" en el "centro" del pecho, la sensibilidad con la que acusa las emociones o su tradicional vinculación, según lata o no, con los signos de la vida o de la muerte, le prestan el simbolismo de *centro* de la intimidad personal y de su tan exclusivo *latido*.

La voz del corazón –su latido, intencionalidad y sentimientos– es más fuerte que la palabra de la boca. Lo que sólo surge de los labios, sin manifestar la verdad interior, es sonido vacío y, tal vez, falso. Lo que el razonamiento pone en los labios cuando, por ejemplo, pronunciamos un discurso o explicamos argumentos en una lección, no necesariamente manifiesta y compromete a nuestra desnuda intimidad personal. La voz del "corazón" es más profunda y desnuda. Es la voz íntima. Por eso es la voz del amor.

Cuando decimos "te doy mi corazón" queremos significar que nos estamos dando sinceramente, que nos depositamos con confianza completa en esas manos del otro amado, que nos abrimos en lo más nuestro y reservado, que entregamos por entero nuestro interior más valioso, que adentro ya no guardamos ni tenemos más que dar o en donde acoger: el "corazón" somos nosotros mismos al desnudo.

Que llamemos "corazón" a nuestra intimidad tiene, además, otros motivos. Podríamos reunirlos bajo la expresión "climatología afectiva" porque los latidos amorosos de la intimidad parecen tener

---

[3] Una descripción bastante certera de lo que es el corazón puede encontrarse en D. Von Hildebrand, *El corazón*, Madrid, Palabra, 1997, pp. 133-139. Como podrá advertirse, sin embargo, él no distingue entre la persona y el yo, tal y como se ha expuesto en el capítulo III, 5.5 de este libro.

sus estaciones –la primavera y el verano, pero tambíén el otoño y el invierno– y sus temperaturas, las calurosas o apasionadas, las templadas y las frías, hasta lo gélido. Es fascinante constatar como encontramos en la naturaleza de las cosas –los climas, los mares, las horas del día, las flores, la luna– imágenes, ejemplos, metáforas con las que hablar palabras de amor y definir sus especiales sentimientos. Los poetas son maestros en ello.

Las culturas antiguas y los maestros clásicos se "admiraban" ante la magnificencia y belleza de la Naturaleza –también ante sus terribles fenómenos– que consideraban huellas divinas. Pero el matiz que deseo subrayar es otro más antropocéntrico: *toda la naturaleza le habla al hombre*, como si fuera un inagotable e inspirado diccionario donde se hallan las mejores imágenes, figuras literarias, y palabras para expresar, con belleza y fuerza conmovedoras, aquellos sentimientos amorosos que son patrimonio exclusivo del hombre. Basta con leer poesía –la de todos los tiempos– para apreciar la extensión e intensidad con que el artista se inspira en la naturaleza: los amaneceres y los ocasos, el mar y sus olas, los vientos y las tempestades, el día y la noche, vegas, montañas y desiertos, las nubes y la lluvia, la flores y la belleza de sus colores.

¿Para qué añadir más ejemplos en cosa evidente? La naturaleza no es extraña, sino familiar, íntima, y cómplice para la mejor expresión del amor. ¿No es esta una paradoja extraordinaria? La naturaleza no ama, pero habla de amor: los hombres entienden ese lenguaje. Si en la naturaleza hay esa lengua para el amor, Quien la creó, que es amor, se la ha puesto. Por eso decía san Agustín que la naturaleza –la creación la llamó– es el primer libro que habla de Dios. Habiendo miles de ejemplos, permítaseme citar unos versos de Pablo Neruda, que es maestro, muy consciente, en el arte de escuchar y emplear para el amor el diccionario de la naturaleza, porque, como dice, todas las cosas están llenas del alma humana (tomado de *Veinte poemas de amor y una canción desesperada*):

Del poema 15

"Me gustas cuando callas porque estás como ausente, […]

Como 'todas las cosas están llenas de mi alma'
emerges de las cosas, llena del alma mía.
Mariposa de sueño, te pareces a mi alma,
y te pareces a la palabra melancolía.

Me gustas cuando callas y estás como distante.
Y estás como quejándote, mariposa en arrullo […]

Déjame que te hable también con tu silencio
claro como una lámpara, simple como un anillo.
Eres como la noche, callada y constelada.
Tu silencio es de estrella, tan lejano y sencillo".

Del poema 12

"Llegas como el rocío a las corolas.
Socavas el horizonte con tu ausencia.
Eternamente en fuga como la ola.

He dicho que cantabas en el viento
como los pinos y como los mástiles.
Como ellos eres alta y taciturna.
Y entristeces de pronto, como un viaje.

Acogedora como un viejo camino.
Te pueblan ecos y voces nostálgicas.
Yo desperté y a veces emigran y huyen
pájaros que dormían en tu alma".

Parece como si la naturaleza –tanto en lo que tiene de bello como en lo terrible– estuviera dispuesta para ser un diccionario de los sentimientos amorosos. Pero las cosas de la naturaleza –la suave brisa o el temible huracán, el esplendor de la rosa o el herir de sus espinas, el embrujo de la Luna, el arrullar de las olas, por ejemplo– carecen por completo de intencionalidad. ¿Quién se la pone? Sólo puede ser quien es fuente de la intencionalidad, que es cada persona concreta, por ser espíritu personal.

En este sentido, nuestra intimidad infunde en la comunicación amorosa, mediante su cuerpo y alma, un universo afectivo de origen espiritual pero de manifestación y experiencia sensibles, universo en el que la intencionalidad del espíritu está encarnada y comunica al íntimo con "palabras de la carne", como es la ternura, la calidez, la dulzura, la frescura, la pasión o la templada paz, la fuerza y hondura de la confianza, el resplandor y tantos otros matices con los que el don y la cogida se revisten de encarnadura material al manifestarse y corresponderse. Obviamente, y como siempre en lo humano, decir calidez o ternura es, a su vez, abrir la puerta a su opuesto, esto es, a la frialdad o la crueldad y a tantas otras inclemencias con que el quien puede hacer comparecer su intimidad. El "corazón", además de tierno y cálido, puede ser duro como una piedra y cruel como una daga.

Podríamos suponer, lo que se hace muchas veces, que esa variabilidad del "corazón", esa capacidad de ternura y compasión o de dureza y crueldad, es porque mediante el recurso a los cambios de frecuencia de sus latidos ejemplificamos aquella "pasividad" de la intimidad, en la experiencia amorosa y en otras fuentes de emoción, en cuya virtud nuestro interior es sometido a los extremos de las bonanzas o de las tormentas, sin que podamos evitarlo sino sólo padecerlo. El corazón sería la conmoción interna "no intencional", la que se nos viene encima por causa de un agente externo, terremotos emocionales a los que asistimos pasivamente, sin posibilidad alguna de intervención activa, es decir, de intencionalidad voluntaria.

Una de las más geniales descripciones de esa intimidad contradictoria e intensamente alterada, capaz de irse de uno a otro extremo, desde lo bueno a lo malo, nos lo ofrece Lope de Vega en su célebre soneto:

"Desmayarse, atreverse, estar furioso,
áspero, tierno, liberal, esquivo,
alentado, mortal, difunto, vivo,
leal, traidor, cobarde y animoso;

no hallar fuera del bien centro y reposo,
mostrarse alegre, triste, humilde, altivo,
enojado, valiente, fugitivo,
satisfecho, ofendido, receloso;

huir el rostro al claro desengaño,
beber veneno por licor suave,
olvidar el provecho, amar el daño;

creer que un cielo en un infierno cabe,
dar la vida y el alma a un desengaño;
esto es amor, quien lo probó lo sabe".[4]

Pero, una vez se nos ha disipado el embrujo de Lope, realmente ¿no hay intencionalidad ninguna en estas conmociones emocionales del amor, el enojo, la rabia, la valentía y la cobardía, la ternura o la traición? Cuando Lope de Vega concluye diciendo que "quien lo probó lo sabe" nos dice una gran verdad. El soneto no sólo elige genialmente los términos de la diversidad de cuanto nos "pasa", sino también de cuanto, al pasarnos, "sabemos" y, por saberlo, nuestra intimidad puede reaccionar, mediante su razón y su libre voluntad, en

____

[4]   F. Lope de Vega, *Sonetos*, n. 126.

modo intencionalmente activo. Si al amar, estuviéramos condenados a ser sola y exclusivamente los vaivenes contrapuestos de los estados psicosomáticos que identifica Lope de Vega, el amor sería brujería y locura patológica. No existiría posibilidad alguna de fidelidad, que·es como deseamos todos que se nos quiera.

Se dirá, con razón, que el amor tiene "algo" de ese hechizo brujo, que es un "estar fuera de sí". Se puede responder, con no menos razón, que no "todo" el amor es enajenación y encantamiento y que, gracias a no serlo, a la pregunta "¿me querrás siempre?", uno, precisamente porque ama, puede responder con verdad: "Te querré toda la vida y sólo a ti"; y, además, cumplirlo. Acabamos de abrir otro escenario interno fascinante de la dinámica íntima: nos conmueven personas y conmovemos a personas, adentro somos sujetos pasivos, pero también activos.

Veamos el pasivo y activo de la intimidad. Cualquiera que se haya enamorado experimenta no sólo la pasividad de las emociones íntimas –lo que siento por la acción del amado en mí–, sino también la actividad intencional de nuestro "corazón", es decir, la reacción íntima de la persona "en persona", en cuya virtud, además de verse "áspero, tierno, liberal, leal, traidor, cobarde, animoso, enojado, valiente, fugitivo", se conoce a sí y, por eso, se consiente intencionalmente a sí, o decide librarse y ponerle fin. La intimidad, incluso cuando su estar en pasivo es violentamente conmovida por otro, es siempre intencionalidad personal, ya porque reacciono a la influencia externa consintiéndola, ya porque me propongo canalizar *con una decisión* esas emociones que siento, ya porque, una vez "conocidas", no las quiero y, empleando el ingenio de mi inteligencia, mi voluntad decide librarse de ellas.

El soneto de Lope de Vega nos sirve para identificar, con insuperable belleza, los contradictorios estados emocionales interiores –el pasivo–, frente a los cuales la intimidad personal, en activo intencional, es llamada a tomar posición y protagonismo activos. Eso también lo sabe y lo probó Lope, porque por eso pudo escribir su soneto, que es una genial reacción creativa, el soneto poético, el cual es intencional y acción voluntaria. Desde esta perspectiva, la intencionalidad voluntaria es la guardiana interior de la independencia de la intimidad y la defiende de ser absoluta, fatal y definitivamente ocupada por la influencia de alguien externo, incluido el amado del que estemos más enamorados, si no queremos, si esa no es nuestra íntima intención. Incluso, aunque claudiquemos y nos rindamos al poder de nuestro enamorado, siempre resta la intencionalidad y su independencia *en su raíz*, y en cualquier momento, desde el adentro más hondo, puede decir un ¡basta! ¡No más! ¡Hemos terminado!

2.4. Mi propiedad: donde soy el señor en exclusiva

¿Qué es nuestra intimidad, como centro, y a qué llamamos su latido? Para alcanzar una dosis de respuesta, probablemente certera, nos parece luminosa la senda ya señalada que abre el filósofo Zubiri. Preguntándose qué es la condición de persona, subraya *la autopropiedad*. Hay un matiz clave. Zubiri acuña para ello la expresión *suidad*. ¿Qué quiere decir con esta inédita palabra? Que cada uno de nosotros, en tanto es una persona única, "tiene" en propiedad exclusiva y excluyente su propia realidad, es decir, su propio *esse*, no sólo una naturaleza humana –su cuerpo y alma, por resumirlo convencionalmente–; de esta manera, en ese "tenerse en propiedad" hay un además, primero porque esa naturaleza propia –con su inteligencia y voluntad, con sus organismos psíquicos y físicos– no es "el quién" que la tiene, sino "lo que tiene" el quién, pero además, porque lo que el quién tiene es, a sí mismo, su propio quién es suyo.

Dicho con otras palabras, lo que el quién tiene en propiedad no es la naturaleza sino su propio quién. Lo que se recibe para que sea suyo es su propio *esse*. Por eso nadie es dueño de otra persona. Es decir, no es el quién poseedor sólo de su naturaleza, de sus actos, de sus posesiones, sino que se posee a sí mismo. Él mismo es suyo.

El quién personal, además, con su presencia de dueño, comparece en todo cuanto "es y tiene" en su naturaleza, porque suya es, infundiéndole su "presencia", es decir, su intimidad en cuanto cualidad de estar presente en sí como dueño y señor: eso es la *suidad*.

La *suidad* es soledad, pero abierta a la compañía. Que nuestro quién personal –el que siempre somos– sea "solamente" el único quién, que en sí existe y el único dueño de su ser y tener, conlleva una singular "soledad". El quién personal, en cuanto tal, está a solas en su naturaleza. Lo mío es solamente mío, no albergo otro quién que me sea dueño. Mi intimidad, ante todo, es mía, sólo mía, y lo más íntimo mío que soy y tengo. En este sentido, en la intimidad estamos no sólo desnudos sino *a solas* con nosotros mismos. Sin embargo, esa "soledad" de quien es único dueño de "lo suyo" experimenta en la entraña misma de tal soledad un anhelo de compañía, no de cualquiera, sino de "alguien" adecuado, dotado de un ser capaz de acompañar la soledad de la intimidad: "Un hueso de mis huesos y carne de mi carne". La soledad, por tanto, de nuestra intimidad es consecuencia de nuestra *suidad*.

Pero, a su vez, esa soledad no es una condena al aislamiento de un vivirse exclusiva y excluyentemente a solas consigo mismo, con una incomunicabilidad radical, entera y completa. Una cosa es que nuestro quién personal sea único, persista en su existencia e identidad, no se disipe ni sea sustituido, y otra bien distinta es que su existencia no sea comunicable, capaz de relaciones en y desde su intimidad, capaz de engendrar –desde, en y para amar– una coexistencia entre las personas. La persona es constitucionalmente relación. Carece de sentido –más bien sería una contradicción ontológica– un ser persona que, por serlo fuera un ser aislado y solitario; un ser cuya constitución como persona conllevase la incomunicación de su existencia. La soledad íntima, por el contrario, es la soledad necesaria, de quien es dueño, pero a su vez de la que se es dueño. Por tanto, es soledad para poder "disponerla" en oferta y acogimiento de compañía, ejerciendo de señor sobre ella, pudiendo abrirla, dándola y recibiendo en ella, en forma de una decisión libre, propia de quien es su señor, como soberanía personal de poder coexistir y compartirse.

3. La estructura de la intimidad

Detengámonos algo más, en esas dos dimensiones que se acaban de expresar. La soledad y la compañía conjuntamente. Páginas arriba hemos dicho también que el ser humano se puede describir como centro y encuentro. Se trata de dos aspectos estructurales del acto de ser persona –el *esse*–, que con el lenguaje de la filosofía clásica serían equivalente a la subsistencia relacional o a la relación subsistente,[5] respectivamente. A lo largo del siglo xx se han ido describiendo con diferentes nombres.

En la antropología de Karol Wojtyla aparecen con otra terminología, como dos momentos de la intimidad: el "momento de la soledad", que correspondería a ser centro y subsistencia, y el "momento de la comunión" o "unión-con otro" a ser encuentro o relación subsistente. Lo podemos entender mejor, pensando en nuestra propia experiencia. Hay veces que estamos a solas con nosotros mismos, refugiados en nuestra intimidad, pensando y decidiendo cosas sólo nuestras, en las que los demás no cuentan todavía, pues nos afectan en exclusiva a nosotros. Ese sería el "momento de la soledad", el estar consigo y solamente consigo mismo, aunque sea soledad no impide, sino que pide estar acompañado por el Creador, el que lo ve y lo sabe todo. Es decir, es un estar a solas, más que solo.

Hay otras veces en que la existencia de otro o de los demás ocupa nuestra vivencia interior, y la meditación y decisiones que sopesamos o adoptamos hacen referencia a los demás. Estamos a solas, quizá pensando en los demás o echándoles de menos, incluso

---

5   Cfr. Tomás de Aquino, *Summa Theologiae* I, q. 29, aa. 3 y 4.

interiormente hablando con ellos. Pero aún seguimos en el momento de la soledad.

¿Cuál sería el "momento de la comunión"? La comunión requiere la presencia del amado, no sólo de un modo intencional. Ciertamente, nuestra dimensión espiritual nos ofrece unas posibilidades que superan el tiempo y el espacio. Pero la comunión, de algún modo, incluye la presencia del amado. Veámoslo más detenidamente.

3.1. El momento de la "soledad"

Wojtyla ha escrito magistrales las descripciones fenomenológicas en la hermenéutica del texto de Génesis 2[6] –el segundo relato de la creación, llamado yhavista[7]–, donde, de un modo simbólico, se trata de la estructura interior de la intimidad. Con gran profundidad y originalidad va desgranando las experiencias originarias de Adam en las que el ser humano se autoconoce, manifestando, por así decirlo en

---

[6] Génesis 2: *7:* "Entonces Yahvé Dios formó al hombre con polvo del suelo, e insufló en sus narices aliento de vida, y resultó el hombre un ser viviente. 8: Luego plantó Yahvé Dios un jardín en Edén, al oriente, donde colocó al hombre que había formado. Yahvé Dios hizo brotar del suelo toda clase de árboles deleitosos a la vista y buenos para comer, y el árbol de la vida y el árbol de la ciencia del bien y del mal. (…) 15: Tomó, pues Yahvé Dios al hombre y lo dejó en el jardín del Edén *para que lo labrase y cultivase.* 16: Y Dios impuso al hombre este *mandamiento:* "De cualquier árbol del jardín puedes comer, 17: más del árbol de la ciencia del bien y del mal no comerás, porque el día que comieres de él morirás sin remedio". 18: Dijo luego Yahvé Dios: *"No es bueno que el hombre esté solo. Voy a hacerle una ayuda adecuada (alguien frente a frente)".* (…) 21: Entonces Yahvé Dios hizo caer un profundo sueño sobre el hombre que se durmió. Y le quitó una de las costillas, rellenando el vacío con carne. 22: De la costilla que Yahvé Dios había tomado del hombre formó una mujer y la llevó ante el varón. 23: Entonces este exclamó: "Esta vez sí que es hueso de mis huesos y carne de mi carne. Esta será llamada ('issah) mujer porque del varón ('is) ha sido ha sido tomada". 24: Por eso deja el varón a su padre y a su madre y se une a su mujer, y se hacen una sola carne. 25: Estaban ambos desnudos, el varón y su mujer, pero no se avergonzaban uno del otro".

[7] Génesis 1: "26 Y dijo Dios: "Hagamos al ser humano *a nuestra imagen,* como semejanza nuestra, y manden en los peces del mar, y en las bestias y en todas las alimañas terrestres, y todos los reptiles que reptan por la tierra". 27: Creó, pues, Dios al ser humano *a imagen suya,* a *imagen de Dios* lo creó, varón y mujer los creó. 28: Y los bendijo Dios con estas palabras: "Sed fecundos y multiplicaos, y llenad la tierra y sometedla" (…) 31: Vio Dios cuanto había hecho y todo estaba muy bien".

lenguaje moderno, que la persona humana es, en primer lugar, "materia consciente". Wojtyla alerta de que se trata de un texto metafórico e invita a leerlo de un modo simbólico, en vez de literal, para desentrañar la sabiduría escondida en el lenguaje de la literatura mítica de aquel tiempo. De ahí que las experiencias del Adam solitario –que en hebreo es el genérico ser humano–, no las refiera sólo al hombre–varón sino a toda persona humana ya sea varón o mujer.

Pues bien, en primer lugar, aborda la soledad en su dimensión positiva, no como encerramiento de uno en su propio ego. Y afirma que en soledad la persona toma conciencia de sí misma, de su superioridad con respecto al Cosmos y de su relación con el Creador. La persona humana se autoconoce frente al Cosmos y frente a Dios, como distinta de ambas realidades. Descubre su capacidad de auto-determinación y busca el sentido de su existencia, reconociéndose responsable de sus decisiones.

En efecto, cualquiera de nosotros se sabe distinto a una piedra, árbol o caballo. Y, sea o no creyente, no se confunde con Dios. Y en esta "soledad" nacen aquel haz de preguntas perennes y universales: ¿quién soy, ¿cuál es el sentido de mi vivir', ¿de dónde vengo y a dónde va mi destino?

En ese "el momento de la soledad" no cerrada, que Wojtyla califica como "soledad metafísica", "estando a solas consigo mismo", cada cual toma conciencia de quién es y adopta las decisiones sobre su vida, como, por ejemplo, cuando uno en su intimidad se reconoce deseando amar, con ilusión secreta de enamorarse, aunque todavía no ame a nadie en concreto.

La intimidad en la persona, en esta primera instancia, se abre también al Creador, intuyendo que su conciencia personal es un lugar de encuentro, a modo de templo vivo, donde escucha la voz de Dios y puede hablar con Él. Por ejemplo, de ahí proviene esa vivencia que impulsa, ante ciertas conmociones, a decirse en el interior ¡Ay,

Dios mío! Y, con frecuencia y en todos los idiomas, expresar afuera ese suspiro íntimo.

Hay un además que casi siempre pasa inadvertido. En la soledad de estar consigo mismo, el varón "en su masculinidad" y la mujer "en su feminidad" intuyen que en su condición sexuada no hay un compañero o compañera ya designados por naturaleza, como ocurre con la filiación en la que el hijo no elige a su padre y madre, pues estos le son dados y en concreto. El varón y la mujer, precisamente en cuanto modo masculino o el femenino de ser personas humanas, perciben que nacen "vírgenes". ¿En qué sentido?

El territorio tan íntimo de la identidad sexuada –ser este varón o esta mujer singulares y únicos– es un ámbito muy profundo de libertad, en el que el *partner* al que entregarlo no está designado, sino que habrá de ser libremente elegido. Ser este varón o esta mujer es –a diferencia de la filiación y la paternidad y resto de identidades consanguíneas– un "mío, sólo mío y lo más mío" como humana persona masculina o femenina. Aún más, un *mío* que siente adentro la vocación de *ser tuyo* –donarse– y de acoger como mía la misma intimidad tuya. Pero, aun sintiendo esa inclinación donal, la identidad sexuada es, en su origen, sólo mía, la más mía, y no tiene dado su compañero, *está libre*. De esta manera, en el momento de la soledad consigo mismo, varón y mujer intuyen su *virginidad originaria* y la *especial libertad* de elección y de entrega que la acompaña.

Esta natural virginidad originaria, como veremos al estudiar los territorios de la intimidad personal humana, permanece siempre presente, "intacta", en el punto más profundo o radical de acto de existir de cada persona, de cada uno de nosotros. Nunca desaparece. ¿Por qué persiste sin posibilidad de aniquilación? ¿Por qué es indisponible, ni siquiera gratuita y libremente a favor de otra persona humana? ¿Por qué ni siquiera la comunión humana más íntima, la del varón con la mujer, puede ocupar esa radical y última intimidad?

La respuesta es, porque ningún ser humano es, para otro ser humano, su origen primero y su destino último. Nosotros, en cuanto amadores, hemos recibido y guardamos dentro un "ser amado" –y, por su causa, un poder corresponder como amante y unión– que es un *plus ultra* a cualquier amor humano. Porque es el ámbito radical donde reside, desde en el mismo instante primero del *fiat*, un vínculo amoroso exclusivo de Dios Creador y Trino hacia cada persona, que solicita aceptarse, corresponder y vivirse.

Puede sonar muy fuerte lo que acabamos de decir, a saber, que ninguno de nuestros amores cuyo amado es otro ser humano, sea cual sea la clase de ese amor, puede llenar la soledad virginal de origen radical y destino final, que cada persona alberga dentro. Pero la experiencia cotidiana del amar así lo prueba. En la dominación y posesión con pretensión absoluta –que no son amor–, un "amante" humano puede pretender ser el todo inicial y final de su poseído. Pero es una pretensión imposible. A la postre, él mismo y su amado tendrán que vivir, como mínimo, la particular muerte "a solas consigo mismos", y bastantes más situaciones interiores de la vida humana. Es de una arrogancia suprema y una impotencia frustrante que uno pretenda ser la explicación total de otro ser humano y su horizonte definitivo. Y es una impostura, en general trágica para la víctima, que el pretexto empleado por semejante tirano sea "su amor".

El santuario o templo interior, el reservado para la experiencia de la adoración y su exclusiva nupcialidad, también necesita –en términos máximos– de la libertad y gratuidad para ser donada a su único interlocutor posible. Dios, que es Espíritu, solamente puede ser amado en espíritu y verdad; y ese amor, por serlo, ha de ser en alto grado libre y gratuito. Sólo un ídolo admitiría –tal vez, siempre lo exige– una adoración venida del interés, la utilidad, el precio o el temor y sus violencias. El descubrimiento de este espacio final "virgen", que no roba ni se contrapone a ningún otro territorio de la intimidad humana, sino que a todos enriquece e ilumina, supone un avance clave en la madurez y crecimiento de cada persona.

Nos permite conocernos muy profundamente. Y nos identifica los ídolos y dosis de idolatrías que podríamos padecer en la exageración hasta lo imposible de cualquiera de los amores humanos, hasta alcanzar formas patológicas. En el escenario de idolatrías amorosas no sólo están las víctimas, sino también los verdugos. Esta es una perspectiva olvidada en las explicaciones de la llamada "violencia de género", pero muy real cuando se conocen la psicopatología y las pretensiones totalizantes de los verdugos, con la excusa del amor.

El amor como pretexto no es una exclusiva de la patología y puede aparecer también en escenarios normales. Cualquier amador de buena fe, que de veras quiera beneficiar y no dañar a sus amados, debe hacer un honesto examen de conciencia en busca de alguna carencia, que poco a poco va transformándose en necesidad posesiva y exigencia idolátrica, como si los amados tuvieran como único o principal sentido, lugar y misión estar al servicio de aquellas necesidades y carencias con el incienso de sus vidas. En tanto nadie es esféricamente perfecto y es condición generalizada padecer necesidades, no es fácil este examen ante el espejo. Pero es un hábito muy saludable, aporta aquel núcleo de la humildad que es puro realismo, suaviza tensiones y frustraciones interiores, genera confianza y compañía íntimas, y hace que amarnos les sea grato a nuestros amados. No es poco fruto, por cierto.

3.2. El momento de la "comunión"

Esta segunda dimensión aparece, cuando tras la afirmación por parte del Creador de que "no es bueno que el hombre esté solo" (Gen 2,18), la mujer y el varón son puestos frente a frente, "carne de mi carne, hueso de mis huesos", como interlocutores mutuos y ayuda recíproca, cuyo encuentro les hace experimentar la alegría y la plenitud del enriquecimiento a través de la donación y la acogida entre sí. Es el momento de la "comunión de personas", una comunión que es posible gracias a dos "soledades abiertas a la compañía y complementarias" que se donan y se reciben mutuamente.

El "momento de la soledad" y el "momento de la comunión", por tanto, describen la estructura de la intimidad de la persona humana que culmina en la "unidad de los dos", creados no sólo para vivir uno junto al otro, sino para vivir uno "para" el otro en mutua reciprocidad y responsabilidad. Dicho, en síntesis: la persona humana, por ser varón y mujer, tiene estructura donal en su intimidad; esto es, está constituida como don y como acogida. Dada esa estructura constitucional, su dinámica vital más excelente es la amorosa: entregarse y acoger entera y sinceramente como amante al amado y unirse ambos. Por y para ello, su intimidad está compuesta de diversos ámbitos o "territorios" en razón del específico y diferente contenido donal que hay en cada uno.

Las dos dimensiones estructurales –soledad y comunión– no se pueden separar ni son momentos temporales. De hecho, estructuran la intimidad personal como *coexistencia*, pues aún en el momento de la soledad cada uno ya está ontológicamente abierto a otro. Por esta razón, señala Polo que coexistencia no significa que uno primero sea uno mismo y después se relacione con otros. Algo así como unos treinta años en soledad, para luego, si hay suerte, recibir por primera vez una capacitación para el momento de la comunicación y comunión con los demás.

Coexistencia significa que la persona es de índole dialógica, no monológica, y que lo es constitucionalmente en su mismo acto de ser. La persona humana está abierta *ab initio* radicalmente a otras en diversos territorios donales que estructuran su intimidad y, en definitiva, está abierta a un Dios personal. Por esa radical apertura, por ser coexistencia en su mismo *esse*, es por lo que cada ser humano es precisamente una persona.

Por tanto, la intersubjetividad es originaria, primordial, constitutiva; ninguna persona es la que es, ella sola, aislada y clausurada. Estructural y dinámicamente es coexistente, está abierta a la relación y, además, donal. No olvidemos ahora todo cuanto hemos dicho de la persona en tanto libertad trascendental. Hay un momento, en que cada persona se acepta tal como ha sido creada, o se rebela y lo rechaza, como queriendo ser ella misma –"seréis como dioses"– la creadora de su ser, de su estructura y de su dinámica vital.

Por esta libertad radical, en la vivencia existencial subjetiva de cada ser humano particular, la soledad se puede experimentar de dos maneras: como soledad acompañada en la que uno se reconoce hecho para amar y se acepta o como soledad que se encierra en sí misma, negándose a la donación, y afirmándose a sí mismo como principio y fin de su existencia, por encima de cualquier otro. En este segundo caso, la soledad se convierte en tragedia personal, la tragedia nietzscheana, en definitiva. La filosofía de Nietzsche es trágica porque es una filosofía de esta segunda soledad, que afirma e idolatra el propio yo, por encima de cualquier tú. Bastaría recordar la frase del Zaratustra que aparece en el *Ecce homo*: "Todo sol es frío para otro sol",[8] que es la negación del ser personal en coexistencia donal, y su afirmación de la "voluntad de poder" como paradigma de la hegemonía de unos sobre el sometimiento e inferioridad de los otros. Años más tarde, Sartre resumiría su visión del ser humano como un absurdo existencial, "una pasión inútil", haciéndole decir a uno de sus personajes teatrales: "El infierno son los demás".[9]

Y así como al estudiar al ser humano, desde el concepto de naturaleza, se advertía que el hombre es un ser capaz de tener, tanto en su cuerpo como es su psique, gracias a los hábitos; también podemos

---

[8] Cfr. Nietzsche, "Frío para con los soles, así camina cada sol", en *Ecce homo*: 7. Cfr. *Así habló Zaratustra*, II, cap: La canción de la noche. Cfr. también: *La gaya ciencia* IV, 279: Amistad de las estrellas.

[9] En su obra teatral *Huis Clos* estrenada en el Vieux-Colombier el 27 de mayo de 1944 (Madrid, Losada, 2004), Jean Paul Sartre encierra a Garcin, Inés y Estelle en un particular Hades. Son tres personajes muertos y condenados a convivir "para siempre". Esa muerte y su condena es una alegoría de la vida. Los tres personajes no cesan de conversar y hacerse confesiones y confidencias, que son pura incomunicación. Es Garcin, en la escena final, quien pronuncia la célebre frase: "…el azufre, la hoguera, las parrillas…! ¡Qué tontería todo eso…! ¿Para qué las parrillas? El infierno son los demás".

afirmar que, considerado en cuanto persona, el ser humano es capaz de dar, de darse a sí mismo, es decir, de vivir con y para otro. No nos extrañemos como si estas afirmaciones ocurrieran en islas exóticas o fueran enigmas reservados a unos pocos. Todos los días, en cualquier lugar y tiempo, quienes se aman de verdad lo demuestran con sus vidas. Por ejemplo: los padres con sus hijos, los enamorados entre sí. Que se lo pregunten a una madre con el hijo de sus entrañas. A un hombre con la mujer de su vida. Se trata de una consecuencia importante de la diferencia entre la naturaleza y la persona: en su naturaleza psicosomática el ser humano es capaz de tener y porque es persona es capaz de dar, de darse.[10]

Por diferentes caminos –ahora explorando la intimidad– hemos vuelto al punto central de estas páginas: el poder de amar como el poder peculiar que descubre a la persona. Pero el amar es, de suyo, una comunicación entre las intimidades personales. No es un comunicarse lo que se "tiene", sino un darse y un acoger el quién espiritual que se es, como esta única y singular persona. La intimidad es un ámbito que se cultiva, que crece o se empobrece, que está repleto o vacío, ajardinado, bello y alegre, o amargo, desertizado calcinado. La calidad del amor va a depender de la calidad de las intimidades entre los amadores.

Cuando el quién personal implica su intimidad, entonces adquiere sentido amoroso darse y compartir las "cosas": la casa, los bienes, la mesa, el lecho, las horas y los días. Cuando la persona no se implica, todas las cosas y hasta los más caros brillantes se quedan "vacíos", son fingimientos, imposturas, mentiras, formas de la coacción, del chantaje o de las violencias. Busca adentro, no afuera, nos avisaba san Agustín. En este sentido, amamos desde la intimidad porque se implica; podemos amar porque tenemos intimidad y nos damos y acogemos según la calidad alcanzada por dicha intimidad; y amar es

---

[10] Cfr. L. Polo, "Tener y dar", en *Estudios sobre la Enc. "Laborem exercens"*, Madrid, BAC, 1987, pp. 201-230, y en *Sobre la existencia cristiana*, EUNSA, 1996, pp. 103-135.

unir las intimidades personales, precisamente porque *se dan y se acogen entre sí de forma entera, sincera, y real*. Estos tres aspectos son un test infalible para saber si amamos y cuánto amamos.

4. El castillo interior

Nuestra intimidad posee ciertas características extraordinarias. Están fuera de lo común entre los vivientes impersonales o las cosas inanimadas. Las tenemos tan inmediatamente próximas que, como cualquier objeto que nos pongamos pegado a los ojos, no lo vemos o, mejor dicho, nos pasan desapercibidos, sin tomar en cuenta la gran lección que contienen sobre la persona que somos y sobre nuestro vivir. Por fortuna, las experimentamos constantemente. A continuación examinaremos algunas de ellas.

4.1. La soberanía y la libertad interior

¿Qué significa la soberanía de nuestra intimidad? Se trata de una propiedad prodigiosa que se evidencia sobre todo en el amor y en condiciones vitales extremas. Veámoslo. La compañía entre las personas, su don de sí y su acogerse, *es* imposible como fruto de la violencia o de la compra, es decir, de lo que no es libertad y gratuidad. Y aún más: ni queriéndolo nosotros, conseguimos amar de veras por un precio o como consecuencia de la fuerza coactiva. Es una prueba contundente de que nuestro espíritu, que es quien ama y que se nos creó *gratis et amore*, es inmune a nuestras peores y "consentidas" rendiciones, como sería amar y de verdad a quien nos lo compra o nos lo fuerza.

Junto con nuestro *esse* personal se nos donó también ese poder de amar *gratis et amore*, y no podemos hacerlo más que libre y gratuitamente. Es un imposible empecinarnos en lo contrario. Y si por soberbia terca pretendemos comprar o forzar amor, o por debilidades, cobardías y carencias caemos en la tentación de vendernos o rendirnos, no conseguimos otra cosa, en la intimidad, que situaciones simuladas, falsas y destrucciones mutuas.

Por lo tanto, en el corazón de todos los diversos amores, cuando son verdaderos, late una libre y gratuita voluntad de querer que, desde el primer momento o en alguno posterior, sus amadores han puesto. A poco que lo meditemos, en contraste con un mercado donde todo se compra o vende y un mundo lleno de violencias, que algo dentro de nosotros –el poder ser amadores– no logre funcionar más que libre y gratuitamente es un hecho increíble. Un milagro glorioso. Una prueba de la condición espiritual de nuestro quién personal y una experiencia de que en nuestro acto de existir –desde el amor, por amor y para amar–, subsiste el nexo originario de amador, inmune a cuanto no sea libertad y gratuidad, con Dios Creador que es Quien, *gratis et amore*, nos amó primero.

Observemos que ser "el dueño mío" implica la existencia de *una relación* entre el quién y su naturaleza, entre el dueño y lo suyo. Esa relación "consigo" es íntima por principio. No sólo ocurre en nuestro adentro, sino que constituye la estructura y la dinámica del propio adentro: por eso tenemos, cada uno, nuestro "diálogo interior con nosotros mismos", un diálogo íntimo y desnudo. La intimidad, por tanto, es *una relación* y, aún más, *un seno que concibe relaciones y las da a luz*. No es poco este descubrimiento. Como veremos, la intimidad es una relación de relaciones, un seno activo, una potencia enorme de comunicación: profunda, extensa, intensa, con un contenido pluriforme, repleta de posibles dinamismos. En cierto sentido, puede crecer ilimitadamente.

Nuestro diálogo interior no tiene por qué ser un parloteo vano e inútil; al contrario, puede ser el diálogo mediante el cual nos conocemos, engendramos intenciones, decidimos acciones y nos comunicamos con los demás y el mundo existente. No es aquel "tener" su naturaleza; los animales que, por carecer de quién personal adentro, no tienen intimidad intencional ni libre y racional poder de disposición sobre ella. Es mucho más, porque uno no es dueño de sí para no hacer nada consigo mismo, ni comparece en sí –y en todas sus potencias del alma y cuerpo–, sin propósito alguno. Contiene, como esclarece Polo, un poder de disponer como señor para hacerla crecer y enriquecerla, mediante la concepción de proyectos y la realización de metas y fines, pero con riesgo de empobrecerla y quizás desertizarla, según se acierte o no con el vínculo entre verdad y libertad. En suma, en la relación radical de intimidad el quién dispone de una libertad trascendental sobre su naturaleza y sobre su realización biográfica.[11] O, dicho con otras palabras, la intimidad es el ámbito radical de libertad.

En efecto, se nos podrá amenazar, torturar, encerrar en un campo de concentración, en la caja de castigo de una cárcel; se nos podrá adular, ofrecer un precio y un tesoro, pero independientemente de lo que ocurra desde "afuera", mintamos, finjamos o claudiquemos a las torturas, aún con nuestra intimidad aterrorizada o máximamente tentada a venderse, sólo nosotros sabemos que queremos de veras íntimamente y sigue siendo nuestra esa intimidad pese a los ataques que sufre. Y nuestros tentadores o torturadores bien lo saben y por eso no se fían de la verdad de las primeras rendiciones, y siguen constriñéndonos con el propósito de doblegarnos "hasta el fondo", es decir, hasta que nos entreguemos "del todo", es decir, hasta obligarnos a dar la intimidad. Pero, ¿qué tipo de intimidad damos, si somos "obligados" por la violencia y el miedo? No la verdadera y auténtica, sino la violentada. Y la violada es un aborto de intimidad, una mueca distorsionada. Por eso, la intimidad de cada persona es, de suyo –la *suidad* de Zubiri–, relación de libertad con la propia naturaleza y con los demás. Quien es señor no es esclavo sino dueño de lo suyo.

Así, la intimidad es propiedad en libertad y libertad en propiedad. Libertad interior. Con esta doble cualidad en exclusiva queremos resaltar un rasgo fundamental de nuestra intimidad, a saber:

---

[11]   *Vid.* L. Polo, *Antropología trascendental*, cit. p. 287.

que, por ser "propiedad exclusiva", está "libre" de intromisiones, inspecciones, interferencias, escudriñamientos, y demás presencias de quienes no seamos nosotros. La intimidad, con su fuente de intenciones, es coto reservado para nosotros y no campo abierto y al descubierto para los demás. En este sentido, es ámbito secreto nuestro, resguardado de la lupa ajena, estancia reservada en la que nadie entra y campa por donde quiere, sin permiso expreso nuestro.

Y cuando concedemos ese "permiso" tampoco el franquiciado penetra y se pasea como por lo suyo, sino que, en realidad, nosotros le comunicamos contenidos íntimos, sin que dicha "confianza y confidencia" suponga dejarle colonizar nuestra intimidad y usurparla desde adentro ni tenerla al modo como nosotros estamos en ella, la conocemos inmediata y directamente, y siempre es nuestra y nunca ajena. Esto es cierto, desde luego en su raíz, lo que no impide que nuestra intimidad pueda ser asediada, asaltada y perturbada. Por eso es tan necesaria y profunda *la paz interior*, que es una manifestación rotunda de equilibrado señorío de uno consigo mismo, mediante el cual las demás personas y cosas ocupan una justa presencia y una ordenada influencia en nuestra intimidad.

En razón de esta libertad propietaria, que poseemos y somos, aparece su exigencia de *respeto* por parte de los demás. Nuestra intimidad es nuestra, en rigor, y por tanto nunca es propiedad de otro. Cualquiera, incluso nuestros más íntimos y cercanos, sean cuales sean nuestras confidencias y abusando de ellas, podrían tener la tentación de convertirse en propietarios de nuestra intimidad, al menos en la parte que les hubiéramos abierto y confiado, pudiendo hacer con ella lo que les venga en gana, con la libertad de ser su dueño. A cualquiera, esos abusos le parecen muy graves y de muy difícil olvido, por sus cicatrices de desconfianza, sobre todo cuando somos las víctimas de esos atropellos. Por ello, la relación de los demás con nuestra intimidad –y de nosotros con la intimidad ajena– ha de estar presidida por un especial y delicado respeto. ¿A qué? A la propiedad, reserva confidencial y libertad de su dueño sobre ella.

Quizás, en la vida cotidiana, muchos están libres de grandes intromisiones, coacciones, violencias e intentos de ocupación. Otras personas, por desgracia, las sufren en alto grado cada día. También los "afortunados" no están exentos –en sufrirlos o en causarlos– de arañazos que podríamos calibrar de pequeños, sobre todo si somos nosotros quienes los inferimos, pero que pueden herir hondo y largo, porque la intimidad que se manosea sin respeto duele mucho dado que ahí estamos en carne viva, es decir, al desnudo. Una sobredosis de respeto nunca hiere, la agradece el respetado y aumenta su confianza. En cambio, los descuidos en apariencia leves y corrientes, que acostumbramos a justificar recurriendo a la inadvertencia, también hieren y desaniman la confianza, y si, meditamos su justificación, descubriremos que nada justifican porque son desidias, atropellos, hábitos de poco aprecio y desconsideración, desatenciones que un amado, si de veras es amado, jamás se merece. Y un amante, si de verdad ama, nunca debe consentirse "por no haber sido consciente", es decir, por falta de aquella atención que el amor es.

Aunque parezca una observación lejana, quizás sea oportuno sugerir un matiz sobre el llamado "silencio" de Dios, a veces interpretado como indiferencia por sus grandes ocupaciones hacia la pequeñez del ser humano o, simplemente, como sordomudez del inexistente. Pero Dios, si es Dios, es el único que conoce hasta el último rincón de nuestra intimidad mejor que nosotros mismos. Su conocer, no obstante, no es usurpación, sino amor exquisito. Por eso mismo, su silencio, muchas veces, es respeto a nuestro señorío exclusivo sobre la intimidad, respeto a su propiedad, respeto a su libertad. Está dispuesto a comparecer, en un ámbito interior que exploraremos más adelante, si nosotros, por libres y propietarios, se lo abrimos. Pero, aun así, comparece sin colonizar ni apropiar, con una presencia delicada y respetuosa, que no mengua un ápice nuestra libertad propietaria ni nuestra propiedad libre.

Es sobrecogedor caer en cuenta que, sean cuantas sean las veces que le abrimos nuestra intimidad –a cualquier hora del día o la noche–, siempre pide permiso para comparecer y sentarse con nosotros ahí adentro, y siempre se resigna, aunque con el dolor del amante, a que interrumpamos y le echemos, manteniendo la fidelidad de su oferta, el respeto exquisito a nuestra libertad y propiedad, y dispuesto a regresar una y otra vez con ternura y misericordia. Uno puede, en uso de nuestra libertad, inclinarse a juzgar el silencio de Dios como indiferencia y lejanía; pero puede considerarlo como una extraordinaria lección particular de respeto y, si así estima esa experiencia interior, habrá cosechado sabiduría, criterio y discernimiento para el vasto arte de los respetos, con sus variantes y matices, en el trato con su cónyuge, hijos, padres, hermanos y amigos. El respeto es una dimensión consustancial a la verdad y bondad del amor auténtico y una expresión exquisita de su belleza. Es buena y muy útil cosecha, sin duda.

4.2. Fortaleza, fragilidad y vulnerabilidad

La intimidad es fuerte, en cierto sentido. Lo es en tanto recibe aquella actualidad cuasi irrevocable que es propia del acto de ser de nuestro quién personal. Lo hemos visto con la gloriosa inmunidad del *gratis et amore*. Ahora nos adentramos en un nuevo matiz. Experimentarlo cada uno es la mejor manera de entenderlo. El quién, que soy, se "mantiene" en su existencia y lo hace, no en pasado o futuro, sino en una permanente actualidad: mi acto de ser no duerme, por así decirlo, y el quién que soy es el mismo quién siempre, por debajo de los cambios, transformaciones, algunas inesperadas, de mi alma y cuerpo, de mi personalidad y temperamento, de mis ideas y conductas, esto es, de lo que dispongo o lo que le va pasando a mi naturaleza.

Joven o viejo soy el mismo quién. Me han pasado muchas cosas, unas terribles y otras me han cambiado mucho, pero ¿a quién? Al quién que siempre soy, al "niño que llevo adentro", por así decirlo. Puedo decir, y así lo hacemos, que "Ya no soy la misma persona" al referirnos a ciertos cambios que conseguimos, dejando atrás actitudes impropias y conductas indeseables: "ya no soy aquel", repetimos, "soy una nueva persona, una persona liberada de aquello, una persona mejor". De acuerdo, la corrección y la redención nos es posible, porque hay un espacio de libertad entre el quién espiritual y sus conductas. Pero, no perdamos el compás, quien dice ser otra persona, quien dice haber cambiado y dejado atrás otro personaje que fue y ya no es, *es el mismo quién personal*, porque es el único que puede decirlo, presidir sus cambios, los más grandes, reconocerlos y reconocerse en ellos, al decir: "yo" ya no soy aquel, lo juro, se lo digo "yo". ¿Quién lo dice y jura? ¿Es otro quién? No, desde luego. Quien dice y jura es el mismo quién, el de toda su vida, el que subsiste con todos sus cambios y personajes.

Pero, en otro sentido, la intimidad es frágil como la más fina y sensible membrana, porque siendo un ámbito desnudo, que envuelve directa e inmediatamente a mi quién, y compareciendo con esa muda presencia en las dinámicas biográficas del alma y cuerpo, está expuesta a las bonanzas y a las inclemencias de su ser relación: al buen o maltrato de uno consigo mismo, a los tratos que recibe de los demás, a los embates del mundo exterior, como un navío –del que somos el capitán– acusa las olas y los vientos en el casco y en la tripulación.

Por su sensibilidad "en carne viva" o, si preferimos, "a flor de piel", nuestra intimidad es *frágil*, pero, por el persistir de la existencia del mismo quién personal, es fuerte. Ríe y llora, goza y sufre, pero sobrevive, y aunque maltrecha, abandonada o menospreciada, persiste en rehacerse. Es el instinto de supervivencia; aún más, el ansia de ser feliz. Cuando a causa de las tormentas y naufragios de la vida, alguien dice –o nosotros mismos– "tengo derecho a ser feliz", o "esto o este/a no va a hundirme y amargarme toda la vida", o "estoy roto/a, por favor ayúdame", lo que se manifiesta es esa fortaleza y fragilidad de nuestra intimidad: por su vulnerabilidad está devastada, por su fuerte persistencia anhela la felicidad y la considera su derecho, aunque no haya podido disfrutarlo o se lo hayan pisoteado.

Siendo tan sensible y frágil, pero tan persistente, el dueño de su intimidad la defiende, la protege, la oculta, se la reserva, decide vivir a solas "en ella" consigo mismo. En la experiencia de amar "se nos puede partir el corazón". Está expuesta a sufrir, con especial peligro en la infancia y adolescencia –en los primeros pasos de sus comparecencias ante sí y ante los demás–, distintos tipos de maltratos que, por su causa, quede malherida, atemorizada en modo crónico, desconfiada, resentida, deformada sobre sí y sobre los demás, rígida, encerrada, o tan envenenada de conflictos y sufrimientos que sólo sabe comunicarse consigo y con los demás mediante esos conflictos y sufrimientos, repitiéndolos, pues carece de otros referentes para la relación que aquellos que ha padecido.

Estas experiencias de sus sufrimientos –de durabilidad y de vulnerabilidad– también nos enseñan que nuestra intimidad es un ámbito extraordinariamente *plástico*, es decir, es ámbito de apertura, capaz de expandirse, pero también de contraerse y de cerrarse. Parece, si buscamos un ejemplo, como las antenas del caracol. Es ámbito capaz de crecer, porque puede ir conociéndose mejor, puede enriquecer la calidad de su contenido, es decir, de lo que puede dar y en lo que puede acoger; aunque, a su vez, puede menguar, empobreciendo lo que puede dar y lo que acoger. Parece ocioso advertir, aunque a veces se olvida, que los amadores, para poder amar con éxito, deberán tener una fuerte intimidad, sana y abierta, no conflictiva y traumatizada. Conviene tenerlo muy presente cuando decidamos aventurarnos en el escenario del amor: cuando todavía no amamos a nadie, pero anhelamos amar y busquemos quien nos ame.

Como ámbito de crecimiento, a la intimidad *le es posible "educarse" y ser "educada"*; por eso, en la vida de todas las personas es decisivo el "encuentro" enriquecedor con otras. "Conocerle y tratarle fue lo mejor que me pasó en la vida", confiesan algunos. "Él o ella me abrieron, iluminaron mi alma, me hicieron florecer". "Nací el día que le conocí"; o "crecí gracias a su compañía y consejos". Las expresiones vividas, que manifiestan el paso creativo de una persona por la intimidad de otra, son innumerables. Se nos entregan, como dones, muchas personas que entran en nuestra vida y nosotros en la vida de ellas. Es una grande, profunda y recíproca responsabilidad entrar en la vida de una persona. Me atrevería a sugerir que, si eso ocurre, no hagamos de Atila, el bárbaro huno cuyas correrías, tras su paso, arrasaban al extremo de no dejar crecer ni la yerba.

Veámoslo en positivo. Retomando la idea, antes expuesta, de que la intimidad es relación de relaciones, seno de las comunicaciones personales, podemos añadir que nuestra intimidad es *compartible* o, dicho de otro modo, nos hace capaces de admitir en su adentro a otras personas "como si de nosotros mismos se tratase", incorporándoles como "íntimos" y siendo nosotros mismos también introducidos a su intimidad bajo el mismo título. Y convertidos unos a otros en "íntimos" podemos, desde ese compartirse, proyectar, obrar, convivir, crear cosas juntos, entrelazando los latidos en un sólo corazón, engendrando en las respectivas vidas aquella unidad en cuyo seno late la concordia y el consenso.

Compartir la intimidad, no obstante, no es perder su propiedad y su libertad, de suerte que otro, excluyéndonos, pasase a ser el propietario de nuestra intimidad, el dueño de su libertad, el que nos echa de nuestra casa, la ocupa y se la queda. En amor es importante entender que compartirse y convivir no es una forma de caer en la esclavitud, el sometimiento y la anulación, o la dependencia alienante. Si eso ocurriera, podemos estar seguros de que no es amor lo que se está viviendo.

4.3. La intimidad puede crecer y expandirse

Crecer, enriquecerse adentro, expandir en cantidad y calidad su potencia efusiva, hacer más profunda e intensa la comparecencia del quién personal en el darse y acoger, en el obrar en los diversos órdenes de la vida; todo ello, que nuestra intimidad anhela porque recoge la vocación misma de nuestra persona, es su potencia, su oportunidad, pero también riesgo. Es ambas cosas, porque el crecimiento interior no es un hecho fatal, sino una conquista esforzada de nuestra libertad, de nuestro poder de disponer sobre nuestra naturaleza y sobre lo que le pasa.

La decisión de amar, por encima y debajo de cuanto nos ocurra, es el mejor método de crecimiento de la intimidad. Solamente en la escena del amar real, del amor que es verdad y bondad, cada una de nuestras personas aprende, en su intimidad, que el crecimiento y el enriquecimiento no son el fruto necesario del placer y el propio bienestar, sino con reveladora frecuencia de la abnegación y poda de sí a favor de nuestros amados, de la persistencia y generosidad con que aguantamos o compensamos los desajustes en la correspondencia, de las espaldas con que sostenemos la unión y su concordia. Las denominadas "paz interior y libertad interior" son estancias de crecimiento y riqueza que la intimidad personal adquiere paso a paso, sin límite de horizonte, mediante su persistencia fiel en ser amante, amado y unión. Y a medida que las adquiere, las puede dar y en ellas puede acoger. ¿Tal vez hemos encontrado, a lo largo de nuestra vida, personas que tienen esa paz y liberalidad internas y la difunden en sus entornos? Si es así, pregúntenles cómo ocurrió y de dónde les vino esa paz y libertad internas.

Aquí parece importante añadir un matiz para evitar interpretaciones simplistas o erradas. Hay un nexo profundo entre la verdad y la libertad, que se manifiesta incorruptible en la experiencia de amar. No es posible el sacrificio por amor si no es desde la libertad, es decir, sin que la fidelidad en la persistencia en el don y la acogida, en la correspondencia y en la vida de la unión, provengan de la soberanía de nuestra libertad y gratuidad. Aquel tipo de amor que, contra la libertad interior, es constreñido por cualquier tipo de obligación coactiva, nos aliena y, al fin, nos angustia, atemoriza, entristece y destruye.

La intimidad, hemos dicho, es el primer y más radical ámbito de libertad de cada persona. Y amamos desde esa intimidad soberana. Por lo tanto, los sufrimientos asumidos desde la libertad y los sufrimientos por coacciones son cosas muy distintas. Los primeros construyen, y mucho. Los segundos destruyen, y no poco.

Quien quiera amar en serio debe aceptar cuanto antes, desde su libertad, que va a sufrir por el amado, la correspondencia y la unión. Ese sufrimiento, que viene de la soberana decisión de amar, le da luz y discernimiento, le hace comprender con otra mirada que la ensimismada y egocéntrica, y le permite vivir con sentido y acierto, y le hace crecer adentro en intensidad, cantidad y calidad del don y la acogida. Quien ama, a la postre, es porque es soberano, porque "le da la real gana el darse y el acoger y el unirse", dado que es dueño de sí y de hacerlo.

Otra cosa son las coacciones y sus dolores: ahí ocurre lo contrario, puesto que es propio de la coacción, de las obligaciones impuestas y no asumidas libremente, el que la persona no sea soberana de su darse y acoger, sino siervo de otra voluntad o de circunstancias tiránicas. No hay amor auténtico en el "amor" violentado: sus angustias y sufrimientos no proceden de la soberana libertad, sino de la alienación coactiva y del sometimiento; esa intimidad se marchita en vez de crecer. Es una colosal mentira maltratar con el pretexto de amor. Las violencias, en las relaciones afectivas y de intimidad, son engaños y manipulaciones del sujeto posesivo, dominante, egocéntrico y destructor para imponer su voluntad mediante la fuerza y el miedo. El amor y la violencia se excluyen.

5. La sede: presencia y comparecencia íntimas

¿La intimidad es un lugar? ¿Qué significa decir que es sede, morada, estancia, castillo o recinto?

Decir sede, u otro de sus sinónimos, por la índole espiritual del quién personal, es emplear un término en parte impropio, porque la intimidad no es un local físico ni un sillón donde se siente la persona. Inútilmente buscaremos "localizar" al quién íntimo en sus piernas, corazón, pulmones o cerebro físicos, ni en un dinamismo orgánico por la razón de que, aun siendo soportes necesarios de su encarnación psicosomática y bioquímica, y actuando mediante ellos, no es el organismo psicosomático el lugar y la causa última de la intimidad personal.

El amar, por ejemplo, implica cuerpo y alma, pero es un además que solamente origina el quién personal. Si amar fuera originado, como un fenómeno suyo –inmanente e intrínseco–, por nuestros sistemas psicosomáticos y sus flujos bioquímicos, las compañías farmacéuticas habrían fabricado hace tiempo, además de los antidepresivos y los somníferos, la píldora del amor. Ningún amado, en su sano juicio, cree que le ama de verdad un "amante" impulsado por el alcohol, la cocaína o un masivo coctel de euforizantes y neurotransmisores.

La "sede", en este sentido, es más bien *residencia y presencia* del quién espiritual dentro de lo que es y tiene. Residencia y presencia primaria, esto es, en la raíz –o punto nuclear, o centro activo, o corazón latiente, según prefiramos– "donde" el quién es el único soberano de su cuerpo y alma, y desde "donde" comparece en su desnudez y se implica en forma inmediata y directa en la comunicación y sus obras. Pero ese "donde" y su "adentro" son un *plus ultra* a nuestra corporeidad material y no tenemos otra palabra para su naturaleza que la del espíritu.

Veamos esta asombrosa presencia del quién íntimo y desnudo, de su comparecencia y de su comunicación mediante su alma y cuerpo. Con ese fin, pero sabiendo que es un simbolismo, podemos llamar a la intimidad *el corazón* del quién personal. Con su latido –que es la comparecencia viva del quién latiendo como dueño– se hace presente en medio y dentro de su alma y cuerpo y, en razón de esa presencia radical, se comunica íntimamente mediante su alma y cuerpo a los demás y al mundo exterior.

Pocos ejemplos son más expresivos de esta presencia que la forma como el quién personal *comparece* en la caricia amorosa: en la mano, los labios, la voz, la mirada. Esta experiencia, tan extraordinaria y tan al alcance de cualquiera, nos demuestra que, al tocar, besar o mirar al amado, comparecemos íntimos en nuestras manos, labios y ojos; como también al ser besados sentimos la presencia íntima de nuestro amado en sus labios. Y esa presencia íntima y encarnada es la que convierte en caricia amorosa lo que, sin ella, sería un roce común y anodino. Esa presencia tiene mucho poder efusivo: puede poner ternura, por ejemplo, en la caricia. La ternura, desde luego, es sensible, pero su naturaleza es espiritual. La ternura es una presencia específica y exclusiva del quién personal, y sólo de él, mediante un universo de calidez y dulzura en los modos donarse o acoger encarnando en las manifestaciones de su organismo psicosomático una inefable cualidad sensible que proviene de su espíritu personal.

Pero la intimidad es libre intencionalidad del dueño y, por eso, el quién puede comparecer con un arsenal muy variado de "presencias", por ejemplo, en el beso. Gabriela Mistral, en su poema "Besos", describe una gran diversidad de besos –silenciosos, nobles, enigmáticos, sinceros, que despiden, calcinan o hieren, sublimes, ingenuos y puros… hasta el de Judas–, y en cada uno de ellos late la presencia íntima, en forma de intención encarnada, y termina diciendo:

> "Yo te enseñé a besar:
> los besos fríos son
> de impasible corazón de roca,
> yo te enseñé a besar
> con besos míos
> inventados por mí,
> para tu boca".[12]

---

[12] El memorable poema de la poeta chilena ilustra, como pocos, cómo la presencia intencional de la persona en sus labios modifica el sentido del beso. Estas son las dos primeras estrofas del extenso poema que vale la pena leer: "Hay besos que pronuncian por sí solos/ la sentencia

Esa invención, a la que alude Gabriela Mistral, que viene de *mí* para *tu boca*, es la comparecencia personal del espíritu, que se encarna en los labios de los amadores, pero que no podría nacer solamente de las bocas, es decir, del mero sistema psicosomático, de un cuerpo sin persona.

6.　Seno íntimo de la intencionalidad

Nuestra intimidad es, por decirlo de modo plástico, "la cocina" de las intenciones y también "el puesto de mando" desde donde la persona controla que sus acciones consigan el objetivo final de sus intenciones. Para ello, nuestro sujeto espiritual convoca a su inteligencia y experiencia a su sede, para que allí le ayuden a preparar las intenciones y a controlar los medios y caminos hasta el logro del fin propuesto.

6.1. ¿Qué es la intención?

Pero, ¿qué es una intención? ¿Por qué el quién personal la alumbra en la intimidad? ¿Su destino no es, acaso, salir de la intimidad y allí conseguir los objetivos propuestos? Y cuando sale, ¿es pública y manifiesta, o va dentro de las conductas, en privado y secreto, manteniendo su invisibilidad a los sentidos de los demás? ¿Por qué son decisivas para la buena comunicación y para amar de verdad? ¿Por qué pueden, por el contrario, ser perversas y destructivas? Por último, ¿qué quiere decir "rectificar" las intenciones? ¿Esa atención a la "rectificación" es necesaria para amar?

Empecemos con un recurso clásico: la fábula. Un día –cuenta Esopo– un perro de caza que había atrapado a una liebre, unas veces

de amor condenatoria, /hay besos que se dan con la mirada/ hay besos que se dan con la memoria./ Hay besos silenciosos, besos nobles/ hay besos enigmáticos, sinceros/ hay besos que se dan sólo las almas/ hay besos por prohibidos, verdaderos…".

la mordía y otras le lamía con el hocico. La liebre, harta de dudas, le dijo: "¡Oye, tú! Deja de morderme y besarme para que sepa si eres enemigo o amigo mío". Les pongo otra escena más próxima. Suponte que estás con tu jefe o, si eres estudiante, con tu profesor. Acabas de sentarte en su despacho. Al otro lado de la mesa, frente a ti, él te curiosea en silencio. Unos segundos embarazosos. Estás en vilo: "¿Qué estará tramando este?, ¿me querrá morder o besar?, ¿busca despedirme de mi trabajo, quiere suspenderme su asignatura?, ¿qué maquina? Daría un millón –si lo tuviese– por saberlo".

¿Qué es lo que, como la liebre, quieres saber? *La intención*. ¿Por qué no la ves? Porque las intenciones las concebimos en la mayor intimidad: allí adentro donde el quién personal está consigo mismo. Ese ámbito es soberana propiedad nuestra y está protegida de miradas exteriores. No somos de cristal transparente, ni por un millón. En esa intimidad andamos desnudos, a solas con nosotros mismos, sin sedas ni harapos, ni siquiera pijama y zapatillas. Ahí estamos, por así decirlo, en carne viva, sin pieles exteriores. Y por eso nos escuece tanto una pretensión de hurgarnos ese desnudo y revelarlo al exterior. En ese interior cocinamos las intenciones. Este es el primer paso del secreto: las intenciones, cualquiera de ellas, son cosa íntima, inmaterial, invisible. ¿Por qué? Porque la intención es, al mismo tiempo, el primer momento y la previsión final del quién espiritual concibiendo, él mismo en directo y sin intermediarios, el objetivo de su acción. Y esta "concepción" inmediata y directa es tan espiritual como su autor: nuestro radical quién personal.

Demos el segundo paso: ¿en qué consiste? La intención es hija de un poder increíble y exclusivo que tiene la presencia de nuestro quién personal en su obrar. Es una forma especial de comparecer nuestra persona *dentro* de nuestras actitudes, conductas y comportamientos externos. ¿Cómo? Pues infundiéndoles un propósito o finalidad y dirigiendo la trama de acciones para conseguirlo. Mediante la intención, nosotros estamos dentro –esa es la secreta comparecencia– de nuestro obrar, dirigiéndolo al objetivo que queremos lograr.

Por esa presencia personal es tan importante la intención en la comunicación y en el amor. Porque contiene, con las apariencias externas –los gestos, las palabras, los discursos o las muecas–, los propósitos y los fines auténticos, los que se conciben adentro. "¿Qué querrá de veras mi amada, tras de este revolotearme y tenerme desconcertado?", nos preguntamos en silencio. Y tal vez nos atrevemos a decir: "¿De verdad me amas? ¡Júramelo por tus muertos!". Pero, aunque nos lo jure, su intimidad y su intención sigue siendo su mundo interior, secreto y cubierto, y no se transforma en "cielo abierto y al descubierto", a la manera como nuestra intimidad e intenciones lo están para nosotros mismos, por mucho que atosiguemos a preguntas o la sometamos a tormento. Es, por eso, que el amor es fe y confianza. No dominio y control del interior del amado.

6.2. Intenciones "matrices" e intenciones "hijas"

Otro matiz. Entre idear un propósito y conseguirlo siempre hay un *trecho*, a veces largo en el tiempo. Fijémonos en ese trecho o *distancia*, que en la realidad son espacios y tiempos, lugares y calendario. En ese trecho pueden surgirnos obstáculos e imprevistos de distinta consideración. Pongo un ejemplo muy sencillo. Echo de menos a un amigo, quisiera verlo, abrazarlo, estar con él. Pero vive en Murcia y yo en Santander. Mi intención no puede lograrse a tiempo cero y velocidad infinita. Tengo que concertar una cita, preparar el viaje y hacerlo. No tengo su teléfono. Sé que lo tiene un tercero, al que no caigo nada bien. Hago de tripas corazón, e inventándome una excusa, con una sonrisa para anunciar dentífricos, le veo, le adulo y me lo da. Por fin, puedo hablar con mi amigo. Ciertas ocupaciones suyas en el extranjero hacen que concertemos la cita para el puente de todos los santos. Se me ha olvidado deciros que estamos a fines de mayo. Mi intención persiste. Pero voy a tardar meses, gestiones, vencer algunos obstáculos y un pequeño mal trago para llegar a Murcia.

Para sortearlos, la intención principal, como una madre prolífica, alumbra nuevas intenciones, las oportunas para que no se malogre el propósito final. Y con la intención "madre" y con sus "hijas" nuestra persona, dirigiendo el propósito hacia su obtención, comparece dentro de las actitudes y acciones con las que nos comunicamos con los demás. ¿No es cierto que andaba yo dentro de aquella sonrisa de dentífrico? ¿No buscaba, con ello, que me facilitase un teléfono quien me tiene antipatía? ¿No era una intención hija de la principal y dominante, la que hemos llamado intención matriz, que era estar con mi amigo?

En razón de ese trecho que hay entre tramar y lograr, la intención se parece a un misil tierra-aire. Ve un objetivo, se dispara y se pega al trasero del avión y, a pesar de sus giros, el misil no descansa hasta atizarle, que es su propósito final. Aunque no conocían esa artillería, los clásicos ya decían que *lo primero en la intención es lo último en la ejecución.*

¡Qué cosa tan excitante! Poder comparecer, en secreto e íntimo, dentro de mi obrar. La intencionalidad nos descubre que podemos concebir, organizar, elegir y disponer la finalidad de nuestras acciones, infundiéndoles significados y dirección. ¿Cuáles? Los que queramos. Desde esta perspectiva, concebimos intenciones y las logramos haciendo funcionar las facultades personales: la inteligencia racional y la voluntad libre, su imaginación creativa, su poder de elegir. La intención es su meollo motor. Hay algo más, algo muy grande: es el poder comparecer, en persona, nada más y nada menos que en el amar. Ahí sí que nos hacen gozar y sufrir las intenciones: "¿Sólo me quieres a mí, me querrás siempre? ¡Daría un millón por saber lo que de veras sientes!".

¡Atención! Salvo el ser humano, ni animales ni plantas, ni cosa alguna tiene intencionalidad. La ternera jamás podrá verse como sabrosa chuleta; sólo nosotros le miramos con esa intención. Un pedazo de carbono sabrá jamás que le llamamos así, que por su posesión hasta nos matamos, y que, sometido a unos cientos de acciones, lo convertimos en un diamante. El brillante carbono es inerte, no tiene espíritu intencional. Pero recibe significado cuando un joven enamorado, tras mirarlo en el escaparate, tentarse los bolsillos e imaginarlo en el anular de su amada, entra en la joyería; o cuando un viejo rico lo compra, sin regatear, porque "intenta" conquistar a la joven bella.

Tampoco nuestro cuerpo, sin la presencia de su espíritu personal, tiene intencionalidad. Aunque la persona para "cocinar" y para "controlar" las intenciones pone en acción alma y cuerpo, todo su organismo psicosomático, sin embargo, esos medios, sin la persona, no pueden engendrar ni dirigir intenciones. La cosa es rotunda si pensamos en un cadáver. Aunque más sutil, es lo mismo con las manos, la melena, los labios o con cualquier parte del cuerpo. Es el quién personal, compareciendo en su cuerpo, quien se presenta *en persona* mediante la intención, infundiendo significado y finalidad al apretón de manos, al beso, o al cabello cuando, por ejemplo, decimos al peluquero "ponme como una reina, que tengo boda".

6.3. Las intenciones benevolente, unitiva y responsable

Ahora, el tercer paso. *Somos nuestras intenciones*. Son nuestro más íntimo y desnudo autorretrato, escondido detrás de nuestras actitudes y conductas, marcándoles la finalidad. La intencionalidad es el alma personal de la comunicación. ¡Claro que es decisiva en las relaciones amorosas! Entre esposos, en el seno de una familia, entre colegas y compañeros, al acompañar a un enfermo, al cuidar de unos niños, al organizar con otros cualquier actividad.

Los clásicos insistían mucho en la poda y arreglo de nuestras intenciones. Lo llamaban "rectificar la intención". ¿Qué querrían decir con eso? ¿Cuáles son las intenciones matrices?

Un pequeño alto en el camino. Nos conviene tener presentes tres cosas. Primera: la intención es una comparecencia de nuestra persona –con su inteligencia y su voluntad–, adentro de sus actitudes y conductas, dándoles proyecto, ruta y finalidad. Segunda, la matriz subjetiva de las intenciones es la propia persona en su intimidad. Allí, consigo misma, es donde las trama y las cocina. Tercera, ¿con qué ingredientes las cocina, con que inspiraciones las trama? Pues, con los valores –los ingredientes– que más estima y desea. Esos valores, que tiene por "bienes", pueden ser de gran excelencia, de regular, poca o de índole maligna. Verdaderos o falsos. Constructivos o destructivos. Hay gente que los seleccionan y cultivan con cuidado. Otros, en cambio, no les prestan atención, hoy tienen unos, mañana otros, con la inestable variedad de las nubes. También hay quienes, en el fondo, no aman otro valor que la satisfacción de sí mismos, al precio que sea. Ellos y sólo ellos son su tesoro predilecto. En fin, hay cocinas interiores para todos los gustos.

Pertrechados de este pequeño resumen, demos otro paso. Hay tres grandes intenciones matrices: la benevolente, la unitiva y la responsable.

La intención benevolente, en cuanto espíritu inspirador del quién personal, tiene como fin la búsqueda y el logro del bien objetivo, verdadero y constructivo para los demás. ¿Los demás? Sí, las personas con las que convivimos en los diferentes campos de la vida, por ejemplo, el familiar, el profesional, el ciudadano, social y cultural. El valor y el bien de esas personas, según la naturaleza y grados de nuestra relación y comunicación con ellas, puede ser nuestro "tesoro", aquello que inspira nuestras actitudes y comportamientos. Si es así, en nuestra intimidad personal anida la intención benevolente.

Como es una intención *matriz*, alumbra muchas hijas, es decir, muchas intenciones derivadas y complementarias en aquel trecho de espacios y tiempos, que va desde el concebir hasta el conseguir los propósitos. Por ejemplo, quien tiene y cuida un espíritu benevolente es persona sensible al respeto a los demás, sabe escuchar, está pronto a la ayuda y al servicio, está abierto a incorporar lo que de veras es bueno y verdadero, es generoso, puede ver las cosas desde los ojos de sus compañeros, puede abnegarse o sacrificarse un poco o un mucho, si los demás lo necesitan.

Podemos entender la intención benevolente por su reverso negativo y tenebroso; es decir, mediante las intenciones egoístas. Quien, en su cocina íntima, solamente se mira a sí mismo, fácilmente atropella, invade, arrasa en su trato a los demás, porque él se coloca primero y últimos a los otros. Sólo es diligente para sus intereses; perezoso cuando hay que ayudar, servir o trabajar para los demás. Todo es poco para él y demasiado para el prójimo. Esa doble vara de medir le encierra tan en sí mismo, que se nos vuelve avaro, codicioso y envidioso de lo que tienen los demás. En suma: su matriz intencional, de modo directo o a veces con mil revueltas, es satisfacerse a sí mismo. Los demás son medios para ello o son estorbos, o simplemente no existen. ¿Cómo podría preferir a los demás, si eso choca con la superior predilección que a sí mismo se tiene? Al espíritu opuesto a la matriz benevolente, la llamaremos gravitación egocéntrica, porque es un agujero negro –un egoísmo básico– que todo lo acapara y deglute para sí. Corre peligro de ser un agujero negro quien, al hacer examen de conciencia, descubre que no ha conocido en este mundo a nadie al que amar más que a sí mismo.

Veamos ahora la intención unitiva, empezando por su naturaleza triádica. Es y actúa de forma *tridimensional*. Quiero decir que trabaja en tres ámbitos simultánea e inseparablemente. Este milagro la convierte en una matriz intencional fascinante y majestuosa. Pongamos atención. Es una posición de nuestro espíritu personal que, al mismo tiempo que ve con realismo y sin engañarse *al propio yo y su mejora*, está a la vez atendiendo *la correspondencia con los demás* –su fluidez, sus bienes, sus necesidades–, y además –¡aquí está su maravilla!– logra *trascender* ese yo, y esos tus, captando y cuidando lo que unos y otros somos juntos; es decir, *el nosotros o unión*. La persona en cuyo interior anida la intención unitiva *vive conjugando, al mismo tiempo, el yo, el tú y el nosotros*.

Es clave entender y vivir esa tridimensionalidad. Porque es el secreto del amor y de que ser unión –lograr el nosotros, no sólo el tú y el yo– tenga una fuerza propia y tan grande. Las personas adornadas de la intencionalidad unitiva *logran ver a través* tanto de lo que le pasa al yo consigo mismo, cuanto de lo que sucede entre los yos y los tús. Como la luz, que atraviesa el cristal sin ignorarlo ni romperlo, la intención unitiva ve un más allá al yo y al tú. Ese *plus ultra* no olvida o desprecia lo que le pasa al yo y a la correspondencia con los otros tus. Todo lo contrario. Teniéndolo muy en cuenta, lo trasciende porque ve *un además*. Ese *plus ultra* es *lo que conviene al bien de la unión*, al bien de aquel *nosotros* que los yos y los tus, además, *juntos son*.

En este sentido, podríamos definir la intención unitiva como *aquella matriz interior que infunde, a la comparecencia de la persona en sus actitudes y conductas, el sentido y la finalidad del "ser unión" con las demás personas –el nosotros que juntos somos–, y las inspiraciones oportunas para conservarla, hacerla crecer y restaurar sus desgastes, conflictos y cansancios.*

No es difícil adivinar lo contrario a la intención unitiva. Es el espíritu de desunión. Se puede tener con cierta inconsciencia, por ignorancia y error, por descuido en la comunicación. Pero, con más peligro, puede haber anidado dentro de la gravitación egocéntrica insaciable, que es matriz de soberbias y vanidades, de codicias y envidias, de avaricias y mezquindades, de suspicacias y sospechas, de maledicencias, resentimientos y conflictos. Mientras es una cualidad de la intención unitiva el trato a los demás como personas valiosas y dignas de estima y respeto; es característica del egocentrismo egoísta la apropiación posesiva y el atropello, es decir, el trato a las personas como si fueran cosas, que hoy uso porque me son útiles, pero un mañana dejan de serlo, y busco una papelera donde echar su peso insoportable.

Se dice que el infierno está empedrado con buenas intenciones. El significado de este sensato aviso es el siguiente: no basta con pretender un bien, por muy sinceros que seamos. Hay que añadir lo que Max Weber definió como "ética de la *responsabilidad*". ¿Y eso qué es? Pues añadirle, a la buena intencionalidad subjetiva, una objetiva y realista percepción de *las consecuencias* de nuestros actos. ¿Por qué? Porque la intencionalidad es también *responsabilidad*. En el lenguaje popular, aludimos a la irresponsabilidad con aquel, "ese que tira la piedra y esconde la mano" y nos referimos a la responsabilidad intencional cuando, por ejemplo, decimos "es persona de una pieza y siempre da la cara".

Conclusión práctica: si, gracias a esa responsabilidad ante las consecuencias, observamos que nuestras intenciones –pese a ser "bienintencionadas"– causan daños a los demás y al conjunto o equipo, entonces uno debe frenar, ponerse en modo escucha y atención a la visión de los demás, no aferrarse tercamente, corregirse. Nos hemos preguntado antes que querían decir los clásicos con "rectificar la intención". Ahora lo sabemos: estar atentos a reorientar, corregir, transformar tanto los medios como los fines de las intenciones para que, de veras, sean benevolentes y unitivas con las personas a las que involucra.

7.   Intimidad y estados de ánimo

Esta es una cuestión que, afectándonos diariamente a todos, no admite una definición completa y estática, un ver "la cosa" tan clara, identificable, concreta y hasta numerable, como vemos lo que hay en la estantería de nuestra habitación o al abrir el frigorífico. Es un escenario fascinante, sin embargo, tanto por su enorme dinamismo como por los elementos que intervienen. ¿Qué queremos preguntar al decirle a alguien "¿cómo estás?". ¿Qué quiere comunicarnos cuando responde "estoy genial" o "preocupado, triste, hecho unos zorros, desasosegado, animado, o estoy como el tiempo, un rato nublado y otro soleado"?

Lo que ahora nos interesa de los diversos "estados de ánimo" no es el estudio de cada uno en particular, sino su estancia en la intimidad y su influencia en la dinámica amorosa. Los estados de ánimo, en la escena afectiva, nos ponen de relieve las articulaciones, tan profundas e intensas cuan poco diáfanas, entre espíritu, alma y cuerpo masculino o femenino. Recodemos que somos cuerpo y alma, que no sólo "tenemos" un organismo psicosomático. Pero no olvidemos que somos *un además* a nuestra naturaleza humana, el quién personal espiritual, único e irrepetible, que es el dueño. Todas nuestras dimensiones intervienen, pero hay un factor clave: la intimidad, ante todo, es propiedad y sede o trono del quién personal consigo mismo, esto es, la persona preside su naturaleza psicosomática.

En la intimidad se le presentan al quién personal los estados y dinamismos de su alma y cuerpo. No comparecen sordomudos y paralíticos. Se presentan con fuerza, impulsando reacciones, pretendiendo persuadir, inundar, arrastrar, dominar al dueño personal en una dirección tendencial. En los estados de ánimo, la presidencia del quién sobre su naturaleza se pone a prueba: el quién gobierna o el quién es desbordado; el quién preside desde su adentro, o el quién es asediado y hasta colonizado desde las conmociones que vienen de su alma y cuerpo y, al organismo psicosomático, desde el exterior: otras personas, cosas y estructuras externas.

Por supuesto, hay que entender esas polaridades en términos de dosis; es decir, el sujeto personal intenta y logra gobernarse *en una medida*, que puede ser alta y constante, u ocasional y baja. Y nuestros estados de ánimo –y según cuáles, más unos que otros– nos conmueven, inundan en parte o del todo, por un tiempo más o menos dilatado. Por lo demás, contenidos y finalidades de los estados de ánimo no son enemigos hostiles; desde luego, no por principio, como si lo que nos conmueve fuera de suyo impropio y maligno.

El que ciertos estados del ánimo nos perjudiquen depende de muchos factores. Desde luego, aquellas conmociones que nos perturban haciéndonos perder luz y libertad –oscureciendo y esclavizando–, son difíciles de cohonestar con la paz y la libertad interiores, que son síntomas de equilibrio y señorío. Lo son aquellos estados del ánimo que, provocados por ingestas externas –por ejemplo, el alcohol o las drogas– provocan un deterioro, a veces irreversible, del organismo psicosomático. Por el contrario, no se conocen casos de tan graves deterioros de cuerpo y alma cuando una persona, con excepcional y particular desproporción emocional, sufre conmociones al borde del desmayo por escuchar un nocturno de Chopin, contemplar *La Piedad* de Miguel Ángel o ser besada por su amado.

Los estados de ánimo, sin duda, son un escenario muy subjetivo; sin embargo, cualquiera sabe que pueden no sólo perturbarle, sino destruirle. Y hay dos síntomas objetivos, claros e infalibles: si la persona pierde, en su mente, la realidad y, en su voluntad, la libertad. La conclusión, supuesto acotado objetivo, es la siguiente: en la intimidad se presentan alma y cuerpo, con sus peculiares conmociones, dinamismos, emociones y estados. Al comparecer allí, se nos hacen íntimos, es decir, cercanísimos al quién personal y éste ha de tomar una posición presidencial, de dirección y gobierno, de consentimiento o rechazo. Para ello necesitará salvaguardar, al menos de manera no esporádica sino habitual, su entendimiento sobre lo real y su voluntad libre sobre su conducta.

El gobierno de los estados de ánimo, tratándose de su dignidad personal y de su propia naturaleza –"su carne y huesos" diría Adán–, pide virtudes y artes: con prudencia, fortaleza, templanza, justicia y amor, también amor a uno mismo –por eso, éstas son las virtudes cardinales–; nunca de forma despótica y tiránica, como si, para ser mejor persona, debiera odiar su naturaleza como cosa ajena, maligna y hostil. Con un mal amor de sí, una baja estima, un interior desequilibrado y patógeno, etc. sería difícil evitar o resistir aquellos asedios que supondrían la destitución de su persona y la consecuente usurpación de la intimidad, lo que equivaldría a deponer propiedad y libertad personales sobre sí mismo y sobre la propia vida interior y exterior. Ha de atender, transformar y canalizar los estados de ánimo, en la medida de lo posible, hacia soluciones *matrices* inteligentes, sabias, libres y amorosas –benevolentes, unitivas y responsables–, que den lugar a una variedad de recursos.

A veces no se subraya, en este gobierno de calidad personal sobre uno mismo, la excepcional eficacia del sentido del humor. La verdadera alegría interior tiene en el humor un solícito e inspirado mayordomo. Quien logra disponer de semejante servidor, lo sabe. Nadie como él para poner en orden las visitas –las de afuera y las de adentro–, excusarse y ganar tiempo, templarlas y distraerlas, entusiasmarlas o enfriarlas, con arte y delicadeza exquisitas, protegiendo la intimidad de su señor.

Y aunque nuestro mayordomo no sea militar, ni siquiera retirado, tal vez ahora podamos entender mejor por qué los clásicos decían *vita humana militia est* no en el sentido de que debamos alistarnos en el ejército, sino que hay en todos nosotros un "combate", cuyo primer campo de batalla ocurre en nuestra intimidad, combate que dura toda la vida, donde nuestra persona lucha por dirigir al bien las conmociones, perturbaciones, climas, emociones y afectos, reclamos tendenciales, urgencias, carencias y necesidades que le presenta su naturaleza psicosomática al vivirse a sí misma y al convivir con el exterior, las demás personas, las cosas y el mundo. Y atención, como que este combate dura toda la vida –*vita humana militia est*–, lo extraordinario y estimulante es que *el mismo combatir*, sin rendirse jamás, ocurra lo que nos ocurra, levantándose una y otra vez, ya es la victoria.

También estos matices nos ayudan a valorar hasta qué punto es importante, en la experiencia de amar, el estado de la intimidad del amador y los hábitos y valores que hay en la "cocina" de su intencionalidad. O, dicho con otras palabras, cuán decisivo va a ser, en las historias de los amores íntimos, que el quién personal se conozca o desconozca interiormente, sea buen o mal dueño de su cuerpo y alma, posea una intimidad profunda o superficial, rica o pobre, con mucho o poco que dar y en la que acoger, dispuesta o cerrada a su apertura, tenga miedo o confianza: pueda y quiera decir "te doy mi corazón" o, por el contrario, padezca la parálisis interior del "no sé abrir mi corazón, ni puedo, tengo miedo de exponerlo y no quiero sufrir, no quiero darlo a nadie, porque de nadie me fío". Podemos sufrir una parálisis de la intimidad, alguna de índole endógena, casi innata, otras veces de origen biográfico; por ejemplo, una dolorosa experiencia, a veces en edades tempranas, ha enfermado la intimidad y la ha vuelto precavida, desconfiada y enclaustrada. La literatura, como las letras de los boleros, están llenas de esos bloqueos íntimos fruto de las decepciones, heridas, y descreimientos de los desamores y los abandonos.

Sin embargo, las parálisis, descreimientos y bloqueos son asedios peligrosos a la libertad y paz de la intimidad, sobre todo, a su alegría de amar y de vivir, que es una alegría radical, del espíritu personal, que sobrevive a los infortunios físicos y psíquicos y que resulta decisiva para mantener vivo el amor. Es un espectáculo humano reconfortante y glorioso, por ejemplo, ver esa alegría radical en enfermos graves, en algunas familias, que han perdido sus casa y bienes, emigradas por las guerras o, sin ir más lejos, en nuestro padre o nuestra madre cuando, ante una dificultad o prueba severa de la vida, nos siguen tratando con la ternura de su amor y sin dejarse vencer por la tristeza y la desesperación.

Si algo nos demuestran los sufrimientos –y las maneras de huir de ellos– es que la buena salud de nuestra intimidad descansa en la vitalidad y fidelidad de su apertura donal: la alegría de vivirse dándose y acogiendo, pese a todo, a aquellos –los amores íntimos– con quienes convivimos y nos compartimos. Esta índole comunicativa de la intimidad y esa capacidad de encarnar el don de sí y la acogida en sí la posee el cuerpo y el alma humanos, porque somos esa corporeidad animada –no sólo la tenemos– y, por serlo, nuestra persona se da y acoge mediante su alma y cuerpo, luchando por presidir sus estados de ánimo con la intencionalidad donal.

8.   Virtudes para la intimidad

La intimidad, dijimos, es efusiva y crecedera. Pero esos enriquecimientos interiores no ocurren vegetativa ni espontáneamente, por el azar o la fatalidad. Por personal, la intimidad se hace más profunda y adquiere más amplitud donal cuando la cultivamos y la educamos.[13]

Una poderosa fuerza que tiene la intimidad, pese a ser ámbito interno, es su irradiación al entorno exterior, en donde ocurre la comunicación entre intimidades personales, cambiándole su carácter externo, anónimo e impersonal, convirtiéndolo en espacio personalizado y reservado, e imprimiéndole carácter de ambiente íntimo. Alquilamos o compramos, por ejemplo, un local en donde se puede ubicar una oficina pública, un estudio de arquitectura o un taller de modista, y lo convertimos en un hogar familiar al irradiar en ese espacio, incluso con la decoración y distribución adecuadas, nuestra convivencia conyugal y familiar. Esta irradiación al entorno tiene su reconocimiento en derecho, por ejemplo, en la protección de la intimidad personal y familiar, la inviolabilidad del domicilio y la consideración de su allanamiento como un delito.

Nuestras intimidades personales se difunden, de adentro afuera, transformando en íntimos los espacios y sus tiempos. ¿Qué es, si no, un hogar? También es un "lugar", pero no "cualquiera". Es un lugar, "un espacio y tiempo transformado e irradiado", que acoge y refleja la vida de las diversas intimidades familiares. ¿Qué ocurre en una cita amorosa? Que transformamos un banco común del parque, una mesa cualquiera del restaurante, un par de asientos en el atiborrado estadio donde se juega una final, en un "lugar íntimo" en el que el resto del mundo parece haberse reubicado y empequeñecido, casi desaparecido. Simplemente, los amantes se comunican sus intimidades,

---

[13] Sobre la noción de crecimiento "irrestricto" de la persona, *vid.* Leonardo Polo, *La esencia del hombre*, EUNSA, 2011, p. 293 y ss. Sobre el cultivo de las virtudes, *vid.* J. Pieper, *Las virtudes fundamentales*, Madrid, Rialp, 1980. Sobre el crecer o el empobrecerse del "corazón" de la persona, *vid.* D. Von Hilbebrand, *El corazón*, Madrid, Palabra, 1996, en especial la primera parte.

las difunden al entorno, lo transforman en espacio y tiempo suyo e íntimo, lo aíslan del mundo común. Basta con que uno de ellos no comparezca íntimo o de pronto ponga en modo ausente su intimidad para que, pese a estar ambos cuerpos en el lugar de la cita, el hechizo no se produzca o se desvanezca.

La intimidad, en tanto es nuestra, *es efusiva y crecedera* también en profundidad, en amplitud, en intensidad y en calidad. En otras palabras, podemos "cultivar" también nuestra intimidad, esto es, debemos "educarla". ¿Con cuáles métodos y recursos?

En primer lugar, tengamos presentes características, ya examinadas, que son criterios de crecimiento:

1. *La articulación en unidad*: "el adentro" donde el quién personal preside el gobierno, como dueño de sí, de su alma y de su cuerpo.
2. *La comparecencia íntima*: la intensidad y calidad de implicarse directa e inmediata en el diálogo consigo mismo y en la comunicación con los demás.
3. *El poder de disponer*: con el que engendra las intenciones y las infunde en sus actitudes y en su obrar y que en su condición de dueño de sí y de su libertad puede hacer y decir: "Esta es mi biografía, la que yo quiero ser".
4. *El carácter donal que posee*: la estructura de poderse compartir mediante el don de sí y la acogida en sí, en cuanto amador: amante, amado y unión de amor.

En razón de estas características, la identidad nuclear más radical de la intimidad personal es la de amador. Y esa identidad, en definitiva, en su tridimensionalidad, es la que hay que cultivar y educar. Por ello, en comparación con otros posibles caminos, el método más propio para educarla y hacerla crecer *son las virtudes*. Atención al desgaste cultural de esta palabra. Virtud, del latín *vis*, quiere decir *fuerza, energía, poderío* que hemos logrado adquirir como hábitos donales del quién personal. ¿Dónde son necesarias estas enérgicas fuerzas?

Lo hemos explorado más arriba: en la lucha biográfica por presidir el gobierno de nuestros estados de ánimo, sin dejarse esclavizar, canalizándolos hacia actitudes, conductas y soluciones de vida benevolentes, unitivas y responsables. ¿Cuál es la posición intencional más favorable al gobierno personal, a su paz y libertad interior? La posición donal, que pone amor –don y acogida íntimas– en cuanto vive y convive.

Las virtudes son el orden interno del amor verdadero, bueno y bello. Y si esta afirmación de san Agustín se comprende bien –si abrimos el amor en canal, como si lo tuviéramos en la mesa del quirófano, sus entrañas son las virtudes–, entonces se ilumina otro descubrimiento fascinante. Resulta que, en el ámbito de la intimidad, es donde están sembrados, para su cultivo y frutos, los trascendentales que caracterizan al ser personal y a sus acciones exclusivas y superiores, por encima de cualquier otro ente, que son: la inteligencia sabia, la libertad, el amor y la comunión en unidad.[14] Digámoslo de otro modo: conseguir ser sabio, libre y señor de sí, amador y en comunión de compañía y confianza con los amados es *unidad de vida y vida lograda*. Es parte de la sabiduría comprender que eso es lo importante y lo demás no lo es tanto o, probablemente, es espejismo, humo vano, soledades radicales y vacío existencial.

La "educación" o cultivo y crecimiento de esos trascendentales de nuestro ser es fruto directo y exclusivo de lo que llamamos virtudes personales. En efecto, hacerse justo, prudente, templado, generoso, magnánimo, paciente, humilde por ejemplo son conquistas que cada quién personal consigue en y desde su intimidad, pues en dicho adentro se conciben, gestan, podan y abnegan las presencias intencionales y sus finalidades en la comunicación y los comportamientos hacia los demás. Cultivo y educación de las virtudes –las fuertes energías que nos hacen amadores– es nuestro mejor negocio. Conviene

---

14 Cfr. Las propiedades o trascendentales de la persona fueron conforme el texto de Leonardo Polo, *Antropología trascendental*, tomo I, pp. 229-280.

repetirlo en un mundo donde el *business* es el nuevo dios y ese ídolo poco o nada tiene que ver con las virtudes del amador, sino con las astucias y pericias para ganar dinero.

Quien, por ejemplo, somete, apropia, codicia, envidia, abusa, toma a los demás como herramientas o peldaños de su *business*, no ama sin duda alguna, pero además ese culto a la predilección hacia sí mismo –el agujero de la gravitación egocéntrica–, utilizando a las personas para ello, *encierra en sí y marchita*, en vez de posibilitarle el crecer. No nos engañemos, justificando en una pretendida superioridad de los fines corporativos y empresariales, el uso y abuso de las personas. Se trata de una forma actual de la idolatría del *business* y, en su consecuencia, del sometimiento moderno al becerro de oro. Por el contrario, mediante el cultivo virtuoso de nuestra intimidad donal conseguimos ser más sabios, libres, amadores y, frente al riesgo de los vacíos y frigideces internas o de la fragmentación y las roturas biográficas, logramos aquella cima de excelencia, que es la unidad de la vida lograda.

9. La intimidad permanece: por qué podemos ser fieles

La intimidad es *trono* de su persona, la capital del reino del que el quién, en su desnudez, es su exclusivo monarca. Por ser *trono* de su rey es por lo que, en los casos extremos de tortura y maldad, los verdugos buscan rendirla, ponerla de rodillas, usurparla y dominarla, intentando destruir no sólo la dignidad y señorío de la víctima sobre su radical interior, sino el hábito y memoria de su propia identidad, hasta devastársela, convirtiéndoles en zombies psíquicos y físicos. Los relatos de estas víctimas son estremecedores.

Pero, aún en los casos de rendición y sumisión, el destronamiento entero y definitivo no es posible. La víctima puede lograr sobrevivir, encuentra con el tiempo recursos insospechados, aparentemente mínimos, y cuando es liberada es capaz de contarlo, diagnosticarlo, sabe que han pretendido arrasarle, sabe lo que ha de recuperar. Lo sabe. La identidad personal y su intimidad *perviven adentro,* porque son inmanentes a cada persona. Soy mi persona y me soy en propiedad: soy conmigo esa relación primaria, es decir, soy mi intimidad.

Mi relación conmigo –abierta a los otros, coexistente–, permanece siempre adentro. Aunque haya sido castigado, torturado y pisoteado, mi raíz pervive en mí. Y cuando digo que me rindo a mis verdugos, aunque lo haga, no puedo entregarles mi ser ni su fuente de intimidad conmigo mismo y, por tanto, les miento y me miento. Por esa razón, al mínimo resquicio rebrota y vuelve a florecer, incluso en cautiverio. Este pervivir de mi intimidad es inmanente a ser esta única e irrepetible persona, que sólo yo soy.

Esto es así porque mi intimidad no muere, no desaparece dentro de mí, aunque apenas le haya hecho caso o la haya frecuentado poco, porque sólo vivo hacia fuera o porque me la hayan maltratado. Comprendido esto, entendemos algunas experiencias íntimas que todos, por personas, tenemos. Y también así me puedo rehacer o regenerar de infancias, de juventudes o de mucha vida destrozada. Puedo sobrevivir al daño que se me hizo. Puedo, incluso, devolver bien por mal.

De alguna manera, nuestra intimidad es *escondite,* no sólo porque podemos ocultarla ante cualquier averiguación o intromisión ajena, sino también porque es *refugio* para nosotros mismos, incluso en medio del mayor bullicio, del tropel del gentío, de la masificación anónima, del ataque exterior. Es, además, estancia reservada, porque, como en cofre de siete llaves, guardo lo más mío y secreto; y porque abro o cierro, en todo o en parte, esa estancia a quien me da la real gana. Trono, escondite, refugio y cofre reservado los llevo conmigo en todo tiempo y lugar, porque mi intimidad es yo en mí. Y semejante vínculo me es inmanente y, por tanto, no deja de ser, no desaparece en cualquier circunstancia, incluidas las invasiones que emplean la fuerza y el pánico.

Puedo facilitar este "encuentro íntimo" conmigo mismo, buscando el silencio, la paz y brisas del bosque –se dice el "contacto con la naturaleza"–, paseando o corriendo, en el paréntesis de la noche que parece dejar las cosas quietas, leyendo un libro que me conmueve y me hace crecer. Puedo ser "intimidad" en medio de una masa enfervorizada. Puedo tener la fortuna, probablemente buscada, de estar en ambientes y con personas, ricas en su intimidad, que respetan y enriquecen la mía. Y, sobre todo, puedo vivirme y expandirme, íntimo y desnudo, entre mis amados.

¿Cuáles son, por tanto, las dos destinaciones de nuestra intimidad? Un destino –¿un para quién?– es para uno mismo, para estar consigo. La otra gran destinación es para los demás, mejor dicho, para los "prójimos" concretos, porque no se pude ser íntimo con las masas. Y de los prójimos, por excelencia, es para comparecer en el don y en la acogida a nuestros amados en los siete grandes territorios que exploraremos en otro capítulo.

Ese *esse* espiritual, que no desaparece, que siempre permanece dentro de nosotros –porque si no dejaríamos de existir–, y que constituye nuestra intimidad, explica que existamos, explica la excelencia de la persona y, además, hace posible *la fidelidad* en el amor. El "te querré siempre, toda mi vida, y aún más allá", no es solamente una emoción tan intensa que nos parece eterna, el grito de un sentimiento incontenible aquí y ahora, no es un desiderátum ideal o utópico, ni solamente un estado de ánimo, por noble y elevado que fuera, de nuestro organismo psicosomático. Es algo más.

La fidelidad radica en *el además* que somos. Se trata del afianzamiento del quién que somos, porque nuestras obras, nuestros amores, cuando los vivimos conforme a la estructura del *esse* recibido, por decirlo así, lo refuerzan, preparando la subsistencia definitiva que llegaremos a ser. Si ser y amor están intrínsecamente unidos, y el amor puede crecer, cuando crecen y mejoran nuestros amores, entonces también crece y se afianza nuestro ser. Quizá no podemos ser más persona de lo que somos, pero sí *mejores* personas, más amadoras, más crecidas. Todo amor es probado. Y la fidelidad es la respuesta de la persona que, persistiendo en su amor en medio de las pruebas, crece y mejora.

Hacíamos referencia anteriormente a que el amor tiene que ver con el *esse*, a que el amor es un transcendental antropológico. Y recordábamos la intuición de Gabriel Marcel de que el "El ser es el lugar de la fidelidad". Lo que ahora decimos tiene que ver con eso y, en cierto modo, lo explica.

Este quién, que somos, que siempre permanece en nosotros, que no desaparece aunque no le hagamos caso, que es coexistente, es decir, estructurado como amador, con la posibilidad y la exigencia de darse y acoger a sus amados con esa inconmovilidad de su ser, cuando actuamos conforme a su estructura ontológica, entonces conoce, vive la fidelidad. Fidelidad es la constancia perseverante de amar y de ser amador por encima de los espacios y tiempos materiales, de los cambios y los cansancios que conmueven y perturban su sistema psicosomático, ya los que surgen de adentro, ya los que le vienen de afuera, de las cosas, de las estructuras sociales o de las conductas de los demás. La fidelidad, como el amor, no sólo es un obrar, en cierto modo es también ser.

Ante esta posibilidad de arraigar la fidelidad en la inconmovilidad del quién personal, *la fidelidad puede convertirse en la identidad* del que ama "desde y hasta" el fondo de sí mismo. La fidelidad no es una virtud accidental, un añadido; es *la identidad misma del amador, en cuanto se ha dado entero y definitivo*. Pongamos un pequeño y extendido ejemplo: muchos saben y experimentan que su madre les ama fielmente, por encima de cualquier cambio y transcurso del tiempo. Ella es madre fiel, ella es madre siempre; esa es su identidad. Y, con gran sorpresa y a pesar de todos los pesares, amamos a cada uno de nuestros hijos con aquella fiel perseverancia gracias a la cual "siempre" vamos a ser, sin negarle y abandonarle, su padre o su madre, o su hermano, o su abuelo. Es decir, una identidad entera y definitiva de amador.

La intimidad son muchas más cosas, todas extraordinarias –por ejemplo, su incondicionalidad, su gratuidad, su libertad y sus sorprendentes vínculos de amor justo, la diversa constelación de valores que cada uno de sus ámbitos contiene e irradia–, que ahora no conviene anticipar.

En este primer acceso nos basta con habérnosla identificado *en nuestro adentro y en su peculiar desnudez*, evitando confundirla con el enorme almacén de cosas, roles y relaciones que nos invaden, ocupan y preocupan desde afuera –a los que dedicamos tanto tiempo de la vida–, con riesgo de amordazar, incluso sepultar, nuestro ser íntimo. Nos basta, también, para darnos cuenta de que el amar convoca a esa desnuda intimidad, que expresa nuestro cuerpo personal, porque, en cualquier género de los amores, los amadores abren y ponen en relación sus íntimos interiores, y se los comunican mediante la capacidad del cuerpo de manifestar a su persona.

Es decir, se nos puede dificultar nuestra capacidad de amar si, por cualquier causa, tenemos enterrada nuestra intimidad, desconocida para nosotros mismos, devastada por maltratos, fría, rígida y encogida por el egoísmo, suspicaz por desconfianzas u oculta por sus miedos en una cerrada caja de caudales, ocupada por la invasión de la vida externa, o casi vacía por frivolidad y superficialidad. Vivimos hoy en modelos sociales y económicos dominados por la apariencia e imagen exteriores, que nos vacían la intimidad profunda y la sustituyen por pasiones, fanatismos y sentimentalismos de superficie: desde esas "pérdidas" de uno mismo, se nos hace difícil amar de veras, al tiempo que sus sucedáneos nos condenan a muchas soledades y vacíos.

Existe un consejo terapéutico de experimentada autoridad, tan clásico como actual, para cuando, superados o rotos por las adversidades, miramos donde está un remedio, el de no buscar "afuera" –en las cosas y ruidos del mundo–, sino "el regresar adentro" de sí, al "hombre interior" –en la expresión de Agustín de Hipona–, redescubriendo, cultivando y protegiendo el espacio de nuestra intimidad, porque es en este interior donde se encuentra la persona "real" de uno mismo. El "hombre interior" que, para amar y ser amado, hay que conocer sin engaño, podarlo de soberbias, narcisismos, errores, tendencia a trasladar culpas propias a otros, y gravitaciones egocéntricas. Hombre interior que pide ser preparado para el don y la acogida mediante las virtudes y, al fin, poder compartirlo con aquellos cuya persona y vida, al hacernos amadores, logramos estimar tanto o más que la nuestra.

CAPÍTULO V
Transversalidad tridimensional de lo femenino y lo masculino

Hemos recorrido diversas coordenadas, unas duales y otras triádicas, de la antropología. Entre las tridimensionales: cuerpo, alma y espíritu, por una parte, y desde otra perspectiva: persona, naturaleza y cultura. También el amor es tridimensional y conoce muchas tríadas, por ejemplo, es don-acogida-don; es amante, amado y unión; padre-madre-hijo. Y entre las duales señalamos: cuerpo y alma, voluntad e inteligencia, interioridad y medio externo, sujeto y objeto, individuo y sociedad. En cierto modo, el estudio antropológico podría darse por concluido.

Pero, conviene caer en la cuenta, se trataría de un desarrollo genérico y asexuado de la antropología filosófica, lo que ha sido habitual, en nuestra tradición, hasta los autores más recientes.[1] Obviamente, no sólo somos un ente, ni tampoco el ser humano abstracto y genérico; en realidad, cada uno somos este único varón y esta única mujer. Ya se ha hecho referencia varias veces a la doble modalización masculina y femenina, pero no se ha explicado en qué consiste. Esta será la materia a trata ahora.

Para llegar al fondo de la identidad humana y para advertir en profundidad la llamada al amor, parece necesario seguir profun-

---

[1] Por referirnos a algunos tratados recientes se podría citar el tratado de M. Buber, *¿Qué es el hombre?*, México, FCE, 1949, pp.119-142 o el de L. Polo, *Quién es el hombre. Un espíritu en el tiempo*, Madrid, Rialp, 1991, 319-398.

dizando en otras dimensiones de la intimidad humana, hasta llegar a la diferencia entre varón y mujer, que constituye su gran dualidad, la díada originaria. El amor antropológico es tridimensional y dual conjuntamente. El varón y la mujer son estructura y dinámica donales, en cuya virtud son don-acogida-don entre sí y, siendo amante, amado y unión, engendran el uno en y por la otra, su identidad biográfica de varón y mujer.

Partiremos de un texto del Papa Wojtyla donde afirma que "la sexualidad es una riqueza de toda la persona –cuerpo, sentimiento y espíritu–, que manifiesta su significado íntimo al llevar a la persona hacia el don de sí misma en el amor".[2] Aquí aparece ya con claridad la amplitud y transversalidad de esta condición, presente en todas las dimensiones humanas.

Digamos entonces, que la transversalidad es una de las peculiares características de la condición sexuada humana, masculina o femenina, porque se encuentra en todos los ámbitos humanos: cuerpo, alma y espíritu. De ahí que en este capítulo analizaremos conjuntamente cómo se entreveran las dimensiones triádicas con la dualidad femenina y masculina.

1. Reflexión sobre la diferencia sexual humana

El debate actual en torno al género y a la identidad personal pone de relieve lagunas y deficiencias de reflexión filosófico-teológica acerca de la diferencia varón-mujer dentro de un contexto sistemático. El conocimiento de la propia sexualidad y su llamada al amor no es fácil de tematizar y, de hecho, en el momento presente es una de las cuestiones pendientes más polémicas del panorama intelectual.

---

[2] Juan Pablo II, Exh. Apost. *Familiaris consortio*, 1981, n. 37 y Enc. *Evangelium vitae*, 1995, n. 97.

En nuestra tradición, decíamos, los tratados filosóficos de antropología han sido asexuados. Un estudio abstracto del ser humano podría fundamentar la igualdad esencial, pero no dice nada acerca de su distinción. Ya Ortega y Gasset advirtió a Husserl que su teoría del Otro era asexuada y, por tanto, no valía para el conocimiento del otro, de las personas concretas.[3] Derrida hace una observación similar respecto a Heidegger[4] y Julián Marías confiesa que no la encontró en ningún libro,[5] hasta que él mismo escribió uno.[6]

Sin embargo, hacia finales del siglo xix diversas disciplinas científicas (tras el descubrimiento de la fecundación) y antropológicas, entre ellas la psiquiatría, descubren la importancia de la sexualidad y, por obra principal de Freud,[7] el sexo adquiere carta de ciudadanía en la comprensión del hombre y se pone en el centro de la antropología. Desgraciadamente, según el certero diagnóstico de Marías, este magno y genial descubrimiento se desvirtúa por el reduccionismo naturalista del psicoanálisis.[8]

A partir de entonces las ciencias recaban datos sobre la cuestión y, entre ellas, la antropología cultural le dedica especial atención a través de los trabajos impulsados por Margareth Mead.[9] En 1975, ante la inmensa avalancha de información, se decide clasificar con el nombre de *sexo* los datos provenientes de las ciencias biológicas y con *género* los de la antropología cultural.[10] Y como no es infrecuente,

---

[3] Cfr. J. Ortega y Gasset, *El hombre y la gente*, Madrid. Alianza, 1980, p. 133 y ss.

[4] Cfr. J. Derrida, "Geschlecht. Différence sexualle, difference ontologique", en *Psyché. Inventions de l'autre*, París, Galilée, 1987, pp. 395-414.

[5] Cfr. J. Marías, *La mujer y su sombra*, Madrid, Alianza Editorial, 1987, p. 50.

[6] Cfr. J. Marías, *Antropología metafísica*, Madrid, Alianza Editorial, 1995, pp. 120-171.

[7] Existe un precedente en Feuerbach, inventor del principio dialógico. Cfr. B. Castilla de Cortázar, *La antropología de Feuerbach y sus claves*, Barcelona, EUNSA, 1999.

[8] Cfr. J. Marías, *Antropología metafísica*, pp. 165-166.

[9] Cfr. M. Mead, *Sexo y temperamento en las sociedades primitivas*, Buenos Aires, Paidós, 1972; William Morrow, *Male and female*, Nueva York, 1949.

[10] Cfr. G. Rubin, "The Traffic in Women: Notes on the 'Political Economy' of Sex", en R. Reiter (ed.), *Toward an Antropology of Women*, Nueva York-Londres, Monthly Review Press, 1975.

una distinción sistemática, en la escena mental, acaba interpretándose como una separación y hasta contraposición, en la escena de la realidad. Y cuando eso ocurre, la realidad no prevalece sobre el concepto, sino que la idea –y al poco la ideología– se impone a la realidad y la sustituye.

Lo cierto es que nos hallamos, desde hace décadas, ante un nuevo tema de investigación, en torno al cual se han centrado las ciencias, tanto las experimentales como las humanas.[11] No tardará el momento en el que tras el fuerte impacto del *Segundo sexo* de Simone de Beauvoir (1949), obra que se podría decir aún está por contestar, desde la filosofía –que va siempre con cierto retraso– Luce Irigaray afirme: "Cada época, según Martín Heidegger, tiene un tema que pensar. Uno solamente. La diferencia sexual es el tema de nuestro tiempo".[12]

2. Necesidad de superar estereotipos antiguos y nuevos

A lo largo de los siglos se ha dada por supuesta la diferencia entre el varón y la mujer y, de un modo u otro, se aceptaba que tras ella se esconde el primer arquetipo de amor y la estructura esponsal del corazón y de la persona humana. Sin embargo, este patrimonio de la humanidad está hoy en entredicho y se está negando, cada vez con más amplitud, a pesar de que la diferencia sexual sigue en la realidad, aunque lo niegue la ideología, un componente imprescindible para

---

[11] Un inicial *status quaestionis* puede hallarse en B. Castilla de Cortázar, *La complementariedad varón-mujer. Nuevas hipótesis*, Madrid, Rialp, 1993, pp. 320-304. Desde el punto de vista sociológico tuvieron enorme impacto los Informes Hite, sobre la sexualidad femenina y años después sobre la sexualidad masculina. Cfr. H. Shere, *The Hite Report on male Sexuality*, Nueva York, 1981. Edición en castellano: *Informe sobre la sexualidad masculina*, Barcelona, Plaza & Janes, 1981.

[12] L. Irigaray, *Éthique de la différence sexualle*, Editions de Minuit, 1984, p. 13.

estructurar los lazos conyugales y familiares. Este hecho, que tiene múltiples causas, pone de manifiesto la falta de reflexión sobre la verdad del amor y sobre la semántica de la diferencia entre varón y mujer. Verdad que durante milenios la humanidad ha dado por supuesta y comienza a ser hoy una "evidencia olvidada", que es preciso comprender más a fondo para desde ahí poderla recuperar.

Sobre esta materia se han cernido desde antaño diversos prejuicios que han desdibujado la escasa reflexión al respecto. Ciertamente, algunos ya han sido rebatidos, como el de encerrar la sexualidad en la negatividad de la materia o en la oscuridad e irracionalidad de las pasiones. Sin embargo, otros están tan hondamente arraigados que siguen vigentes hasta en las sociedades desarrolladas.

Bastaría hacer referencia a la cantidad de prejuicios que, en el ámbito teórico, pueden encontrarse en la literatura sobre el amor. Por poner un ejemplo citaremos el magnífico estudio de C. S. Lewis sobre *Los cuatro amores*. Al abordar el amor entre varón y mujer, bajo el título *Eros*, hace referencia a lo que denomina "el sacramento pagano" del sexo, por el que en su opinión se toma conciencia de que actúan en nosotros fuerzas más remotas, ancestrales y primitivas, y menos personales que nosotros mismos. En este sentido, se da por supuesto que el amor de la pareja humana encierra, de suyo, una cierta despersonalización –una dosis de animalidad– que no se da en la amistad. Estas son algunas de sus palabras:

> Toda la virilidad y toda la feminidad del mundo, todo lo que es avasallador y todo lo que le responde, está momentáneamente bien enfocado en nosotros. El hombre representa el papel del padre cielo, y la mujer el de la madre tierra. Él representa el papel de la forma, y ella el de la materia. (…) Cada uno desempeña una parte o papel en… algo comparable a la representación de un misterio o de un ritual (en uno de sus extremos) y de una mascarada o hasta de una charada (en el otro extremo). Una mujer que aceptara como propia, y al pie de la

letra, esta rendición extrema sería una idolatra que ofrece a un hombre lo que sólo pertenece a Dios. Y un hombre tendría que ser el más fatuo de los fatuos, y además un blasfemo, si se arrogara, siendo sólo una persona, esa especie de soberanía a la que Venus lo exalta por un instante. Pero aquello que no puede ser legítimamente cedido ni reclamado, puede ser lícitamente representado. (...) Dentro del rito o drama, ellos son un dios y una diosa entre quienes no hay igualdad, cuyas relaciones son asimétricas.[13]

Estas palabras son una muestra clara de la dificultad para desprenderse de estereotipos heredados. Es indudable que en todos los mitos antiguos se esconde una verdad, pero aún más evidente es la dificultad de su hermenéutica,[14] por cómo se va empobreciendo o desvirtuando el contenido que se da a símbolos o conceptos al teñirse, como en este caso, de las consecuencias de la caída original que también reconocen todas las culturas antiguas. Desde antiguo hubo una distinción entre forma y materia, entre el cielo y la tierra, donde esta última representaba la fecundidad. Sin embargo, las nociones de materia y forma tuvieron una considerable deriva: en el pensamiento aristotélico la materia pierde todas sus propiedades para pasar a ser una pura potencialidad (la materia prima), en cuanto receptáculo pasivo, de cualquier perfección, pues todas provienen de la forma.

En este sentido, seguir asimilando a la mujer con la materia informe, que ha de ser conquistada y poseída por un ser de categoría superior, no deja de ser una representación cuasi blasfema respecto a la dignidad humana, que estuvieron presentes en los ritos idolátricos de algunos politeísmos.

---

[13] C.S. Lewis, *Los cuatro amores*, Madrid, Rialp, 1991, pp. 48-49.

[14] F.K. Mayr, *La mitología occidental*, Barcelona, Anthropos, 1989. Entre otros temas puede cfr. *El ser y el sexo*, pp. 31-37; *Matriarcalismo y patriarcalismo*, pp. 48-58; *La mitología occidental y su simbólica religiosa*, pp. 59-83; *La unilateralidad de la doctrina tradicional sobre Dios*, pp. 98-115.

Otra cosa sería el simbolismo de dos arquetipos de la transcendencia divina: una fuera del mundo y otra dentro del mundo, pero sin confundirse con él. En ese segundo caso se tendría en cuenta, asumiéndola, lo que Pablo de Tarso dijo en el Areópago a los griegos respecto a Dios, recuperando intuiciones de la sabiduría arcaica: "En Él vivimos, nos movemos y existimos, así como algunos de vuestros poetas han dicho" (Hc 17,28). En este segundo sentido de la presencia de Dios en el mundo, que con frecuencia se ha confundido con el panteísmo, por falta de herramientas filosóficas adecuadas, bien podría encontrarse una imagen de la feminidad y de la maternidad, en cuanto distinta de la paternidad.

Sobre esta cuestión, a la que le dedicó gran atención, Zubiri propone calificar a la presencia de Dios en el mundo como una transcendencia "en". Dice así: "Que Dios no sea las cosas no consiste en que esté alejado de ellas. Si fuera así las cosas no serían reales. Que Dios esté en las cosas consiste en que las cosas sólo son reales "incluyendo" en su realidad a la realidad que es más que ellas, a Dios. Dios es *transcendente*, pero *en las cosas*".[15] Mediante esta vía (de la religación), Zubiri busca no tanto demostrar la existencia de Dios, sino mostrar que algo de real existente debe entenderse como Dios.[16]

Pues bien, para abordar con rigor una cuestión difícil, y no pensada a fondo hasta el momento, se torna imprescindible detectar las dificultades a superar, algunas de las cuales están en la propia mente o se trata de estereotipos ancestrales del inconsciente colectivo, que heredamos sin darnos cuenta. Las mujeres, cuando han querido afirmar su identidad, tras su lucha por conquistar la igualdad de derechos y habiendo conseguido acceder a la educación superior,

---

[15] Cfr. X. Zubiri, *El hombre y Dios,* Madrid, Alianza Editorial, 1984, p. 176.

[16] *Ibidem*, p. 230. En palabras de Pintor Ramos: "Del modo en que Dios se ha manifestado en tanto que poder último de lo real, surgirá que es una Persona concreta 'absolutamente absoluta' y transcendente al contenido de cada cosa real concreta, pero transcendente en la realidad de las cosas mismas". A. Pintor Ramos, "Dios y el problema de la realidad en Zubiri", en *Cuadernos de pensamiento* 1987 (1) 113.

han detectado que la raíz de diversos obstáculos para superar la subordinación está en los cimientos del pensamiento occidental, que no reconoce una diferencia compatible con la igualdad, al concebir la unidad de un modo monolítico e indiferenciado. De ahí el orden jerárquico desigual en el que se ha presentado la diferencia, con supremacía del varón e inferioridad de la mujer.

Señalada la raíz, enumeraremos sucintamente algunos de los principales obstáculos al respecto, que son múltiples y de diversos órdenes.

2.1. Asimilación entre sexualidad animal y humana

Un obstáculo no menor proviene de una cierta identificación entre sexualidad y genitalidad, que asimila la sexualidad humana con la sexualidad animal. Dicho de otro modo, con frecuencia se ha pensado que viendo la sexualidad animal podríamos comprender mejor la humana porque la nuestra, al fin y al cabo, es sexualidad de especie y animal, aunque esa especie sea la del animal humano. Ciertamente la reproducción sexual está ya presente en la botánica y en la mayor parte del mundo animal. De ahí que parezca fácil deducir que se trata de algo casi exclusivamente corpóreo cuya finalidad sea únicamente la reproducción y la conservación de la especie. Si a ello se le une el desorden que el pecado ha introducido en esta dimensión humana, durante siglos, e incluso dentro de los pensadores cristianos, se ha tenido una visión limitada y hasta deformada al respecto.

En su momento, dejamos sentado un elemento de interpretación antropológica que resulta decisivo: cada uno de nosotros, por ser persona e *imago Dei*, se parece más a Dios que a cualquier cosa o ser viviente del cosmos, de manera que el conocimiento verdadero de quiénes y lo que somos lo encontramos más conociendo a Dios que a los monos, ballenas, lagartijas y bacterias. En este sentido llama mucho la atención la semántica de la sexualidad que ofrece Juan Pablo II, en su *Teología del cuerpo*, a la que ya nos hemos referido y sobre la que volveremos. Refiriéndose a una de las primeras experiencias humanas después de la Creación, en la que varón y mujer "aunque estaban desnudos" y no tenían vergüenza (Cfr. Génesis 2, 25), señala que la razón de ese no sentir vergüenza era que la limpieza de su mirada les hacía verse entre ellos como les veía Dios. Y Dios Trino había plasmado en ellos, empezando por su corporeidad, una imagen suya.

2.2. Tomar la parte por el todo

En el estudio de la sexualidad se puede confundir, como de hecho hizo Freud, la parte por el todo, oscureciendo lo que aquilata la distinción lingüística posible en español entre las palabras "sexual" y "sexuado". "La actividad sexual –resalta Julián Marías– es una limitada provincia de nuestra vida, muy importante pero limitada, que no comienza con nuestro nacimiento y suele terminar antes de nuestra muerte, fundada en la condición sexuada de la vida humana en general, que afecta a la integridad de ella, en todo tiempo y en todas sus dimensiones".[17] La confusión entre estos dos planos –la actividad genital sexual y la condición sexuada masculina o femenina– ha dificultado el planteamiento mismo de la cuestión.

2.3. Identificación entre diferencia y subordinación

Quizá el más importante es la falacia del inconsciente colectivo de considerar que la diferencia de la mujer respecto del varón es sinónima de subordinación, cuestión que defendió el androcentrismo secular, que ha continuado el biologismo machista.[18] Sorprendentemente, lo ha seguido manteniendo desde el principio el igualitarismo, encabezado por Simone de Beauvoir. Esta es una de las razones

---

[17] J. Marías, *Antropología metafísica*, Madrid, Revista de Occidente, 1970.

[18] Cfr. Steven Goldberg, *The Inevitability of Patriarchy*, Nueva York, William Morrow & Company, 1973. Traducción al castellano: *La inevitabilidad del patriarcado*, Madrid, Alianza Editorial, 1976.

por la que la llamada "ideología de género", haya decidido lamentable y equivocadamente erradicar la diferencia. Una primera tarea será, por tanto, fundamentar la originalidad y legitimidad de dicha diferencia y el ámbito ontológico en la que pueda enclavarse.

2.4. La supuesta pasividad de la mujer

Otro importante prejuicio es el de la supuesta pasividad –que comporta inferioridad– de la mujer frente al varón, considerado como el representante de la actividad, concepción vigente desde Aristóteles a Hegel, pasando por santo Tomás y llegando a Freud, sin que las evidencias científicas que desmienten dicha afirmación –como el descubrimiento de la fecundación–, hayan sido asumidas en una antropología sistemática.

Como es sabido, durante siglos la maternidad se ha considerado como pasiva respecto a la fecundación. A finales de siglo xix se hicieron importantes descubrimientos que podían aclarar la cuestión. Las evidencias de la ciencia constataban que la participación de la mujer en la generación no era pasiva, al modo de una tierra en donde germina la semilla recibida, sino que aportaba el 50% de la carga cromosómica nuclear. En 1875 el zoólogo alemán Oscar Hertwig y 1876 el biólogo suizo Herman Fol pusieron fin de forma definitiva a la polémica milenaria, acerca del origen de la generación, observando por primera vez la penetración y fusión del espermatozoide con el óvulo, uno en el erizo y el otro en las estrellas de mar.[19]

Estos científicos demostraron, por tanto, que los dos gérmenes paterno y materno (los gametos), tan distintos aparentemente (óvulo y espermatozoide), son totalmente equivalentes y participan por igual, aunque en diferente forma, en la constitución del núcleo del embrión. Pues bien, este descubrimiento, junto a otros posteriores, arrojaron luz sobre la participación igualmente activa del padre y de

---

[19] Cfr. A. Gomis Blanco, *La biología en el siglo XIX*, Akal, 1991, p. 11.

la madre en la formación de la progenitura haciendo desaparecer el hipotético fundamento de la pasividad femenina vigente en la cultura occidental desde el siglo v antes de Cristo. Estas evidencias de la actual biogenética humana, como decíamos, todavía no han incorporado todas sus consecuencias al pensamiento en torno a lo femenino y masculino.

Curiosamente el fantasma de la pasividad sigue apareciendo en tratados del siglo xx,[20] como algo peculiar de la mujer, como se descubre en la reciente serie *Sexo en Nueva York*.[21] Pues bien, un estudio de la sexualidad necesita argumentar con solidez que la feminidad aporta otro modo propio, peculiar, específico y diferenciado de actividad, no sólo tan válido como el masculino, sino constituyente incluso de su condición de posibilidad para la masculinidad.

2.5. Influencia del mito del andrógino

Desde tiempos inmemoriales, la concepción de la diferencia sexual ha estado mediada por el mito del andrógino, según el cual la humanidad –inicialmente una– fuera dividida por castigo de los dioses, siendo entonces varón y mujer, cada uno, una parte de la humanidad. Aunque todo mito encierra siempre unas dosis de verdad, su interpretación literal ha condicionado más de lo debido la interpretación del pasaje bíblico de Génesis 2, influencia aún no superada.[22]

---

[20] J. J. Buytendijk, J. Frederik, *La Femme, sa maniére d'être, de paraître, d'exister*, París, Desclée, 1967. Traducción al castellano: *La mujer. Naturaleza, apariencia, existencia*, Madrid, Revista de Occidente, 1970.

[21] Los redactores de esta exitosa serie sobre las relaciones románticas en el siglo xxi plantean que las relaciones que entablan las mujeres tomando la iniciativa –imitando a los varones–, no cuajan y buscan saber qué hace una relación tenga futuro. Leyéndoles se intuye que existe una estructura en lo humano, que establece un marco universal en las relaciones entre varón y mujer, que las mujeres siguen considerando una limitación, por pensar que les atrapa en la pasividad. *Vid.* Greg Behrendt y Liz Tuccillo, *He's just not that into you*, Nueva York, Simon Spotlight Entertainment, 2004. Edición en castellano: *¿De verdad está tan loco por ti?*, Madrid, Vergara, 2005.

[22] A. Ruiz Retegui, "Sobre el sentido de la sexualidad", en *Anthropotes*, 1988/2 (4): 227-260.

El mito del andrógino, que tenía versiones y matices en tradiciones culturales muy antiguas, es narrado por Platón en *El banquete*, poniéndolo en boca de Aristófanes. El mito contiene, sin embargo, sombras que, en paradoja, nos hacen echar de menos las luces y, por ausencia o sustitución, comprender mejor la realidad verdadera. Son grietas antropológicas, errores radicales, sin duda. Pero por esas grietas del andrógino es por donde penetra la luz. Veámoslo sintetizando el relato mítico.

La escena es la siguiente. El ser humano, en su origen, no es masculino ni femenino, sino ambas cosas a la vez. Es andrógino. Por eso tiene dos rostros, uno de varón y otro de mujer, cuyas caras miran en direcciones contrarias, cuatro brazos y piernas, dos vertientes del cuerpo, que es como una esfera andante, atrás o adelante, a voluntad. Ser así le ha dado tanto poder y ambición que planea invadir el Olimpo. Los dioses, alarmados, le piden a Zeus que aniquile al ser humano. Zeus podría hacerlo y justificadamente, porque debe castigarlo, pero hay un inconveniente: si se aniquila a los seres humanos, los dioses se quedarán sin servidores. Entonces a Zeus se le ocurre una genial solución. Partirá al ser humano en dos. Una mitad será la mujer. La otra mitad, el varón. Y dividido el originario ser humano en dos, además de quedar debilitado y, por eso, castigado, se habrá duplicado el número de servidores de los dioses.

Observemos la antropología subyacente al mito del andrógino. Probablemente, fue la experiencia humana de los conflictos, decepciones, manipulaciones, mentiras y traiciones entre varones y mujeres, la que construye mediante el andrógino la explicación de la malhadada experiencia humana. Sea cual fuere la inspiración mítica, la antropología de la sexualidad humana subyacente al andrógino tiene caracteres terribles. En primer lugar, que seamos varones y mujeres es el resultado de un castigo divino, la pena a un delito de ambición y soberbia contra los dioses, una maldición para debilitar al ser humano. En consecuencia, que las relaciones entre varones y mujeres sea "una guerra de sexos" vendría a ser lo "normal y natural", es "lo que hay" y no se puede esperar otra cosa entre ellos que no sea cuanto ocurre entre malditos, castigados y enemigos.

En segundo lugar, la dualidad varón y mujer es, por principio, un mal y, por tanto, un estado conflictivo, de pobreza recíproca que solamente podría remediarse recuperando, mediante una fusión y consecuente desaparición de ambos componentes, la unidad esférica del andrógino originario. En tercer lugar, si esa maldición y castigo es el origen de que seamos varones y mujeres, entonces la desaparición de la dualidad sexual y el regreso a la independencia del andrógino –un ser solitario, aislado, que en dicha soledad encuentra su perfección– es el ideal a proponer. La *longa manus* del andrógino, a poco que tengamos sensible nuestra antena cultural y personal, resuena, incluso en la actualidad, en la concepción de la sexualidad como maldición y, en concreto, de la heterosexualidad; también en la convicción, a veces inconsciente, de que entre los sexos hay una guerra de poder y que sus relaciones son de uso, manipulación y sometimiento, buscando cada sexo vencer al otro. Pero, ¿nuestra condición sexuada masculina y femenina es, en su origen y por principio, una maldición, un castigo de los dioses, una pobreza de la naturaleza, una guerra entre enemigos?

Tal vez, en contraste con el escenario del andrógino, valoremos el resplandor del relato del Génesis sobre la creación del ser humano, precisamente como varón y mujer, para así ser imagen y semejanza de Dios. En primer lugar, que hayamos sido creados varones y mujeres es consecuencia de una suprema bendición: así es como el ser humano se parece a Dios Trino, su Creador. Es varón y mujer, por amor y para amar, pudiendo así comunicarse ambos, como don de sí y acogida en sí, en su misma naturaleza humana, es decir, en modo humanamente supremo. En segundo lugar, siendo la dualidad sexual una bendición y afectando al mismo *esse* de cada persona, nuestra intimidad humana no contiene de suyo un enfrentamiento, sino un complemento potenciador, no es un empobrecimiento, sino un enriquecimiento, no somos seres aislados, en busca de una autonomía independiente que de nadie necesita, sino personas amadoras que se realizan plenamente en el don y la acogida con las demás personas.

Por último, no es la guerra y sus oscuros mundos la escena originaria y vital entre varones y mujeres, sino la del amor, su complementariedad y, sobre todo, su enorme fecundidad. Nuestros conflictos y dificultades existen, pero ellos son su anormalidad, y pueden y deben superarse mediante el amor y sus reuniones, porque nos es posible, nos es bueno, es nuestra verdad radical y la belleza de nuestras vidas. Obviamente, la antropología del Génesis es la del amor, la esperanza y la vida. Mientras la antropología del andrógino, lo es del conflicto, la decepción, la desesperanza, los resentimientos, el odio; es la de la muerte.

Ante esta mentalidad andrógina, expresa o difusa, se levanta la propuesta de la "unidad de los dos" de Karol Wojtyla, donde tanto el varón como la mujer son ante todo personas, cada cual un ser con valor por sí mismo, en cierto modo independiente, libre y con responsabilidad personal, constitutivamente ordenados al amor y unión íntima. Si el andrógino es "uno que deviene a dos" por una maldición y castigo divino, la "unidad de los dos" constata que en realidad son "dos que se hacen uno" por una suprema bendición de Dios al crearlos a su imagen y semejanza: justamente la tesis contraria.

2.6. Las consecuencias de la unilateralidad

Por otra parte, la mentalidad humana ha aceptado sin dificultad que la mujer es el complemento del varón, incluso reduciendo la condición de aquella exclusivamente a ese valor relacional. Esta tesis forma parte de la unilateralidad con la que se ha interpretado la doctrina paulina de la sumisión. Sin embargo, falta plantear que igualmente el varón es el complemento de la mujer, que ambos son recíprocamente complementarios, pues lo que es recíproco es precisamente la complementariedad, como sostiene Karol Wojtyla.

2.7. La concepción monolítica de la unidad

Finalmente, la mayor dificultad, que está en la base de casi todas las demás, es la concepción monolítica de la unidad, desde la que no se puede explicar la "unidad de los dos", propuesta por el Magisterio. Como se verá, ya ha habido voces que afirman la necesidad de repensar la unidad transcendental, aún no resuelta por ninguna filosofía. La tarea no es fácil pues precisa superar el prestigio del uno, ante el cual todo lo demás ha de estar subordinado, acogiendo la coexistencia pacífica de la díada humana donde, con diversidad de recursos de la misma categoría, varón y mujer están llamados al coprotagonismo y a la corresponsabilidad que, como resultado de su cooperación mutua, es fuente de fecundidad en todos los campos.

2.8. Igualitarismo y esencialismo

Hasta aquí, los obstáculos que vienen de lejos, a los que hay que añadir los planteados en época más reciente, a partir de temas no bien resueltos por la modernidad, como es la cuestión de la libertad, concebida como arbitrariedad, y sus relaciones con la naturaleza. Nos estamos refiriendo por una parte al gran debate, al que ya se ha hecho referencia y cerrado en falso, que arreció tras la aparición de la antropología cultural, entre naturaleza y cultura dentro de un contexto dualista, en el marco del cual se defendió que la diferencia varón-mujer era exclusivamente cultural, como han defendido, desde distintos ángulos, tanto Margareth Mead como Simone de Beauvoir.

A la vista de que la cultura ha sido secularmente desfavorable para la mujer, la búsqueda de la igualdad se ha tornado igualitarista, propugnando la imitación al varón. Por otra parte, ha sido una constante en quienes querían conseguir la igualdad, tachar de "esencialista" a quien defendiera alguna diferencia extrabiológica o extracultural. En la polémica entre culturalismo y diferencia sexual la acusación de "esencialismo" ha sido frecuente, para desautorizar las posiciones opuestas a la tradición dominante en los estudios sobre las mujeres de modo que tachar de "esencialista" se ha tornado insulto descalificador del adversario, como puede serlo el epíteto "fundamentalista" en las sociedades democráticas o "fascista" en las comunistas.[23]

Igualitarismo y esencialismo, por tanto, son dos prejuicios que impiden armonizar conjuntamente igualdad y diferencia, ambos existentes, entre el varón y la mujer.

2.9. Otros riesgos al pensar la diferencia

Aparte de la identificación de diferencia con subordinación –cuestión ya señalada–, el pensamiento de la diferencia presenta diversos riesgos, entre los que se encuentra el peligro de un cierto de nihilismo. En efecto, si la oposición relativa entre varón y mujer, su "estar frente a frente", al que nos hemos referido, se elabora desde la contradicción, entonces lo opuesto al ser es el no-ser, es decir, la nada. En esta línea, si se plantea que el varón representa la racionalidad, la mujer sería el prototipo de un sentimiento, incluso en el misticismo, carente de lógica. De aquí que algunos discursos de lo que se ha llamado el feminismo de la diferencia, hechos desde esta perspectiva, no resultan satisfactorios.

Frente a la contradicción se yergue la complementariedad. Sin embargo, por diversas razones, entre ellas la influencia del andrógino, ese concepto se torna problemático para algunos autores hasta tal punto que esta categoría sigue aún hoy en tela de juicio.[24]

---

[23] Cfr. Jaime Nubiola, "Esencialismo, diferencia sexual y lenguaje", en Luis Álvarez *et al.*, *Estudios sobre la sexualidad en el pensamiento contemporáneo*, Pamplona, Servicio de Publicaciones de la Universidad de Navarra, 2002, pp. 353-390; también en *Humanitas*, XXIII, 2000, pp. 155-187: ofrece un claro *status quaestionis*.

[24] Scola omite este término para separarse del andrógino y habla sólo de "reciprocidad asimétrica", entendiendo por asimetría el abanico de relaciones diferentes, que surgen de la "unidad de los dos", casi todas derivadas de los lazos familiares: esponsalidad, paternidad, maternidad, filiación, fraternidad, amistad. Pero el término "asimetría" tiene el inconveniente de poner en entredicho la igualdad. Cfr. A. Scola, *Hombre-mujer. El misterio nupcial,* Madrid, Encuentro, 2001, pp. 136-138.

Desde el punto de vista social, esa contraposición se convierte en lucha de sexos cuando los criterios de la praxis marxista penetran en los movimientos feministas que, dejando de defender el principio de la "igualdad en la diferencia", se encastillan en una postura victimista. Esta desviación ha llevado a un enfrentamiento absurdo entre mujeres y hombres, por la vía tiránica. Partiendo del prejuicio de que ella es la víctima por naturaleza y él es el verdugo por definición, hombres y mujeres tienden a convertirse en enemigos irreductibles. Como ha denunciado Elisabeth Badinter, éste es un mal camino que sólo lleva al caos, al descrédito y a retroceder en el avance de la implantación de la justicia y la igualdad.[25]

En segundo lugar, también se ha señalado que, buscando la diferencia, se ha intentado encontrar una "esencia de la mujer", frente a lo que supuestamente sería la "esencia del varón". Estos intentos, aparte de dar pie a la crítica "esencialista", han resultado fallidos, pues varón y mujer tienen la misma esencia: la humana.

Además, quienes han querido repartir las cualidades, los valores o las virtudes entre masculinas o femeninas (es propio del varón la fortaleza y de la mujer la ternura, por ejemplo) llegan a aporías, al interpretar que el varón posee, por serlo unas cualidades humanas que la mujer, por serlo, no las tiene, y viceversa. Como en la realidad no existe el ser humano, genérico, asexuado o andrógino, lo que somos es o varón o mujer, dos modos de ser entera y completa naturaleza humana. La condición sexual no parte ni reparte la naturaleza humana; lo que hace es modalizarla entera y completa en dos maneras –el modo femenino y el masculino– de ser igualmente ser humano. Por lo demás, hay que tener en cuenta que la mayor parte de las cualidades dependen de las individualidades más que del sexo (tener buen oído musical, alto coeficiente intelectual o inteligencia emocional) y cada uno ha de cultivar todas las virtudes humanas, aunque lo haga con el toque masculino o femenino.

---

[25] Cfr. Elisabeth Badinter, *Por mal camino,* Madrid, Alianza Editorial, 2004.

2.10. La ideología de género

Por último, habría que constatar la evolución del igualitarismo en el postfeminismo de género, que lleva hasta sus últimas consecuencias la concepción arbitraria de la libertad, el dualismo naturaleza y cultura, o el de sexo-género –categorías que pueden ser y son útiles para el análisis humano y social–, al interpretarlos como dos realidades previamente constituidas, que a modo de goma elástica tiran una de la otra, pretendiendo incluso fagocitar al extremo contrario. Es sabido que en la llamada "ideología de género", ésta ha absorbido y domesticado al sexo biológico, convirtiéndose en una noción invasiva que todo lo abarca, terminando por no significar nada.

El género es actualmente el baluarte de una libertad arbitraria, es decir, sin vínculo con la verdad, a la que por relativismo cultural se niega; libertad arbitraria que todo lo defiende, todo lo justifica y todo lo destruye, hasta el género mismo, como afirma Judith Butler,[26] con tal de sostener la ideología de la libre invención del género, reducir el sexo a mero hecho biológico y negarle el menor significado para la persona.

3. Avances antropológicos de las últimas décadas

A pesar de que la ideología de género ocupe un lugar, con afán dominante, en el panorama cultural, es preciso resaltar también que a lo largo del siglo xx se han ido abriendo nuevas vías en el marco de una antropología realista que, partiendo de la corporeidad, se apoyan en la redescubierta noción de persona. Bastaría constatar la gran

---

[26] Cfr. Judith Butler, *Undoing Gender*, Nueva York, Routledge, 2004. Edición en castellano: *Deshacer el género*, Barcelona, Paidós, 2006.

proliferación de autores personalistas, aunque, como es conocido, pocos han trabajado a fondo una fundamentación ontológica.

En la línea personalista se mueven las orientaciones del Magisterio de la Iglesia que, además de desarrollar la antropología y teología de la familia, tiene que dar razones de por qué únicamente los varones son llamados al ministerio ordenado. Al profundizar en esta cuestión señala dos características principales de la sexualidad humana: que "determina la identidad propia de la persona" y que "esa distinción se ordena no sólo a la generación sino a la comunión de personas".[27] Estas dos afirmaciones son importantes. Ambas hacen referencia a la persona: a su identidad y la relación con el otro. La trasmisión de la vida será una consecuencia, en un determinado estado, del matrimonio, al que las personas concretas no están determinadas: existe también la vocación al celibato y no por eso se deja de ser varón o mujer en el modo de pensar, de sentir y de amar. Por tanto, ya desde 1976 el Magisterio está sugiriendo integrar dicha diferencia en la reflexión sobre la persona.

En este contexto emerge con fuerza la figura de Karol Wojtyla, que en cuanto pensador se ha tomado en serio el giro antropológico de la modernidad y es uno de los pocos que ha respondido por elevación a la revolución sexual. En su horizonte intelectual, guiado por su experiencia vital y centrado en la persona, el amor y la familia, emerge con claridad la convicción de que el ser humano se realiza en la doble modalidad de varón y mujer, verdad que repiensa con singular penetración, sorteando prejuicios, reinterpretando pasajes bíblicos para que aflore con claridad la "novedad evangélica", reabriendo puertas que han estado cerradas en la tradición y trazando novedosas líneas de clarificación y avance.[28]

---

[27] Congregación para la Doctrina de la Fe, Declaración *Inter insigniores, sobre la misión de la mujer en la Iglesia*, 15-X-76, texto bilingüe, en Madrid, BAC, 1978, n. 5, p. 53.

[28] Cfr. Castilla de Cortázar, B., "Y creó Dios al hombre a su imagen, a imagen de Dios lo creó: varón y mujer los creó2 (Gn 1,27). "Persona, naturaleza y cultura", en *Mujer y varón, la totalidad*

Las aportaciones que Juan Pablo II ha hecho al conocimiento de la diferencia humana entre varón y mujer son múltiples y de gran calado que, partiendo de su teología del cuerpo, han ido dejando huella en todo su magisterio. Hemos señalado ya que la describe como una riqueza de toda la persona –cuerpo, sentimiento y espíritu– y que manifiesta su significado íntimo al llevar a la persona hacia el don de sí misma en el amor. Deja así muy claro su sentido y una de sus características más peculiares: su transversalidad, que enseguida analizaremos. Además, se podrían señalar las siguientes aportaciones:

1. Transversalidad: "La sexualidad es una riqueza de toda la persona –cuerpo, sentimiento y espíritu–, que manifiesta su significado íntimo al llevar a la persona hacia el don de sí misma en el amor".[29]

2. Partiendo de que el "cuerpo es expresión de la persona",[30] afirma que tiene un "significado esponsal" –tesis que vertebra su teología del cuerpo–, en el sentido de que permite reconocer a la persona y expresar el amor de dos formas distintas.[31]

3. El sexo "en cierto sentido es 'constitutivo de la persona' (no sólo 'atributo de la persona'), [lo que manifiesta] lo profundamente que el hombre, con toda su soledad espiritual, con la unicidad e irrepetibilidad propia de la persona, está constituido por el cuerpo como 'él' o 'ella'".[32]

---

del humanum, Roma, Libreria Editrice Vaticana, 2011, pp. 63-99. Hay versión italiana 2009 e inglesa 2010.

[29] Juan Pablo II, Exh. Apost. *Familiaris consortio*, 1981, n. 37 y Enc. *Evangelium vitae*, 1995, n. 97.

[30] K. Wojtyla, *Persona y acción*, Madrid, BAC, 1982, p. 238. Cfr. Jarosław Merecki, *Corpo e tracendenza. L' antropologia filosofica nella teologia del corpo di Giovanni Paolo II*, Roma, Cantagalli, 2015, pp. 47-58.

[31] Cfr. Juan Pablo II, AG, 16.I.80, n. 4, en *Varón y mujer...*, pp. 110-111.

[32] Juan Pablo II, Audiencia General (AG) 21.XI.79, n.1, en *Varón y mujer. Teología del cuerpo I*, 8a. ed., Madrid, Palabra, 1995, p. 78.

4. La plenitud de la imagen de Dios no se encuentra en la persona aislada. *"El hombre se convierte en imagen de Dios –afirma–, no tanto en el momento de la soledad cuanto en el momento de la comunión.* Efectivamente, él es 'desde el principio' no sólo imagen en la que se refleja la soledad de una Persona que rige el mundo, sino también, y esencialmente, imagen de una inescrutable comunión divina de Personas".[33]

5. "El ser humano no puede existir 'solo'; sólo puede existir como 'unidad de los dos' y, por consiguiente, en relación con otra persona... Ser imagen y semejanza de Dios conlleva, por tanto, también existir en relación con el otro 'yo'".[34] La "unidad de los dos" es una "unidualidad relacional complementaria".[35]

6. Entre varón y mujer lo que es recíproca es la complementariedad, pues "la mujer es el complemento del varón, como el varón es el complemento de la mujer: mujer y varón son entre sí *complementarios*".[36]

7. Dicha complementariedad no se refiere sólo al ámbito del obrar, sino sobre todo al ámbito del ser, por lo que varón y mujer "son complementarios no sólo biológica y psicológicamente sino, sobre todo, desde el punto de vista ontológico".[37]

8. Afirma con claridad que "el matrimonio es la dimensión primera y, en cierto sentido, fundamental de la complementariedad. *Pero no es la única.* Basándose en el principio del ser recíproco 'para' el otro en la 'comunión' interpersonal, querido por Dios, toda la historia del hombre sobre la tierra se realiza en la integración en la humanidad misma, de lo 'masculino' y de lo 'femenino'".[38]

---

[33] Juan Pablo II, AG, 14.XI.79, n. 3, en *Varón y mujer...*, p. 74.

[34] Juan Pablo II, Carta Apost. *Mulieris dignitatem*, 1988, n. 6.

[35] Juan Pablo II, *Carta a las mujeres*, 1995, n. 8.

[36] Juan Pablo II, *Carta a las mujeres*, 1995, n. 7.

[37] *Ibidem.*

[38] Cfr. Juan Pablo II, Carta Apostólica *Mulieris dignitatem*, 1988, n. 7.

9. Esponsalidad no es sinónimo de conyugalidad. Wojtyla utiliza los términos esposo y esposa, como sinónimos de varón y mujer. Describe al varón –el esposo– como "el que ama para ser amado", y a la mujer –la esposa– "la que recibe el amor, para amar a su vez".[39]

Afirmaciones como éstas fueron muy novedosas en su momento e incluso hubo que repensar y rectificar algunos aspectos de la tradición, como se verá más adelante, pero siguen siendo nuevas porque es tan grande el peso y la inercia del pasado que apenas han sido desarrolladas. El Magisterio, que describe al ser humano como una *realidad relacional*,[40] está sugiriendo integrar la diferencia sexual en la reflexión sobre la persona, tarea difícil incluso para la mayor parte de los personalistas.[41]

4. Transversalidad de la condición sexuada

Comencemos a analizar la dimensión más radical, relacional y transversal de la identidad personal humana: la íntima identidad sexuada. En efecto, cada persona humana o es varón o es mujer. Lo es desde el origen mismo de su concepción, como se manifiesta en la genética de cada una de sus células. Recibe esta identidad sexuada masculina o femenina desde y a través de su origen genealógico –la filiación–, pero es más profunda que ser hijo, padre o madre, hermano abuelo

---

[39] Cfr. Juan Pablo II, Carta Apostólica *Mulieris dignitatem*, 1988, n. 29.

[40] Cfr. Congregación para la Doctrina de la Fe, *Carta sobre la colaboración del hombre y la mujer en la Iglesia y el mundo*, 2004, n. 6.

[41] Cfr. como ejemplo Juan F. Sellés, *Antropología para inconformes*, 2a. ed., Madrid, Rialp, 2007, donde desde el prólogo la diferencia entre varón y mujer se circunscribe a tener una naturaleza masculina o femenina (p. 14).

o nieto. La identidad sexuada –el ser este varón o esta mujer–, es la estructura y dinámica de coexistencia más íntima y complementaria que hay entre seres humanos.

Dicho con otras palabras: la identidad sexuada masculina o femenina es el ámbito de la intimidad que cada persona tiene en mayor propiedad, es más suya y sólo suya, más "soberana" que cualquier otro parentesco o relación social y es, como iremos viendo, donde las dos estructuras y dinámicas de "soledad" y "comunión" contienen el don y la acogida más íntimas, libres, integrales y transversales.

La condición sexuada humana lo es de personas y por personas. No lo es por animales ni por pertenecer a una especie. Nuestro cuerpo masculino o femenino siempre es personal. Nuestra persona es única e irrepetible. Y nuestra persona humana masculina o femenina es corpórea. Es decisivo cruzar este umbral con acierto. Si la sexualidad es una riqueza de toda la persona –cuerpo, psique y espíritu–, se trata de una diferencia transversal, que se presenta y modaliza todas las dimensiones humanas, incluso aquellas que, de suyo, también son transversales, como la afectividad o el hecho de ser persona. Y su dualidad masculina y femenina resulta crucial a la hora de exponer la intrínseca llamada al amor. En ser este varón o esta mujer, y por tanto, en cada uno de nosotros hay la estructura y dinámica constitucionales de un ser *amado*, pero también un ser *amante* y un ser *unión* de amor, que se expresa justamente en la diferencia sexuada.

Conviene profundizar en esta transversalidad y sus tridimensionalidades, en vez de darle una ojeada superficial. Ser varón o mujer está presente, ante todo, en la tridimensionalidad de cada ser humano: su persona, su alma y su cuerpo. También en todas sus relaciones con los demás. Aunque genéticamente constituye solamente 3% del organismo corporal,[42] el dimorfismo sexual está presente

---

[42] Como es sabido los genetistas calibran en 3% la diferencia sexual: un cromosoma entre 46 a lo que habría que añadir el ADN mitocondrial, presente únicamente en el citoplasma del óvulo.

en cada célula del cuerpo. Asimismo, modaliza pensamientos y sentimientos, e incluso las dimensiones más espirituales. Antes que Wojtyla, Feuerbach –pese al materialismo en el que desembocó su pensamiento– reivindicó frente al idealismo la vida real y concreta y tuvo una muy buena experiencia en su vida amorosa y familiar. De aquí que escriba con acierto de la intimidad humana y de la diferencia sexual.[43] Él fue quien formuló el principio dialógico, que más tarde divulgaría Buber.[44]

El pensador alemán, al sustituir la moderna filosofía del yo por la reformadora filosofía del tú, se adelanta a determinadas perspectivas antropológicas del siglo xx, de carácter dialogal y personalista, como ha reconocido el mismo Martin Buber cuando afirma, refiriéndose al principio dialógico: "A mí mismo me ha proporcionado él (Feuerbach), ya en mi juventud, el estímulo decisivo".[45]

Y sobre la sexualidad escribe:

> La carne y la sangre son nada sin el oxígeno de la diferencia sexual. La diferencia sexual no es ninguna diferencia superficial o simplemente limitada a determinadas partes del cuerpo. Es una diferencia (...) que penetra hasta los tuétanos. Lo propio del varón es la masculinidad y lo propio de la mujer, la feminidad. Por muy espiritual e hiperfísico que sea el varón, este permanece siempre varón. Y, lo mismo la mujer, permanece siempre mujer. (...) La personalidad es, por lo tanto, nada sin

---

[43] Cfr. B. Castilla de Cortázar, "Feuerbach: la autonomía de la antropología filosófica, en *Pensamiento* 1999 (55): 269-294.

[44] J. L. Rodríguez Molinero, *La antropología de la corporalidad sexuada en Ludwig Feuerbach*, en A. Álvarez *et al.*, *Estudios sobre la sexualidad en el pensamiento contemporáneo*, Pamplona, Servicio de Publicaciones de la Universidad de Navarra, 2002, pp. 583-611.

[45] Martin Bubber, *Dialogisches Leben. Gesammelte philosophische und pädagogische Schtiften*, Zürich, 1947, pp. 365-366.

diferencia de sexo; la personalidad se diferencia radicalmente en personalidad masculina y femenina.[46]

Estas palabras de Feuerbach describen con acierto la transversalidad a la que queremos referirnos. En este sentido, es clarificadora la distinción lingüística que resalta Julián Marías entre las palabras "sexual" y "sexuado", a la que ya se ha hecho referencia. La "actividad sexual" es algo diferente de la "condición sexuada" masculina o femenina. Es la diferencia entre una actividad, reducida en el tiempo vital, y una identidad radical y definitiva, que somos siempre. Recordemos las palabras de Marías: "La actividad sexual es una limitada provincia de nuestra vida, muy importante pero limitada, que no comienza con nuestro nacimiento y suele terminar antes de nuestra muerte, fundada en la condición sexuada de la vida humana en general, que afecta a la integridad de ella, en todo tiempo y en todas sus dimensiones".[47] Entendida como condición sexuada, la sexualidad no se reduce simplemente a una actividad concreta, con sus correspondientes órganos específicos, ordenada a la reproducción, sino que abarca toda la modalización que hace que el varón y la mujer sean iguales, en tanto seres humanos, y distintos en su modo de serlo, diferencia que afecta a todas las facetas de su ser, corpóreas, psíquicas y espirituales.

La transversalidad sexuada pone de manifiesto que la igualdad varón-mujer es mucho más amplia que la diferencia: si los genetistas estiman la diferencia en 3%, podemos suponer que a la igualdad le corresponderá el 97%. La mujer al igual que el varón es persona y goza de psique –o mente– y de corporeidad, con una estructura totalmente semejante: cuerpo, sentimientos y espíritu, en la que se inserta el dimorfismo sexuado.

Sin embargo, ese pequeño 3% de diferencial genético tiene una peculiar característica: justamente expresa físicamente la

---

[46] L. Feuerbach, *La esencia del cristianismo*, Madrid, Trotta, 1995, p. 140. El autor utiliza la palabra "esencia" en vez de "propio" o "radical", que aquí hemos traducido con esos sinónimos, teniendo en cuenta el sentido en el que la emplea.

[47] J. Marías, *Antropología metafísica*, Madrid, Revista de Occidente, 1970, p. 160.

transversalidad, pues modula todas las dimensiones corpóreas, todas y cada una de las células del cuerpo son sexuadas.

Esa visibilidad genética es manifestación de diferencias en capas más profundas, que también son constatables, llegando desde el cuerpo a la intimidad personal, pasando por la personalidad, temperamento y rasgos psicológicos, de modo que la diferencia sexuada afecta tanto a la manera de sentir, como a la de pensar o de amar. Este hecho es experimentable. Esa diferencia ubicada en el ADN y, por tanto, en cada célula de nuestro cuerpo, hace que cada uno de nuestros órganos sea sexuado. Ahora se habla, casi con sorpresa, de que el cerebro femenino es diverso del masculino, aunque sólo sea en el cuerpo calloso del ligamen que une ambos hemisferios.[48]

También es diferente la manera de andar o el tono de voz, así como otras muchas diferencias, como enumera Buytendijk.[49] Dicho con palabras de Müller: "Todas las características básicas de la naturaleza humana (la corporeidad, la mundanidad, la interpersonalidad, la dignidad personal, la trascendentalidad a Dios) se realizan y concretan en cada ser humano según su condición específica de varón o de mujer".[50]

Esta peculiar transversalidad, que subdivide todas las diferencias humanas, también la de los grupos sanguíneos o la de los temperamentos, ofrece una gran resistencia para ser tipificada como una diferencia enclavada sólo en la naturaleza o esencia humana, porque si toda ella está teñida o modalizada, el origen de esa modalización no puede radicar en ella.

---

[48] Cfr. Natalia López Moratalla, *Cerebro de mujer y cerebro de varón*, Madrid, Rialp, 2007; también: "Una aproximación científica a la ideología de género: cerebro de mujer, cerebro de varón", en A. Aparisi (coord.), *Persona y género*, Pamplona, Thomson-Aranzadi, 2011.

[49] Muchas de esas diferencias están recogidas en la obra de F. J. J. Buytendijk, *La Femme, sa manière d'être, de paraître, d'exister*, París, Desclée de Br., 1967. Edición en castellano: *La mujer. Naturaleza, apariencia, existencia*, Madrid, Revista de Occidente, 1970 (aunque conserva aún prejuicios masculinizantes, como la de atribuir al varón la actividad y a la mujer la pasividad).

[50] G.L. Muller, *La misión de la mujer en la Iglesia*, Universidad Católica de Ávila, 2015, p. 24.

Por otra parte, a la hora de explorar la condición sexuada masculina o femenina, de nuevo se presenta tensión entre naturaleza y cultura. Desde luego, recordando que, por nuestra naturaleza personal, desde la libertad creamos cultura, hay que considerar las aportaciones que, desde la categoría de género y las influencias sociales, educativas y culturales, los varones y mujeres reciben de su entorno y le aportan, y que ayudan a configurar su propia masculinidad y feminidad. Pero aquí, si se nos permite recordar el ejemplo del vino, es necesario comprender que la aportación cultural caería en el vacío o ni siquiera podría constituirse sin una naturaleza recibida, aunque abierta.

Por esta razón, en materia de configuración de nuestra identidad masculina o femenina es posible detectar que la contribución cultural a la sexualidad psico-subjetiva no alcanza en relevancia a lo ofrecido por la naturaleza humana en el cuerpo y en todos sus dinamismos biológicos, psicosomáticos y afectivos. Desde ellos, como base, se hace posible la cultura y sus propuestas renovadoras.

La experiencia social y, desde luego, la clínica nos demuestran sin lugar a dudas –en el plano estadístico– que una pretensión cultural contraria a la base estructural y dinámica de la naturaleza masculina o femenina –en el sentido de que esta última no existe y puede elegirse sin más cualquier opción sexual identificadora de la identidad personal profunda–, conduce en la praxis real a situaciones excepcionales, escasas y, con frecuencia, a biografías psicológicamente difíciles. En algunos casos, hasta dramáticas.

Cuando ocurren estos casos de confusión en la identidad sexuada, son imprescindibles, al menos, dos actitudes. Una y prime-ra, la del respeto y consideración a la persona que padece estas circunstancias. La segunda es la canalización hacia las ciencias de la psicología y de la salud y sus profesionales, pues en caso de conflicto, no hay que desdeñar que es más moldeable lo psíquico que lo corpóreo.

En efecto, en caso de discordancia entre el sexo biológico e inclinaciones o deseos psicológicos, por una parte, sería más razonable un apoyo en la dimensión de la mente, que a través de intervenciones quirúrgicas. Por otra parte, la praxis de las operaciones transexuales, financiadas en algunos lugares por los sistemas de salud pública, no pueden cambiar el sexo cromosómico y su influencia, ya que no es posible erradicar el xx o el xy de cada célula. De ahí que, tras una amputación irreversible, el cuerpo sigue siendo el mismo, aunque con distinta apariencia, y el interesado ha de someterse a un costoso tratamiento farmacológico de por vida.

En definitiva, desde una visión antropológica es preciso decir que el cuerpo, que no es elegible, es crucial en la identidad personal. Como recordábamos en palabras de Habermas: "Una persona es varón o mujer, tiene uno u otro sexo y no podría ser del otro sexo sin ser a la vez otra persona".[51] En todo caso, lo que nos parece un juego con fuego, un abuso sobre vidas personales, es su utilización ideológica por parte de movimientos sociopolíticos, por ejemplo, en algunas ideologías de género radicales.

La diferencia entre sexualidad y condición sexuada pone de frente también la distinción entre sexualidad humana y sexualidad animal.[52] En la biología se entiende por sexualidad un atributo corpóreo que cumple dos objetivos: la reproducción y el intercambio genético. Ahora bien, ¿existe alguna diferencia entre la sexualidad animal y la humana?

En la actualidad existe la misma que se da entre lo que se podría llamar trabajo animal y trabajo humano. Los animales realizan una actividad programada, absolutamente sumergida en leyes fijas. El trabajo de las abejas no cambia con el correr de los siglos. Sin embargo, en el actuar humano intervienen factores que la hacen muy peculiar como son la inteligencia, la libertad, la creatividad y su dinamismo; por eso su innovación y progreso o, al menos, su cambio

---

[51] J. Habermas, *El futuro de la naturaleza humana*, Paidós, 2002, p. 115.

[52] Un desarrollo mayor de estas diferencias puede encontrarse en B. Castilla de Cortázar, *La complementariedad varón-mujer. Nuevas hipótesis*, Madrid, Rialp, 1993, pp. 23-26.

es constante. Cualquiera puede admirarse ante el un escenario de carros y carretas –empleando, además, mano de obra esclava–, *versus* al escenario actual de la informática digital y la robótica, no sólo para la fabricación de miles de vehículos con motor, sino para otras diferentes aplicaciones diarias, como los elevadores en las viviendas o las neveras domésticas.

En la actividad sexuada humana aparece un factor específico que no existe en el mundo animal, *la comunicación íntima, integra y transversal*. Es evidente que tiene muchos aspectos que son humanos en exclusiva. Por ejemplo: el enamoramiento, el reconocimiento del otro como persona, la creación de relaciones familiares que suponen lazos estables, la fidelidad, la compañía, la confianza, la amistad. Paternidad, maternidad, filiación, el ser marido y mujer, son lazos que aspiran a durar y pueden durar toda la vida. Esas relaciones, que dan sentido a la existencia humana, engarzadas con la aspiración y la necesidad de amar y ser amado, están imbricadas con la identidad y condición sexuada. También la unión amorosa conyugal, es muy diferente y nada tiene que ver con el apareamiento de los animales en épocas de celo. En este sentido, interesa tener presente desde el principio que "la paternidad y maternidad humanas, aun siendo biológicamente parecidas a las de otros seres de la naturaleza, tienen en sí mismas, de manera esencial y exclusiva, una 'semejanza' con Dios, sobre la que se funda la familia, entendida como comunidad de vida humana, como comunidad de personas unidas en el amor (*communio personarum*)".[53]

Por esta razón es importante descubrir el enclave radical de la condición sexuada humana que, anclada genéticamente, atraviesa transversalmente todas las dimensiones de la naturaleza humana, hasta la propia intimidad. Anteriormente se dijo, partiendo de la experiencia que la intimidad es esponsal, que sería otra manera de decir sexuada. Por eso es difícil encontrar la clave del dimorfismo

---

[53]   Juan Pablo II, *Carta a las familias*, n. 6.

sexual sólo en la naturaleza humana –cuerpo y psique–, no sólo por la razón ya señalada de que toda ella está traspasada por dicha diferencia, sino también porque esa diferencia llega hasta la identidad personal y también porque toda la naturaleza psicosomática es en cierto modo andrógina: así como el cuerpo tiene dos manos o el cerebro dos hemisferios, hay cierta verdad en los planteamientos de una androginia o bisexualidad psíquica: tanto varón como mujer pueden compartir las mismas cualidades y todos debemos cultivar todas las virtudes.

5. Otras características de la condición sexuada

Considerada la transversalidad, como la más peculiar característica de la condición sexuada, consideremos ahora otros de sus principales rasgos distintivos, que hacen tan peculiar esta diferencia humana. Nos detendremos en cómo es un factor ineludible de la identidad personal –razón por la cual posibilita el autoconocimiento–, para pasar después a la peculiar capacidad de mutuo engendramiento, y a la fecundidad exponencial que se deriva de poner los mutuos recursos del varón y la mujer al servicio de una tarea común.

5.1. Determinación de la identidad de la persona

La principal propiedad de la condición sexuada humana proviene de su intrínseca relación con la identidad de la persona y su llamada al amor. Ya se ha hecho alusión a que en textos magisteriales se afirma que la sexualidad *"determina la identidad propia de la persona y esa distinción se ordena* no sólo a la generación sino *a la comunión de personas*".[54] La generación, siendo como es tan importante para llenar la tierra, según el mandato del Creador, misión que se cumple en el matrimonio, es una estructura de la temporalidad enmarcada en el plano de la dignidad personal, pero la persona en cuanto tal transciende la especie y los deberes respecto a ella.

De ahí que el significado más profundo de la condición sexuada no es la procreación sino la llamada al amor, el no vivir para sí mismo sino para otro, en unión-con otro, unión que ha de darse también dentro del matrimonio como razón y principio de la generación. Nunca dejaremos de ser personas, tampoco después de la muerte, pero seremos varones y mujeres –incluso en el tiempo que medie hasta la resurrección de los cuerpos–, pues la diferencia sexuada lo tiñe todo, sobre todo el modo de amar, que es el que vertebra las relaciones personales, la unión entre las personas, la comunión de personas.

Por su parte, la antropología de la persona desarrollada por Karol Wojtyla afirma que el sexo *"en cierto sentido es 'constitutivo de la persona' (no sólo 'atributo de la persona')* [mostrando] lo profundamente que el hombre, (…) con la unicidad e irrepetibilidad propia de la persona, está constituido por el cuerpo como 'él' o 'ella'".[55]

Recordemos que la estructura de la intimidad humana consta de dos momentos inseparables: el de la soledad, cuando cada persona está frente a Dios, que le es superior, y al mundo, que le es inferior; y el momento de la comunión, que se forma en el encuentro de dos "soledades", de dos "yos" que comienzan a vivir uno para el otro. Este planteamiento que se hace partiendo de la corporeidad, es el que permite el desarrollo del carácter sexuado del cuerpo, en el que advierte un significado esponsal, directamente relacionado con el modo de amar.

---

[54] Congregación para la Doctrina de la Fe, Declaración *Inter insigniores* de la el 15-X-76, sobre la misión de la mujer en la Iglesia, texto bilingüe, en Madrid, BAC, 1978, n. 5, p. 53.

[55] Juan Pablo II, Audiencia general 21-XI-1979, en *Varón y mujer. Teología del cuerpo I*, 8a. ed., Madrid, Palabra, 2011, p. 78.

Se recuerda esto para subrayar que la identidad personal no es independiente del carácter sexuado, que cada quien, desde sí mismo, está hablando ya del otro, que es igual pero distinto, que es promesa de salir de la soledad y de llegar a la plenitud de la comunión, pues ambas formas de realizar la naturaleza humana, unidas, constituyen la plenitud de lo humano, en la "unidad de los dos".

5.2. Posibilitar el autoconocimiento

Consideraremos seguidamente, como consecuencia de la anterior, otra característica decisiva: el acceso al autoconocimiento, su ascenso y crecimiento. Gracias al otro sexuado, distinto a mí, logro llegar al propio conocimiento. La traducción de la Biblia desde los textos originales, posible ahora, descubre que cuando en el Génesis 2,18, Dios afirma que "no es bueno que el hombre esté solo" y manifiesta su decisión de hacerle una ayuda semejante, lo que el hebreo dice literalmente es: "Voy a hacerle alguien frente a frente".[56]

Ese "estar frente a frente" significa, entre otras cosas, que la masculinidad –expresada en el cuerpo– está diciendo desde sí misma la feminidad, y la feminidad, también desde sí misma, hace referencia a la masculinidad. Soledades y diferencias que son presencias, reunión y compañía. En el sentido del "frente a frente" Julián Marías afirma que la diferencia entre varón y mujer es relacional, como la de las manos situadas una enfrente de la otra.[57] Ese modo de ser y estar posibilita el entrelazarse, lo que potencia, entre otras cosas, la eficacia de la acción conjunta.

---

[56] Cfr. G. Ravasi, "La famiglia tra opera della Creazione e festa de la Salvezza", en *Familia et Vita*, 2012, núm. 17, p. 95.

[57] Cfr. J. Marías, *La mujer y su sombra*, Madrid, Alianza Editorial, 1987, p. 54.

- El escultor francés Auguste Rodin denominó "La catedral" a una escultura que consta de dos manos humanas.

- Se trata de dos manos derechas, pertenecientes a dos personas de distinto sexo.

- Se hallan a punto de entrelazarse y formar un *espacio físico* de unión y un *espacio lúdico* de amparo.

Este estar "frente a frente" –no en sentido hostil, sino de quienes se miran cara a cara–, permite el propio autoconocimiento en cuanto varón o mujer por parte de cada cual, que tiene que ver con el fondo de la propia identidad, si la entendemos radicalmente relacional, y no aislada y solitaria.[58] También Marías constata que el autoconocimiento de la propia identidad se produce frente y gracias al sexo contrario. Feminidad y masculinidad son imprescindibles, cada una, para el autoconocimiento del otro, pues "el hombre y la mujer –afirma– son recíprocamente *espejos* en que se descubren su condición. Hay un elemento de asombro, condición de todo verdadero conocimiento. (...) El encuentro con otra forma de persona –no ya con otra persona– muestra el contorno de la realidad personal".[59]

En efecto, la persona humana no termina de saber quién es, en cuanto ser donal, sino frente a otra persona que es "hueso de sus huesos", pero distinta que él, ante quien experimenta una peculiar forma de admiración y plenitud. Karol Wojtyla lo constata con otras palabras: "La mujer se le da al varón para que él pueda entenderse a

---

[58]   Esta cuestión se describe en el capítulo titulado: "Autoconocimiento de la condición sexuada" del ensayo de B. Castilla de Cortázar, *Persona femenina, persona masculina*, Madrid, Rialp, 2004, pp. 99-116.

[59]   J. Marías, *Mapa del mundo personal*, Madrid, Alianza, 1993, p. 34.

sí mismo y, recíprocamente, el varón es dado a la mujer con el mismo objetivo. Deben confirmar uno a otro su humanidad, sorprendiéndose de su doble riqueza. Seguro que, a la vista de aquella primera mujer creada por Dios, el hombre-varón pensó: "Dios te me ha dado". (…) La mujer se hace para el varón sobre todo fuente de admiración".[60]

Se trata de una peculiar experiencia del amor, que tiene muchas facetas, que Karol Wojtyla describe como amor *complacentiae*, que ha sido injertada en el corazón humano, y hace capaces al varón y a la mujer de una "recíproca complacencia entre ellos: la mujer se revela a los ojos del varón como una síntesis particular de la belleza de la entera creación y él se revela de manera similar a los ojos de ella".[61]

5.3. La capacidad de mutuo engendramiento

En primer lugar, consideraremos lo que se ha descrito en el segundo capítulo como "engendramiento recíproco". Ese mutuo engendrarse que se puede observar entre el varón y la mujer, no se refiere sólo a que no hay amante sin amado y viceversa, aunque sea esta una cuestión capital.[62]

Además, se puede advertir que hay potencialidades de la mujer que sólo el varón puede hacer aflorar y desplegarse, y otras que tienen los varones que sólo los germinan y desarrollan gracias al influjo de la feminidad. No se trata solamente, aunque es una de sus consecuencias, de la llamada *empatía psicológica*, en cuya virtud la comunicación mejora si ambos se disponen a ver desde los ojos del otro, comprendiendo el punto de vista ajeno. Porque ese fruto también ocurre entre amigos y entre quienes sea abren a "comprender" al otro desde el otro. Aquí se quiere subrayar, además, algo más

---

[60] Juan Pablo II, "El don desinteresado", en Mauro Leonardo, *Como Jesús*, Madrid, Palabra, 2015, p. 265.

[61] *Ibidem*, pp. 267-268.

[62] Cfr. P. J. Viladrich, *La palabra de la mujer*, Madrid, Rialp, 2000, pp. 13-55.

profundo, a saber, que la estructura y dinámica constitucional del ser varón y del ser mujer están dispuestas en modo tal que no sólo el conocimiento de sí, sino también el afloramiento y desarrollo de la propia diversidad personal, de un modo maduro y equilibrado, dependen de una apertura y una comunicación por la que el varón se encuentra y despliega, como tal, gracias a la mujer, y viceversa.

Observemos que en el ser humano hay una serie de *cualidades complementarias*, todas ellas humanas, entre las cuales los varones desarrollan con más facilidad unas y las mujeres otras. Como hemos afirmado, no son reparticiones andróginas, sino dos formas diferentes de tener, en estructura y dinámica masculina o femenina, la misma cualidad humana. Los empresarios, por ejemplo, afirman que los varones tienen mayor capacidad para hacer proyectos y las mujeres para valorarlos.[63] Pongamos ante los ojos una larga lista de *cualidades complementarias*, en la que unas cualidades corresponden a la masculinidad y otras a la feminidad. Me estoy refiriendo, por ejemplo, a:

Masculinidad	**Feminidad**
La exactitud	La analogía
Lo longitudinal	Lo profundo
El análisis	La síntesis
El discurso	La intuición
La competencia	La cooperación
Lo productivo	Lo reproductivo[64]
Pensamiento por pasos	Pensamiento en red[65]
La línea/el cubo	El círculo/la esfera[66]

---

[63] Cfr. J. A. Pérez López y N. Chinchilla, *La mujer y su éxito*, Pamplona, EUNSA, 1995.

[64] Cfr. Jesús Ballesteros, "Postmodernidad y neofeminismo: el equilibrio entre 'anima' y 'animus'", en *Postmodernidad. Decadencia o resistencia*, Madrid, Tecnos, 1988, p. 130.

[65] Cfr. H. Fisher, *El primer sexo*, Taurus, p. 21 y ss.

[66] Cfr. Buytendijk, *La Femme, sa maniére d'être, de paraître, d'exister* J. Planell, *Cubo y esfera. Los arquetipos originarios de la conciencia arquitectónica,* tesis doctoral, Universidad Politécnica de Madrid, 1998.

Todas las cualidades son humanas y ambas columnas son complementarias, pero de hecho los varones desarrollan con facilidad y de un modo más espontáneo las primeras. Sin embargo, para que en la personalidad de un varón germinen las segundas, se requiere la influencia de las mujeres de su vida, empezando por su madre. Asimismo, las potencialidades primeras, presentes en las mujeres, se actualizan mejor y más ampliamente mediante la comunicación con los hombres de su vida: su esposo, su padre, sus hermanos varones, sus amigos, sus compañeros y colegas. Las potencias de modalización diferencial están en cada varón y mujer. Su actualización en solitario –por ejemplo, sin madre, sin hogar y sin contacto con el otro sexo– se hace difícil por la falta de comunicación con la otra forma de ser igualmente humano. Cuando decimos, repitiendo el decisivo pasaje del Génesis (2,18) que el ser humano, por persona e *imago Dei*, no es "bueno que esté solo" y que, precisamente por ser persona, es varón y mujer, lo que se quiere afirmar es que el varón, por la mujer, y la mujer, por el varón, son entre sí "la ayuda" para conocerse en su misma identidad y en lo diverso, en lo igual y en lo diferente, de su condición sexuada humana y, desde ese mutuo respeto, complementariedad y comunicación, poder desarrollar la plenitud de la vida humana.

Tal apreciación, cuyo fundamento originario encontramos en el célebre relato del Génesis, pone de manifiesto que existe el *mutuo engendramiento* en el desarrollo de la personalidad completa. Ya advirtió Jung que los sexos eran complementarios no sólo entre ellos, sino en el seno de cada uno, subrayando la importancia de que los varones desarrollen su "ánima", o parte femenina de su alma –que significa germinar su capacidad de ternura, de estar en los detalles, etc.–, para poder tener una personalidad equilibrada.[67] Lo mismo habría que decir para que la mujer desarrolle su "ánimus" propio, su autoestima e independencia personal que les confiera

---

[67] C. G. Jung, *Von den Wurzeln des Bewusstseins*, Olten, Walter Verlag, 1954. "Los arquetipos y el concepto de *anima* y los aspectos psicológicos del arquetipo de la madre", en la versión de castellano *Arquetipos e inconsciente colectivo*, Barcelona, Paidós, 2009, pp. 49-68 y 69-102.

seguridad en sí misma y le lleve a exigir que los demás, especialmente a los varones, le traten y respeten como persona.[68]

Esto se aprecia, por ejemplo, en las relaciones padre-hija, y madre-hijo, donde los progenitores, sin ser conscientes, aportan esos rasgos diferenciales de su sexo (empatía y ternura, la madre; coraje y valor, el padre), a la crianza del hijo/a. En un escenario menos íntimo y familiar, como es el de los colegas en los equipos profesionales, también se dan los frutos de la cooperación y complementariedad entre ambos sexos, uno de los cuales, no menor, por cierto, es el reconocimiento del valor de la diferencia y la acogida de sus aportaciones al conjunto. Y es con base en lo que estamos poniendo de relieve, que resulta de suma importancia entender el extraordinario escenario de la amistad entre varones y mujeres, respetando su sentido y finalidades, evitando confundirla, manipularla o corromperla mediante contenidos e intencionalidades inapropiadas y destructivas. Dicho brevemente: el cultivo de la amistad es parte esencial de la educación del amor, entre otras cosas, aparte su intrínseca y propia bondad, porque ayuda a clarificar, ubicar y ordenar a los diversos amores íntimos en su lugar y viceversa.

La complementariedad, con su mutua ayuda y recíproco engendramiento, parte de la bondad del siguiente hecho diferencial: varón o mujer son las dos maneras diversas de ser igualmente humana persona. Por lo tanto, la complementariedad está muy lejos de la imitación de un sexo al otro, que siempre es algo patético y esterilizador. Se trata de aprender uno del otro, incorporando esas cualidades con las peculiaridades propias, de modo que cristalicen en cada cual, con matices peculiares, reforzando la propia masculinidad o feminidad. Tanto las cualidades como las virtudes pertenecen a la naturaleza común y cada persona, varón o mujer, está llamada a desarrollarlas todas, las virtudes en principio.

---

[68] En este sentido Karol Wojtyla señala a la mujer como educadora del varón Cfr. K. Wojtyla, *Ejercicios espirituales para universitarios*, BAC, 2006.

Parece muy razonable imaginar que un mundo hecho sólo por los varones –absolutamente marginadas las mujeres– estaría incompleto, sería demasiado materialista y excesivamente jerarquizado, y a la postre inhumano. Sería un mundo sin fuente de vida y de humanización. Parece imposible un mundo semejante, incluso en la ficción, teniendo en cuenta que no podrían evitarse las madres, en tanto los varones carecen de matriz. Sin embargo, es cierto que, a lo largo de la historia, y actualmente también, hay culturas discriminatorias de la mujer, por ser mujer, y menospreciativas de la maternidad –la grandeza de ser fuente de vida–, manipulando su sentido para presentarla como alienación femenina. En opinión de Ballesteros, incluso en la cultura occidental cristiana, una dosis de marginación se ha dado en la civilización surgida de la modernidad, donde sólo han sido valoradas las cualidades específicamente masculinas.[69] Algo parecido ocurriría si estuviera hecho sólo por mujeres: un mundo de "amazonas", aún en la ficción, es un mundo donde ellas necesitan desdoblarse. La razón es porque solo si hay varón y mujer, la humanidad es completa: sólo "la unidad de los dos" es fuente de fecundidad en todos los campos, empezando por el desarrollo de la propia personalidad de cada uno.

Un elenco paralelo de dimensiones complementarias, esta vez desde el punto de vista psicológico, desglosa John Gray en su sugestivo ensayo *Los hombres son de Marte y las mujeres de Venus*,[70] demostrando que tanto las cualidades como los defectos que presentan los varones y las mujeres, a veces diametralmente opuestos, son dos modos distintos de manifestar una misma cualidad o falta de ella, en el peculiar modo de cada uno de afrontar a las relaciones y a los avatares de la vida. Así, refiriéndose a las necesidades amorosas,

---

[69] Cfr. J. Ballesteros, "Postmodernidad y neofeminismo: el equilibrio entre 'anima' y 'animus'", en *Postmodernidad. Decadencia o resistencia*, Madrid, Tecnos, 1988, p. 130.

[70] J. Gray, *Men are from Mars, Women from Venus*, Nueva York, HarperCollins Publishers Inc., 1992. Edición en castellano: *Los hombres son de Marte y las mujeres de Venus*, 5a. ed., Barcelona, Montadori, 2013.

considera que varones y mujeres tienen seis necesidades afectivas primarias básicas, pero inicio y término diferentes, que no excluyen las otras seis, pero que cada uno, para apreciar y recibir las otras, tiene necesidad primero de recibir aquellas que le son básicas. Así lo constata:

Las mujeres necesitan:	**Los varones necesitan:**
1. Cariño	1. Confianza
2. Comprensión	2. Aceptación
3. Respeto	3. Apreciación
4. Devoción	4. Admiración
5. Valoración	5. Aprobación
6. Seguridad	6. Ánimo[71]

El resultado de este estudio psicológico pone de relieve que esas diferentes clases de necesidades amorosas son recíprocas, pues cuando un varón da a una mujer cariño y comprensión –sus dos necesidades básicas de amor–, lo que recibe de ella en correspondencia es justamente confianza y aceptación, que son lo que él más necesita. Y lo mismo ocurre si la mujer aporta confianza y aceptación, el varón recíproca y automáticamente le aporta el cariño y la comprensión que ella necesita. Estamos ante lo que Viladrich ha denominado el *engendramiento mutuo y recíproco* entre varón y mujer de la propia identidad sexuada.

Esta primera conclusión de la reciprocidad resulta clarificadora. Pero aún se podría obtener una conclusión aún más profunda. ¿Qué son esos pares de cariño-confianza, comprensión-aceptación, respeto-apreciación, sino dos caras de una misma realidad? Parecen el resultado de dar o recibir amor visto por dos personas situadas relacionalmente frente a frente, mirándose cara a cara. Por tanto, dos modos relacionales de lo mismo. Dicho con otras palabras, se puede

---

[71] Cfr. *Ibidem*, p. 173.

decir que el cariño está relacionalmente situado frente a la confianza, así como la comprensión a la aceptación, hasta llegar a la seguridad frente al ánimo.

Se han hecho también otros estudios comparativos entre los llamados valores masculinos y femeninos y sus modos de hacer. Así, en un interesante y original desarrollo, los italianos Nicola y Danese analizan desde esta perspectiva diez actitudes ante la vida. Abajo enunciadas, en la primera columna se incluyen los principales rasgos femeninos y en la segunda los masculinos, distinguiendo en ellos su parte positiva o su corrupción:

Rasgos femeninos	**Rasgos masculinos**
1. Relacionarse con el otro	1. Confianza en sí mismo
2. Aceptar las limitaciones	2. Luchar contra los obstáculos
3. El cuidado del otro	3. Energía en movimiento
4. Trasgresión e ironía	4. Estructuras y reglas
5. El milagro de la vida que nace	5. Exponerse y luchar por la vida[72]

Por otra parte, como he señalado, en la experiencia pueden descubrirse una variedad de valores complementarios, a los que los varones están más inclinados a iniciar y las mujeres a recibir, y otros que inicia la mujer y recibe el varón, completándose en su reunión la plenitud humana del valor y la virtud:

---

[72] Cfr. G. P. Di Nicola y A. Danese, *Reciprocidad hombre-mujer: igualdad y diferencia*, en A. Aparisi (ed), *Persona y género*, pp. 387-404.

<table>
<tr><td>Valores complementarios masculinos</td><td>Valores complementarios femeninos</td></tr>
<tr><td>– Proyectos a largo plazo (magnanimidad)</td><td>– Resolver necesidades con lo mínimo (economizar)</td></tr>
<tr><td>– Inventar</td><td>– Mantener</td></tr>
<tr><td>– Lo abstracto</td><td>– Lo concreto</td></tr>
<tr><td>– La norma</td><td>– La flexibilidad</td></tr>
<tr><td>– La justicia</td><td>– La misericordia</td></tr>
<tr><td>– Lo cuantitativo</td><td>– Lo cualitativo</td></tr>
<tr><td>– La expresión</td><td>– La interpretación</td></tr>
<tr><td>– El concepto</td><td>– El símbolo</td></tr>
<tr><td>– La especialización</td><td>– La visión de conjunto.</td></tr>
</table>

Todos ellos se podrían resumir, en cierto modo, diciendo que los varones tienen una mayor habilidad para dominar las cosas y manejar las ideas abstractas, y las mujeres para el conocimiento y el trato con las personas.[73] Parece que los varones miran hacia fuera, como modo de proteger el adentro o fuente de vida, que en la mujer es diferencia objetiva y evidente. Las mujeres, claramente más interesadas en la intimidad, miran, cuidan y se ocupan el adentro humano, en cuanto son fuente de vida, esperando que los varones les cuiden, guarden y garanticen ese femenino modo de ser sobre la intimidad… protegiéndolo del exterior. Lo que en última instancia pone de manifiesto que varones y mujeres tienen diferentes modos de dar y recibir lo humano. Cada uno, varón o mujer, siempre puede ser activo, pero dando justamente lo que el otro necesita, no lo que necesita él.

---

[73] Cfr. B. Castilla de Cortázar, *La complementariedad varón-mujer. Nuevas hipótesis*, 3a. ed. Madrid, Rialp, 2004, p. 19.

5.4. La fecundidad de la "unidad de los dos" es exponencial

Esta comunicación, que se acaba de describir, puede llamarse, por su radicalidad, la *complementariedad constitucional* entre el ser varón y el ser mujer. Esta complementariedad es transversal, porque siempre y en todo lugar el ser humano comparece como varón y como mujer y, en consecuencia, la complementariedad es muy variada y es posible en todos los ámbitos de la vida humana. Por tanto, existen muchos niveles de complementariedad según la naturaleza del campo de la vida en que ambos conviven: el mundo económico y profesional, el social, cultural y político.

También entre padre e hijas, madres e hijos, hermanos y hermanas se da una complementariedad de común despliegue y realización, que es uno de los grandes frutos del hogar familiar, con gran trascendencia en la educación y socialización del ciudadano. Por ejemplo, es notorio y estadístico que en hogares armoniosos los hijos varones aprenden a entender y respetar a las mujeres por su trato íntimo con su madre, hermanas y abuelas, lo que se traduce en una educación que vacuna contra el machismo, la desconsideración y discriminaciones, y los maltratos a las mujeres que conocerán a lo largo de su vida.

Ciertamente el más íntimo engendramiento mutuo y complementario es el amoroso conyugal, porque en él se da una comunicación única, entera y exclusiva, que no ocurre, de suyo, en ningún otro campo de la vida. En lo conyugal *se trata de ser, realmente, el uno del otro*; es decir, de darse y acogerse, en y por el amor, los cuerpos personales masculino y femenino como *unidos en una única comunión y en pertenencia común*. En ninguna otra relación de complementariedad, ni siquiera en las tan íntimas como las de origen o consanguíneas, los cuerpos se co-poseen como patrimonio único del nosotros conyugal. Semejante potencia de unión, entera y sincera, fiel y definitiva, radica en la misma estructura y dinámica de la condición masculina y femenina. En el *esse* humano. Por eso, el ser marido y mujer afecta *al mismo y radical ser de ambos*, y no solo a sus acciones.

El matrimonio, decíamos, es la primera y, en cierto modo, fundamental dimensión de la complementariedad. Pero no es la única. En palabras de Juan Pablo II constatábamos que "basándose en el principio del ser recíproco 'para' el otro en la 'comunión' interpersonal, querido por Dios, toda la historia del hombre sobre la tierra se realiza en la integración en la humanidad misma, de lo 'masculino' y de lo 'femenino'".[74]

Por ello, cuando feminidad y masculinidad ponen sus recursos peculiares, mutua y recíprocamente, al servicio de una empresa común, dicha fecundidad se torna exponencial, permitiéndoles alcanzar objetivos y metas que cada uno no podría lograr solo o por separado. Esto es vidente en el surgimiento de una nueva vida en la procreación, y también está demostrado que algo similar ocurre culturalmente en todos los campos del actuar humano, en el trabajo y en la construcción de la historia.

John Gray, a quien ya nos hemos referido, en un nuevo ensayo, esta vez a cuatro manos, pues lo escribe junto con una mujer, titulado *Work with me*,[75] pone de relieve que cuando varones y mujeres, cada uno con su propia personalidad y modo de hacer, apuntan a un objetivo común sus talentos y cualidades específicos, tanto la familia como el trabajo salen enormemente favorecidos. Así es también en el arte, en el deporte, en la cultura, en el trabajo, en los medios de comunicación. Es plástico e ilustrativo, por ejemplo, cómo en el patinaje artístico por parejas –además de la sincronización al hacer una figura–, cada uno pone en juego lo específico, él la fuerza del soporte, ella la levedad del vuelo, siendo capaces de sorprender con sus habilidades y dejarnos admirados por su belleza.

---

[74] Cfr. Juan Pablo II, Carta Apost. *Mulieris dignitatem*, 1988, n. 7.

[75] J. Gray y B. Annis, *Work with me*, St. Martin's Griffin, 2013. Edición en castellano: *No hay Venus si Marte, ni Marte sin Venus. Saca partido a las diferencias entre hombres y mujeres*, Planeta, 2013.

6.   Radicalidad de la condición sexuada

Las reflexiones anteriores nos sitúan ante la necesidad de seguir profundizando en la diferencia sexuada. ¿Por qué es difícil? Porque toca la misma raíz de la identidad y estructura de cada persona humana; alude en directo a la manera como somos humanidad mediante dos modalidades diversas y complementarias; porque obliga a poner ante la mirada del entendimiento y de la experiencia aquella tridimensionalidad de ser persona, alma y cuerpo "masculino o femenino", y esa triple y unitaria composición se resiste, si es que es posible, a un *vis a vis*, a ser objeto acotado del intelecto; porque el hombre siempre supera al hombre, no estamos concluidos y realizarse uno con otra y viceversa es exploración, es futuro, es incógnita, es trabajo y libertad repletos de sudor, errores y desamores. No es fácil, pero es posible y bueno. Veamos cómo puede hacerse con lenguaje filosófico.

Si usamos la terminología metafísica tradicional, podríamos decir que la condición sexuada en masculino y femenino de la persona es cuestión, de suyo, difícil porque no tiene nombre de substancia, ni tampoco se trata de un accidente. Desde ahí es difícil seguir avanzando. Por ello es preciso recurrir a la antropología filosófica y a los términos propios, que su peculiar ontología necesita, en concreto a la noción de persona, con sentido transcendental, como ya hemos visto. Ciertamente el ser humano, ya cada vez con más frecuencia, es descrito como una realidad relacional.[76] Y, siguiendo la estela de Karol Wojtyla, parece necesario insertar dicha diferenciación en la reflexión sobre la misma persona humana –esto es, en el *esse*, que hace subsistir al alma y cuerpo, al organismo psicosomático–; sin embargo, la mayor parte de los filósofos personalistas todavía no saben cómo hacerlo. Una urgente y necesaria humildad intelectual,

---

[76]   Cfr. Congregación para la Doctrina de la Fe, *Carta sobre la colaboración del hombre y la mujer en la Iglesia y el mundo*, 2004, n. 6.

por tanto, sugiere comenzar caminando por sendas más descriptivas que ontológicas, con algunos recursos de la fenomenología y la experiencia ordinaria.

Para ello detengámonos en la estructura esponsal del corazón humano, otro modo de denominar la intimidad personal.

6.1. La estructura esponsal de la persona

Cuando Karol Wojtyla busca el significado del cuerpo lo describe con el término *esponsal*. ¿Qué quiere significar? De entrada, no parece que haga referencia exclusivamente al matrimonio. Ciertamente este vocablo no existe en casi ningún idioma, incluido el castellano en cuyo diccionario sólo existe esponsalicio –"perteneciente o relativo a los esponsales", es decir, a la "mutua promesa de casarse que se hacen y aceptan el varón y la mujer"–, que no es exactamente lo que Wojtyla quiere decir. En otros, como el francés, se ha traducido por conyugal, pero tampoco es esa relación la que se quiere expresar, sino otra más amplia y profunda que la matrimonial.

¿Qué entiende Wojtyla con el término "esponsal"? Digámoslo con sus palabras:

> La conciencia del significado esponsal del cuerpo, vinculado a la masculinidad-feminidad del hombre (…) indica una capacidad particular de expresar el amor, en el que el hombre se convierte en don; por otro, le corresponde la capacidad y la profunda disponibilidad para la "afirmación de la persona"; esto es, literalmente, la capacidad de vivir el hecho de que el otro –la mujer para el varón y el varón para la mujer– es, por medio del cuerpo, alguien a quien ha querido el Creador "por sí mismo", es decir, único e irrepetible: alguien elegido por el Amor eterno".[77]

---

[77] Juan Pablo II, AG, 16.I.80, n. 4, en *Varón y mujer...*, pp. 110-111.

En otras palabras, el término esponsal, que se aplica al cuerpo, por ser expresión de lo más profundo, está apuntando a la radical dimensión constitutiva de la persona, en virtud de la cual su *esse*, su quién que es, está directa e inmediatamente referido al amor, como origen, como estructura interna, realización biográfica y destinación final. El ser humano es persona corpórea masculina y femenina porque ha sido creada por amor y para amar.

Esponsal, por tanto, no es sinónimo de conyugal, sino la relación antropológica primordial del varón frente a la mujer o de ésta frente a áquel, sean cuales sean sus relaciones familiares, de amistad o de colaboración profesional, cultural o política. Somos esponsales, como personas humanas, por ser varones y mujeres, es decir, gracias a la condición sexuada masculina y femenina, que es donal, y a su diferencia complementaria. Lo conyugal es una forma específica y exclusiva de la esponsalidad, pero no toda esponsalidad es conyugal.

Un ejemplo muy expresivo es la relación entre hermanos y hermanas, que es esponsal por donal o amorosa, pero excluye cualquier praxis sexual o cualquier semejanza con lo conyugal. Lo mismo podríamos decir de la amistad y del compañerismo. En toda relación humana cada uno de nosotros se presenta como este varón o esta mujer, pero no como cónyuges.

Con el término esponsal Wojtyla se refiere a la estructura interna de la persona desde el punto de vista ontológico, es decir, la condición del ser humano de estar hecho para el don amoroso. De aquí que –es importante avisarlo– emplea el término esposo como sinónimo de varón y el de esposa como nombre para designar a la mujer.

Advertidos de estos significados dados a los términos esposo y esposa, Wojtyla constata que *la verdad sobre la mujer como esposa se descubre frente al esposo*. Y describe al varón –el esposo– como "el que ama para ser amado", y a la mujer –la esposa– "la que recibe el amor, para amar a su vez".[78]

---

[78] Juan Pablo II, Carta Apostólica *Mulieris dignitatem*, 1988, n. 29.

Con otras palabras –ser amante, amado y unión– hemos descrito en anteriores páginas la estructura del amor. Ahora Wojtyla, profundiza –en el marco de esta misma propuesta– en la diferencia entre varón y mujer, de modo que el varón, como modalidad humana, responde al momento iniciador y responsable de ser el amante, el que principia y sostiene el don, el que espera ser acogido y, en esa aceptación de la mujer, el amante logra ser amado; por su parte, la mujer es la amada, la que acepta el don, la principiadora y responsable de la acogida amorosa, movimiento decisivo por la que ella es, a su vez, un inédito don, el femenino, y entrelaza la comunicación, la correspondencia y, en suma, la dinámica unitiva.

Nótese que en el amor ninguno de los dos amadores está siempre estático y en una única posición: o la de amante o la de amado. Hay en el fondo ontológico de la masculinidad y la feminidad un modo específico de principiar la dinámica donal: el varón como amante y la mujer como la amada. Pero ese momento de ser amante o amada lo es de un círculo de comunicación –muy parecido a lo que sería darle un impulso a un aro para que ruede– y ya contiene adentro el reclamo de la complementariedad y de la tridimensionalidad, en cuya virtud la amada, al acoger, se hace amante –porque la acogida femenina al varón es la manifestación originaria y específica de la mujer como don– y convierte a su amante en amado.

En este sentido, es muy cierto que la mujer es el gran don a la humanidad, porque su acoger es seno y, en él, principio de vida de los amores humanos. Con la acogida de la mujer, dado que el varón como amante no puede ser don ni acogida de sí mismo, se inicia la dinámica amorosa. Es con esta apreciación que surge una gran e incesante luz para comprender el ser de la mujer como el regalo de los regalos hecho al varón para hacerlo amador.

Utilizando la simbología esponsal –esposo y esposa–, Wojtyla describe lo que es ser mujer o varón, como principios originarios de la dinámica don-acogida-don, obviamente al margen del estado biográfico de casado o soltero.

Y por si no había quedado claro que utiliza el término esposo para referirse al varón y el de esposa como sinónimo de mujer, releamos las siguientes palabras refiriéndose a esta:

> Cuando afirmamos que la mujer es la que recibe amor para amar a su vez, no expresamos sólo o sobre todo la específica relación esponsal (conyugal) del matrimonio. Expresamos algo más universal, basado sobre el hecho mismo de ser mujer en el conjunto de las relaciones interpersonales, que de modo diverso estructuran la convivencia y la colaboración entre las personas, hombres y mujeres. En este contexto amplio y diversificado *la mujer representa un valor particular como persona humana* y, al mismo tiempo, como aquella persona concreta, *por el hecho de su femineidad*. Esto se refiere a todas y cada una de las mujeres, independientemente del contexto cultural en el que vive cada una y de sus características espirituales, psíquicas y corporales, como, por ejemplo, la edad, la instrucción, la salud, el trabajo, la condición de casada o soltera".[79]

Esta descripción capta, por tanto, la realidad de dos modos de principiar el amar, situados en aquel "frente a frente" –que no significa enfrentamiento hostil–, con la que el hebreo escribe lo hasta ahora traducido como "ayuda semejante" en el relato de la creación de Eva en el Génesis. Este "frente a frente" o cara a cara, mirándose uno a otra a los ojos limpia y sinceramente, siendo la mujer la acogida del don que para ella es el varón, nos pone de relieve un darse y aceptarse como dos modos de ser "ambos activos" que están correlacionados, que se engendran mutua y recíprocamente el uno al otro, en lugar de una dualidad insuperable como sería la actividad de uno –el ser varón– y pasividad de la mujer.

---

[79] *Ibidem.* Poco antes ha dicho que la vocación a la virginidad o al celibato también es esponsal. Es decir, cuando se ama, se ama como el varón o la mujer que cada uno es.

En ese sentido, darse y aceptarse son dos momentos de la misma categoría o dinámica unitiva, por la sencilla razón de que una hace posible la otra: el don no tiene sentido si no es aceptado, por lo que acoger adentro de sí es otro modo de dar y muy íntimo. Varón y mujer ambos aman y ambos son amados, pero en un peculiar orden –*él ama para ser amado, ella es amada para amar*–, orden que no comporta ni temporalidad ni superioridad, por lo que ninguno es inferior ni superior al otro.

Ambos se explican y dan sentido uno al otro, situados frente a frente y con la capacidad de formar entre los dos una unidad, un co-ser, de orden superior al de sus propias individualidades consideradas una a una. Por esa razón, aunque cada uno tiene valor por sí mismo, en cuanto persona, al ser la persona ontológicamente relacional, la fuerza de la diferencia sexuada está en el tercer elemento de la estructura amorosa, en la unión. Juan Pablo II, en la carta apostólica *Mulieris dignitatem*, superando célebres negaciones del pasado,[80] explicó que la "unidad de los dos" es la plenitud de la imagen de Dios en el ser humano. Y, como dando una nueva vuelta de tuerca, en el año 1995 afirmó que se trata de una "unidualidad relacional complementaria". En otras palabras, en el ámbito ontológico de rango personal, la unidad no es indiferenciada, sino que, sin dejar de ser unidad, acoge en su seno la diferencia personal. Y esas diferencias, por ser relacionales, no obstaculizan la unidad, sino que, justo, la hacen posible.

Sin embargo, el misterio de la esponsalidad, otro modo de llamar a la condición sexuada humana, es aún una tarea pendiente de desarrollar. Presente en la poesía y en los textos bíblicos, fundamentalmente en el *Cantar de los cantares*, su desarrollo antropológico,

---

[80] Cfr. san Agustín, *De Trinitate* 12, 5, 5, y santo Tomás, *Suma Teológica*, I, q. 93, a. 6, que limitaron la *imago Dei* al interior de cada persona y la negaron respecto a las relaciones interpersonales. Así se expresa Scola: "En la *Mulieris dignitatem*, n. 6-8, la Trinidad, más allá de las prohibiciones de san Agustín y santo Tomás, es asumida de modo explícito como fundamental punto de referencia para el ponerse de la persona en cuanto sujeto constitutivamente en comunión". A. Scola, *La experiencia humana elemental*, Encuentro, 2005, p. 37.

libre de jerarquizaciones y de otras limitaciones que presenta el desarrollo actual de dicha analogía, es una tarea pendiente que aportaría mucha luz a el asunto que nos ocupa.

Mientras el desarrollo de esta analogía sigue su curso, abordemos la cuestión desde la perspectiva de la noción de persona.

6.2. Necesidad de una segunda ampliación de la noción de persona

Ya hemos indicado que los tratados de antropología filosófica han sido asexuados y generales, han reflexionado sobre el hombre pasando por alto que es varón o mujer, por lo que sobre esta diferencia y su estatuto ontológico nos faltan aportaciones específicas. Sin embargo, el hombre concreto siempre y desde el principio fue sexuado y dual: varón y mujer (Cfr. Génesis 1, 26-27).

Lógicamente para explicar mejor esta diferencia se requiere, como ya se ha señalado, seguir desarrollando una ontología propia de la antropología, donde el ser personal es, y está, intrínseca, constitucional y relacionalmente abierto al otro. Se ha constatado también que en la noción de persona se está introduciendo su aspecto relacional y, a pesar de que se intenta buscar la diferencia sexual en la reflexión sobre la persona, de momento la diferencia sexuada aún no ha aparecido.

No obstante, aunque la sexualidad humana ha sido poco pensada, los autores no dejaban de advertir que "se puede decir que hay dos tipos de seres humanos: el hombre y la mujer, porque la diferencia sexual es mucho más acentuada en nuestra especie que en las otras, *pues tiene connotaciones espirituales*".[81]

¿Qué quiere decir que la diferencia entre varón y mujer tiene connotaciones espirituales? Este es el momento de retomar la

---

[81]   L. Polo, *Ética. Hacia una versión moderna de los temas clásicos*, Madrid, Unión Editorial, 1997, p. 75.

afirmación de Karol Wojtyla de que el sexo *"en cierto sentido es 'constitutivo de la persona' (no sólo 'atributo de la persona')"*.[82]

Llegados a este punto, por tanto, lo pertinente es preguntar, ¿a qué *estatuto ontológico pertenece la condición sexuada?* ¿En qué nivel de nuestro ser radica? De manera que esa "ubicación" nos dé razón de aspectos claves de la sexualidad humana, por ejemplo, de su transversalidad, de su determinar la identidad personal, de su llamada al amor, así como de su potencial para el mutuo engendramiento y de su exponencial fecundidad.

Por una parte, la dificultad que entraña el esclarecimiento ontológico de esta diferencia se advierte al constatar que difícilmente encaja en las categorías tradicionales de la metafísica, como substancia o accidente. La diferencia varón y mujer no hace que seamos dos sustancias humanas distintas; por el contrario, ambos son igual y entera naturaleza humana. Por lo tanto, la condición sexuada, de suyo diversa y dual, no tiene nombre de substancia, pues ambos, varón y mujer tienen la misma naturaleza.

Por eso hay quienes han considerado el sexo como un accidente, si bien inseparable del sujeto.[83] Con la palabra accidente se entendió "aquello *añadido*" a una sustancia, pero que no pertenece a la esencia de dicha sustancia, pues cada cosa tiene o puede tener muchos accidentes que cambian sin que ella misma lo haga. Visto así, es claro que este concepto –el accidente en cuanto un modo de ser añadido a la sustancia– es no sólo una conceptualización débil, sino muy insuficiente si con él se quiere explicar la condición sexuada de la persona humana y su transversalidad, esto es, su presencia en todos los niveles humanos, incluido el *esse* de cada persona y, sobre todo, de su íntima relación con la identidad personal y de su llamada

---

[82]   Juan Pablo II, Audiencia general 21-XI-1979, en *Varón y mujer. Teología del cuerpo I*, 8a. ed., Palabra, 2011, p. 78.

[83]   R. Gómez Pérez, *Introducción a la metafísica*, Madrid, Rialp, 1978, p. 57.

al amor, que se mueven en otro plano diferente al del accidente metafísico.[84]

Pero quizá la principal dificultad es que en filosofía nunca se ha reconocido una diferencia trenzada con la igualdad. Es ilustrativo al respecto advertir que cuando los hombres-varones han pensado a las mujeres, o bien, las han sublimado poniéndolas más arriba o las han subordinado, poniéndolas más abajo. Otras veces las han puesto detrás o quizá delante, pero nunca al lado del ser varón, como iguales desde la diversidad.

Y cuando las mujeres han querido afirmar su identidad, las alternativas ensayadas han sido imitar al varón, o bien, competir con él y suplantarlo, o negar la diferencia tildándola de "esencialidad", que se convierte en instrumento cultural de represión para la mujer por parte del patriarcado y el machismo dominantes. La causa de no encontrar una propuesta adecuada es la ausencia de una filosofía que haga sitio *a "ser dos diferentes" en la unidad del mismo nivel ontológico*. Es decir, en donde la diferencia tiene la misma categoría ontológica: tiene la misma dignidad ser varón o ser mujer, porque es una diferencia del mismo rango.

No comprendiendo la *unidad en la diversidad* –la unidad como tercera dimensión de la diferencia dual y donal– sólo resta minusvalorar, imitar, rivalizar, negar a uno para poder afirmar al otro, o finalmente rechazar la relevancia de tal diferencia y hacerla desaparecer. En la diferencia solamente logran ver jerarquía de uno sobre otro, división y enfrentamiento. Se puede constatar una escandalosa ausencia del amor como clave antropológica trascendental. La ausencia de una perspectiva donal, radicada en el mismo *esse* de la persona humana, les impide comprender la unión precisamente

---

[84] Una exposición tradicional de los conceptos metafísicos de substancia y accidente y, dentro de estos últimos, del accidente "predicamental" puede encontrarse en J. J. Rodríguez Rosado, Gran Enciclopedia Rialp (GER), tomo 1, pp. 96-100; en A. Millán Puelles, *Fundamentos de filosofía*, 6a. ed., Madrid, Rialp, 1969, p. 429 y ss. 492 y ss.; o en P. B. Grenet, *Ontología*, Barcelona, Herder, 1965, p. 120 y ss.

gracias a la diferencia, que es la escena ontológica del *quién personal masculino o femenino hecho dualidad por y para amar en la comunión de la unidad*. Y la diferencia, en clave de poder que no de amor, la interpretan como campo de una batalla entre sexos, donde debe haber un vencedor y un derrotado, como es propio de las guerras.

Esta dificultad de fondo, que subyace en nuestra cultura, ha sido puesta de relieve por mujeres filósofas y teólogas a la vez, como es el caso de Elisabeth Schüssler Fiorenza,[85] que trabaja en la Universidad de Harvard. De aquí que la filosofía del *uno monolítico* impersonal y asexuado, versión ontológica de la estructura del cosmos trasladada al ser humano, sea posiblemente el principal escollo para pensar esta cuestión. Con razón se quejaba Dietrich von Hildebrand de cierto arrinconamiento de la persona, como si hubiera un complejo intelectual sobre la insuficiente altura académica del concepto, sobre la perspectiva personalista y, en particular, sobre el tema del amor.[86]

Para seguir avanzando, habría que acoger los nuevos avances antropológicos, que están señalando la diferencia entre varón y mujer, e integrarlos en una reflexión radicada sobre la persona humana y, desde ella, comprender su corporeidad masculina o femenina, que siempre es personal. De ahí que el dimorfismo sexual, que se manifiesta en el cuerpo y en la psique, de un modo transversal, como ya se ha dicho, parece responder a una estructura humana más profunda que la psicosomática, sobre todo porque tiene que dar razón de la identidad personal y del amor, *que sólo es posible en el plano del* esse *personal, situado a nivel transcendental,* aunque este sea inseparable

---

[85] Cfr. E. Schüssler Fiorenza, *In Memory of her. A Feminist Theological Reconstruction of Christian Origins*, Nueva York, Crossroad, 1983. Edición en castellano: Bilbao, Desclée, 1989.

[86] Se trata de un difundido prejuicio intelectual, no sólo entre académicos, detrás del cual "está también la idea errónea de que el ser impersonal es de algún modo más objetivo que el personal. Se olvida que el ser personal es incomparablemente más alto que cualquier ser impersonal; se olvida también que, en la medida que se hace justicia a la índole particular del ser personal, más hondo se cala en el reino del ser y de la metafísica". D. Von Hildebrand, *La esencia del amor*, Pamplona, EUNSA, 1998, p. 33.

de la propia naturaleza. Quien ama es siempre el quién personal. Lo hace con su alma y cuerpo. Pero quien con alma y cuerpo se da y acoge al amar, es el espíritu personal.

Entre otras cuestiones, se intuye que para el ser humano las relaciones, en especial aquellas en que compromete su intimidad, son algo fundamental, no meros accidentes metafísicos, y por eso se las ha denominado relaciones ontológicas, aunque ha sido un desarrollo incoativo, pendiente de posterior elaboración. En palabras de López Quintás: "Los esquemas "causa-efecto", "acción-pasión" son mono-direccionales, deterministas (un golpe dado sobre la mesa causa ineludiblemente un efecto determinado: cierto sonido). En cambio, el esquema "apelación-respuesta" es circular, promocionador de la libertad (un hombre que hace a otro una sugerencia lo apela a tomar opción y dar respuesta)".[87]

Pues bien, como venimos diciendo, una de las realidades más escurridizas y difíciles de conceptualizar es justamente la condición sexuada, su complementariedad y su comunicación. Parece evidente que la relación entre varón y mujer, o la estructura y dinámica don-acogida-don del amar, exceden un esquema de mera "apelación-respuesta", que es demasiado genérico. También, por ejemplo, en teoría de la comunicación se dice que hay, entre otros elementos, un emisor, un receptor, un mensaje y su soporte, pero estos conceptos genéricos, en los que puede incluirse desde un periódico, una emisora de radio o un departamento comercial con sus clientes, no son suficientes para penetrar lo propio –espíritu, alma y cuerpo personales y donales– de la comunicación de la intimidad entre los amadores.

Si la reflexión filosófica ha de plantearse a fondo cómo conectar persona y condición sexuada, un camino para ello, admitida ya la relacionalidad ontológica de la persona, sería tener en cuenta que

---

[87] Cfr. A. López Quintás, "La antropología dialógica de F. Ebner", en J. Sahagún Lucas, *Antropologías del siglo XX*, Salamanca, Sígueme, 1979, p. 152.

una relación consta al menos de dos términos y que uno no tiene sentido sin el referente opuesto. Aceptarlo en el núcleo del mismo *esse*, supondría una segunda ampliación de la noción de persona.

6.3. Descripción de la diferencia, en cuanto relacional

Julián Marías muestra, sirviéndose del símil de las manos, que ser varón o mujer consiste en "una *referencia recíproca intrínseca*: ser varón es estar referido a la mujer, y ser mujer significa estar referida al varón",[88] siendo la diferencia entre ellos relacional, como la de la mano derecha respecto a la mano izquierda. Si no hubiera más que manos izquierdas –constata–, no serían izquierdas pues la condición de izquierda (…) le viene a la izquierda de la derecha.[89] Ser varón y ser mujer es estar uno frente al otro,[90] de tal manera, que esa diferencia les permite, como a las manos, acometer la misma tarea desde dos perspectivas diferentes, de cuya conjunción se deriva una mayor eficacia que si las dos estuvieran orientadas en la misma dirección.

La esponsalidad es relacionalidad y su significado, que expresado en el cuerpo hace referencia directa a la persona y al amor y que, como venimos matizando, no es sinónimo de conyugal, ni siquiera de nupcial (alguien ya casado o comprometido). Se trata de una estructura humana anterior y primera, que hace posible todas las demás, en tanto estas ulteriores tienen sus particulares contenidos donales. La esponsalidad es la relación antropológica primordial del varón frente a la mujer o de ésta frente a aquel, sean cuales sean sus relaciones familiares, de amistad, de compañerismo o de común ciudadanía, siendo la más clarificadora la peculiar relación entre hermanos y hermanas.

---

[88] J. Marías, *La mujer y su sombra*, Madrid, Alianza Editorial, 1987, p. 54.

[89] Cfr. también J. Marías, *La mujer en el siglo XX*, Madrid, Alianza Editorial, 1980.

[90] Es ilustrativo que el texto hebreo de Gen 2,18 diga literalmente "voy a hacerle a alguien frente a frente". Cfr. G. Ravasi, "La famiglia tra opera della Creazione e festa della Salvezza", en *Familia et Vita* 2012 (17): 95.

¿Cómo profundizar más en esta diferencia relacional? No hay otra manera que la descripción fenomenológica que pueden encontrarse en textos narrativos y literarios, especialmente de los poetas. Y, como sabemos, hay muchos géneros de amor, aunque sean amor todos ellos. Por eso elegiremos, como ejemplo, el amor materno, con la intención expresa de no favorecer el tópico de que amor es sólo el romántico o de pareja. Así describe un autor lo que es la maternidad poniendo en boca de una madre, que expresa su feminidad, las siguientes palabras al dirigirse a su hijo:

> No te vayas. Y si te vas, recuerda que *permaneces en mí*. En mí permanecen todos los que se van. Y todos los que van de paso, hallan en mí un sitio suyo; no una fugaz parada, sino *un lugar estable*. En mí vive un amor más fuerte que la soledad (...) No soy la luz de aquellos a quienes ilumino; soy más bien la sombra en que reposan. Sombra debe ser una madre para sus hijos. El padre sabe que está en ellos: quiere estar en ellos y en ellos se realiza. Yo, en cambio, no sé si estoy en ellos; sólo les siento cuando están en mí.[91]

Como se advierte, esa relación de la madre con el hijo se extiende a la relación con todas las demás personas, cuando afirma: "*En mí permanecen* todos los que se van. Y todos los que van de paso, hallan *en mí* un sitio suyo; no una fugaz parada, sino *un lugar estable*".

¿Cómo seguir avanzando en ese distinto modo que tienen de abrirse y de darse el varón y la mujer, entre ellos y a los demás?

Aunque es común afirmar que amar es salir de sí mismo, en realidad hay una actitud primaria y anterior. El amor, en primer lugar, es una apertura que puede ser doble: saliendo de sí, mediante la entrega, o acogiendo al que viene.

---

[91] K. Wojtyla, *Esplendor de paternidad*, Madrid, BAC, 1990, pp. 171-172.

Si intentáramos ahora seguir avanzando en ese distinto modo que tienen de abrirse y de darse el varón y la mujer, entre ellos y a los demás, podríamos distinguir dos modalidades relacionales de apertura: afirmar que el varón se abre a los demás *hacia fuera*, saliendo de sí mismo; y la mujer *hacia dentro*, sin salir de ella, acogiendo y así hacerse seno íntimo, es decir, abriéndose a lo que ella es adentro. En este sentido, es el modo de procrear, aunque no es el único ni el más importante modo de amar, el que presenta de una manera plástica que el varón para amar se abre hacia fuera, se da y da, saliendo de sí mismo; y la mujer para amar se abre acogiendo en ella y se da sin salir de ella. El varón saliendo de sí, "desde" *él* se da a la mujer y deposita su don "en" *ella*. La mujer ama dentro de ella misma. Es apertura, pero acogiendo *en ella*. Lo importante es destacar que su modo de darse es distinto al del varón y a la vez complementario, pues primero acepta y acoge.

Sin la mujer, el don del varón estaría perdido. Sin el varón, la mujer no tendría a quien acoger: sería como una casa vacía. La soledad femenina adquiere unos tintes peculiares porque ella, ontológicamente, es como el cañamazo, la tela de trama gruesa en la que se teje y asienta la comunión interpersonal. Ella es la que aúna, el centro en torno al cual los demás se encuentran, el "seno" que se convierte en intimidad que reúne. Sólo ella es "seno", lo que se hace patente –como expresión de otras dimensiones espirituales– que solamente en su cuerpo ocurre la concepción y gestación del hijo común, de la vida y de los amores humanos.

La mujer acoge el fruto de la aportación de los dos y lo guarda hasta que germine y se desarrolle. Todo el proceso de concepción y gestación, aunque él es también protagonista, se realiza fuera del varón y dentro de la mujer. Posteriormente es apertura para dar a luz un ser que tendrá vida propia. A través de la mujer y con ella, el varón está también en el hijo/a. El varón está en la mujer y está en el hijo/a, pero viniendo de fuera de él. La mujer, sin embargo, en sí misma es sede, casa, seno y hogar. También la mujer está en el hijo, pero fundamentalmente ellos –padre e hijo– están en ella y ella es quien los comunica primariamente.

Es la mujer, con toda razón, como decía la sabiduría antigua, la única que puede decirle al varón, convirtiéndole en padre: "Te he dado un hijo". En este sentido, hay una especial mediación de la mujer madre, en mediar entre el padre –varón y esposo– y los hijos "concebidos, gestados y amamantados". Quienes están casados y tienen hijos comunes experimentan esa mediación cada día. Esta ubicación de la mujer, como seno mediador, dentro de las relaciones de intimidad paterno-filiales, es un sobresaliente modo se ser y amar femenino, cuyo virtuoso uso, por amor y para amar, fecunda todo el hogar.

Ocurre lo contrario cuando la mujer, por erradas y muy diversas causas, lo emplea para su particular dominio, hegemonía, apropiación y sometimiento de los demás, enhebrando alianzas, por ejemplo, con algunos hijos y separándolos de su padre. En los conflictos severos, las separaciones y divorcios, la manipulación de la mediación materna –que en esos casos no es una exclusiva de la mujer, sino que tiene también sus versiones paternas– puede aparecer con frecuencia, desafortunadamente. Basta con este breve apunte, pues no pretendemos analizar desde la psicología los conflictos familiares.

El varón, velando el afuera de la unión, protege, cuida, acompaña y garantiza *al seno el poder serlo hacia su adentro* en paz, confianza, seguridad y calidez. No son estas "tendencias" del masculino y del femenino compartimientos estancos y estáticos. Son el inicio propio, como empuje peculiar, al dinamismo complementario, hecho el cual por el varón o por la mujer, hacen germinar en el otro u otra aquel enriquecimiento que florece, precisamente, por la acogida del otro u otra diferente. Lo hemos denominado *el mutuo engendramiento*. Como ejemplificamos, en su momento, el varón que ama, protege y cuida el seno femenino, haciendo que pueda serlo, recibe en correspondencia una afirmación, seguridad y confianza de su identidad y sentido masculino, como varón-esposo-padre, precisamente de la mujer.

Pero no olvidemos que esta descripción paterno-materna se ha puesto como ejemplo de un modo de amar que se da siempre, en cualquier circunstancia o condición, pues es el reflejo de una relacionalidad intrínseca.

6.4. Persona femenina y persona masculina

Señaladas ya las diferencias relacionales en el modo de amar, ¿cuál podría ser un posible engarce de la condición sexuada con la persona, para dar razón de que la identidad sexuada masculina o femenina en el ser humano sea constitutivo de la persona, como sugiere Karol Wojtyla, y no sólo un atributo suyo? Para ello retomaremos otra intuición de Julián Marías que, desde los años setenta del siglo xx, distingue entre persona femenina y persona masculina,[92] al advertir que varón y mujer no son solo personas igualmente, sino dos modos distintos de ser persona, independientemente de la consideración de que cada persona es de suyo irrepetible.

La explicación podría encontrarse, sobre todo, en la dimensión relacional. Cada persona, para amar, es apertura de sí misma, pero para ello ha de abrirse de un modo diferente y complementario, y esto es lo descrito en el peculiar modo de amar masculino y femenino.

En consecuencia, desde un punto de vista filosófico, si la metafísica versa substancias y la antropología conjuga pronombres personales, la condición sexuada dentro de la persona sólo se puede expresar a través de *preposiciones*, que son los términos gramaticales que describen las relaciones. Como "momento principiador" de la dinámica complementaria y unitiva, al varón le correspondería la preposición *desde*, pues parte desde sí para darse a los demás. Y a la mujer le correspondería la preposición *en*, pues se abre para dentro dando acogida en sí misma. La persona varón se podría describir, entonces,

---

[92] Cfr. Cfr. J. Marías, *Antropología metafísica*, Madrid, Revista de Occidente, 1970; *La mujer en el siglo XX*, Madrid, Alianza Editorial, 1980; *La mujer y su sombra*, Madrid, Alianza Editorial, 1987.

como ser-con-desde, y la mujer como ser-con-en. La persona humana sería, entonces, disyuntamente o *ser-con-desde* o *ser-con-en*.

O entendiendo la persona como coexistencia, en la línea poliana, el co, de la coexistencia, abre ese margen relacional. La persona varón se podría describir, entonces, como *coexistencia-desde*, y la mujer *coexistencia-en*. La persona humana sería, entonces, disyuntivamente relacional en los movimientos "desde" y "en". Esa sería la diferencia radical y originaria entre varón y mujer: en ser dos tipos de personas distintas que se abren entre sí de un modo respectivo diferente y complementario, que se podría conceptualizar como dos modos diferentes de ser persona: la persona varón y la persona mujer.[93] Una diferencia de carácter relacional, diferencia en el seno mismo *esse* de la persona y, por tanto, relación ontológica.

Esta cuestión antropológica apenas está desarrollada. Sin embargo, encontramos una distinción en la antropología transcendental de Polo que podría ser útil, si bien él no la pensó en referencia a la diferencia sexuada. Desde la perspectiva del amor, considerado como don, afirma que el hombre es "un ser personal que coexistencialmente es aceptar y dar".[94] Tras explicar que el dar y el aceptar tienen la misma categoría: –"aceptar no es menos que dar"–,[95] constata que, aunque la estructura del dar es tríadica: dar-aceptar-don,[96] sin embargo, en el ser humano transcendentalmente sólo tenemos el dar y el aceptar, porque "la persona humana es dual o coexistente, pero de ninguna manera trina".[97] Dicho con sus palabras: "En antropología transcendental se alcanza la dualidad de dar y aceptar que son propios del co-existir personal humano".[98]

---

[93] Cfr. B. Castilla de Cortázar, *Persona femenina, persona masculina*, 2a. ed., Madrid, Rialp, 2004; *Persona y género. Ser varón, ser mujer*, Barcelona, Universitarias Internacionales, 1997.

[94] L. Polo, *Antropología trascendental I. La persona humana*, Pamplona, EUNSA, 1999, p. 220.

[95] *Ibidem*, pp. 220-221.

[96] *Ibidem*, pp. 217-228.

[97] *Ibidem*, pp. 220-221.

[98] *Ibidem*, p. 223.

Esa diferencia que advierte entre el dar y el aceptar están situadas en el plano del ser, pues se hallan en su descripción del amor como transcendental antropológico. Ciertamente toda persona da y acepta, pero la diferencia relacional hay que encontrarla en el juego entre el dar y el aceptar que configuran dos modos de dar y de aceptar. Como en su antropología la dualidad dar y aceptar es transcendental, eso implícitamente supone admitir dos modos humanos distintos de ser persona.

De aquí que la posición de Polo, aunque no tenía por objeto la condición sexuada humana, al abrir la dualidad, en base a la diferencia entre darse y acoger en sí, nos sirve y mucho para arraigar la diferencia sexuada en el nivel radical del ser. Ciertamente, aunque en el ser humano hay una imagen divina, ontológica y transcendental lo tríadico es exclusivo de la Trinidad divina. Es la propia unidad, "la unidad de los dos", lo que viene a ser imagen de la "unidad de los Tres".

Afirmar que la diferencia varón-mujer es una diferencia en la persona supone haber anclado la diferencia definitivamente en la igualdad radical. Varón y mujer, cada uno es persona humana, aunque diversa. Tienen la misma categoría: la diferencia entre ellos posee el mismo rango ontológico. La diferencia no rompe la igualdad.

Estructura esponsal de la persona
Dos modos de amar

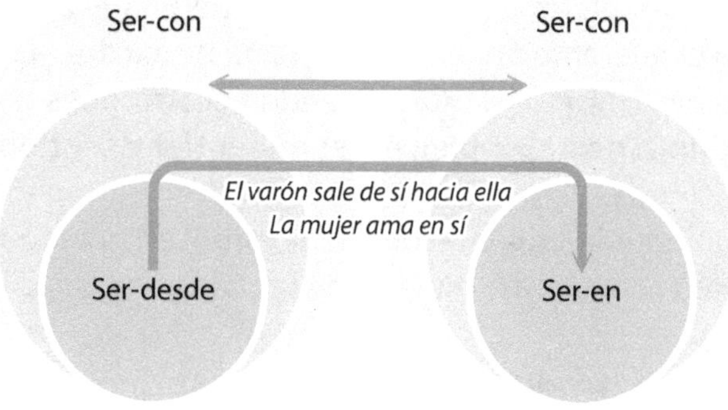

A esa dualidad le faltaría el *plus ultra* de la tridimensionalidad de la estructura y dinámica unitiva, que hay entre los amadores –ser amante y dar, ser amado y acoger, y engendrarse juntos la unión del nosotros–, que, como se advierte en el ser humano, es sobre todo dinámica, si bien fundada en la propia estructura dual, pero articulada ontológicamente como "unidad de los dos", como se verá más adelante.

Esta conceptualización da razón de las características peculiares que anteriormente se ha destacado de la condición sexuada. Siendo ya algunas muy evidentes, como la fecundidad o las relacionadas con la identidad y el amor, nos referiremos brevemente a la transversalidad y a una de las razones por las que posibilita el autoconocimiento.

En primer lugar, siendo una diferencia en el plano del ser, la transversalidad presente en la condición sexuada sería una huella de la trascendentalidad del ser, de la persona en cuanto *esse* del ser humano. Se trata del mismo argumento utilizado por Leonardo Polo para demostrar que la libertad es transcendental, porque se halla presente transversalmente en el resto de las dimensiones humanas.[99]

En segundo lugar, lo distinto a la persona –en su mismo nivel– tiene que tener el mismo rango, no puede ser, por tanto, sino otra persona. Otra persona relacionalmente distinta que, desde sí misma, en su constitución como tal, ya está en conversación con el otro, pues ser varón no tiene sentido si no hay mujer, ni ser mujer tiene sentido si no hay varón. Ciertamente, un término de una relación no tiene sentido sin el referente opuesto. Cualquiera de los dos –la mujer o el varón–, desde sí mismo ya está hablando del otro, pues ser varón no tiene sentido si no hay mujer, ni ser mujer tiene sentido si no hay varón.

Solamente la mujer reconoce al varón, en cuanto tal; y solamente el varón conoce a la muje como tal. Cada uno, en su diferencia,

---

[99] Cfr. L. Polo, *Persona y libertad,* Pamplona, EUNSA, 2007, especialmente pp. 73-179.

es la afirmación del otro, como se dice en el libro del Eclesiástico al elogiar las obras de Dios: "Todas son dobles, una frente a la otra. Él no ha hecho nada imperfecto. Una confirma la bondad de la otra" (Eclo 42, 24-25). Y como contrapartida, sólo frente a la mujer el varón se conoce en cuanto varón y la mujer, sólo se conoce como tal frente a él.

En resumen, si nos preguntáramos quién es la mujer, en cuanto mujer, o quién el varón, en cuanto varón, podríamos responder diciendo que la mujer es un tipo de persona humana, que se abre al mundo y al otro de un modo peculiar, hacia dentro, y esa peculiaridad sólo se puede describir con una preposición: la preposición *en*. A su vez, "frente a ella", al varón se abre hacia fuera, desde sí hacia el otro y se puede describir con la preposición: *desde*.[100] Por decirlo con otras palabras simbólicas: Adán, el varón, es quien mira desde afuera y Eva, la mujer, es quien es mirada adentro. Pero ambos, el que mira y la mirada, se reconocen el uno para el otro en su diferencia, ambos son "hueso de mis huesos y carne de mi carne" y, por él/ella, ambos lo dejan todo, empezando por la relación de origen, "a su padre y a su madre" (Gen 2, 18 y 24).

6.5. Reciprocidad y complementariedad conjuntamente

Si, siguiendo a Karol Wojtyla, a la diferencia varón-mujer la llamamos esponsal, es porque configura dos modos de amar en los que el dar y el aceptar convergen en comunión. De aquí que, observando la diferencia sexuada desde el amor, además de recíproco, el amor entre varón y mujer es complementario, pues acoge simultáneamente la

---

[100] También la teología distingue a las personas divinas con preposiciones. Así, por ejemplo, el II Concilio de Constantinopla (a. 553, Dz 213) dice: "Una sola naturaleza o sustancia del Padre, del Hijo y del Espíritu Santo, y una sola virtud y potestad, Trinidad Consubstancial, una sola divinidad, adorada en Tres Hipóstasis o Personas. Porque uno sólo es Dios y Padre, *de* quien todo, y un solo Señor Jesucristo, *por* quien todo; y un solo Espíritu Santo, *en* quien todo".

igualdad y la diferencia. A continuación haremos algunas consideraciones sobre ambas para defender que la reciprocidad se funda y asegura, sobre todo en la igualdad, y para la complementariedad es vital la diferencia, por lo que, en el amplio abanico de las relaciones entre personas de distinto sexo, la reciprocidad y la complementariedad se conjugan conjuntamente.

Teniendo en cuenta que con las palabras se puede caer en guerras y confusiones de sentido, parece oportuno convenir ciertos matices en el uso de dichos términos. La reciprocidad no es un sinónimo equivalente a la complementariedad, además, existen diversos modos tanto de reciprocidad como de complementariedad.

Refiriéndonos a la reciprocidad, en un primer sentido es la esencia del *do ut des*, es decir, aquella igualdad que inspira la justicia en los intercambios y contraprestaciones. El amor puede incorporar esta reciprocidad de intercambios, pero contiene una relación más profunda y diferenciada que el *do ut des*, por la razón de que el amor no equivale a una mera reciprocidad de prestaciones iguales.

Aclarado el sentido de igualdad en el plano jurídico del *do ut des* se hace necesario abrir un nuevo escenario en el uso del término reciprocidad. Ahora el centro de atención no son las contraprestaciones, sino la dignidad de los interlocutores, en especial la mujer que, en este nuevo escenario, ha sido el sujeto histórica y culturalmente infravalorado. En ocasiones –algunas, como vamos a ver, en fuentes importantes– se usa la palabra reciprocidad para reivindicar la igualdad radical en dignidad entre varón y mujer, sobre todo en ámbitos donde hay una discriminación, una infravaloración, una desigualdad, en suma, una situación donde no hay reciprocidad entre el valor, dignidad, posición, consideración y participación de la mujer en comparación con la superior que se atribuye al varón.

Desde esta nueva perspectiva, en la que *reciprocidad significa reivindicación de la igualdad en dignidad y participación entre varón y mujer*, veamos los siguientes aspectos. Si ser persona es un ser-para otro, el vivir "para" de cada uno engendra reciprocidad que es, ante todo, una afirmación de la persona y supone, también, un reconocimiento de la pertenencia de ambos al mismo nivel ontológico. Que el Adán del paraíso no encontrara compañía hasta que apareció ante sus ojos alguien que era "carne de su carne y hueso de sus huesos" (Gen 2,18) marca un nivel de igualdad, que nunca se puede perder de vista.

El objetivo de la "ayuda adecuada" del texto Gen 2, interpretada como *recíproca*, es permitir que la persona humana

> no se convierta en un enfrentarse estéril, y al cabo mortal, solamente consigo mismo. Es necesario que entre en relación con otro ser que se halle a su nivel. Solamente la mujer, creada de su misma "carne" y envuelta por su misterio, ofrece a la vida del varón un porvenir. Esto se verifica a nivel ontológico, en el sentido de que la creación de la mujer por parte de Dios caracteriza a la humanidad como realidad relacional.[101] De aquí que "sólo la igualdad –resultante de la dignidad– de ambos como personas, puede dar a la relación recíproca el carácter de una auténtica 'communio personarum'".[102]

Aquí habría que salir al paso acerca de ciertos pasajes neotestamentarios que en su literalidad hablan de una sumisión unilateral de la mujer al varón, al menos al marido, en lo que hay cierta ambivalencia entre reciprocidad y unilateralidad. La exégesis reciente aporta al menos dos interesantes clarificaciones, que Juan Pablo II ha resumido en el n. 24 de la Carta Apostólica *Mulieris dignitatem*.

En primer lugar la reciprocidad está expresada en el Evangelio con tal claridad, en contraste con la mentalidad de aquel tiempo, que

---

[101] Congregación para la Doctrina de la Fe, *Sobre la colaboración...*, n. 6.

[102] Juan Pablo II, Carta *Mulieris dignitatem*, 1988, n. 10.

resulta una "novedad": "En relación a lo 'antiguo', esto es evidentemente 'nuevo': es la novedad evangélica", afirma.[103]

¿Cuál es la razón, entonces, de que haya algunos pasajes apostólicos[104] en los que la reciprocidad no aparezca tan claramente?

Al menos se pueden encontrar dos. En primer lugar, en algunos de estos pasajes colocan a Cristo en relación con la Iglesia como el modelo de cómo el marido ha de tratar a su mujer, modelo excelso, ciertamente. Pero se trata de un referente de un ámbito distinto, porque la relación de la Iglesia respecto a Cristo no es de aquella reciprocidad que supone una equivalencia de intercambios y prestaciones, mientras que "en la relación marido-mujer la 'sumisión' –el respeto– no es unilateral sino recíproca".[105]

Aquí el término "sumisión" se puede entender como recíproco si se ilumina desde el amor y su tridimensionalidad: marido y mujer, como mutuos y recíprocos amante y amado, deben ambos una "sumisión" a su unión, su co-ser como uno, que significa subordinar lo individual y subjetivo en lo que convenga al bien de su unión y lo que este, su co-ser, necesite para conservarse, crecer y restaurarse, evitando su "desunión". Parece oportuno señalar que cuando palabras comunes se emplean para describir el amor, los significados ordinarios y habituales de esos términos han de ser interpretados, como es lógico, en el universo tridimensional del amor. En caso de no hacerlo, trasladamos significados que, si bien son comunes en otras escenas, son extraños e incluso impropios en la del amarse. Es el caso, por ejemplo, de la "sumisión" conyugal. No puede interpretarse como sometimiento de la esposa al marido, pues sería contrario a la igualdad de los cónyuges y, sobre todo, a que el amor es justo lo contrario de la hegemonía, dominio, apropiación y anulación de uno sobre otro.

---

[103] Juan Pablo II, Carta *Mulieris dignitatem*, 1988, n. 24.

[104] Cfr. cita 49 de dicho documento: Col. 3, 18; 1 P. 3, 1-6; Tt. 2, 4-5; Ef. 5, 22-24; 1 Cor. 11, 3-16; 14, 33-35; 1 Tm. 2, 11-15.

[105] *Ibidem.*

En segundo lugar, esos textos de algunos escritos apostólicos, clarifica con lucidez Juan Pablo II, "además de expresar la novedad aportada por Jesucristo, en ellos se percibe aún lo 'antiguo', es decir, lo que está enraizado en la tradición religiosa de Israel, en su modo de comprender y explicar los textos sagrados, como, por ejemplo, el del Génesis capítulo 2".[106] En este sentido, se puede señalar la importancia de una correcta interpretación de Génesis 2, el texto más oscuro, en opinión de san Agustín del Antiguo Testamento.

Por tanto, es necesario repetir que todas las interpretaciones que rompan la reciprocidad –la igualdad radical en dignidad, derechos y participación activa– no pertenecen a la novedad evangélica ni al mensaje bíblico, sino al lastre del envoltorio cultural que lo condiciona. Ahora bien, esa novedad evangélica ha de influir para cambiar las mentes y los corazones erradicando una mentalidad androcéntrica, que está resultando más lenta de superar que la ardua carrera que supuso abolir la esclavitud.

En todo caso, "*el desafío del 'ethos' de la redención* es claro y definitivo. Todas las razones en favor de la 'sumisión' de la mujer al varón en el matrimonio se deben interpretar en el sentido de una sumisión recíproca de ambos". Y de ambos a lo que juntos son, su unión.

Hasta aquí nos hemos referido a la reciprocidad, imprescindible para que haya amor en cualquier tipo de relación personal, en cualquiera de los territorios en los que este exista. Sin embargo, la relación varón-mujer, también en el amor, es más que reciprocidad. Recordemos aquí el texto en el que se afirmaba que la diversidad sexuada *"determina la identidad propia de la persona y esa distinción se ordena* no sólo a la generación sino *a la comunión de personas"*.[107] En ella se entrevé que la *communio personarum*, que se da entre varón y

---

¹⁰⁶ *Ibidem.*

¹⁰⁷ Congregación para la Doctrina de la Fe, *Declaración Inter insigniores, sobre la misión de la mujer en la Iglesia*, Madrid, BAC, 1978, n. 5, p. 53.

mujer, es muy peculiar por tratarse de una comunión entre *personas* relacionalmente *distintas*.

La diferencia relacional que hace que el varón y la mujer sean personas distintas, decíamos, sólo pueden expresarse con preposiciones, que son los términos que expresan las relaciones y la dirección que marca cada relación. En concreto, las relaciones entre varón y mujer: el "desde" y el "en", muestran que se trata de dos direcciones que confluyen, pues están orientadas una a la otra. Eso es lo posibilita la "unidad de los dos", pues si ambas estuvieran abiertas en la misma dirección correrían paralelas, pero sin encontrarse.

En las relaciones entre personas del mismo sexo pueden compartir muchos intereses, pero entre varón y mujer, cuyas direcciones relacionales convergen, se produce un tipo de plenitud, que sólo se da en este tipo de relaciones, sean del tipo que sean. En este sentido, Feuerbach relacionaba el principio dialógico *yo-tú* con la condición sexuada, distinguiéndola de la amistad entre personas del mismo sexo: "Donde no hay un *tú* no hay *yo*. Pero la diferencia de *yo* a *tú* (la condición fundamental de toda personalidad y de toda conciencia) es una diferencia tan real y vital como lo es la diferencia de hombre y mujer. El *tú* entre hombre y mujer tiene un eco muy distinto que el monótono *tú* entre amigos".[108]

El principio dialógico implica una igualdad constitutiva (unidad de seres esencialmente iguales) que se enriquece al unirse a la diversidad sexual. Así lo advierte al describir el encuentro entre personas heterosexuadas: "¿No se maravillarán de la igualdad que tienen pese a su diferencia, y de la diferencia que les distingue pese a su igualdad?".[109] De aquí que la compenetración entre personas heterosexuadas es la más plena que pueda existir, porque contiene,

---

[108] L. Feuerbach, *La esencia del cristianismo*, cit., p. 140.

[109] L. Feuerbach, "La relación existente entre 'La esencia del cristianismo' y 'El Único y su patrimonio'", en *Principios de la filosofía del futuro y otros escritos*, Barcelona, PPU, 1989, p. 160.

en principio y de suyo, el completo biológico, psicológico y ontológico de las dos únicas modalidades de ser humano.

Como es evidente, otras alternativas donde la diferencia está excluida no parecen tener, de principio, ese completo humano. La diferencia varón-mujer viene a ser, entonces, el verdadero núcleo de la comunicación, de la fecundidad y de la multiplicidad.

Pues bien, la categoría para expresar dicha plenitud es la de *complementariedad*. Con sus nuevas claves, Karol Wojtyla pone de relieve, además, que la complementariedad es también recíproca, corrigiendo así la interpretación según la cual sólo la mujer era un mero complemento auxiliar –al modo de una empleada doméstica con su empleador o una secretaria con su jefe– y esa noción, despejados estos inconvenientes precedentes, depura y amplía su significado adquiriendo progresiva relevancia. Wojtyla concluye que la complementariedad no sólo es biológica y psicológica, sino también ontológica.[110]

Así como la complementariedad biológica y psicológica están más estudiadas, cuerpo y alma como co-principios de la esencia humana, es novedoso su planteamiento de la complementariedad ontológica, que tiene que ver con el *esse*. Cuestión que está relacionada con la estructura esponsal de la persona, de la que hablábamos. Esta cuestión puede observarse si la exploramos en relación con el llamado orden del amor.

6.6. Un peculiar *ordo amoris*

En el proceso de profundización en el conocimiento de la diferencia sexuada a nivel del *esse* personal, Karol Wojtyla descubre un peculiar *ordo amoris* de índole ontológico. Es un desarrollo en clave teológica, que supone una profundización en la imagen de Dios señalada en el libro del Génesis. El punto de partida es la constatación del "orden del

---

[110] Juan Pablo II, *Carta a las mujeres*, 1995, n. 7.

amor" que existe en la intimidad divina, en cierto modo paralelo al orden (*taxis*) de las personas en Dios, en cuanto que hay una primera, el Padre, una segunda, el Hijo y otra tercera, el Espíritu Santo. Un orden que escapa de entrada a nuestra comprensión porque es de carácter ontológico que no afecta a la igualdad, ninguna es mayor o menor que las otras, ni afecta a la temporalidad, ninguna es anterior o posterior.

"El orden del amor –afirma– pertenece... a la vida trinitaria. En la vida íntima de Dios el Espíritu Santo es la hipóstasis personal del amor. Mediante el Espíritu, Don increado, el amor se convierte en un don para las personas creadas". Juan Pablo II continúa haciendo un paralelismo entre el Espíritu Santo y la mujer: "La llamada a la existencia de la mujer al lado del varón (...) ofrece en el mundo visible condiciones particulares para que el amor de Dios se derrame en los seres creados a su imagen". Intuitivamente está comparando la estructura interna del amor divino, entre Personas diferentes, con el amor humano, viendo un paralelismo entre el modo de amar femenino y el de la Persona del Espíritu Santo. Aunque no llega a concretar, dice cuáles son esas "condiciones particulares" a las que se refiere, y concluye aplicando esas diferencias al amar del esposo y la esposa según un orden: "El esposo es el que ama para ser amado; y la esposa, la que recibe amor para amar a su vez".[111]

Este recibir amor del amante, para acogerlo y devolver amor a su vez al que le ha amado, nos está describiendo no solamente una dinámica del amor, sino su misma estructura. El obrar, la dinámica vital, sigue al ser, la estructura ontológica. El orden que se constata en el amor esponsal de él y de ella no es de carácter temporal, sino que describe la relación ontológica que les distingue. Si el don del esposo es amar primero, el don de la esposa será su correlato, es la amada que, al corresponder, da a luz el entrelazamiento de la correspondencia y con ella, da la posibilidad a ambos de convertir esa dinámica

---

[111] Juan Pablo II, Carta *Mulieris dignitatem*, 1988, n. 29.

don-cogida-don en identidad íntima, que en el caso del matrimonio se manifiesta en la *una caro*.

Este planteamiento, de inspiración teológica, entre el *ordo amoris* intradivino y el que se da entre varón y mujer, se apoya en que las Personas divinas, en cuanto distintas, cada una Ama a su manera, en el Dar, Aceptar y Unirse. Es más, la estructura tríadica del amor sólo en Dios es transcendentalmente trina, por ser Dios tres Personas distintas. Sin embargo, antropológicamente sólo encontramos dos modos esponsales de amar, el del varón y el de la mujer. Y en este sentido Polo afirma que la persona humana es transcendentalmente dual, pero no trina.[112] Aun teniendo en cuenta su estructural dualidad, Juan Pablo II, implícitamente, está haciendo un paralelismo entre personas humanas y divinas, en concreto entre la persona mujer y la Persona del Espíritu Santo y en su modo de amar, no en vano, según el Apocalipsis, la esposa y el Espíritu claman en la misma dirección (Ap. 22,20).

El *ordo amoris* ontológico también puede descubrirse, desde otra perspectiva, en la exégesis del parabólico pasaje de la creación de Eva de la costilla de Adán. Teniendo en cuenta el carácter simbólico del texto, los Padres de la Iglesia vieron una relación entre el origen de Eva y la procesión del Espíritu Santo.[113]

En efecto, en ese pasaje, que no tiene que estar narrando una cronología de la creación, ya expuesta en Génesis 1, puede descubrirse una relación de procedencia en el origen y una procedencia sin causalidad, en la que cada uno, varón y mujer, no es ni mayor ni menor que el otro, ni anterior ni posterior, a imagen de las Personas en Dios

---

[112] Cfr. L. Polo, *Antropología transcendental I,* p. 220.

[113] Cfr. A. Orbe, *La procesión del Espíritu Santo y el origen de Eva, Gregorianum,* 1964 (45): 103-118. B. Castilla de Cortázar, "La Trinidad como Familia. Analogía humana de las procesiones divinas", en *Annales Theologici,* 1996 (10): 381-416.

Trino.[114] En todo caso se puede advertir en el varón cierto carácter de principio y en la mujer cierto carácter de fin, en donde se puede encontrar otra explicación a su peculiar diferencia y *ordo amoris*.

7. La "unidad de los dos", uni-dualidad relacional

Tras haber sentado un nivel ontológico propio para la persona y haber incluido la apertura relacional en la descripción personal, indicando que en ese ámbito es donde puede incluirse la diferencia sexuada, sería preciso un desarrollo de la "unidad de los dos" propuesta por Karol Wojtyla.

En otras palabras, la articulación de una diferencia ontológica de la sexualidad humana, que está pidiendo una segunda ampliación de la noción de persona para dar cuenta de la estructura esponsal, es inseparable del desarrollo de una *filosofía de la díada* transcendental, superando la visión monolítica de la unidad transcendental. En efecto, si la unidad es monolítica desemboca en la soledad o el individualismo, y si se considera como un todo –al estilo hegeliano–, deriva en panteísmo o colectivismo.[115]

Se precisa, por tanto, un desarrollo de la unidad que acoja la diferencia, que haga posible explicar el amor interpersonal y la unión –el *ser-con* o *co-ser*– que posibilita. Esto supondría también rechazar el viejo sofisma de la autosuficiencia como modelo de excelencia. La plenitud humana no se encierra en un sólo ser, *summum* de la

---

114 Cfr. B. Castilla de Cortázar, *¿Fue creado el varón antes que la mujer? Reflexiones en torno a la Antropología de la Creación*, Madrid, Rialp, 2005, pp. 80-92.

115 Cfr. L. Polo, "Planteamiento de la antropología trascendental", en I. Fargueras y J. García, *Antropología y trascendencia*, Málaga, Servicio de Publicaciones Universidad de Málaga, 2008, pp. 20-29.

perfección, aislado y solitario, según la tesis de Nietzsche, sino en la entrega al amado, cuyo bien se busca por encima del propio.

En este sentido, Polo advierte que

> la diferencia de lo que pensaba Platón, la díada tiene valor transcendental, y como tal es una ganancia: es superior al *mónon*. El monismo es un lastre de la metafísica que en antropología es preciso controlar. Sólo entonces se puede empezar la antropología transcendental. Coexistencia implica dualidad. Si se admite el prestigio del ser único, desde el monismo, la dualidad es imperfección. Y hay que derivarla del *mónon*. Para Plotino, la pluralidad es algo así como la descompresión, o disipación del uno.[116]

En conclusión, en la ampliación de la ontología realizada por Polo se encuentra una primera opción para superar el monismo con el que se ha concebido la unidad transcendental hasta el momento, si bien él no ha pensado esta cuestión en referencia a la diferencia sexuada.[117]

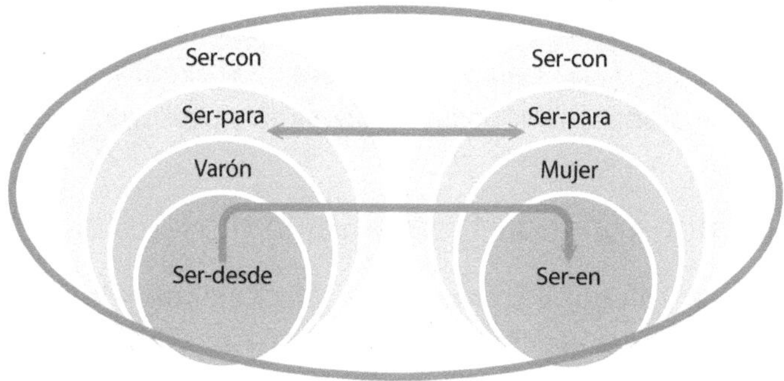

---

[116] L. Polo, *Presente y futuro del hombre*, Madrid, Rialp, 1993, p. 161.

[117] Cfr. B. Castilla de Cortázar, "Coexistencia e índole familiar de la persona", en *Miscelánea Poliana*, 2016 (53): 24-54. "Unidad transcendental y dualidad", en *Miscelánea Poliana*, 2014 (47): 18-33 y "En torno a la díada transcendental", en *Anuario Filosófico* 1996/2 (29): 397-414.

Con una filosofía de la díada, que superara la visión monolítica de la unidad transcendental, se podría llegar al último estrato de la estructura personal para poder focalizar la identidad masculina como diferente a la identidad femenina, como dos personas distintas llamadas a la unidad de la comunión. Esta "unidad de los dos", descrita como "unidualidad relacional", ubica la complementariedad a nivel ontológico[118] y al ser dos –el ser humano como varón o mujer– en un plano ontológico superior al de una sola persona aislada,[119] si es que ser persona y serlo aislada tiene algún sentido o *es*, en sí misma, una contradicción imposible.

8. La articulación entre lo tríadico y lo dual

Afirmado ya que la persona humana tiene una estructura esponsal disyunta –dos modos de amar–, podemos ahora retomar, cómo esa característica de la persona humana se expresa transversalmente en el cuerpo y en el alma. Es decir, lo más perfecto del ser humano que es su *esse* personal, expande su perfección reflejándola en su esencia psicosomática. En otras palabras, la diferencia sexual se encuentra en las tres dimensiones humanas: cuerpo, alma y persona.

8.1. Tridimensionalidad femenina o masculina

Varón y mujer son dos encarnaciones relacionalmente diferentes de la misma tridimensionalidad: cuerpo, alma y espíritu. Pues bien, si la

---

[118] Cfr. Juan Pablo II, *Carta a las mujeres*, nn. 7-8.

[119] Cfr. B. Castilla de Cortázar, "Lo más radical de la realidad humana", en san Dámaso, *Teología y Catequesis*, 2010 (116): 83-103.

persona humana es sexuada ¿cómo se manifiesta esa condición en el cuerpo y en la psique?

En primer lugar, a través del sexo biológico, presente en el ADN como un sello genético imborrable. En la misma línea corpórea tenemos los caracteres secundarios del sexo morfológico, el juego de las diferentes hormonas y los órganos específicos de las funciones genitales. Características que intentan cambiar sin éxito las operaciones transexuales, pues sólo mutan su apariencia externa, tras una amputación irreversible, y requieren un tratamiento hormonal exterior de por vida.

El sexo humano, presente en el cuerpo es una realidad recibida, se nace varón o mujer, y esto no está disponible para la libertad. El sexo no es sólo una realidad biológica, sino la expresión[120] de una realidad más profunda e intangible, como lo es el espíritu personal, en el que hay una gran potencialidad de dones, todos ellos enriquecidos por la diferencia dual masculina y femenina.

El sexo genético es el XX y XY, presente en cada célula de cuerpo. ¿Qué más transversalidad se puede pedir? Es el dimorfismo sexual que se evidencia en el tamaño de los huesos y en cada órgano.

Psíquicamente: se trasluce en la modulación de sentimientos y pensamientos, pues se siente y se piensa relacionalmente de modo diferente. Incluso, ante una misma realidad hay aspectos que ven ambos, pero hay otros que sólo ve el varón y otros que sólo ve la mujer. Para tener una visión completa de una realidad hacen falta las miradas de los dos. Como más adelante veremos, es la lógica de la acción común, en la que cada uno aporta su modo de actuar propio: hay muchas cosas, más de las que pensamos, que no se pueden hacer en solitario. También los hábitos cristalizan diferencialmente.

En cuanto a la persona, como hemos dicho, el quién, aunque sea único e irrepetible, es apertura relacional, y una relación tiene dos

---

[120] Cfr. J. Merecki, "El cuerpo, sacramento de la persona", en L. Melina y S. Grygiel (dir.), *Amar el amor humano. El legado de Juan Pablo II*, Valencia, Edicep, 2008, pp. 183-195.

términos. Las personas varón y mujer están relacionalmente, frente a frente, como las manos. La persona varón es un quién en un extremo de la misma relación de comunicación, complementariedad y reunión. La mujer es otro quién en el otro extremo de la idéntica relación humana.

Esa relacionalidad personal, como anticipamos, sólo se puede describir con preposiciones, como los Capadocios hicieron con las personas divinas. El varón es punto de partida: "desde" y tiene razón de principio. La mujer es punto de llegada "en" y tiene razón de fin. Principio y fin de un mismo círculo humano de comunicación, complemento y unión.

La relación ontológica, intrínseca a la persona misma, puede denominarse esponsalidad. Los términos de la relación son la persona "esposo" y la persona "esposa" –tomando esposo y esposa como sinónimos de varón y mujer–, pero expresando uno y otra el distinto modo complementario de amar, que es relacional. Uno, el varón, es la condición de posibilidad de la otra, la mujer, en cuanto identidades sexuadas y viceversa, aunque la relacionalidad propia de cada uno sea diferente, en cuanto que la dirección de la misma es distinta, "frente a frente" y posibilita el encuentro. Si estuvieran orientados en la misma dirección transitarían paralelamente sin encontrase.

Juan Pablo II también expresa esto mismo, diciendo que el varón "ama para ser amado", la mujer "es amada para amar": relación constitutiva, no temporal ni pasajera, y además relación transversal.

Como lo más profundo de cada cual es su persona, el resto de las diferencias en lo psíquico y en lo corpóreo son manifestaciones de la diferencia radical, que es la estructura y dinámica relacional entre los modos masculino y femenino. Desde la persona, esta relacionalidad, en un sentido y otro, se manifiesta en su psique y en su cuerpo. Desde el cuerpo, pasando por la psique, la diferencia sexuada nos conduce a la diferencia en la persona.

De aquí que la tridimensionalidad expuesta –cuerpo, psique y espíritu– es a su vez dual: femenina o masculina. Ahora bien, una vez que ambos se unen en la "unidad de los dos", decíamos, siguiendo la expresión de Wojtyla, su unión es de una categoría mayor que la propia de sus individuales. En cierto sentido, es un acceso a un nivel superior de la existencia que, sin menoscabar un átomo la singularidad particular de cada persona, sino enriqueciéndola, abre la puerta a la coexistencia actualizada, al *ser-con* o *co-ser* juntos.

El amor, en sus diversos géneros, según el don y la acogida de cada territorio íntimo, es la dinámica que posibilita ese milagro: crecer cada uno, el yo y el tú –en vez de perderse, apropiarse o anularse– engendrando la unidad del nosotros. Y esa unidad de los dos se abre a los "tres" –a los demás– en la fecundidad de la acción. No sólo en la procreación del hijo, sino también en la construcción de la sociedad y de la historia humanas, como abordaremos en el último capítulo.

8.2. La estructura familiar de la persona

Hemos ido constatando lo entreveradas que están en la antropología las dimensiones tridimensionales y las duales. Pero lo humano, en su radicalidad es solo dual, de modo que las dimensiones tríadicas se pueden contraer en dos, pues el cuerpo y al alma constituyen entre los dos un sólo componente –el psicosomático, inicialmente la naturaleza recibida y finalmente la esencia realizada–, que se dualiza con el *esse* personal. Esto es así, como afirma Polo, porque el ser humano, aunque tiene dimensiones tridimensionales, transcendentalmente es dual, no trino. Solamente hay dos modos de ser igualmente persona y naturaleza humana: como varón y como mujer. La Trinidad personal, en una única naturaleza divina, es cosa exclusiva de Dios.

Contemplemos esta cuestión, ahora, desde el punto de vista del núcleo de la familia que, como el amor, presenta también un aspecto intrínsecamente tríadico: el padre, la madre y el hijo. A la vez, ese núcleo tiene una dimensión dual: el esposo y la esposa. ¿Cómo explicar la familia antropológicamente? Veamos cómo se conjugan desde este ángulo lo tridimensional y lo dual.

Toda persona, en cuanto relación de origen, es hija. La filiación es la más profunda identidad íntima *por el origen,* como explicamos antes, pero es una realidad que la persona humana es algo más que hijo. Ser varón o ser mujer forma parte de su identidad personal.

Hay un hecho evidente –no el único– que nos facilita comprender que intimidad y radicalidad del ser varón o mujer es incluso mayor que la filiación, aunque inseparable de ella. Aunque se recibe la filiación por el origen genealógico, sin embargo, la identidad humana de varón o de mujer es la que, a su vez, contiene, *mediante la unión íntima entre ambos sexos,* el principio de la fecundidad, es decir, el originar la genealogía procreando al hijo.

De este modo la filiación, que es el primer paso de la genealogía consanguínea y la primera identidad por origen, nace de la unión sexual entre varón y mujer, siendo la condición dualmente sexuada –soy este varón o soy esta mujer– la identidad relacional más íntima de la persona humana y la más transversal porque está presente, con distinto sentido y aspectos de su contenido, en todas las demás relaciones humanas: familiares, profesionales, económicas, sociales, políticas y "culturales".

Dicho con otras palabras: no en todas partes donde estoy me incorporo a título de marido, o padre, o abuela; por ejemplo, en pertenecer a un equipo profesional, como ciudadano y votante, como cliente de un banco o de un supermercado. Pero en todas, sin excepción, soy este varón o esta mujer que, a la vez e inseparablemente, interna y estructuralmente nunca deja de ser hijo. La filiación, como la condición sexuada, son estructuras personales que acompañan siempre a la persona humana porque son la vertebración más profunda de su propio *esse,* de su quién personal. Digamos algo más de cada una de ellas.

8.2.1. Persona y filiación

En efecto, la estructura del propio quién personal humano no es algo simple, no es una relación única y diáfana, como en la persona divina. Las personas humanas, criaturas, no somos simplicidad como Dios, también en nuestro fondo más íntimo anida la composición. En este sentido, la filiación no es sólo relación de origen en cuanto comienzo cronológico del existir, ni como mero nexo biológico con unos progenitores, sino una relación constitutiva de naturaleza personal y, por tanto, donal y amorosa.

Toda persona humana es hijo y es hijo siempre. Es hijo de sus padres –que le han transmitido la naturaleza humana, con su dotación genética y psicológica– y, sobre todo, también antropológicamente hablando –aunque no esté bautizado, aunque no sea creyente–, es hijo de Dios, que le ha donado su *esse* personal.

Ninguna otra cosa, que se transforma y sucede en el cosmos, ningún animal ni vegetal que se reproducen, son entre sí padre, madre e hijo. La filiación es una identidad íntima exclusiva de la persona humana, varón y mujer, que recibe de su origen amoroso, de sus padres y, además, de Dios que le amó el primero precisamente como Padre Creador.

En un trabajo sobre esta cuestión, Leonardo Polo,[121] cuando habla de filiación se refiere *in recto* a la filiación divina y, esto, por convicción filosófica, porque siendo la persona el acto de ser único e irrepetible, ese don procede directamente de Dios. Estas son sus palabras:

No es la paternidad humana la primaria, sino la paternidad creadora de Dios. Según esa paternidad, el primer hombre es primordialmente hijo, como se ve en la genealogía de Jesús según san Lucas, que termina en Adán, el cual proviene de

---

[121] Cfr. L. Polo, "El hombre como hijo", en J. Cruz (ed.), *Metafísica de la familia*, Pamplona, EUNSA, 1995, pp. 319-327.

Dios (Lc, 3,34). La paternidad del hombre en su sentido más alto corresponde a Dios. Ello comporta, como es claro, que el hombre no es completo hijo de sus padres o que no lo es en todas sus dimensiones. En cualquier hombre su propio carácter espiritual no viene de sus padres humanos sino de Dios.[122]

Somos también hijos de nuestros padres, pero nuestro ser personal no es dado por ellos: los padres transmiten la naturaleza, pero el ser humano es mucho más que un individuo de una especie: esa naturaleza psicosomática que cada uno somos, que nos transmite de generación en generación una genealogía humana, es poseída por un "alguien" personal, que los padres tienen que descubrir porque no saben quién es. El discurso de Polo, en este punto, es esclarecedor.

Ahora bien, ¿en qué sentido y cómo somos hijos de nuestros padres? O, dicho de otra manera, ¿en qué consiste la paternidad y la maternidad humana, y qué relación tienen con la persona del hijo engendrado por ellos? Cuando una madre da a luz un hijo, ¿es madre sólo de su cuerpo y de su psique? No. Aunque la persona no proceda de ella ni del padre, ellos son padres de la persona que nace. Y el ejemplo más claro y evidente es el de la maternidad divina de María.

Una primera consecuencia de lo dicho es que *padre, madre e hijo son nombres personales íntimos*, porque la paternidad y la maternidad humanas, aunque no sean el origen de la nueva persona –el quién espiritual de su hijo– son vínculos en la intimidad en directa relación con su persona. De ahí que Polo afirme que "'padre', 'madre', 'hijo' son nombres de la persona (...) Si bien la persona humana no es trinitaria. Cabe llamarla dual".[123]

Cada persona única e irrepetible, con un acto de ser propio pero abierto a otras personas, es ante todo hijo. No hay autogeneración. Este es un dato incontestable. En todo caso, la primera conclusión,

---

[122] L. Polo, *op. cit.*, p. 322.

[123] L. Polo, *Antropología trascendental II. La esencia de la persona humana*, Pamplona, EUNSA, 2003, pp. 14 y 23.

respecto a la índole familiar de la persona se encuentra en la filiación. La filiación es una primera constatación de que la persona no puede ser sola, no sería tal sin otras personas, al menos otra. Digámoslo con palabras de Polo: "El hombre, sin los demás, ¿qué es? Nada. El hombre es un ser personal radicalmente familiar. Por eso, en ese orden de consideración, digo que la libertad es filial y es destinal. Si no lo fuera, sería inevitable la idea de degradación ontológica: la persona se encontraría tan sólo con lo inferior a ella. Si no encuentra lo 'igual' a ella, no es persona".[124]

Lo que está claro es que cada persona es intrínsecamente hija, pero que la persona humana es algo más que ser hijo. Pero, por eso mismo, la persona humana es constitucionalmente familiar. Sigamos explorando esa dualidad transcendental de la persona, en relación con esta estructura familiar de su *esse*.

8.2.2. Persona humana, paternidad o maternidad

Ahora bien, la persona es algo más que hijo. Otro dato indudable, porque es originario, es que el hijo es o varón o mujer, y alcanzado un cierto nivel de madurez pueden ser padre o madre y, en todo caso, su amor a los demás, sobre todo a sus hijos, es paternal o maternal.

Dicho con otras palabras. La estructura esponsal de la persona, que hemos analizado anteriormente, el modo de amar que tienen "frente a frente" varón y mujer, contemplado desde el punto de vista familiar, en relación con los hijos y con muchas otras personas, se transforma en paternidad o maternidad.

Para advertir la profundidad de esta cuestión es preciso constatar que la paternidad y la maternidad no son solo ni principalmente una realidad biológica sino espiritual. Anteriormente hemos hecho referencia a que la diferencia sexuada *tiene connotaciones espirituales*. La espiritualidad de dichas connotaciones, indudablemente se

---

[124] L. Polo, "Libertas transcendentalis", *Anuario Filosófico*, Pamplona, 1993 (26-3): 714-715.

refieren a la estructuración amorosa de la persona, que contemplada dualmente es esponsalidad, y desde la familia es paternidad y maternidad.

Recordemos lo ya dicho: "La paternidad y maternidad humanas, aun siendo biológicamente parecidas a las de otros seres de la naturaleza, tienen en sí mismas, de *manera esencial y exclusiva*, una 'semejanza' con Dios, sobre la que se funda la familia, entendida como comunidad de vida humana, como comunidad de personas unidas en el amor (*communio personarum*)".[125]

Eso supone la necesidad de profundizar en la dimensión espiritual de estas relaciones. En este sentido Ratzinger afirma:

Allí donde la paternidad se vive más como un fenómeno biológico que humano y espiritual, hablar de Dios Padre es una forma de hablar vacía… Para ser plenamente hombres necesitamos de un padre en el verdadero sentido del término: uno responsable frente al otro, sin dominar al otro sino devolviéndole su libertad; es decir, un amor que no desea tomar posesión del otro, sino que le quiere en su verdad más íntima, que está en su Creador. Esta manera de ser padre sólo es posible si se acepta ser hijo; aceptar la palabra de Jesús: *vosotros tenéis un solo Padre, el que está en los cielos,* es la condición interior para que los hombres puedan ser padres de la mejor manera.[126]

Aplicada esta cuestión a la estructura personal, desde el punto de vista de la familia se puede afirmar que la persona varón es constitutivamente filiación y paternidad, mientras que la persona femenina es filiación y maternidad. Por tanto, ser persona humana es intrínsecamente una relación constitutiva dual compuesta por la

---

[125] *Ibidem.*

[126] J. Ratzinger, *El Dios de Jesucristo. Meditaciones sobre Dios uno y trino,* Salamanca, Sígueme, 1979, pp. 29-30.

filiación, en cualquier caso, y por la paternidad o por la maternidad. De este modo se comprueba, una vez más, cómo se engarzan conjuntamente dualidad y tridimensionalidad.

9. La cuestión del género: persona, sexo y cultura

Tras haber expuesto la diferencia sexuada desde el punto de vista de su estructura ontológica, habría que referirse ahora, aunque sea brevemente, a su dinámica cultural. Ciñéndonos a la realización del sexo en la historia y en la cultura, nos encontramos con la omnipresente noción de género, que en pocas décadas se ha posicionado –con diversos sentidos–, partiendo del lenguaje académico y médico, en todos los discursos sociales y políticos contemporáneos y se ha integrado en las normas jurídicas, fundamentalmente a partir de los documentos y programas de las Naciones Unidas desde la Conferencia de Beijing de 1995.

Haciendo un poco de historia, en torno a los años cincuenta del siglo xx, dentro de la cultura anglosajona, el polisémico término *gender* –desde antiguo utilizado en la lógica, la lingüística o la filosofía– que, entre otras cosas, designaba tanto a la diferencia de los sexos como al conjunto de la humanidad, actualmente ha adquirido nuevos sentidos antropológicos. En concreto expresa la modalización cultural del sexo en la biografía personal y en las costumbres sociales.

Sin embargo, desde su inclusión en el campo antropológico, su significado ha seguido evolucionando, incluso se ha deformado respecto a su significado antropológico original, hasta tornarse ambiguo y controvertido. Especialmente confusa, polémica y hasta coactiva está siendo su manipulación, como beligerante bandera ideológica y política, que abre diversos interrogantes respecto a la evolución de esta noción[127] y los discursos en torno a ella.[128]

Es un hecho que las sociedades modernas padecen una revolución en las estructuras de parentesco. Los vínculos humanos se han tornado frágiles y convulsos, "líquidos" según de Bauman.[129] Proliferan programas de agitación y propaganda del movimiento político e ideológico, del "orgullo gay" y del feminismo de género. Detengámonos brevemente en destacar los hitos fundamentales de tal evolución.

En un primer momento, aparecen en 1975 los esquemas de sexo-género,[130] para sistematizar los múltiples datos procedentes del estudio de la sexualidad humana, en los que se distingue claramente entre sexo y género. El esquema de "sexo" reúne los datos de las ciencias biológicas y la categoría de *gender* se emplea para agrupar las referencias sociológicas y culturales: los roles y las diversas construcciones de relaciones entre los sexos, incluyendo el abanico de creencias, preferencias, actitudes, usos y costumbres, y estereotipos.[131] Sexo y género, por tanto, no son palabras sinónimas, aunque estén relacionadas.

En consonancia con esta diferencia, que acabamos de describir, en el escenario de las ciencias sociales, la noción de género comenzó usándose como una categoría de análisis que permite estudiar los roles que el varón y la mujer desempeñan o han desempeñado

---

[127] Cfr. Á. Scola, *La nueva laicidad,* Encuentro, 2007, pp. 100-113.

[128] Sobre la génesis histórica y las bases antropológicas de cada uno de los modelos de género que se han dado y se dan en la historia cfr. A. Aparisi, B. Castilla de Cortázar y M. Miranda, *Los discursos sobre género: algunas influencias en el ordenamiento jurídico español*, Valencia, Tirant Humanidades, 2017.

[129] Cfr. Z. Bauman, *Liquid loved: On The Frailty of Human Bonds*, Polity Press, 2003. Edición en castellano: FCE, 2009.

[130] Cfr. G. Rubin, "The Traffic in Women: Notes on the 'Political Economy' of Sex", en R. Reiter, *Toward an Antropology of Women*, Nueva York-Londres, Monthly Review Press, 1975.

[131] Cfr. P. Donati, "La famiglia como relazione di gender: morfogenesi e nuove strategie", en P. Donati (ed.), *Uomo e donna in famiglia*, San Paolo, Cinisello Balsamo, 1997, pp. 25-91.

a lo largo de la historia, abarcando toda su configuración psicológica, cultural y biográfica. De acuerdo con este significado original y no manipulado, mientras que el sexo sería un dato biológico recibido, el género remitiría al factor cultural y cambiante, característico de la persona humana que, naciendo inerme y todavía no desarrollada por completo, evoluciona su naturaleza dentro de una cultura y un modelo social, gracias a un entorno educacional y, sobre todo, a su libertad.

En un marco no contaminado por ideologías sectarias, el recurso a la categoría del género permite, entre otras cosas, hacer visible las diferencias de hecho de las mujeres en un modelo social y cultural determinado. Por ello, se trata, en principio, de una noción útil y legítima en la antropología cultural y filosófica, así como en el lenguaje jurídico. En definitiva, supone un avance científico, al permitir hacer visible una situación anteriormente oculta y con frecuencia discriminatoria. En este sentido, es indiscutible que el género se construye en la historia, condicionada por las ideas que dominan el hábitat cultural en el que vive cada uno. Como hemos visto en su momento, que también seamos cultura no es ningún descubrimiento revolucionario, sino una propiedad de nuestra libertad y condición de personas inmersas en el tiempo.

Desgraciadamente, no parece prudente pecar de ingenuos en esta cuestión. En los últimos años, la diferencia entre sexo y género se ha difuminado. Es más, el término sexo ha sido, progresivamente, sustituido por el de género, provocando un desconcierto que hace confusa hasta la utilización misma del término. La pretensión ideológica apunta a reducir el sexo a un aspecto meramente biológico sin ninguna conexión real con la persona entera –espíritu, alma y cuerpo–, convirtiendo el sexo en algo muy próximo a un naipe elegible a discreción, como el modo de vestirse, el corte de pelo o el partido por el que votas. Reducido el sexo masculino o femenino a una carta de la baraja biológica, el término género ha colonizado la entera explicación de la dual condición sexuada. Y ello, no sólo en el discurso social, sino también en el supuestamente científico, el político-jurídico y el académico, de modo que la palabra género –canibalizando toda la realidad de la sexualidad humana– se utiliza con distintos significados y en contextos diferentes.[132]

La ambigüedad y confusión creada en torno al género es resultado de la confluencia de diversos factores, entre los que se cuentan el poder de la técnica y los intereses económicos –sean farmacológicos, médicos, en suma, económicos– y los ideológicos en cuanto organizaciones de poder con pretensión de dominio social y cultural.

Sus premisas se apoyan en presupuestos de posturas postmodernas, como el existencialismo de Sartre, el pansexualismo de Freud, la dialéctica marxista, el debate naturaleza-cultura de la antropología social, el darwinismo –en el que, por ejemplo, se sustenta la teoría del "cyborg"–, el deconstructivismo de Derrida y Foucault, la revolución sexual de la escuela de Frankfurt, la separación género-sexo proveniente de la psiquiatría –por ejemplo, en Money–, el hedonismo y el materialismo, los movimientos gay, la revolución de mayo del 68, y el largo etcétera de la actual torre de Babel. Los restos de las ideologías, en la práctica ya caducadas, aunque no todas resueltas desde el punto de visto teórico, han confluido en esa nueva e invasiva "ideología" llamada de género, que podría poner en riesgo el futuro de la humanidad.

Se advierte la necesidad de ampliar el marco de la visión para constatar que la ideología de género no surge sólo en el ámbito de los llamados feminismos ni es una cuestión sólo de mujeres, ni es sólo una postura de la comunidad LGTBI. El género, en cuanto ideología de poder cultural y político, está presente en todos aquellos reclamos que intentan anular la relevancia del sexo biológico en la construcción de la identidad personal, y proclaman una libertad individual sobre la condición sexuada con capacidades "omnipotentes e

---

[132] Sobre los múltiples significados de esta noción y sobre la ideologización que se cierne actualmente sobre ella, Cfr. A. Aparisi, *Persona y género. Ideología y realidad*, Pamplona, Aranzadi, 2011, pp. 19-36.

ilimitadas", como las de manipular técnicamente la vida –reduciendo la maternidad/paternidad biológicas a un simple rol social–, o reinventar una propia identidad personal, reduciéndola a identidad de género, a costa de negar la huella del sexo en la naturaleza humana, en su cuerpo, en su alma, y en su espíritu personal. Para ello, *fracturan la conexión entre sexo y género*. Reducen la dimensión sexual humana recibida, a algo de la misma importancia que ser rubio o moreno, e hinchan la categoría cultural de género hasta usurpar toda la realidad del ser varón o mujer.

Una cosa es, por tanto, la categoría conceptual de género y otra la ideología sociopolítica. Como herramienta científico-social afecta al conocimiento de los roles y usos históricos de varones y mujeres. En cuanto ideología es un sistema de poder cultural y político que afecta al modelo de sociedad, que se apoya tanto en los avances científico-técnicos como en los retrocesos de una cosmovisión occidental que ha perdido su visión unitaria –incluida la ciencia–, y se halla en un estado de perplejidad e impotencia, complejidad y paralización; en un estado de desajuste, por decirlo con palabras de Maalouf.[133]

En el momento presente la noción de género es divulgada fundamentalmente a través de posiciones ideologizadas que, como se ha indicado, absolutizan el género, rompen su nexo con la realidad biológica humana, haciendo desaparecer la importancia del sexo. De hecho, hoy se emplea, haciendo un uso indebido del término, para justificar la idea de que la identidad sexual es enteramente dependiente de las inclinaciones subjetivas de cada individuo –y del dato cultural–, que puede elegir a qué sexo pertenece e, incluso, pasar de un sexo a otro. La ideología del género defiende el cambio de los roles de género, contraponiéndose a un llamado *fisicismo naturalista*, y apostando por un arbitrario relativismo cultural, donde todo puede ser de otra manera y todo tiene el mismo valor. Tiene fundamento

---

[133] Cfr. A. Maalouf, *Le dérèglement du monde. Quand nos civilizations s'épuisent*, Grasset & Fasquelle, 2009. Hay edición en castellano en Alianza, 2009.

sugerir que esta deriva ideológica no busca tanto la paridad entre el varón y la mujer, sino una aproximación a una humanidad andrógina.

Por otra parte, el progresivo poder de los medios científico-técnicos, unido a esta ideología, está filtrando la utopía de que cambiar e incluso anular el sexo sería un logro para la libertad humana, que paradójicamente nos pondría a las puertas de una nueva etapa evolutiva donde el cuerpo será transformado por un cyborg.[134] Nos hallamos no sólo dentro de una revolución en las estructuras de parentesco, o ante el "orgullo gay" –que puede tener otras explicaciones–, sino ante una utopía de poder de dejar de ser lo que somos, seres humanos, para convertirnos supuestamente en otra especie manipulada artificialmente –transhumanista–, que no se sabe lo que es.

Pero si el ser humano fuera una "entera construcción artificial" en la presente sociedad tecnificada, y si el género –independizado y liberado de cualquier vínculo objetivo con el sexo–, ha de ser algo elegible a la carta, es decir, si ya no hay varón ni mujer –porque todo es intercambiable–, entonces ya no se puede hablar con propiedad de nada que sea radical, ni siquiera estable, ni de nuestro espíritu personal, ni de su alma y cuerpo masculino o femenino, ni de identidad personal, ni de familia, ni de matrimonio, ni de vida humana que, por su intrínseca y objetiva valía, deba ser reconocida y respetada.

Si tal modelo se impusiera, al modo de un totalitarismo social y político dictatorial, podríamos anticipar que sería una cultura del relativismo y de la muerte, donde la intimidad personal y sus exquisitos territorios donales habrían sido devastados. Y si somos capaces de ver esa anticipación tenebrosa, entonces podremos comprender y estimar qué significa, en la ribera opuesta, una civilización del amor y de la vida, basada en la estructura donal de ser varones y mujeres. Quizás estamos viviendo un momento de la historia en el que tenemos

---

[134] Cfr. D. J. Haraway, *Ciencia, cyborgs y mujeres: la reinvención de la naturaleza*, Madrid, Cátedra, 1995.

que elegir, comprometernos con la defensa de la verdad del ser humano, y evitar su destrucción.

A estas alturas parece conveniente clarificar este panorama. Sin duda, el género es el desarrollo en la historia y en la biografía personal de la propia condición sexuada. Podríamos afirmar, por tanto, que el sexo es intrínsecamente género, del mismo modo como la naturaleza humana también es intrínsecamente cultura y se manifiesta en ella, gracias a la libertad y creatividad innovadora propia del ser personal. Pero la persona puede realizarse creando y manifestándose en cultura, solamente en la misma medida que es persona y tiene el poder de generar cultura. No al revés.

Por eso es una contradicción de raíz, que nos abre al abismo del suicidio cultural, el atribuir a la cultura, que es hija de la persona, la paternidad del ser humano, de lo que es ser varón y mujer. Aun a riesgo de ser reiterativos, pusimos de relieve este entrelazamiento interno entre naturaleza y cultura con el ejemplo del vino: cuando nos bebemos un buen vino –incluso cuando es malo– lo que degusta nuestro paladar, calienta el estómago y nos alegra el ánimo, es un producto donde se han integrado tierra, sol, vid, sarmientos y racimos, y artes y conocimientos humanos. En la copa de vino, que ante los ojos tenemos, ningún bisturí, por afilado que estuviera, podría separar esa unión de elementos naturales y culturales. Podemos crear cultura porque somos persona y naturaleza humanas. Sin naturaleza, la cultura sería aquel espejismo de un vino sin tierra, sol y cepas del viñedo.

Algo muy parecido ocurre entre sexo y género, entre realidad natural y desarrollo cultural de la condición sexuada humana. Por eso, sin realidad natural no hay despliegue cultural y viceversa. Ambas dimensiones humanas, siendo diferentes, se integran.

Teniendo presente esta perspectiva más realista y completa, se puede advertir que *el género no lo es todo*, sino el desarrollo cultural del sexo, que se enraíza en la persona y en su identidad. No se puede separar –en términos de fractura y canibalización ideológica– el género del cuerpo sexuado, el cual de suyo es expresión de la estructura y potencial dinámica de nuestra intimidad personal recibida en el origen y, por tanto, aquello que el género tiene adentro para desplegar en la biografía particular de cada persona y en los roles, usos y costumbres, y normas jurídicas del modelo social.

Ahora se puede entender mejor el cuerpo como expresión de la persona. Así, nuestra actual corporeidad es encarnación de nuestra persona, pues no "tenemos", sino que "somos" cuerpo, un cuerpo masculino o femenino cuya vivificación en cuanto humano corresponde a un principio espiritual de vida de categoría personal. Nuestra sexualidad es *personal* como corresponde a nuestra condición de persona corpórea. Nuestro cuerpo es personal porque en él y por él se manifiesta en verdad la realidad de nuestra persona, cuyo espíritu es el principio específico que lo vivifica en cuanto humano. En este sentido, nuestro cuerpo manifiesta cierto íntimo y constitutivo carácter del ser personal, que es su *radical destinación a amar.*

No amamos desencarnadamente, ni como ángeles sin cuerpo, ni como animales sin espíritu personal. Amamos encarnadamente, desde el adentro íntimo y con el cuerpo humano que somos. Esta constitución personal significa, de un lado, que el movimiento más excelente y definidor de nuestro ser personal es amar; y de otro, que nuestro propio cuerpo o carne es la materia primaria de la comunicación íntima, en que consiste amar.[135]

Si se comienza por la cultura hasta llegar a lo más interior, puede observarse cómo las dimensiones culturales se van enraizando, cada vez más profundamente, en las dimensiones duales humanas, que están en lo íntimo de su identidad personal y de su diferencia sexuada.

En el siguiente esquema puede verse gráficamente y de un modo inverso –desde la cultura a la persona–, a como se hizo en el cuadro del apartado 4.1. del capítulo III. Ahora puede advertirse

---

[135] P. J. Viladrich, *El amor conyugal entre la vida y la muerte*, Pamplona, EUNSA, 2004, cap. 9.

cómo lo más externo y visible es expresión de la estructura de la intimidad humana.

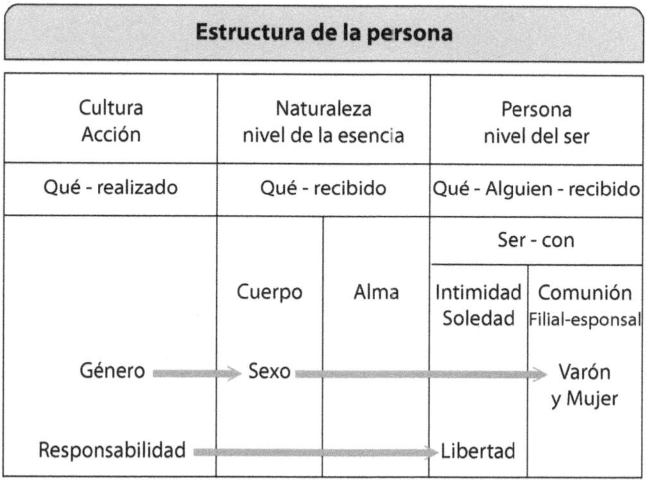

Estructura de la persona				
Cultura Acción	Naturaleza nivel de la esencia		Persona nivel del ser	
Qué - realizado	Qué - recibido		Qué - Alguien - recibido	
			Ser - con	
	Cuerpo	Alma	Intimidad Soledad	Comunión Filial-esponsal
Género ⟶	Sexo			Varón y Mujer
Responsabilidad			Libertad	

CAPÍTULO VI
Territorios de la intimidad y sus contenidos donales

Habiendo descrito que la persona es intimidad esponsal, corresponde ahora identificar sus ámbitos o territorios y distinguirlos entre sí. Ocurre que nuestra intimidad no es un adentro hueco, un agujero vacío. Muy al contrario, está repleta de potencialidades para amar que son profundas, amplias, poderosas y distintas. Cada una, al modo del territorio e historia de una patria, tiene sus propios contenidos donales; es decir, dones de sí y acogidas en sí que conforman coidentidades amorosas específicas y diferentes entre amante, amado y unión. En estos "territorios", por así llamarlo, están la tinta, la pluma y la página con que nos escribimos unos a otros los íntimos *nombres personales*. Hay un además. Se trata de dos frutos grandes y correlativos: la vida lograda y la unidad de vida.

En cada territorio hay un propio contenido donal, mediante el cual cada persona humana se entrega y acoge en un amor específico. De modo que la intimidad entera se estructura y dinamiza según diferentes amores o contenidos donales. Una vida lograda es la de quien desarrolla, en su tridimensionalidad, el amor específico que contiene y caracteriza cada territorio de su intimidad. Su conjunto son los amores humanos, en los que puede participar el ser humano, varón y mujer, como amante, amado y unión. Ellos manifiestan nuestra intimidad esponsal realizada en todos sus contenidos donales. La unidad de vida, que es el bien biográfico contrario a la fragmentación, fracturas y roturas, y contradicciones de la intimidad, se consigue viviendo cada género de amor, conservando las armonías y asociaciones entre los diferentes amores y territorios de nuestra intimidad, haciendo que crezcan, y restaurando sus deficiencias, cansancios, heridas y síntomas de desunión. De este modo, la realización de los contenidos donales que posee cada territorio de nuestra intimidad, mediante la vida armoniosa de sus diferentes amores, nos da las razones de vivir más profundas y el sentido más verdadero de nuestra existencia. Luchar por lograrlo, sin jamás rendirse, tiene por cosecha la vida lograda y su unidad.

1. Los siete ámbitos del don y acogida

¿Qué de sí aman el amante y el amado? Aman su "amabilidad", podríamos decir con tanto rigor como exceso de síntesis.[1] Cada persona humana es, ella misma, ciertos bienes por ser quién es y lo que es en un espacio y tiempo concretos, en el que está insertada. Ciertamente, esos bienes pueden ser muchos y tener diferente valía. Por ejemplo, su genealogía o estirpe, las características de su familia nuclear, con sus padres y hermanos, una personalidad y temperamento, unas actitudes y capacidades tanto físicas como psíquicas, una cultura, unos recursos económicos, y un entorno más o menos favorable. Es obvio que nos quedamos cortos en la enumeración de tantas cosas que, estimadas como bienes en un momento y en un lugar, pueden acompañar a una persona concreta. Podríamos decir, sobre esos bienes, que unos son más afortunados que otros. Pero no son esos bienes los que ahora expresamente nos interesan. Dejémoslos a un lado.

---

[1] Sobre la "amabilidad" de nuestros amados, sigue siendo un fundamental punto de partida Tomás de Aquino, en *Suma Teológica*, II-II, q. 25-27.

Nuestra atención focaliza la intimidad personal. Allí cada persona, por serlo y al margen de sus circunstancias, posee ciertos bienes radicales. Anteriormente, adelantamos que la intimidad, lejos de ser un vacío, está repleta de bienes de gran valía, dignos de ser amados. Los llamamos contenidos donales, porque son aquellos bienes que la persona entrega de sí y acoge en la relación amorosa. Esos contenidos donales conforman, a modo de "ámbitos o territorios" diferentes –provincias las llamó Julián Marías–, la estructura y dinámica de la intimidad de cada persona, masculina o femenina. Cada territorio contiene sus bienes específicos, "dignos cada uno de una propia amabilidad". Por tanto, en cuanto contienen una particular entrega y acogida de la persona, son la fuente de los diversos géneros de amores. Además, estos contenidos del don y la acogida son radicales antropológicos de la persona, en el sentido que revelan las "identidades o nombres íntimos" del ser coexistencia entre personas.

Los contenidos donales o bienes amables, que aquí describiremos, son siete. Cada uno es completo y exclusivo en su particular contenido donal. Por lo tanto, al realizarse en la vida, de suyo no compiten ni se excluyen. Aunque diferentes, se comunican y reúnen en la unidad de la persona. Su armónica convergencia, complementariedad y respetos recíprocos, al convertirlos en cobiografías con los amados, dan a la persona las razones más hondas y sólidas del vivir y son el cimiento de la vida lograda. Siendo diferentes, no están ni pueden vivir amontonados. En nuestra intimidad hay un *ordo amoris*: una recta disposición entre los "territorios", para que cada amor, ocupando su lugar y teniendo las relaciones debidas con los demás amores, pueda lograr su propio fin, sin desbaratar al resto.[2] Exploremos a continuación estos siete territorios de la intimidad.

---

[2] Cfr. Tomás de Aquino, *Suma Teológica*, II-II, q. 26; Max Scheler, *Ordo amoris*, Madrid, Caparrós Editores, 1996.

2.   El ámbito conyugal

Este territorio contiene aquella esponsalidad específica entre varón y mujer que, según la complementariedad originaria más íntima inscrita en el ser del varón y de la mujer, en cuanto identidades sexuadas, conforma el ámbito y los bienes de la conyugalidad.[3] La amabilidad íntima entre varón y mujer como pareja sexual es la propia y misma masculinidad para la feminidad y asímismo la feminidad para la masculinidad, pues cada modalización sexual del ser humano es un bien fontal para la otra modalidad sexuada.

Por tanto, el bien conyugable –lo amable de la pareja humana en cuanto pareja sexual– es la copertencia en común de los cuerpos y almas entre el varón y la mujer, en cuya virtud se pueden hacer el uno del otro, pueden constituirse en una única íntima comunidad de amor y de vida, pueden procrear los hijos comunes y transformar el espacio y tiempo comunes en hogar, esto es, en el espacio y tiempo de los amores y vínculos familiares. En suma, aquello del varón y de la mujer que es potencia complementaria de pertenecerse entre sí en exclusiva comunión de amor, procreación y fecundidad es el territorio de la conyugalidad.

La masculinidad y la feminidad –con su potencial maternidad y paternidad– constituyen un ámbito de amabilidad específica, en donde poder ser entre el varón y la mujer, por ser tales, amantes, amados e íntima unión de amor. El contenido donal entre varón y mujer, que en primer término es 'comunión de personas', alcanza el don y la acogida de sus cuerpos y almas masculina y femenina en unidad de pertenencia, haciéndose realmente el uno del otro. Este

---

[3]   Sobre la naturaleza específica del amor conyugal y sus diferencias respeto del resto de amores íntimos, cfr. P.-J. Viladrich, *El ser conyugal*, Madrid, Rialp, 2001, p. 27 y ss., *El amor conyugal entre la vida y la muerte*, II parte, *passim*, 2a. ed., EUNSA, 2005 *Por qué y para qué "uno con una para toda la vida"; La cuestión de la unidad de vida en el amante, en la correspondencia con el amado y en la unión de amor conyugal*, II y III partes, en *Ius canonicum*, vol. 55, 2015, pp. 515-590.

es el universo de bienes de la masculinidad y la feminidad, en cuanto pareja humana primaria y originaria, cuyo poder amoroso, al darse y acogerse como amante, amados y unión, contiene las identidades íntimas –con sus específicos bienes– del ser *el esposo y ser la esposa* cada uno del otro.

Así, *la copertenencia de los cuerpos y almas y, mediante ella, la unión de las personas masculina y femenina es el bien radical*, específico y exclusivo que caracteriza el territorio de la intimidad conyugal. Esta bondad contiene, de suyo, la potencia de procreación, que da origen genealógico a la consanguinidad.

Entre los cónyuges se da una reciprocidad y una complementariedad peculiar y muy profunda, porque comparten vida y destino terrenal, hasta que la muerte los separe. Con más razón que en otros territorios, su don y acogida, del varón y la mujer mismos, son más radicales y diferentes que los eventuales intercambios y sus igualdades, a lo largo de los cambios de contraprestaciones que trae o impone la vida. Por ejemplo, un esposo paralítico o una esposa con un embarazo avanzado y difícil se aman sin que haya reciprocidad –una igualdad en el *do ut des*– en ciertas contraprestaciones o intercambios, que se han hecho imposibles. Pero el amor y su complementariedad subsisten al defecto de igual reciprocidad. En el matrimonio, se da una especial vivencia y realidad de complementariedad, que señala la diferencia y, a la vez, la constitutiva destinación y mutuo engendramiento.

Este ser diferentes no evapora ni contradice la reciprocidad, lo que hace es integrarla y superarla en la íntima comunión amorosa de las personas de los esposos, que se unen tan profundo en sus cuerpos y almas gracias a *la complementariedad radical* que hay en la diferencia –el modo diverso de ser igualmente naturaleza humana–, la cual no les separa en posiciones desiguales y discriminatorias, sino que les *reúne* en engendrarse ambos como *una caro*.

2.1. La conyugalidad, una realización específica de la esponsalidad

Es el momento de recordar el sentido del término esponsalidad en el que se descubre la semántica del cuerpo femenino y masculino.

> La conciencia del significado esponsal del cuerpo, vinculado a la masculinidad feminidad del hombre (…) indica una capacidad particular de expresar el amor, en el que el hombre se convierte en don; por otro, le corresponde la capacidad y la profunda disponibilidad para la "afirmación de la persona"; esto es, literalmente, la capacidad de vivir el hecho de que el otro –la mujer para el varón y el varón para la mujer– es, por medio del cuerpo, alguien a quien ha querido el Creador "por sí mismo", es decir, único e irrepetible: alguien elegido por el Amor eterno.[4]

Es preciso, por tanto, establecer la diferencia entre lo esponsal y lo conyugal. La esponsalidad hace referencia a la radical constitución donal de la persona humana masculina o femenina y, por lo tanto, la esponsalidad está como sustrato de todos los géneros de amores en los que hay don y acogida personales, si bien cada clase de amor implica diferentes niveles de intimidad y contenidos donales unos de otros. Por ejemplo, es esponsal la amistad y también la fraternidad, pero ni amigos ni hermanos son marido y mujer.

La condición conyugal, por tanto, sobre el sustrato de la esponsalidad básica, es una comunión donal entre varón y mujer que *tiene un carácter específico, único y exclusivo, porque sólo en lo conyugal varón y mujer comunican sus personas mediante la constitución de sus dos cuerpos y almas en una única copertenencia conjunta y patrimonio común.* En este sentido, es rigurosamente cierto que los esposos

---

4   Juan Pablo II, AG, 16.I.80, n. 4, en *Varón y mujer...*, pp. 110-111.

son el uno del otro y se pertenecen el uno al otro. O, para mayor precisión, ambos pertenecen a la unión que han constituido, mediante un acto conjunto de fundación, que es el consentimiento matrimonial. El amor conyugal es el amor sexual por antonomasia entre el varón y la mujer, por la copertenencia en unidad de su masculinidad y feminidad, por la exclusiva comunión íntima de sus identidades masculina y femenina, por la potencia procreadora que hay en la conjunción sexual de sus cuerpos.

Tengamos ahora presente la distinción anterior y su nexo: lo esponsal es más amplio y radical que lo conyugal, pero lo conyugal es un modo específico y exclusivo de realización esponsal.

Esponsal, por tanto, significa que el ser humano está hecho para el amor y que éste, habida cuenta de los contenidos donales que caracterizan los diversos territorios de su intimidad, se diversifica en géneros distintos de amores. Por lo tanto, en este texto, esponsal no es sinónimo de conyugal. Esponsal alude a la relación complementaria general del varón y la mujer, en cuanto seres humanos, independientemente de sus relaciones familiares, de amistad o de colaboración profesional, cultural o política. Somos esponsales, como personas humanas, las cuales lo son como varones y mujeres, y esta potencia de dar y acoger se hace presente en todas las áreas humanas. Ahora bien, según qué territorio de intimidad se implica en la comunicación humana, entonces la esponsalidad de fondo se conforma y especifica según la naturaleza y contenido donal que, de sí, las personas comprometen. Así, ubicada esta esponsalidad y complementariedad generales, lo conyugal es una forma específica y exclusiva de realización de la estructura donal o esponsal de la persona humana.

La esponsalidad básica o general, en cuanto distinta de la conyugalidad, hace referencia a la *radical constitución donal de la persona humana masculina o femenina* y se expresa como sustrato de todos los géneros de amores, en los que hay don y acogida, aunque en niveles de intimidad y contenidos donales muy diferentes unos de otros. Por ejemplo, es esponsal la amistad y también la fraternidad, pero ni amigos ni hermanos son esposos. La condición conyugal, por tanto, sobre el sustrato de la esponsalidad básica, es una forma de la comunión donal entre varón y mujer que tiene un carácter específico, único y exclusivo, porque única y exclusivamente en lo conyugal varón y mujer se dan y acogen su masculinidad y feminidad, en su radical cointimidad de compañía y fecundidad, uniendo sus personas en una única y exclusiva comunión íntima mediante la copertenencia en común de sus almas y cuerpos sexuados y la potencia de procreación y educación de sus propios hijos.

En este sentido, es rigurosamente cierto que los esposos son el uno del otro. Como examinaremos, hacerse el uno del otro no es una expresión ideal, simbólica o poética, es decir, un recurso estético. El amor conyugal es el amor sexual por antonomasia entre el varón y la mujer, precisamente en cuanto comunión íntima y copertenencia de la masculinidad y feminidad de las personas conyugadas. Parece ocioso añadir que esta íntima comunión de copertenencia entre varón y mujer lo es desde el amor, por amor y para amar. Por tanto, es estructura y dinámica unitiva: les transforma el ser –de un yo y un tú en un único nosotros– y, por su causa, este ser, un nosotros juntos, tiene una propia dinámica de realización vital. Pasar de varón y mujer a esposo y esposa es, también, poner en el don y acogida la potencial paternidad y maternidad, que son dimensiones inherentes al ser varón y mujer y a la complementariedad íntima entre sus cuerpos y almas.

Si esta cuestión la enfocamos desde la perspectiva esponsal, poniendo el amor como sentido originario y final del ser varón y mujer, entonces se nos ilumina que el poder de engendrar nuevas vidas personales no fue confiado a cada uno por separado, sin amor entre ellos, o en conflicto y hostilidad. Fue confiado a la conjunción amorosa de cuerpos y almas, porque el origen de cada hijo, por la excelencia de valor del ser esa única e irrepetible persona, exige venir de la unión de amor conyugal –del amor de sus padres en cuanto esposos– y no de otros avatares casuales, ajenos al amor o teñidos de odio.

El amor –y nuestra estructura y dinámica esponsal– es luz que esclarece el escenario de la procreación y del origen personal. Decimos esclarece, porque es un escenario visitado constantemente por nieblas, tormentas y noches oscuras. Según la perspectiva que adoptemos, lograremos navegar o nos iremos a pique. El amor, como perspectiva principal de la procreación, no viene por azar o la casualidad, mucho menos por intereses utilitaristas o codicias de poder social, cultural o político. La perspectiva del amor es radicalmente intencional, en el sentido que implica a fondo al observador, comprometiendo su corazón al servicio de la verdad, la bondad y la libertad. Quien sirve a esos "amores" tiene el amor como perspectiva. Pero quien prefiere la utilidad, el relativismo, el hedonismo y la apariencia, con sus imposturas y falsedades, le es difícil comprender la excelencia humana de la paternidad y la maternidad y respeto al valor sagrado del origen amoroso de cada ser humano, por ser persona.

Para retomar nuestro tema, tengamos presente la distinción anterior y su nexo: lo esponsal es más amplio y radical que lo conyugal, pero lo conyugal es un modo específico de realización esponsal, de aquella verdad originaria según la cual la mujer es *la que recibe el amor, para amar a su vez,*[5] así como *el varón es el que ama y es amado.*

Recientemente, Ángelo Scola ha aportado una nueva perspectiva a la hermenéutica esponsal con el propósito de explicar la familia, advirtiendo que el "misterio nupcial" encierra una experiencia antropológica originaria que todos conocemos, de la que todos sabemos, aunque, como todo lo que tiene que ver con el fundamento, se resiste a ser objetivada. Dicha experiencia se estructura en tres momentos: diferencia sexual, donación sincera de cada uno y fecundidad, donde el primer elemento adquiere su

---

[5] Juan Pablo II, Carta Apostólica *Mulieris dignitatem*, 1988, n. 29.

pleno sentido junto a los otros dos.[6] Puede observarse que esta triple secuencia de Scola –diferencia, donación y fecundidad o procreación– coincide, con pequeños matices, con la argumentación que venimos desarrollando en estas páginas.

2.2. Diferencias entre el vínculo conyugal y los consanguíneos

Pasemos ahora a distinguir entre lo conyugal y el resto de los lazos familiares, todos ellos consanguíneos, de los que lo conyugal es su fuente.

En los lazos conyugales y en los consanguíneos hay comunicación íntima en y de la naturaleza humana, aunque muy diferente. Los familiares –decimos en el lenguaje popular– son "los míos", "mi gente", aquellos de "nuestra misma sangre". Siendo así, resulta de suma importancia distinguir la comunicación de naturaleza humana y de las personas, que es propia de la unión conyugal, respecto de la que hay en los diversos lazos de la consanguinidad, pues también es íntimo ser de la misma sangre. La distinción es esencial, está en la base del llamado tabú del incesto, el cual tiene un significado antropológico y psicológico más profundo que las eventuales anomalías genéticas y los inconvenientes sociales de la endogamia.

Tener claras las diferencias no es una cuestión bizantina, un capricho intelectual. Tiene consecuencias prácticas muy importantes. Y las tiene en la vida corriente, la que de ordinario vivimos todos y cada uno. Veámoslo.

La confusión o desorden entre los ámbitos de intimidad conyugal y los consanguíneos, por la profundidad real de esas diferencias, pueden provocar, si son graves, devastadores efectos. Pero, a

---

[6] A. Scola, *La "cuestión decisiva" del amor: hombre-mujer*, Madrid, Encuentro, 2003; *Hombre-mujer. El misterio nupcial*, Madrid, Encuentro, 2001.

veces, no se cae en cuenta que hay desajustes de menor severidad, pero frecuentes, que también causan daños. Errores, confusiones y desórdenes entre los citados ámbitos de intimidad pueden proceder de las siguientes causas de fondo. Primera, porque en todos los territorios íntimos aparece la desnudez incondicional. Segunda, porque en todos hay comunicación íntima de la naturaleza humana, aunque no sea la misma la conyugal y la consanguínea. Tercera, porque siendo lazos amorosos en los territorios íntimos, constituyen identidades recíprocas, en las que ser padre o madre lo son por su hijo, y éste por sus padres, como los hermanos lo son, entre sí, por compartir los mismos padres, y el abuelo lo es por su nieto y el nieto por su abuelo; como también el marido lo es por su mujer y ésta por su esposo. Por último, porque la filiación es la primera identidad cronológica y podría interpretarse este antecedente –*prior tempore potiur iure*– como permanente superioridad biográfica de la posición paterna y materna –una primacía del "cordón umbilical"– sobre el vínculo conyugal que contraen sus hijos. Éstos no dejarían padre y madre al casarse, sino que integrarán al cónyuge, como nuevo súbdito, dentro del patriarcado o matriarcado.

Como se sabe, estamos ante desajustes, invasiones y extrapolaciones que, con mayor o menor severidad, ocurren en la praxis ordinaria de los entornos actuales. Por ejemplo, la supremacía del poder paterno sobre los matrimonios de los hijos adultos –que no es infrecuente en empresas familiares, donde los parientes son empleados y el padre patriarca, además, preside el consejo de administración–; las madres –o suegras, en el sentido peyorativo del término– luchan contra sus nueras y yernos para imponer en el ámbito conyugal de sus hijos e hijas su primacía, presencia, mando e influencia de su maternidad.

La creciente desestructuración de las familias, por causa de los divorcios y sucesivos emparejamientos con terceros, favorece la creación de escenarios confusos para los diversos ámbitos de la intimidad y los parentescos, con altos riesgos de anomalías y extrapolaciones, cuando, a guisa de ejemplo, los hijos e hijas tienen que convivir con quien no es su padre o su madre, pero pretende una presencia similar, o entre adolescente que no son hermanos, pero han de convivir –siendo varones y mujeres– en un mismo espacio familiar como si lo fueran. Los padrastros, madrastras y hermanastros, valiéndose de esos falsos parentescos de sangre, podrían presentarse y actuar en la convivencia familiar, que es un espacio y tiempo primario y básico de la intimidad de las personas, pretendiendo roles de intimidad que no les corresponden, porque son gente externa a las intimidades y, a veces, pasajera.

Estas presencias abusivas e impostoras son hoy frecuentes en situaciones familiares desestructuradas y sus daños severos. Parece de pura prudencia alertarnos sobre ellos. Y una primera precaución, al menos en nuestras mentes, es conocer mejor los marcos de autonomía –el *ordo amoris*– de cada parentesco. De manera especial, el ámbito de la identidad y condición sexuada, sobre el que asienta específicamente la unión conyugal y sus antecedentes, que son el atractivo sexual y los sentimientos amorosos.

Examinaremos cinco aspectos del ámbito conyugal con un doble propósito. Uno, que ya hemos anunciado, consiste en apreciar ciertas diferencias esenciales con la consanguinidad. Pero el segundo propósito es poner de manifiesto un aspecto extraordinario contenido en aquella exclamación primigenia de Adán: "Por eso dejará padre y madre… y serán los dos *una sola carne*" (Gen 2,24). Si la esposa para su hombre y el marido para su mujer son más íntimos que la relación de origen –la filiación–, entonces es que hay un ámbito esponsal especialmente radical y exclusivo –un don y acogida amorosa y unitiva– en la intimidad personal masculina o femenina. Un ámbito en cuya realización interviene *la libertad de elección*.

2.3. La cuestión de la intimidad virgen y libre

Como expusimos en su momento, entendemos por *esponsalidad* aquella estructura y dinámica, radicada en el acto de existir de cada persona humana, masculina o femenina, por la que es don de sí y acogida en sí. Esa esponsalidad básica está presente en todos los ámbitos o territorios de la intimidad humana, si bien en cada ámbito los bienes donales son diferentes. Nos interesa, ahora, centrarnos en la exploración de la esponsalidad *nupcial* para identificar su específico don y acogida.

Para ello, hay que tener presentes dos importantes distinciones. Nos evitarán errores y confusiones. No es lo mismo esponsalidad y conyugalidad. Ni tampoco conyugalidad y nupcialidad. Este nuevo término, el de esponsalidad nupcial, contiene un extraordinario y fascinante horizonte donal.

Cada varón o mujer tiene un ámbito último de esponsalidad, el más suyo e inmediato a su exclusiva e irrepetible identidad personal, y donde su poder de disponerse desnuda e incondicionalmente, de darse y acoger en sí, es más libre, soberano e íntimo. Contiene la correlación *soledad-compañía* humana más radical. La llamaremos *esponsalidad nupcial. Es el ámbito de la persona donde ella es, sobre su entero ser donal masculino o femenino, soberana y libre en grado máximo.* Quiere esta soberanía decir que en ese territorio íntimo está la correlación soledad-compañía más radical: donde somos "el mío, más mío y solamente mío" que, a su vez, puede ser "lo tuyo, más tuyo y sólo tuyo".

Hay dos caminos de realización de este soberano don y acogida nupciales, que son *la virginidad,* "donde me doy y acojo en lo más mío y sólo mío para la íntima unión" a Dios, y la *unión conyugal* o matrimonio, donde el "amor mío, en lo más mío y sólo mío, y su íntima unión" es con el marido o la mujer. Así, hay grandes modos de realización de esta *esponsalidad nupcial.* Un camino es *el conyugal.* El otro es *la virginidad.*

Evitaremos nuevas confusiones y errores, no infrecuentes, si tenemos bien presente que *la virginidad es esponsalidad íntima y, además, nupcial.*

Lo que se quiere decir es que esta virginidad nupcial nada tiene que ver con la soltería, como estado personal y civil de origen casual, voluntario o forzoso, en el que aquel "mío" de mi intimidad, que hay en la soledad-compañía radicales, sigue siendo un "mío, sólo mío y nunca dado a nadie ni acogido como tal". Por el contrario, la virginidad es esponsalidad nupcial actuada, pues se asienta sobre la elección de Dios como el "esposo", en sentido propio y no simbólico, al que se da, como suyo, el mío nupcial íntimo –el más mío y sólo mío, para que sea suyo y sólo suyo– y a quien se acoge, por tanto, como "amor mío y unión nuestra". Precisada la nupcialidad virginal, la podemos ahora dejar en paréntesis, para ocuparnos de la conyugalidad. Esta es la nupcialidad entre varón y mujer, esto es la unión intrahumana. Por esta razón, ha sido costumbre entre muchos autores denominar, por antonomasia, *el amor humano* a la estructura y dinámica nupcial entre varón y mujer.

2.4. Cinco aspectos del ámbito conyugal

Hechas estas precisiones, veamos las perspectivas anunciadas.

Los amados son dados, no elegidos: en los vínculos de consanguinidad, donde se comparte la razón de bondad fontal de la genealogía personal –el engendrar y el ser engendrado–, el otro o *partner* íntimo amador *viene dado*, no es elegido. Dicho de otro modo: entre padres e hijos, hermanos, nietos y abuelos, el "amado y su amante", los unos y los otros, no son sujetos elegidos por la libertad, sino dados unos a otros en la transmisión genealógica. Se dan y acogen, como es común al amar, por razones de "amabilidad" que provienen de los diversos bienes de la común genealogía: el engendrar la vida –la paternidad y la maternidad–, el recibirla –la filiación– o la fraternidad que comparte la igualdad de origen en los mismos padres.

La no copertenencia de los cuerpos: pese a estar compartiendo algo tan íntimo como el origen, entre padres e hijos –y resto de lazos consanguíneos– *no hay copertenencia de los cuerpos engendrados.* Los padres sirven con específico amor a la vida de sus hijos, pero no comparten sus cuerpos sexuados ni los hijos tampoco la condición sexuada de sus padres, ni los hermanos entre sí, ni los abuelos y nietos. La comunidad de sangre no es pertenencia de los cuerpos ni almas, masculinos y femeninos. A esta constante en la historia familiar la antropología la ha denominado "prohibición del incesto" y su falta, secularmente y en todas las culturas, se ha considerado como un abuso, una anomalía en las relaciones de parentesco.[7]

La elección del cónyuge: nos aparece así, gracias a este contraste, un extraordinario nivel de intimidad en cada persona, masculina o femenina –donde no hay un amador ya dado por la comunidad de origen genealógico–, y ese nivel definitivamente radical es *la identidad de ser este varón o esta mujer.* Se trata de un "territorio" sobre el que cada singular persona tiene plena soberanía, propio señorío exclusivo, poder de disposición y libertad elección.

Es la intimidad humana más profunda y soberana –"la más mía y sólo mía"– que el *territorio* ocupado por la filiación y la paternidad donde sus amadores ya están definidos y no se eligen. Observemos, en cambio, que la intimidad de la identidad personal masculina o femenina está, en su origen, *libre de amado* y, en este sentido, es *virgen.* A este nivel de intimidad, radicalmente soberano y libre, lo hemos calificado, en sentido estricto, con la expresión *esponsalidad nupcial.* Y, como dijimos que tiene dos caminos de realización: la conyugal y la virginal. En ambos, como es propio de esa intimidad nupcial, se elige al amador, pues no es dado y por eso, esa intimidad es soberana y libre al máximo.

---

[7] Cfr. C. Lévi-Strauss, *Estructuras elementales del parentesco,* Buenos Aires, Paidós, 1981.

Unión única y exclusiva: ser este varón y ser esta mujer –soberanías de intimidad, propiedad de sí y libertad máximas– son intimidades esponsales, es decir, contienen la capacidad de un particular don de sí y la acogida en sí; son poder de ser amante, amado y unión en ese ámbito virgen, pero de un amor de unión único y exclusivo, que llamamos "nupcial". Nos aparece, por tanto, un ámbito íntimo de señorío soberano sobre sus cuerpos, masculino y femenino –*lo mío virgen sólo mío*–, precisamente aquel que disponen compartirse como "lo nuestro", *constituyendo lo mío en tuyo y lo tuyo en mío*. Ser varón o mujer son intimidades personales capaces de copertenecerse y compartir sus cuerpos hasta el punto de unión de convertirlos en un único nuestro, en fidelidad exclusiva y para toda su vida. Ocurre en la dinámica conyugal, pero también en la dinámica de la virginidad. Cambia el amador. El o la que es "carne de mi carne y hueso de mis huesos", o el amador es Dios en fiel, exclusiva y definitiva entrega donal.

Indisolubilidad de los lazos familiares: los lazos consanguíneos también tienen su específica "indisolubilidad", si se permite esa analogía, porque –sean buenas o malas sus relaciones afectivas– los padres lo son de sus hijos "para toda la vida" y, también los hijos de sus padres. Lo mismo ocurre entre hermanos y entre abuelos y nietos. La causa de su "no disolverse", sin duda, tiene un cimiento inamovible en la comunión genética, que es un hecho definitivo y no se elige. Pero la genealogía humana no es sólo cadena biogenética; pide ser asumida y envuelta por amores específicos y, sólo entonces, es genealogía entre personas.

Sin embargo, ese "para toda la vida" genealógico presenta también su propia "fidelidad", pero éstas son en su misma raíz esencialmente distintas del "uno con una" conyugal. Los padres pueden tener muchos hijos, y de todos son igualmente padres. Y lo mismo cabe decir de los hermanos y de los nietos. Pero en ninguno de los diversos lazos de la consanguinidad, se pone en comunión de copertenencia y coposesión los propios cuerpos masculinos y femeninos, sino muy al contrario y de forma radical esa intimidad sexual queda excluida. La conyugalidad tiene, por tanto, una propia, entera y definitiva exclusividad y fidelidad, porque la unión íntima y su vínculo pertenecen únicamente a los esposos.

En este punto es importante anotar que, en su recto orden, el poder de engendrar –del que arranca la consanguinidad– reside en la unión "conyugal" de los padres, en la cópula entre varón y mujer, es decir: en la fecundidad de la comunicación y copertenencia de los cuerpos sexuados.

Por lo tanto, en su recto orden, *la consanguinidad proviene de la conyugalidad*. La identidad consanguínea biográfica, con sus fidelidades específicas entre hijos, hermanos, abuelos y nietos, tiene su origen en la "integra exclusividad conyugal", esto es, de la unión sexual del "uno con una y para toda la vida". Dicho de otro modo, no es la consanguinidad la fuente o principio de la conyugalidad, sino al revés, es de la *una caro* de donde arranca la genealogía amorosa y personalizada, que es definitivamente biográfica.

Como ya comentamos, procrear personas no fue un don confiado al varón o a la mujer por separado, sino a su conjunción amorosa. Pues la dignidad de cada ser humano, el ser hijo, pide originarse en el amor y unión de sus padres. No en un hecho casual o en una intencionalidad utilitarista. Y sólo la "caída" y la "dureza de corazón" desunen lo que Dios unió, que es la comunión conyugal de los padres, provocando la disociación entre conyugalidad y consanguinidad. Por causa de esa fractura nacen hijos con sus padres en guerra, separados o divorciados, o hijos que desconocen a uno o ambos progenitores. En general, pese a las roturas, conflictos y abandonos definitivos, la mayoría entiende, aunque no lo asuma en su praxis de vida, que en el fondo de la realidad íntima no es posible ser un expadre, exmadre, o exhermano o exabuelo. Que esos "ex" son modos de hablar y, sobre todo, de sobrevivir. Es posible *dejar* de obrar como tales "ex" entre sí, pero ¿es posible *borrar y dejar de ser*, lo que se ha sido en lo más íntimo, sin romperse por dentro y convertirse en fragmentos sin siquiera paz entre sí? La experiencia común y la psicología clínica dicen que no, si el don y la acogida comprometieron realmente la intimidad. Cuando la fractura es profunda, al modo de una herida, tarda en cicatrizar y lo hace en parte.

3.   La paternidad y la maternidad

La segunda excelencia de la intimidad humana es el bien de la paternidad y la maternidad, con aquel poder amoroso de engendrar la vida personal de sus hijos siendo su origen personal. Sin duda, la paternidad y la maternidad son dimensiones inherentes a la condición sexual humana masculina y femenina. Son potencias del ser varón y mujer entre sí y nos manifiestan la complementariedad íntima como poder conjunto de dar vida. En tanto potencia, necesitan actualización. Por tanto, en su recto orden, se es padre y madre por la decisión libre y gratuita del amor.

Hay pocas o ninguna duda –al menos así lo atestigua la experiencia–, acerca de que cada hijo –por su condición de ser personal y con aspiración innata y psicológicamente muy honda– quiere venir engendrado de unos padres unidos por amor y no de unos progenitores anónimos, desunidos y conflictivos entre sí. En este sentido, las identidades íntimas de esposo y esposa están, de suyo, abiertas a su continuidad en las identidades de padre y madre. Pero esa apertura –la paternidad y la maternidad en cuanto dimensiones del ser varón y mujer– puede no establecerse en la vida por causas diferentes.

En efecto, un varón o una mujer pueden libre y legítimamente elegir su estado de vida y, en este sentido, no querer casarse. Esta elección significa que poseen aquella intimidad tan radical de su identidad sexuada de varón o mujer, pero que, poseyéndola, renuncian a ser esposo o esposa de otro, y a ser padre o madre de alguien. Puede ocurrir que quienes deciden ser entre sí esposo y esposa no tengan hijos, porque de hecho no lo consigan o porque la edad avanzada no lo posibilita; circunstancias ambas que no impide su identidad de esposos. Y podemos añadir otras circunstancias de hecho, al margen de su valoración axiológica; por ejemplo, las parejas que expresamente no desean ser padres; o los padres biológicos que no son pareja, ni desean serlo, porque nunca estuvieron unidos o porque el engendrar fue anónimo, por separado y resultado de la gestión e intereses de un banco de semen y óvulos.

Nos hallamos, por tanto, ante dos ámbitos de intimidad e identidad que no son el mismo: de un lado, la conyugal y de otro, la paterna y materna. Y aunque comunicados, sobre todo entre cónyuges, siguen siendo ámbitos específicos incluso en un mismo matrimonio. Todos distinguimos, en efecto, lo que uno es y hace como esposo o como padre, y lo que una es y hace como esposa o como madre.

4. La filiación

La tercera excelencia de la intimidad humana es la filiación, cuyo bien matriz es tener un origen personal, en un padre y una madre, como tales. Ser originado y por unos padres amorosos es una identidad íntima profunda y biográfica, un territorio categorial de la intimidad del ser humano. Al ser personal, cada uno de nosotros por serlo, rechaza en su raíz y en su psicología tener un origen anónimo, "impersonal, ciego y sin sentido en su principio y en su destino. El *origen* de cada persona, por serlo, no se limita a ser mero hecho: es decir, una fecha en el tiempo, un lugar geográfico y político de nacimiento, una constatación biogenética o ginecológica, un certificado en un registro, porque nuestra identidad íntima, el nombre de nuestro *esse*, no es un número ni un documento. Tampoco es el *pedigree* de ciertos animales por la pureza de raza, lo que es otro hecho genético. La persona, por serlo, exige un origen personal y, por esa razón tan radical, podemos definir ese origen como filiación: ser "hijo" es ser engendrado por un "padre" y una "madre" reales, únicos e identificables, que son identidades personales amorosas, no sólo progenitores biológicos. Obviamente, estamos ahora empleando los términos "padre" y "madre" en su sentido íntegro, es decir, personalmente amoroso y no sólo biogenético.

La filiación aparece, si aplicamos una perspectiva temporal, como la primera identidad íntima que cada uno recibimos en la vida. Y a nadie se le oculta su enorme importancia, su influencia y sus consecuencias biográficas en lo bueno y en lo malo. En efecto, la filiación contiene su propia tridimensionalidad amorosa, la de ser amado, desde el origen y durante toda la vida, pero también la de corresponder a ese amor paterno y materno con un escenario, no menos biográfico, de acogida y de correspondencias peculiares; y, a su vez, conformando una historia de comunicación y unión con los padres, en la que se viven los valores y virtudes específicos del ser y realizarse como hijo, como por ejemplo, la forma filial de la afectividad, del agradecimiento, del honrarles, la obediencia, el respeto, el honor, el cuidado, la compañía y la solidaridad, sobre todo sus edades avanzadas, y ciertas responsabilidades hacia la unión conyugal de sus padres y hacia la unidad de la familia. Cada uno de los valores enunciados no son un contenido abstracto, genérico e impersonal. La filiación los vive en su modalización filial y, por eso, es fuente del amor específico del hijo y de sus peculiaridades. Por ejemplo, la honra debida a los padres no es la misma, en contenidos y formas, que la debida a una autoridad política. El cuidado a su salud y necesidades, sobre todo en las edades avanzadas, no es el mismo amor, en forma y contenido, que las ayudas a los marginados sociales o la dedicación al voluntariado social. El amor de filiación tiñe su realización.

5.   La fraternidad

La cuarta excelencia es la fraternidad, cuyo bien matriz es *compartir la igualdad de origen*. Se trata de un propio ámbito de la identidad personal y de su intimidad amorosa, porque en él se viven las relaciones entre el bien y el valor de la igualdad en condición y dignidad personal de cada ser humano, como hijo, y las diferencias, a veces muy grandes, en las dotaciones innatas de talentos y en las que van surgiendo, a borbotones, a medida que avanzan sus biografías. La articulación entre *igualdad de origen y la diversidad personal* es la gran escena de la fraternidad.

Más o menos inteligentes, sanos o enfermos, fuertes o débiles, ricos o pobres, de estas u otras ideas, la igualdad de origen asienta, debajo de toda diversidad, un plano de intimidad en común, compartida sin desigualdad ni discriminaciones, que llamamos la coidentidad de hermanos o *fraternidad*. Esa igualdad de origen contiene su propia y específica razón de amabilidad, esto es, su amor distintivo, que es el amor fraternal. El hermano es quien, por encima de cualquier diferencia o desigualdad, no puede ser un otro tan ajeno y extraño que nada tengo que ver con él; por el contrario, es quien me es próximo por el igual origen –los padres que compartimos–, y en ello y por ello "iguales hijos, iguales hermanos", entre los cuales se merecen siempre aquella misma "acogida amorosa", derivada de su común raíz u origen, a la que tienen derecho todos y cada uno por compartir los mismos padres u origen personal.

Filiación y fraternidad se apoyan mutua y recíprocamente. Su mayor enemigo es la desigualdad y discriminación entre hermanos por causa directa de quebrarse el plano de intimidad que en común y por igual comparten por su mismo origen personal, que son sus padres. Las destrucciones del plano común de la igualdad pueden venir del padre o la madre o de los propios hermanos. No nos referimos, ahora, a diferencias promovidas por agentes o circunstancias externas a la familia que, sin embargo, algún o algunos hermanos han consentido que los separaran. Las que son causadas por las propias actitudes y conductas, en el seno mismo de una familia, son por desgracia un útero fecundo de envidias, complejos de inferioridad y de las contradicciones de la baja estima.

Esta es la razón del especial y exquisito cuidado que, en las familias, se debe tener con las "preferencias", las "comparaciones", los "privilegios y dispensas" de unos con exclusión de otros, en suma, el trato discriminatorio hacia los hijos o entre hermanos. Los hijos, con sus diferentes personalidades y circunstancias, son igualmente hijos; los hermanos, pese a sus diferencias, son igualmente hermanos como igualmente hijos. La igualdad de la filiación, que es responsabilidad de los padres, es igualdad de la fraternidad, que es responsabilidad entre los hermanos. Ambos amores, con sus intimidades, son distintos, pero se comunican, se enriquecen y fortalecen, o se discriminan y enfrentan.

Las desuniones y divorcios de los padres son escenarios peligrosos para la fraternidad, pues hay alto riesgo de transferir los conflictos conyugales a unos y otros hijos, dividiéndoles, pretendiendo alianzas en favor de una parte que son hostilidad hacia la otra, abandonando la imparcialidad o procurando consentir y regalar al hijo que se quiere conquistar o de quien se recibe mejor trato o, quizás, adulación. Muchas carencias afectivas, reproches, heridas y resentimientos, profundos y duraderos, arrancan de esas desigualdades, que el hijo vivencia como menor, más pobre o nulo amor hacia él/ella, "a diferencia" del recibido por otros hermanos/as. Pueden, a su vez, recibirse ataques desde "afuera" de la familia, que los padres o los hermanos acusan dividiéndose, en vez de garantizar la igualdad y fortalecer la fraternidad.

Puede comprenderse, a la luz del valor de la igualdad de origen, la trascendencia de la fraternidad y de su específico amor hacia otros ámbitos, más allá de la familia, como son los ámbitos profesionales, culturales, ciudadanos y políticos. La fraternidad, como valor ciudadano y democrático, nace, se aprende, arraiga y crece en la familia y desde ella se irradia hacia la sociedad entera. Es una necia utopía esperar que el sentimiento íntimo de fraternidad tenga como primaria matriz una ideología, un partido político, una empresa comercial o un club de futbol. Una buena familia, en el sentido de comprender y vivir la igualdad de la fraternidad en su seno, es el mayor factor de educación ciudadana y de mentalidad democrática. Quienes han nacido y convivido como hermanos, desde su origen y por origen, tienen adentro, en su intimidad, la matriz de la fraternidad familiar, ciudadana y humana. Saben que, en cierto sentido originario, todos los seres humanos somos hermanos y, por tanto, iguales en condición y dignidad personales por encima de cualquier diferencia.

6. La genealogía entre generaciones

La familia es genealogía entre personas que comparten, desde un origen en común, la misma sangre. Pero la genealogía familiar no es sólo un filamento genético y biológico, ni tampoco equivale a las transmisiones *mortis causa*, entre testador y herederos, y a los derechos sucesorios sobre patrimonios de bienes, intereses, influencias y poderes. Una genealogía familiar, por personal, no depende, como en las estirpes, de un fundador extraordinario al que sus descendientes representan al ocupar su lugar. Ni necesita el mito heroico de las sagas escandinavas. Una genealogía familiar es una riqueza amorosa al alcance de los pobres, de apellidos sin resonancias públicas, de gentes sencillas que poco o ningún patrimonio económico, social y político van a testar y heredar, salvo sus desnudas personas enlazadas por la consanguinidad.

6.1. La *traditio amoris*

Bajo esta luz, en su sentido más profundo y más exclusivo del ser personal, la genealogía es tradición de amores íntimos entre sus miembros, cada uno con su nombre familiar. Cada familia no es un eslabón aislado e inconexo, sin raíces ni continuidad, que empieza y se termina en una única generación entre unos padres y sus hijos. Si eso ocurre, es por causa de alguna grave fractura y muerte de sus amores o por dramáticos acontecimientos externos, como guerras o emigraciones en condiciones miserables. La normalidad familiar es ser, tener, conocer y vivir su propia genealogía.

Sin duda y por de pronto, la genealogía es participación en el origen de cada ser humano y vínculo intergeneracional que se engendra entre ascendientes y descendientes, la cual contiene, además de la consanguinidad, una tradición de lazos íntimos y amorosos entre las generaciones. La tradición no es sólo un traspaso, sino una forma particular de tratarse las generaciones, un estilo de amor. En este sentido, la genealogía es entrelazamiento íntimo entre el pasado, presente y futuro de las identidades personales –raíces, tronco y ramas del mismo árbol–, vínculos de comunión que pretenden persistir contra la debilidad y fugacidad que traen las distancias de lugares y épocas, y contra aquellos enemigos tan variados que disocian los amores y los matan. Frente a la batalla del olvido, de los cortes de continuidad en el trato afectivo, el desarraigo, los anonimatos y la muerte, el entrelazamiento entre generaciones es *traditio* de las identidades de los amores familiares, que son nombres, lazos íntimos singulares, historias concretas de vidas vividas con amor y sacrificios.

Algunas familias pueden ignorar esta dimensión genealógica de su ser, desentenderse de ella y abandonarla, y pueden desarraigarse. La causa más frecuente de estos olvidos, más que las malicias o la decisión premeditada, son la superficialidad y la frivolidad con las que, acompañando la lata vacía de refresco y los envases consumidos, echamos al cubo de la basura los recuerdos y la memoria de la familia, que fueron personas concretas que nos amaron. Cada familia

–lo sepa o ignore, lo viva o le pase desapercibido– tiene su historia genealógica, la posibilidad de cuidar y rememorar esas raíces personales en el ámbito de su intimidad, como una parte importante de la vida en familia, que es su historia hecha por personas íntimas.

La *traditio amoris*, que opera la genealogía, es testimonio y legado del amor incondicional a la persona desnuda, que caracteriza los lazos familiares. Esta *traditio amoris* es una riqueza inapreciable para la propia familia, en su presente y de cara a su futuro, pero también lo es para la calidad humana de una sociedad. Estamos ante una modalidad propia de los amores familiares de patentizar, como realidades vivas, la correspondencia entre personas a través del tiempo, enhebrando lo permanente entre lo que pasa y se pasa. La tradición genealógica entrelaza vidas íntimas de personas reales en sus diferentes generaciones, edades y mentalidades –la infancia, la juventud, la madurez activa y la ancianidad–, y las hace compartirse y comunicarse, superando e integrando semejantes diferencias, por la fuerza unitiva de sus amores.

Mediante esa comunicación entre generaciones distintas, la genealogía, por personal y amorosa, acorta distancias, establece puentes, alienta en unos la comprensión de los otros, asegura los proyectos vitales de los jóvenes desde el apoyo de sus mayores, en suma: *reúne* una y otra vez lo que el tiempo separa, distancia y disipa. Al hacerlo, en formas del don y la acogida muy variadas, creativas, inesperadas y constantes, la genealogía personal engendra manifestaciones particulares del amarse y bienes inéditos, que sólo la intimidad entre generaciones puede hacer de matriz. La *traditio amoris* es, por tanto, una correspondencia en la intimidad entre generaciones que da, a ascendientes y descendientes, en su incondicional y desnuda valía de personas –en vez de ruptura, incomprensión y desprecio– identidad, continuidad y reunión entre pasado y futuro.

¿Genealogía y tradición amorosa es una correspondencia de igual responsabilidad entre sus generaciones? Me parece que la carga y responsabilidad de superior peso la soportan las generaciones de los mayores. *Son las que amaron primero*. Son el amante antecesor. Ese mayor peso de los ascendientes –mi amar es mi peso, decía san Agustín– no es anomalía ni desagradecimiento de los descendientes, sino connaturalidad a la generación de más edad. Abuelos y padres ven su propio futuro en sus nietos e hijos. Pero el futuro de los nietos no son sus abuelos, ni el de los hijos son sus padres. La tradición genealógica, desde las raíces, es una resuelta apertura y predilección de la familia hacia el futuro. Representar, sostener y entregar a la siguiente generación, como específico nombre e identidad familiar, las raíces de la familia y sus historias amorosas, constituye una médula esencial del ser abuelos, bisabuelos y más, si se alcanza esa fortuna. En el otro lado de la correspondencia, recibir y acoger a los ascendientes generacionales, sus nombres y vidas como tradición viva y genealogía personificada, asumiendo ser la nueva generación que la continuará hacia el futuro, es otra circunstancia del nombre e identidad íntima en familia: es el ser nieto/a, que no es lo mismo que ser hijo/a.

Hay, en efecto, unas peculiaridades en los recíprocos amores entre abuelos y nietos. Hay también unas responsabilidades mutuas propias en el darse y en el acogerse, en la transmisión de principios, ejemplos, ideales y sabiduría, en la enseñanza y en el testimonio mediante la experiencia y la vida vivida ante quienes se estrenan en ella. Los abuelos –empezando por sus propias uniones conyugales y continuando por sus relaciones con sus hijos, que ya son padres– tienen una especial responsabilidad sobre los amores familiares de sus descendientes. Obviamente, y por fortuna para la libertad, independencia y el correspondiente respeto a las personas, los abuelos no pueden vivir la vida de sus hijos ni de la de sus nietos, ni pueden evitar, sustituyéndoles, sus errores, derivas, fracasos y rupturas. Tampoco pueden permanecer indiferentes a los conflictos y desuniones que enfrían los amores o convierten a los íntimos en enemigos irreconciliables. Los abuelos están presentes con su ejemplo vivido, siendo testigos íntimos de que los amores y lazos familiares mantenidos con vida son, además de posibles, fuente de confianza y compañía, nos infunden las profundas razones de vivir y nos dan la unidad de la vida lograda.

6.2. Ser abuelos, padres de padres

Los abuelos, ante todo, son padres de padres. Son los hijos de sus hijos –los nietos– quienes les hacen abuelos. Pero siguen siendo padres de sus hijos, que ahora ya tiene sus propios hijos. Conviene insistir en esa identidad fundamental: ante todo, los abuelos son padres de padres. Se trata de una paternidad y maternidad adultas o mayores, pues lo es de hijos que ya son, a su vez, padres. Y es muy importante tanto por la variedad de nuevos aspectos de su contenido, cuanto porque está muy cerca de la culminación de la identidad. Es, por tanto, una edad de oro para enderezar, restaurar, comunicarse y compenetrarse entre adultos, transitar desde las formas más autoritarias y normativas a las más útiles de la presencia silenciosa, discreta, humilde, pero responsable y activa.

Nos evitaremos, por principio, deslizarnos hacia el error, no teórico sino muy vivido, de algunos abuelos que no atinan a saber ser padres de padres, o bien continuando con las maneras y actitudes de cuando sus hijos eran menores, o bien, a veces al mismo tiempo, arrinconándose o dejándose arrinconar en la figura del abuelo viejo "vetusto", reliquia entre los nietos, del que perdió sentido y utilidad a su vida, como si su único papel posible fuera, a lo máximo, ser vigilantes de guardería infantil, sin presencia de ascendiente, consejo, refugio, privados de aquella *auctoritas*, que no es mando, imposición ni imperio, sino ascendiente, prestigio y servicio amoroso para todos.

Como padres de padres o padres "de mayor edad", quienes son también abuelos encarnan el testimonio vivo del "padre de esperanza incesante y amor incansable", que describe la extraordinaria parábola del hijo pródigo.[8] Parte del significado familiar de la identidad de los padres-abuelos es la perseverante fidelidad del salir cada mañana a las puertas de la familia –abriendo de par en par lo que las noches cierran–, dispuestos a promover y acoger el regreso de las derivas y pérdidas; siendo ingeniosos, pacientes y creativos en las actitudes y acciones para reunir lo desunido, para aliviar los conflictos y sus sufrimientos y resentimientos, para infundir amor donde éste decae o enferma. Ser la tradición genealógica en una familia, sea cual sea la distancia en espacios y tiempos, es ser tradición de vida *viva* para sus amores.

La tradición vivificadora de los amores íntimos, que constituye la esencia de los abuelos en las familias, es una identidad de valor extraordinario e insustituible. Simbolizarlo, con razón, con las partes de un árbol –los abuelos serían las raíces, sus hijos el tronco, los nietos

---

[8] Entender el núcleo íntimo de la paternidad, a causa de la correspondencia de coidentidades, es comprender la filiación y también la fraternidad, como amores personales e íntimos, mucho antes de ser nexos sociales y marcos de intereses. Con su peculiar sencillez y profundidad, lo pone de relieve Ratzinger, J. en *Jesús de Nazaret*, parte I (Madrid, 2007), p. 243 y ss. Que Dios se revele como Padre y fuente de toda paternidad fue una noticia absolutamente revolucionaria de la que fue muy consciente la Patrística. Cirilo de Alejandría, por ejemplo, en su *Comentario al Evangelio de san Juan*, 11,7 dice: "El nombre que conviene propiamente a Dios es el de 'Padre', mejor que el de 'Dios'; el segundo expresa una dignidad, mientras que el primero revela una propiedad personal. Decir 'Dios' significa señalar a Aquel que sostiene en el ser todas las cosas; decir 'Padre', en cambio, alcanza la razón de una propiedad íntima, ya que pone de manifiesto que Dios ha engendrado. 'Padre' es, por tanto, en cierto modo, el nombre más verdadero de Dios, su nombre propio por excelencia".
La cultura moderna, tan "adanista", parece haber olvidado esta extraordinaria sabiduría antigua. Muchos conflictos entre padres e hijos, y entre hermanos y familiares, tal vez no ocurrirían si padres y madres comprendieran que, serlo, comienza por ser ellos mismos una intimidad, su amorosa unión como esposos; que desde esa intimidad viva –no muerta o en conflicto–, ser padres y madre no es una dignidad, una posición de poder, una voluntad de diseño sobre la personalidad y vidas de sus hijos, sino un servicio íntimo, paciente, lleno de esperanza, puesto a favor de la vida y del crecimiento personal de los hijos, como tales y como hermanos entre sí. Bajo esa luz, que recuerdan Cirilo de Alejandría y Josef Ratzinger, se comprende mejor la revelación del ser padre y madre, que hay en la famosa parábola del hijo pródigo una revelación, también de que a los mejores padres les esperan, como experiencia del amor y fidelidad incondicional de la paternidad originaria, hijos en deriva vital y hermanos de corazón de piedra. La constancia imperturbable de este amor paterno y materno parece tener el poder de recuperar hijos y reunir hermanos. La parábola de hijo pródigo, ante todo, es una revelación de qué es un buen padre y madre.

las ramas– puede llevarnos, y no es infrecuente, a una aceptación poética, bucólica, meramente retórica. A veces no nos tomamos en serio y al pie de la letra una imagen bella. Ser el sustrato de la tradición genealógica, sin embargo, y asumir una particular responsabilidad en vivificar los amores familiares, de los que se es raíz generacional viviente, es tan fascinante como estremecedor. Si se comprende bien y se está dispuesto, llena la vida y, todavía mejor, la culmina en la cima. Es el supremo *ordo amoris atque ars amandi*. ¿Quién y dónde se nos enseñó semejante arte y sabiduría? ¿No somos los abuelos y bisabuelos unos aprendices? ¿No es la primera vez que vivimos nuestra vida, la primera vez que somos abuelos y bisabuelos? Y, además, aunque nos dispusiéramos a ello, superando nuestra condición de novicios en dicho arte y sabiduría, ¿seríamos aceptados en este papel por nuestros hijos y nietos, o se nos pondría de inmediato, tal vez con escasas cortesías, en el desván de los trastos inútiles pero entrometidos?

En cuanto al arte y la sabiduría de encarnar una tradición amorosa vivificante entre generaciones, debemos aceptar nuestra condición de aprendices: es la primera vez –probablemente la única y última– que somos abuelos y bisabuelos. Pero, ¿quién no es la primera vez, como aprendiz, que es veinteañero o cuarentón, que tiene hijos, y que envejece? Todos somos aprendices en cualquier edad de nuestra vida. Tal vez el abuelo tiene una ventaja –no pequeña, por cierto–, si ama la sabiduría, para no envejecer como un necio. Las personas mayores –los viejos– están en mejores condiciones de discernir, entre lo que nos pasa y se pasa, aquello que no se disipa, los valores y bienes que son permanentes, en vez de espejismos pasajeros. Los ancianos, si se abren al valor que no pasa, pueden experimentar, mientras su cuerpo pierde fuerzas y su naturaleza cíclica decae, que poseen en su interior otras realidades que pueden crecer sin fin, sin un anochecer irremisible. Cuando las fuerzas del cuerpo menguan, ese mismo desmoronamiento y desconfianza hacia lo corporal y sus penosas vicisitudes son una ocasión de oro –una experiencia que sólo es propia de la edad avanzada– para hacer emerger y actuar el poder del espíritu personal.

Entonces, nos es más fácil entender, por la evidencia de su confrontación en uno mismo, las dos dinámicas de la condición humana: la perecedera de la materia y la inmortal del espíritu. El declinar irremisible del organismo psicosomático, nos hace más inteligente, práctico y sabio "apostar" por nuestro espíritu. En efecto, a pesar del cuerpo gastado que "va a menos", podemos crecer y ser más y pacientes, justos, templados, generosos, magnánimos, misericordiosos, en suma, *podemos amar más y mejor*. Y esa es parte de la sabiduría del amor de los abuelos que, con exquisito arte, respeto, delicadeza y gran intensidad emocional interna, pueden transmitir a sus descendientes. Los abuelos que han descubierto su poderoso espíritu amador lo saben. Y lo viven en lo ordinario, por ejemplo, en la pureza e intensidad de su comparecencia íntima y espiritual en sus ojos y manos, cuando miran y acarician a sus nietos.

Una fuerza clave para semejante *traditio amoris* proviene del estado amoroso de las uniones conyugales de los propios abuelos. El primer testimonio de vida y, en consecuencia, el primer trabajo está en la reanimación de los matrimonios de los propios abuelos. Será necesario, como factor decisivo de irradiación y tradición, mejorar nuestro estado de amantes, amados y unión con nuestros esposos veteranos. La unión conyugal veterana de quienes son padres de padres y abuelos, si cuidan su amor, lima asperezas, da testimonio de ese esfuerzo conjunto, y explora los paisajes del buen humor, tiene un efecto de irradiación muy intenso sobre las historias amorosas de los descendientes, los casados, los solteros y los que navegan mares difíciles, incluidos los náufragos. La genealogía personal es, siempre, referencia, ejemplo, testimonio, refugio, esperanza. ¿De qué? Del universo de bienes de la compañía y la confianza, pero, sobre todo, del constatar que amarse es posible en esta vida y da la unidad interna a nuestra biografía.

En la ribera opuesta, uno de los espectáculos más trágicos, aversivos y contraproducentes que pueden experimentar hijos y nietos, son aquellos maltratos, odios, resentimientos, desprecios y demás abismos del desamor que manifiestan entre sí su abuelo y su abuela, en tanto cónyuges. Parecen gritarles: "El amarse no es posible, principia y se muere, el intento es una utopía que acaba en amargura. Vedlo en nosotros: el fracaso y la descomposición de vuestros mejores sueños es el cadalso que os espera". El daño que se transmite, con modos brutos y zafios o, muchas veces, en forma silenciosa, sibilina, hipócrita y sumergida, en todo caso es enorme y se prolongará en hijos y nietos hacia el futuro, mucho más allá del fallecimiento de los amargados, resentidos y vengativos viejos.

Sea cual sea lo ocurrido, la ancianidad es el tiempo de oro para no dilapidarlo en ahondar fracturas conyugales; sí, en cambio, para aliviar la convivencia y para reencontrarse otra vez, en los cuidados de la correspondencia y en la disposición a la reunión, al menos en aquella dosis suficiente que pide la propia dignidad, también la historia del amor habido y, por el inédito amor de abuelos, el que exige el testimonio que por amor debemos a las generaciones de nuestros hijos y nietos. Dado que somos aprendices, esta edad de la vida, con su *traditio amoris*, está recién estrenada. Es un volver a empezar al menos un capítulo nuevo. Como abuelos, por tanto, estamos a tiempo, porque es un tiempo nuevo. Una grande y última oportunidad de darse y acoger.

7. El territorio de la amistad

La quinta excelencia de la intimidad personal humana es el amor de amistad. Acabamos de abrir, con la mención de esta colosal palabra, el universo de los universos amorosos, aquel en el que el quién personal ha de sobrevolar su propia naturaleza con el mayor señorío espiritual, con las alas de la gratuidad y libertad supremas en el don y la acogida, en la correspondencia y en la unión. En los amores familiares, la conyugalidad y la consanguinidad asientan sobre nuestra naturaleza dada, pues la identidad sexuada y la genealogía son "la materia" natural que nos comunicamos y compartimos, a la que debemos personalizar infundiéndole amor.

La amistad, en cambio, responde por entero a la libertad y gratuidad del espíritu personal que es –el mismo en pureza–, el amigo que se da y acoge y quien engendra el ámbito de la amistad. No hay en la amistad la copertenencia de los cuerpos sexuados, característica de los esposos, ni el origen genealógico común entre los de la misma sangre, como en los vínculos familiares. En la amistad, el espíritu personal, más en su condición de espíritu que de encarnadura, es el protagonista de la íntima comunicación.

La amistad, por tanto, es el reino del espíritu personal. Dicho con otras palabras, la amistad es lo menos biológico, genético, corpóreo y material. Por eso, de principio, no tiene la ventaja de partida en vincularnos, que tienen los apegos de la sexualidad o de la sangre compartidas, porque el movimiento del espíritu, en cuanto tal, es más libre y gratuito. Por eso mismo, es más difícil. La inmensa mayoría de la gente tiene familia; también muchos conocidos, pero ¿amigos?, ¿amigos de verdad? Quien de veras tiene un amigo –se dice– tiene un tesoro. Me temo que los tesoros no abundan.

Como acabamos de comentar, es fácil compartir con Lewis su consideración de que "la amistad es el menos biológico de los amores".[9] La misma concepción habían expresado ya Aristóteles o Cicerón al resaltar la índole espiritual de la afinidad que reúne a los amigos.[10] ¿Es que los amigos, por serlo, andan sin sus cuerpos? Desde luego que no y, además, parte de la paciencia y el buen humor de la

---

[9] C. S. Lewis, *Los cuatro amores*, 11a. ed., Madrid, Rialp, 2007, p. 70 y ss.; cfr. también P. Laín Entralgo, *Sobre la amistad*, Madrid, Espasa-Calpe, 1985 (Austral), en especial parte II, p. 292 y ss.

[10] *Vid.* Aristóteles, *Ética a Nicómaco*, Madrid, Alianza Editorial, 2001, pp. 234 y ss.; M. T. Cicerón, *Sobre la amistad*, Madrid, Alianza Editorial, 2013, p. 115 y ss.

amistad se gastará en soportarse cojeras, miopías y estornudos. Los amigos van a la amistad, obviamente, con sus cuerpos, pero lo que les reúne no está en la comunidad de carne y sangre, sino en la comunidad de almas, en los ámbitos espirituales de sus personas. En esa intimidad existe un peculiar don y acogida, una específica dinámica de unión, una tridimensionalidad esponsal propia de la amistad.

Su bien específico, descrito habitualmente como afinidad espiritual, consiste en el mutuo descubrimiento de un íntimo parecerse o asemejarse en el quien espiritual, tan extraordinariamente único e irrepetible, que encuentra en otro un "alguien" que es, ve y siente "como yo" algunas cosas o muchas de la vida –no necesariamente todas e, incluso, en algunas no hay afinidad alguna–; de modo que esa semejanza entre los espíritus es, por eso mismo, potencia de proximidad íntima, de compañía y de compartir áreas y dimensiones del vivir. Los amigos, en razón de parecerse sus espíritus, se asemejan íntimamente, son "afines" o, con otras palabras, son *parientes espirituales*. No es extraño que los amigos se digan entre sí: "Es como mi hermano o más".

Hay en la amistad un singular desprendimiento de las gravitaciones de la corporeidad, que nada tiene que ver con un angelismo desencarnado, sino con la primacía del encuentro vis a vis entre las almas personales, trascendiendo los apegos y los vínculos que nacen de nuestra corporeidad –como los conyugales y los consanguíneos–, abriendo este nuevo ámbito de intimidad, donde ambos han hallado una concreta afinidad espiritual, que puede crecer en su propia peculiaridad e independencia, incluso introduciéndose en medio y dentro de cualquier otro ámbito distinto y relación autónoma, y enriqueciéndola con la dimensión de la amistad. Un poder realmente milagroso, de ejercicio exquisito, tan superior como arduo: el arte de amar.

Por ser afinidad de los espíritus personales, en cuanto tales, y en aspectos particulares y muy variados, la amistad es *una dimensión nueva y propia* que pueden adquirir y añadir los esposos, los hermanos, los padres e hijos, los abuelos, aquella sabia tía o tío con sus sobrinos. La amistad añade al parentesco conyugal y consanguíneo, el parentesco espiritual, su afinidad y semejanza, que es una nueva dimensión de la compañía y la confianza, entre espíritus personales. Si de veras saben ser amigos, además de lo que son, se enriquecen ellos mismos y enriquecen sus lazos anteriores. También los colegas profesionales, además, pueden ser amigos. Los políticos y los deportistas enfrentados, pueden ser amigos. No es fácil, tal vez sea excepcional, pero es posible. Ese es el milagro.

Uno de los componentes más excelsos de la amistad es su libertad tan especial. Los amigos se eligen libremente. Pero esa libertad de elección es sólo el umbral de la enorme y compleja estancia que la libertad y la gratuidad ocupan en la amistad. Por de pronto, la amistad es expreso respeto recíproco a la libertad del amigo, a su modo de ser, personalidad y circunstancias biográficas, no sólo al principio –en la selección–, sino a lo largo de la duración de una amistad. Porque esa libertad es medida del "contenido donal amistoso", de su extensión e intensidad, del proceso de acuerdos expresos o implícitos que los amigos han de lograr consensuar para no extralimitarse en las expectativas ni tampoco quedarse cortos, consiguiendo fijar el ámbito común de encuentro afín. La amistad vive siempre en libertad, incluida la libertad de seguir siendo amigos. La libertad amical, por tanto, es prudencia porque cuida aquellos pasos que, si fueran dados, no tienen retorno sin causar decepciones. La libertad de la amistad no queda comprometida al modo como los vínculos conyugales y consanguíneos son definitivos, biográficos, indisolubles. Siempre se es libre, en la amistad, para graduarla, hacerla crecer, congelarla o ponerle fin.

La amistad contiene su propia fidelidad y lealtades, pero está exenta de aquella exclusividad excluyente del marido y la esposa, consecuencia de la copertenencia en cuerpo y alma, o la de este padre o esta madre con quien es este o esta su hija/o, por la realidad dada del origen genealógico. Uno puede tener muchos amigos y puede con cada uno abrir un espacio de encuentro y afinidad espiritual distinto en contenido, amplitud, intensidad. ¿Por qué esa amplitud, libertad y variedad? Por el horizonte sin horizonte que es el espíritu personal: hay ahí muchos paisajes y escenarios donde descubrirse afines.

Porque el espíritu personal siempre puede crecer en sus trascendentales propios: además de en verdad, bondad y belleza interiores, en sabiduría, libertad, amor y unidad interna. Y porque los espíritus personales, donde ocurre el encuentro y la comunicación amical, no son susceptibles de copertenencia y coposesión en exclusiva excluyente como los cuerpos conyugados. De modo que una prueba excelente de amistad, como dijimos es la calidad del respeto a la recíproca y mutua libertad, a la manera de ser y a la personalidad del otro, a sus amigos que no necesariamente son nuestros amigos, pero a quienes damos el trato y respeto que merecen por tener un amigo común. Dentro de ese respeto, la amistad es uno de los amores que ama más las diferencias entre los amigos, en medio y dentro de la cuales, ellos han hallado y cultivan su zona afín: ese lugar de encuentro concreto de sus personas donde se han descubierto y viven su semejanza, su parentesco espiritual.

En este sentido, no hay una única y uniforme amistad. Caben tantas como afinidades espirituales diferentes existen entre personas, a su vez, muy distintas. Lewis describe el "chispazo iniciador", que es distinto del compañerismo y la relación de colegas, con las siguientes palabras: "La amistad surge fuera del mero compañerismo cuando dos o más descubren que tienen en común algunas ideas o intereses o simplemente algunos gustos que los demás no comparten y que hasta ese momento cada uno pensaba que era su propio y único tesoro, o su cruz. La típica expresión para iniciar una amistad puede ser algo así: '¿Cómo, tú también? Yo pensaba ser el único'".[11]

---

[11] C. S. Lewis, *Los cuatro amores*, Madrid, Rialp, 1991, p. 77.

Por eso, la amistad es extraordinariamente polifacética, plástica, rebasa las fronteras de los espacios y los tiempos, las líneas que, en otras cosas, dividen y separan. El espíritu de nuestra persona tiene esa libertad e independencia, con su sobreabundancia de singularidades en exclusiva, que pueden compartirse con quien descubrimos afín. Mediante la amistad escapamos del ser anónimo y colectivo, del ser pajilla del amontonado pajar, del ser manada y masa, porque ponemos en valor al irrepetible y único quién personal en aquellos ámbitos de su adentro espiritual "tocados" por esa singularidad afín y deseosos de compartirla.

Podemos cultivar una amistad circunscrita a nuestra pasión por la música o la floricultura, que desconoce y no se entromete ni interfiere con otros ámbitos y ocupaciones de nuestra vida –como el político, ideológico, económico o familiar–, de las que no es preciso darnos cuentas ni explicaciones; es creativa y multiforme porque depende de las personalidades de los amigos, de los paseos o sentadas que a uno u otro gustan o sus cuerpos, salud y edad soportan; aguanta, como en suspenso, largos años sin verse, viviendo cada amigo en lugares distantes, pero de pronto, como a tiempo cero velocidad infinita, rebrota con la continuidad de quienes se acaban de ver el día anterior.

Podemos iniciar una amistad a cualquier edad y tenerla con amigos de muy diferente edad. No sólo soporta la vejez, sino que con ella los amigos, perdiendo cada día fuerzas del cuerpo e influencias sociales, se hacen más sabios y la estiman mayormente. Este sorprendente no depender de la derecha o la izquierda, del arriba o abajo, del norte o sur, del peso de las cosas y los apegos de los intereses, tiene el sabor y el poder inconfundibles del espíritu, de su actualidad constante, de su trascendencia a las coordenadas de la materia.

Cualquier amor de intimidad, por amor, es cuesta arriba porque es ascensión. Tal vez la índole tan espiritual con que la persona humana ha de presentarse en la amistad –pues es un vis a vis entre los espíritus personales– nos hace suponer que es el más difícil de los amores íntimos. Pero el presupuesto de una superior pureza interior no es una exclusiva de la amistad, pues como vimos al examinar la intencionalidad, la presencia con la que la persona, mediante el propósito y finalidad interior, comparece en la comunicación, en cualquier amor, ha de ser benevolente unitiva, y en ello se elimina todo egoísmo.

Cada amor tiene su propia y entera pureza. No obstante, en la auténtica amistad poco o ningún apego, enraizado en la sexualidad conyugal o en la consanguinidad, ha de ser transformado en amor libre y gratuito. En este sentido, la amistad verdadera, de suyo, sobrevuela nuestra naturaleza humana en las alas de la libertad espiritual del quien y su alma. Y al estar, al menos en su pura raíz, mucho más "desprendida" de la materia dada, que somos, la experiencia de la amistad anda ligera o, incluso, enteramente libre de apegos, adherencias e intereses. Hasta tal punto, este desprendimiento y libertad son rasgos profundos de la amistad que nos sirven para saber, cuando trabamos relación con alguien, si esa experiencia es verdadera, o es aparente y falsa. ¿Si nosotros o nuestro amigo perdiera aquello por lo que le somos o él nos es útil, si la vida nos lanzase heridos y abandonados en la cuneta del camino, sobreviviría nuestra amistad, aumentaría en esas desafortunadas circunstancias nuestro mutuo cuidado y compañía, o bien, pasaríamos al saludo cortés, obligado y externo, deseando interiormente no volvernos a cruzar en el camino?

Vivimos en sociedades relativistas y utilitaristas, muy dominadas por el ojo de los intereses de poder y lucro, con sus abusos y violencias. Son escenarios donde hay una inflación de informaciones y comunicaciones –mercados y *mass media*–, que fabrican muchos conocidos y pocos amigos. Que no haya verdad o mentira objetivos, sino una acomodación y adaptación a la conveniencia del efímero aquí y ahora –el relativismo–; o qué tanto valgas según cuánto tienes en bienes, influencias y poder –el utilitarismo–; hace de semejante combinación una fuente de desconfianzas, suspicacias y sospechas, porque los ojos buscan el provecho a destilar de los otros, en vez de la amistad desinteresada, es decir, del *gratis et amore*.

Recuerdo que un miembro prominente del gobierno de mi país, veterano político, me aseguraba que la primera virtud de un político "profesional" –adjetivo que recalcaba para distinguirlo del *parvenu*– era el arte y la astucia en el mentir: "Hay que saber vender una política –decía–, sobre todo cuando sabes que no tienes la menor intención de cumplirla". Este tipo de escenario social genera miles de contactos útiles, interesados, tornadizos, desleales. Allí, la amistad auténtica es difícil, excepcional, *rara avis*. La amistad, como todo amor, vive en la verdad sincera y se muere en la atmósfera de la hipocresía, la manipulación y la mentira.

¿Puede haber amistad entre varón y mujer? Algunos suponen que no porque en todo momento y por entero la mirada recíproca del varón y de la mujer va dirigida a su condición sexuada, sopesa ese específico atractivo y queda condicionada –sumergida– por dicha perspectiva y valoración propia de la pareja sexual y del amor conyugal. Otros, con mirada intencional todavía más estrecha y discriminatoria, no logran ver a la mujer sino como tentación, una *ianua diaboli*, lo que es sorprendente, sobre todo en la cultura cristiana, porque es manifestación del mito del andrógino y de Pandora que, como vimos, es diametralmente opuesta a la revelación contenida en el Génesis sobre la creación del ser humano, a imagen y semejanza de Dios, precisamente como varón y mujer.

La idea de que no es posible, por principio, la amistad entre varones y mujeres es un sofisma en su planteamiento y un olvido de la libertad en la génesis y en el contenido de las intencionalidades con las que el quién personal comparece en la comunicación. El sofisma está en el empleo estrecho, "genitalizado", de los términos varón y mujer, porque con ellos inducen a pensar que ambos comparecen –en cualquiera de sus relaciones posibles, siempre y por entero, necesaria y exclusivamente– viéndose y ponderándose intencionalmente en cuanto cuerpos sexuados compenetrables. De suerte que ambos, como varón y mujer, no tendrían ninguna posibilidad de elegir otra intencionalidad que la sexual.

La razón, los testimonios históricos y la simple experiencia demuestran que no es así. Evitaré, por su contundencia en el plano de la fe y de la vida vivida, argumentar recordando la amistad de Jesucristo con Marta, María y Magdalena o de san Francisco y santa Clara; o de santa Teresa de Ávila y san Juan de la Cruz. ¿Para qué añadir otros? De entre tantos posibles ejemplos de amistad, me atrevería a sugerir el que traslucen las relaciones de Simone Weil con el filósofo Gustave Thibon, con el dominico Joseph-Marie Perrin, con el poeta Joël Basquet y el anarquista Antonio Artarés, que estaba en prisión y al que nunca vio en persona,[12] o de san Juan Pablo II con muchas mujeres.

Quizás la posibilidad de esta amistad se nos esclarezca si la planteamos en términos menos sexistas. Por ejemplo, dejemos a un lado varón y mujer, y digamos: ¿puede haber amistad entre las personas masculina y femenina, en cuanto personas? Cuando situamos la relación de amistad en las correctas dimensiones espirituales de las personas –en la semejanza y afinidad de sus espíritus–, al margen de la ponderación sexual de su masculinidad o feminidad, la cuestión se aclara rotundamente. La amistad lo es entre personas. Y la persona, sea varón o mujer, es el punto de encuentro y comunicación de la amistad.

Además, para una adecuada respuesta también conviene escapar de la siguiente trampa. Cualquiera de nosotros comparece, tanto en sus relaciones de intimidad como en otras más externas, como quien es y con su naturaleza humana masculina o femenina. Es decir, un padre o una madre no dejan en el armario su condición de varón o de mujer cuando comunican y conviven con sus hijos e hijas, que también son varones y mujeres. Pero el territorio de intimidad que les comunica y une no es compartirse, como coposeedores, sus

---

[12] La exquisita amistad de Simone Weil y Gustave Thibon, una pareja improbable, sino imposible, en apariencia, y con otros varones, como el dominico J.M. Perrin, la cuentan D. Canciani y M. A. Vito (eds.), en *Simone Weil. La amistad pura*, Madrid, Ediciones Narcea, 2010, p. 43 y ss.

cuerpos sexuados, sino la paternidad, la maternidad y la filiación, las cuales, siendo amores íntimos, no son "sexuales" porque esos amores y su comunicación excluyen expresamente la copertenencia sexual entre masculino y femenino y, por ello mismo, están fuera de lugar, incluso son anomalías que pueden alcanzar la patología.

Sin embargo, el padre, la madre, los hijos e hijas no están asexuados, siguen siendo personas masculinas o femeninas viviendo su paternidad, maternidad, filiación o fraternidad. La trampa es suponer que siendo cualquiera de nosotros, en todo caso y circunstancia vital, una persona masculina o femenina, solamente comparecemos en las relaciones con personas de distinto sexo sumergidos necesariamente en una única intencionalidad, que sería la de pareja sexual en cuanto tal. Los antiguos clásicos, a esa intención la llamarían "carnal". Esta brutal reducción puede ocurrir en sujetos cuya intimidad –esa matriz de intenciones– está "sexualizada" –podría decirse también "genitalizada"– de suerte que extienden esa mirada intencional sobre el resto de territorios íntimos, profesionales, sociales y ciudadanos y, en consecuencia así acaban mirando y ponderando a todo varón o mujer con quienes traban una relación, a los que solamente ven –o les cuesta no apreciar– bajo la lupa sexual, lanzando lejísimos o, incluso, teniendo fuera de percepción y estimación principal la condición personal del observado(a). En el llamado "machismo" ocurre esa brutal reducción, a la que agrava la ponderación de la mujer como un ser menor, una especie de muñeca o geisha, para usar y hasta abusar.

En la capacidad intencional de hacer emerger y prevalecer a la persona del otro u otra en nuestra forma de mirarlas, estimando su valor radical está la respuesta a la cuestión de la amistad entre personas de distinto sexo. Una respuesta de signo psicológico, sin duda, pero que tiene un fundamento ontológico, a saber: somos realmente personas únicas, con un valor o dignidad singular, incondicional y definitivo. Cada amor conlleva su mirada limpia, su pureza propia, que viene de su propio contenido donal. A esta limpieza o pureza se la puede llamar, con otras palabras, la autonomía de la matriz intencional, específica de cada ámbito de la intimidad personal, que es originaria y radicalmente personal y, en consecuencia, responsabilidad directa e inmediata de la persona amadora. En la mayoría de los casos, por fortuna, esa limpieza intencional, junto al buen orden entre los territorios de la intimidad, se honra, respeta y se vive en la comunicación entre padres y madres con sus hijos e hijas, entre hermanos y hermanas, entre abuelos y nietas y abuelas y nietos. Y también se educa, se poda, abona y cultiva.

Por tanto, siempre somos varones o mujeres, pero nos vemos, estimamos y comunicamos como padres, madres, hijos y hermanos. El mismo fundamento asienta las relaciones profesionales, laborales, sociales y culturales, en las que los ciudadanos disponen de la libertad intencional de verse en lo que son y tienen –médico y paciente, jefes y subalternos, colegas, paisanos, vecinos, o aficionados a buscar setas por el bosque o catar vinos–, sin estar condenados a mirarse bajo una percepción y ponderación sexual en cuanto tal. Y, gracias a este fundamento radical de la existencia y valor del quién personal, es posible abrir la escena y riqueza de la amistad, en sentido estricto y específico, entre esposos, padres e hijos, hermanos y resto de familiares. En consecuencia, también entre amigos. La amistad no se contrapone a ningún territorio íntimo ni externo. A todos puede enriquecer, porque la amistad es una nueva e inédita afinidad entre los espíritus personales. Este es el sentido del decir "es mi amigo del alma".

La afinidad en el espíritu personal –el descubrirse parientes o familiares de espíritu– es el bien que comunican y comparten los amigos, es el famoso "tesoro" de la amistad. Cuando sostenemos que "quien tiene un amigo, tiene un tesoro", tal vez estemos pensando como el avaro, en el "tener". Quien "tiene" un amigo, bajo esa lupa de la codicia y el interés del "poseer", lo que quiere es su red de influencias e intereses, su coche y sus casas a disposición, con su servicio, bodega y habanos; es decir, "un tesoro" de servicios y utilidades gratuitas. Obviamente, la amistad es otra cosa que el apropiar y abusar de los servicios de un ingenuo inocente. Eso sería tener un amigo del que no se es amigo. La amistad es un "tesoro" porque lo es en el *gratis et amore* del espíritu, por de pronto, para ambos amigos Y es un tesoro recíproco y mutuo, porque en y por la amistad, de una manera particular, brotan y crecen entre los amigos unas facetas singulares del universo de virtudes que hacen crecer su persona, enriqueciendo su espíritu, con una intensidad y profundidad excepcionales.

Hay, por ejemplo, un aspecto de la lealtad, la compasión, la compañía, la misericordia, la fidelidad, la ayuda, la paciencia, la serenidad, el consejo, el humor –dejo de mencionar más por innumerables– que reciben de la amistad y aportan a los amigos unas dimensiones inéditas y unas modalidades propias. Se gesta así, entre amigos, una forma espiritual de la compañía y la confianza personales, que es el mayor tesoro de la amistad. Sin duda, la exploración del amor de amistad merece un libro aparte.

¿Puede entenderse y vivirse el amor de amistad sin haberse educado para ello? Sin una educación directa y expresa, la amistad es una relación difícil en una sociedad competitiva, relativista, utilitaria y hedonista. El tanto tienes tanto vales, el mirar al prójimo a la luz del provecho o la carga que preveo será para mí, el nada es verdad o mentira sino según conviene aquí y ahora, y aquella erotización que difunde el hedonismo sexual, son nieblas de confusión y atmósferas irrespirables para el amor de amistad. ¿A quién le han educado para abrir el ámbito de la amistad, para distinguirlo de las atracciones sexuales, para vivirlo y enriquecer con ella sus vínculos conyugales y familiares, sus relaciones profesionales, económicas y sociales, y los escenarios del compañerismo? Hoy por hoy, es de temer que el panorama parezca casi un desierto.

Sin embargo, como ocurre en el desierto, hay una enorme sed de amistad. Y si lográsemos descubrirla, respetarla y vivirla se canalizarían muchos afectos, carencias y soledades; se solucionarían numerosos conflictos y confusiones por prevenirlos antes de nacer; y se enriquecerían las razones por las que vale la pena vivir. Quizás, el primer milagro sería descubrir la auténtica amistad en los años de universidad, en los primeros del trabajo profesional, cuando –jóvenes con la luz del amanecer y sin las sombras confusas del ocaso– estamos a tiempo, justo en el tiempo, de aprender y disfrutar del *ordo amoris*, ubicando el lugar debido a la amistad.

8. El templo íntimo: el ámbito abierto a Dios

Vayamos ahora al gran misterio que anida en cada uno de nosotros. Hay en nuestra intimidad una estancia o morada[13] que no tiene techo, paredes ni suelo. Sin límites, en persistente y definitiva actualidad, es abismo abierto al infinito. En rigor, a Dios. Este íntimo santuario tiene el sello de lo eterno en cada uno de sus sentires extraordinarios y exclusivos: "el temblor y temor" –que menciona Kierkegaard–, el sentimiento de la nada, lo trágico y la muerte –si se prefiere a Unamuno–, las dudas, inquietudes, y la necesidad de certidumbres absolutas, el ansia de sentido, plenitud y compañía, que nada ni nadie logran llenarla por entero, la nostalgia de lo infinito; pero también es ámbito de una paz, una alegría radical, una esperanza, una confianza tan experimentables cuan inefables si, por ejemplo, nos acompañan Edith Stein o Teresa de Jesús.

Se trata de nuestro adentro más desnudo y hondo. En realidad, es el punto final de nuestra raíz, plantada en la tierra del existir, al que los filósofos identifican con aquel acto –*el fiat*– que pone al quién personal en su existencia propia, el *Big Bang* de su *esse*, dejándole a solas consigo, con la aquella "soledad" del dueño de la hacienda, que

---

13 Teresa de Jesús, con una naturalidad magistral, en el memorable libro que escribió por obediencia sobre sus experiencias en la vida interior, consagró la expresión "las moradas", para describir, según el grado de amor alcanzado, las sucesivas estancias de la intimidad del alma personal o "castillo interior", como gustó llamarlo. La BAC ha publicado sus *Obras completas*, (9a. ed.), Madrid, 1997, en las que *Moradas del castillo interior* se halla a partir de p. 472.

es su naturaleza recibida, con la "soledad" del jefe del proyecto y empresa que tiene poder de disponer cómo vivirse, sembrando o desertizando su hacienda. Es la soledad radical de cada uno de nosotros ante su existencia misma.

¿Cómo conocerme ahí, en qué hay y soy en el fondo último de mi existir, al modo como un avión fotografía el suelo o un submarino cartografía el fondo marino? Ocurre que mi quien –piensa y siente, luego existe–, me es inefable *face to face*, porque tan inmediato me soy a mi ojo interior que, sin la perspectiva de una distancia, no puedo convertirlo en un objeto mental que mi intelecto fije, abarque, defina y domine por completo. Pero ahí está o, mejor dicho, ahí existo y pienso mi existencia como un torrente de preguntas sobre mí mismo, de las que yo no soy la respuesta sino el interrogante; ahí siento una última soledad que, a la vez, anhela su radical y definitiva compañía. Estamos ante la intimidad más radical de cada persona. ¿Quién es capaz de pronunciar su nombre, aquel nombre mío desnudo por completo de todo, el nombre entero y definitivo? A esta estancia interior Pablo de Tarso la llamó el *templo* que cada quien es (1 Cor 6,19), porque es estancia de lo sagrado, patria del encuentro originante, intimidad reservada a *la presencia del Espíritu de Dios*, morada interior donde Él comparece como el amante, amado y unión, como mi alfa y omega.

Sea cual sea nuestra fe religiosa, nuestras dudas o rechazo a la existencia de Dios, ese espacio íntimo, *el templo que somos*, la estancia de las preguntas y respuestas sagradas, está en cada uno de nosotros. Es una categoría íntima innata de nuestro ser persona. Es ahí, al final de nosotros mismos, desde donde creemos y rezamos a Dios, donde dudamos o le negamos. Y es en ese singularísimo adentro donde experimentamos aquella soledad originaria que nos hace decir: "Nadie puede nacer y vivir por mí, no puedo vivir la vida y muerte de otro, nadie puede morir mi muerte, solamente yo, a solas conmigo mismo, vivo mi muerte, como solo yo vivo mi existir".

Las grandes preguntas de siempre –el quién soy, de dónde vengo, adónde voy, cuál es el sentido más profundo de mi existencia– brotan en ese adentro tan íntimo, donde cada uno sabe que no es su propio autor, y desde allí extienden su latido sobre toda nuestra vida, incluso la más externa, superficial y efímera. Y pongo este ejemplo del morir porque parece que nos es fácil entender esa soledad única e íntima, aun no habiéndola experimentado, pues la vemos en los que mueren y tenemos la certeza de tener también que vivirla. En realidad, no es solamente en el morir, sino en todo el vivir, desde el nacer, que ese espacio del templo íntimo nos "acompaña" sin cesar un segundo, espacio de desnuda e íntima identidad, al que ningún otro ser humano puede dar su nombre último, siendo su Dios, ni siquiera nosotros mismos. No es insensatez suponer que es el nombre personal que se pronunció en el *fiat* del acto que nos puso en la existencia, acto de ser esta *singular e irrepetible persona* y, como quién personal, recibir el nombre propio y único que un amado escucha de su amante, siendo constituidos como un amado capaz de corresponderle con amor. Esta es la relación originaria y final de cada ser humano: un ser amado, a su vez amante, invitada su libertad a corresponder a la propuesta de alianza amorosa con Dios.

De manera que tenemos un nombre –una radical intimidad sagrada– que ninguno otro ser humano nos puede pronunciar y a su intimidad acompañar. Su nombre –*el de ser este amado singular en el mismo acto de recibir la existencia personal*– es el nombre de los nombres, el definitivo, que sólo conoce y puede pronunciar su Creador, el Quién que nos amó primero (1 Jn 4,19). Este adentro de cada uno de nosotros está reservado a la comunicación íntima con Dios y contiene aquel valor –*una singular identidad con poder de ser amado, amante y unión de amor*–, por el que Dios nos conoce y ama particular, singular o "personalmente" como "su amado"; y al que, por amor y para amar, nos donó, como Amante creador de la vida, la existencia de persona única e irrepetible que cada uno de nosotros ha recibido, es y tiene.

Ante la experiencia de esa intimidad final, abierta sin límites al infinito, la razón humana experimenta dudas e impotencia. Las experimenta porque Dios, si es Dios, no puede ser un producto de la razón humana, a la que excede en infinitud y eternidad, pues nuestra razón opera dentro de unos cortos límites de espacio y de tiempo. Tampoco es la razón, con sus ideas y argumentos, la que es capaz de llenar no sólo el templo de nuestra intimidad, sino las otras seis estancias. Las llenan las personas por amadas. Tampoco el amor lo fabrica la razón, aunque le eche la luz de su linterna muerta de curiosidad. Por una parte, parece una contradicción insalvable reconocernos personas y, al mismo tiempo, afirmar un origen anónimo e impersonal de nuestra intimidad más profunda, como hace el materialismo y el panteísmo. Quien es persona solamente puede ser originado por Quien es Persona. Por otra parte, quien es persona, como nosotros los humanos, pero no es el autor o creador *ex nihilo* de su ser, difícilmente puede abarcar y dominar el ser de su Creador. Un Dios, cuyo ser, vivir y designios, cupiese por entero en la razón humana, sería un dios creado y abarcado por la razón humana, es decir, un dios que no es dios, como ocurre en las mitologías.

No es una pérdida de tiempo, si uno está interesado en explorar el amar, preguntarse quién hay en nuestro templo interior. Tal vez, con mayor o menor apertura, está dispuesto a la presencia de Dios. Puede que su comparecencia encuentre alguna incomodidad por la presencia, en nuestro ser templo, de algunos ídolos que hemos ido entronizando en altares. Puede que esté vacío y anhelante o, quizás, angustiado por la soledad que nada acompaña. Podría estar, además de vacío, cerrado a cal y canto, porque nos causa aburrimiento, hastío, molestias, sospechas o aversiones profundas dejar entrar a un Dios a quien amar.

Hay quien dice que no le necesita, que no siente adentro ningún anhelo ni curiosidad por Dios, como si en su vida todavía se bastase a sí mismo y su existir aún no se hubiera abierto el abismo de la nada sin sentido. No sé si sería peor, probablemente, que dentro del templo sólo hubiera un altar, el de nuestro ego, al que adorásemos como a un dios. Amar es explorar el estado de nuestra intimidad y ello supone echarle un vistazo a su templo, a sus ocupantes y a sus vacíos. No es el ser humano –cualquiera de nosotros– quien inventó el amor y amó primero. Con un templo interior "como Dios manda" –dirían nuestras abuelas– se ama mejor si en él brilla –según la experiencia de Frossard– el que es *luz tierna*. En suma, en la raíz de nuestra intimidad late un ámbito sagrado del ser y del existir humano: abierto a la presencia de Dios o no, es el territorio de lo divino en el corazón humano. En este sentido es nuestro templo interior o, dicho de otro modo, el *seno* que da a luz a todos nuestros amores.[14]

Cada bien de la intimidad personal contiene su propia "amabilidad" –su razón de amor y su peculiar fuerza de atracción–, la cual es potencia para generar una estructura y una dinámica unitiva específicas. En cada uno –la conyugalidad, la paternidad y maternidad, la filiación, la fraternidad y genealogía, la amistad, y la alianza con Dios– *hay una propia estructura y dinámica de amante, amado y unión*, que no es abstracta, común y genérica, sino máximamente personalizada. Me parece clave resaltar esa "personalización" única e irrepetible que contienen los amores reales y auténticos.

Volvemos, con esa insistencia, a recordar que amar es amar a alguien concreto en lo que tiene de único. No sea, por ejemplo, que tengamos cinco hijos, a los que "amamos" en conjunto, pero no uno a uno, a la manera como el personaje de Dostoievski amaba a la humanidad y no soportaba al que singular tenía a un palmo. Veamos dos sencillas razones de esa "personalización". De un lado, por la singularidad exclusiva de los amadores que hay en toda relación amorosa real y, de otro, por el bien diferente que cada quién personal es y tiene en su territorio de intimidad, cuya potencia de realización ponen en existencia singularísima los amadores al vivir su amor, dando lugar a una historia de su convivencia que es solamente la suya.

---

[14] Cfr. F. X. Durrwell, *María, meditación ante el icono*, Madrid, Paulinas, 1990, p. 42.

Retomemos la pregunta inicial: ¿quién soy yo? Quizás no sorprenda demasiado caer en cuenta que estamos muy cerca de la respuesta. "Mi amor –la persona que logro ser– es mi peso".[15] Mis amores íntimos escriben los nombres del quién personal íntimo y desnudo que yo soy. En cada uno de mis amores íntimos pongo en coexistencia mi nombre de amante, amado y unión con ellos. Mi identidad personal íntima se me desvela y crece en el amarnos, como amante y amado, y en el dar entre ambos vida a la unión que cada específico bien de la intimidad amorosa contiene, conservándola viva, aumentando su cohesión y restaurando sus cansancios, heridas y peligros. Cada unión de amor es una historia viva que "crean" sus amadores entre sí y da sentido a sus vidas.

Pero el nombre por el que fui y soy amado por Dios Trino, el que fue pronunciado al crear mi persona y late inefable en mí, es el nombre más íntimo y definitivo mío que sólo Dios conoce y puede pronunciar; es el nombre con el que soy amado, soy amante, y sigue pronunciándose al vivir mi historia de unión con Dios. Mi peso mientras vivo es el de mis amores íntimos, pero para la eternidad se añadirá otro peso, que a todos engloba, cuya balanza está en el templo interior. "En el atardecer de la vida –enseñaba Juan de la Cruz– se nos examinará en el amor".[16]

9. El *ordo amoris* entre los ámbitos de la intimidad

La enumeración precedente de los siete ámbitos de intimidad no ha pretendido exponer una jerarquía entre ellos. En cierto modo, ni siquiera es exhaustiva, si tenemos en cuenta los que otros autores

---

[15] San Agustín, *Las confesiones*, 13, 9.

[16] San Juan de la Cruz, *Avisos espirituales. Dichos de luz y de amor*, Madrid, Espiritualidad, 1976, n. 60.

identificarían, de un lado, como la intimidad consigo mismo y, de otro, la apertura a la naturaleza, al universo, por ejemplo, la admiración al firmamento o el amor al vino o a nuestro perro. O la sociabilidad política, es decir, en qué consiste ser ciudadano y qué dimensión personal y donal nos compromete, si es que se puede afirmar que la ciudadanía es estructura y dinámica de la intimidad. He querido centrarme en los territorios del ser y tener del quién personal desde donde se es amante, amado y unión de amor con otras personas concretas, próximas y, por tanto, también íntimas.

Como el amor no es cosa de uno a solas consigo mismo, no he enumerado la esa auto-intimidad solitaria como otra intimidad amorosa, en sentido estricto. Y el amor propio y los diálogos consigo mismo, si son clausuras autónomas y cerradas, no son propiamente amor, por su falta de tridimensionalidad real con otro.

Ciertamente, el amor propio es compatible con su potencial transformación desde el apego egocéntrico a la predilección al amado, pues en ese tránsito a la madurez algún punto de partida es necesario tener. Pero el amor propio es terreno ambiguo, mientras esa apertura al otro no acaba de ocurrir y hay peligro de encierro en sí a cal y canto. Por otra parte, las aperturas –a veces con intensas conmociones subjetivas– a la naturaleza, el universo, al buen vino o a los delfines y mariposas tampoco son amor en rigor, aunque utilicemos el término espontánea y sentidamente. La razón es sencilla: nada hay en el universo material, sea cual sea su magnificente belleza o su capacidad de emocionarnos, que nos pueda acoger, corresponder y unirse a nosotros, como nuestros amados y amantes, porque no son personas ni tienen intimidad y su intencionalidad, ni conocimiento, ni voluntad libre.

En cuanto al *ordo amoris* –entendido en sentido jerárquico– entre los amores personales íntimos, hay que adelantar que es cuestión compleja, difícil y polémica. ¿Qué es antes, más y mejor lo conyugal o lo consanguíneo? ¿Cuál mayor que la amistad? ¿Qué amor en la cúspide de la jerarquía, el amor a Dios o los amores humanos?

A primera vista, podríamos resolver la jerarquía en razón de la mayor categoría de ser y de bondades del amado. Bajo esta inspiración, que la lógica racional aplaude, el amor a Dios es el mayor y mejor, donde el amor puede ser más don, acogida y unión en razón del Ser amado y amante.

Pero si dejamos, al menos por un momento, el reino de la razón abstracta y sus válidas lógicas, nos visitarán algunas nuevas inspiraciones tan fascinantes como desconcertantes. Me refiero a las luces de los grandes textos del cristianismo, las de los evangelios. El pasaje en el que Santiago y Juan, los hijos del Zebedeo, van disputándose, entre el enfado del resto, la "jerarquía" de quién de ellos se sentará, en el futuro reino que ellos imaginan, a la derecha y a la izquierda del trono, recibe una respuesta de Jesucristo inesperada y desconcertante para el ojo mundano, que nos arroja luz –al estilo de Chesterton– sobre la otra "jerarquía" entre amores: "Si uno quiere ser el primero, sea el último de todos y servidor de todos" (Lc. 22,25; Mt. 20,26; Mc. 9, 35). El pasaje contrapone, sin duda, el tipo de relación de dominio y utilización que tienen los príncipes y poderosos de este mundo con sus súbditos y empleados, aconsejando otra relación esencialmente distinta: la del servicio –que es otra manera de aludir al amor– y poniéndose, como el último, a servir a todos. Pero hay algo más, que nos viene al caso de las "jerarquías".

Jesucristo rompe las categorías, estamentos, gremios y clases, entendidas como causa y fundamento *a priori* de una superioridad o como garantía de identidad superior o inferior por la sola pertenencia a ellas. Me explico: no está el valor en la categoría formal, en el estamento social y legal, en la posición externa –príncipe, empresario, miembro del sanedrín judío, cardenal del colegio cardenalicio, monje de clausura, padre, madre, hermano, etc.– sino en el verdadero amor y servicio que, en la categoría o estamento que cada cual ocupa, cada persona, en la desnudez de su corazón, realmente realiza dándose y acogiendo a los suyos, a los demás, y a quienes debe su servicio. Es decir: hay madres desalmadas, y padres o hermanos que se sirven de los demás, en vez de amarles; y hay profesionales de la religión que se sirven de Dios para abusar de sus fieles; y hay hasta anónimos marginados y proscritos que, por haber amado mucho, precederán a otros de aparente mayor alcurnia. Así pues, en el *ordo amoris* hay que depurarse de las jerarquías mundanas habituales, las que inspira el poder y el tener, en vez amor y del ser persona.

Según los textos que estamos comentando, en cualquier posición que se ocupe, será "primero" o "mayor" quien poniéndose el "último y menor" sirva y ame más entera y sinceramente a los demás. Hay numerosos pasajes en los que Jesucristo reitera[17] esta inversión de las jerarquías basadas en la sola pertenencia a categorías y estamentos, posiciones de estimación apriorística y externa a los que parece tan propenso el ojo humano: "No hay *mayor amor* que el dar la vida por los amigos" (Mt 25,44). Por tanto, la cuestión de qué amor es mayor no puede ser resuelta, sin más, encuadrando a un sujeto en una categoría, gremio, estamento o clase. Vale, sin duda, para clasificar en abstracto el bien esencial que cada tipo de amor debe amar y por el que sus amadores se eligen y deben unirse. En este sentido, el amor a Dios, que es el ser y bien supremo, encabeza la jerarquía de bienes dignos de amor. Por lo demás, hay un nexo íntimo e inseparable en el mandato de amar a Dios con todo el corazón y fuerzas y al prójimo como a uno mismo, en el sentido que ambos se comunican y no se contraponen. Pongo un ejemplo muy próximo de esa conexión. Dentro de nuestras familias parece evidente que el amor de los hijos a sus padres, el filial, falla cuando los hermanos se hieren y odian entre sí, es decir, cuando rompen la fraternidad, porque los padres aman a todos sus hijos y por eso las rencillas entre hermanos duelen tanto a sus padres. Algo muy semejante ocurre con el amor a Dios y al prójimo. Pues Dios, que es Padre de todos, no es bien amado por sus hijos si éstos se desatienden o pelean como hermanos. Esta comunicación intrínseca entre el amor a Dios y al prójimo explica aquel consejo de

---

[17]   Cfr., entre otros, Mat 20, 24-28.

reconciliarse con los hermanos antes de ir a orar y de presentarse ante la presencia Dios, que es el Padre de todos ellos (Mt 5, 23-24).

Una vez hecha esta precisión, no está de más recordar que el amor pensado –la idea o concepto– no ama ni tampoco aman las "categorías": estamentos, gremios, cargos, órganos o clases. Por lo tanto, en el terreno menos categorial y más real de la vida vivida, el mayor –aquel cuyo espíritu pesa más, en términos de san Agustín– es quien más ama y sirve, dándose y acogiendo de verdad. Jesucristo desliza la estimación jerárquica hacia el corazón interior del quién personal y a su amar real, en vez de anclarse en un elenco de categorías conceptuales sobre las clases de amores, que oculten al amador real y viviente. Y, bajo esa luz, ser Papa no garantiza ser "mayor" que una humilde campesina del altiplano de Bolivia ni ser un anónimo y sencillo taxista de Lima tampoco garantiza ser "mayor" que el presidente de los EUA. No son las categorías estamentales, sus cargos mayores o menores, la jerarquía definitiva –ni ser Papa ni campesina, ni presidente, ni taxista–, sino *el peso del "corazón interior" de cada persona singular y concreta como verdadero amador y auténtico servidor*, sea cual sea el puesto, la clase social, la categoría de poder y la posición que ocupe, lo que a la postre explica la paradoja cristiana: es el amar y el servir lo que nos convierte en mayor y primero. Los "primeros" en las categorías se exponen a ser los "últimos", mientras los de la "última fila", por haber amado más y mejor, podrán sorprendernos siendo los "primeros".

Epílogo
La persona y su
trabajo de amar

Una vez explicadas las principales estructuras de la persona humana, incluyendo la dualidad sexuada, es preciso enfatizar que sólo se llega a la plenitud en don sincero de sí a los demás. En decir, la complejidad humana adquiere sentido en su llamada al amor. Los seres humanos no hemos inventado al amor, pero hemos sido invitados a su fiesta. En todo caso el amor es el motor más poderoso y constructivo de la vida humana. Lo diremos con una carta que se atribuye a Einstein, dirigida a una hija a la que apenas conoció:

> Mi querida hija: Cuando propuse la teoría de la relatividad muy pocos me entendieron y lo que te revelaré ahora, para que lo transmitas a la humanidad, también chocará con la incomprensión y los prejuicios del mundo. Te pido, aun así, que la custodies todo el tiempo que sea necesario, años, décadas, hasta que la sociedad haya avanzado lo suficiente para acoger lo que te explico a continuación.

> Hay una fuerza extremadamente poderosa para la que hasta ahora la ciencia no ha encontrado una explicación formal. Es una fuerza que incluye y gobierna a todas las otras, y que incluso está detrás de cualquier fenómeno que opera en el uni-

verso y aún no haya sido identificado por nosotros. Esta fuerza universal es el amor.

Cuando los científicos buscaban una teoría unificada del universo olvidaron la más invisible y poderosa de las fuerzas.

El Amor es Luz, dado que ilumina a quien lo da y lo recibe. El Amor es gravedad, porque hace que unas personas se sientan atraídas por otras. El Amor es potencia, porque multiplica lo mejor que tenemos, y permite que la humanidad no se extinga en su ciego egoísmo. El amor revela y desvela. Por amor se vive y se muere. El Amor es Dios, y Dios es Amor.

Esta fuerza lo explica todo y da sentido en mayúsculas a la vida. Esta es la variable que hemos obviado durante demasiado tiempo, tal vez porque el amor nos da miedo, ya que es la única energía del universo que el ser humano no ha aprendido a manejar a su antojo.

Para dar visibilidad al amor, he hecho una simple sustitución en mi ecuación más célebre. Si en lugar de $E = mc^2$ aceptamos que la energía para sanar el mundo puede obtenerse a través del amor multiplicado por la velocidad de la luz al cuadrado, llegaremos a la conclusión de que el amor es la fuerza más poderosa que existe, porque no tiene límites.

Tras el fracaso de la humanidad en el uso y control de las otras fuerzas del universo, que se han vuelto contra nosotros, es urgente que nos alimentemos de otra clase de energía. Si queremos que nuestra especie sobreviva, si nos proponemos encontrar un sentido a la vida, si queremos salvar el mundo y cada ser sintiente que en él habita, el amor es la única y la última respuesta.

Quizás aún no estemos preparados para fabricar una bomba de amor, un artefacto lo bastante potente para destruir todo el odio, el egoísmo y la avaricia que asolan el planeta. Sin embargo, cada individuo lleva en su interior un pequeño pero poderoso generador de amor cuya energía espera ser liberada.

Cuando aprendamos a dar y recibir esta energía universal, querida Lieserl, comprobaremos que el amor todo lo vence, todo lo trasciende y todo lo puede, porque el amor es la quinta esencia de la vida.

Lamento profundamente no haberte sabido expresar lo que alberga mi corazón, que ha latido silenciosamente por ti toda mi vida. Tal vez sea demasiado tarde para pedir perdón, pero como el tiempo es relativo, necesito decirte que te quiero y que gracias a ti he llegado a la última respuesta.

Tu padre, Albert Einstein[1]

1. Entre la autoestima y la generosidad

Sea o no de Einstein, lo que parece muy dudoso, la carta se corresponde a la altura de su mente, pero todavía más a los pasos equivocados de su vida personal, en especial con su hija a la que abandonó siendo pequeña. Con frecuencia, aprendemos de nuestros errores, más que de los aciertos. Estas circunstancias de la vida de

---

[1] Carta atribuida a Albert Einstein a su hija perdida Lieserl, supuestamente perteneciente al Epistolario que el premio Nobel legara a su hija para ser publicado *post mortem* y que su hija donara a finales de los años 80 a la Universidad Hebrea. La autoría de esta carta está en entredicho, pero sea o no de Einstein es digna de ser leída por la belleza y la verdad de su contenido.

Albert Einstein, dan cierta autenticidad a su carta como padre. Es decir, cualquier buen padre firmaría complacido una carta semejante a su hija. Al margen de la mención en el texto de sus aportaciones a la astrofísica, es fascinante anotar la coincidencia de fondo de Einstein con otro genio, Dante Alighieri, quien en el verso final de su *Divina comedia* dice: "Es el amor lo que mueve el sol y las estrellas".[2]

La lección de la carta es la siguiente: dar y aceptar amor es la ciencia más importante que hay que aprender en la vida y la que da sentido al resto de nuestras ocupaciones, grandes o pequeñas.

Otra constatación importante es que aprender a amar no es fácil pues, aunque todo nuestro ser está enfocado hacia el amor, encontramos ciertas dificultades en la propia intimidad, debido al estado de necesidades y desorden con el que recibimos nuestra naturaleza y a la enorme sensibilidad que tenemos hacia carencias, sobre todo afectivas. Nacemos más necesitados de amor que capaces de darnos y acoger. Y madurar, como personas, va a consistir precisamente en ir saliendo de la necesidad para entrar en la capacidad.

Entre las diversas dificultades aquí recogeremos una que Karol Wojtyla detectaba en su trato con la gente joven y que resulta diferencial en los varones y en las mujeres, razón por la se dirigía por separado primero a las jóvenes y después a ellos.[3]

Al hablar de la formación de la personalidad se ha hecho referencia ya a que, en la etapa inicial de ese proceso, lo primero es el paso de la dependencia con la que se nace a un estado de cierta independencia, en todos los ámbitos y actividades: físico, psíquico, profesional, económico y social. Como resultado de la caída original de la humanidad, relatada en todas las culturas, la mujer y el varón fueron afectados de un modo diferencial desde

---

[2] Dante Alighieri, *La divina comedia,* en *Obras completas,* t. I, Barcelona, Aguilar, 2004, p. 820: "Más a mi voluntad seguir sus huellas, como a otra esfera, hizo el amor ardiente que mueve al sol y las estrellas".

[3] Cfr. K. Wojtyla, *Ejercicios espirituales para jóvenes,* Madrid, BAC, 1986 (dirigidos en Cracovia en 1962), cap. "A las jóvenes y a los jóvenes".

dentro, en el modo de armonizar las dos dimensiones de su intimidad personal, es decir, su autonomía personal –la estructura de soledad– y su relación con los demás o estructura de comunión. Pues bien, un aspecto importante es el emocional, en el que las mujeres, más sensibles al trato con las personas, tienen un inicial caballo de batalla, de construcción, precisamente por su especial dotación potencial, por su ser *en* y *seno*.

A las jóvenes en periodo de formación, y a la luz de pasajes evangélicos, Wojtyla les anima a adquirir independencia personal, a ser conscientes de su propia valía y dignidad para que luego exijan que los demás las traten siempre con respeto y como personas, no como objetos, especialmente los varones. Les confirma así en su tarea como educadoras, especialmente de ellos. Una vez adquirida esa autonomía, poniéndoles ejemplos del Evangelio, les propone trabajar como compañeras y socias en la tarea de construir la cultura, de difusión el mensaje salvador, siendo custodias de la vida.

Por su parte a los jóvenes les hace conscientes de que, con frecuencia su elevado nivel de autoestima está desenfocado por el egoísmo autosuficiente que les cierra al amor y a la auto-donación, proponiéndoles a la mujer como modelo para aprender a amar.

Lo cierto es que para disponerse a amar parece preciso ordenar hasta las estructuras más profundas de la propia intimidad, cuyo desorden ha afectado diferencialmente al varón y a la mujer. En consecuencia, al menos en la etapa formativa inicial, cada cual ha de dar prioridad a un aspecto distinto, para ser conjuntamente seres conscientes de la propia valía y dispuestos generosamente a darse a los demás.

2. La familia y la construcción de la historia

Dentro del marco de la llamada al amor, la tarea del ser humano varón y mujer, en la tierra se recoge sintéticamente en el Génesis 1, 28: "Y los bendijo Dios y les dijo: 'Creced, multiplicaos y llenad la tierra y sometedla'". Se trata de una misión a realizar en común, que tiene tres vertientes. En primer lugar, crecer hace referencia al desarrollo mutuo y recíproco, gracias al amor, del varón hacia la mujer y de la mujer hacia el varón. En segundo lugar, hace referencia a aquel crecer que consiste en fundar, conservar, desplegar y restaurar una familia, que es un hogar para los hijos y para éstos como hermanos, a través de cuya fecundidad se llenará la tierra. En tercer lugar, crecer supone el trabajo para cuidar y dominar el mundo, construir la cultura y la historia, cuidando al hacerlo del edén o paraíso que es la naturaleza que nos circunda y el planeta azul extraordinario que es la Tierra.

Las tareas encomendadas abren, de nuevo, a una estructura dual y triádica: la bendición abre el dos al tres, a través del dinamismo de la acción,[4] que se funda en la donación desinteresada de cada uno en el amor. La dualidad no se clausura en sí misma, sino que, trascendiéndose, de la "unidad de los dos", brota una peculiar fecundidad.

En la procreación, la estructura donal del varón y de la mujer se transforma en paternidad y maternidad y en la familia aparece la tríada: padre, madre e hijo, que evidencia una imagen trinitaria. La unidad en la acción "no refleja una igualdad estática y uniforme, ni una diferencia abismal e inexorablemente conflictiva", sino una relación

---

[4] Esta peculiar *imago trinitatis* supone cierta prioridad de la ética en el conocimiento de lo humano, que viene a la existencia con muchas virtualidades que sólo se hacen realidad a través del ejercicio de su libertad. Hannah Arendt ha puesto de relieve la importancia de la acción en el ser humano, aunque hace referencia únicamente a la acción en la vida pública. Cfr. *The Human Condition,* 1958.

vivenciada como "un don enriquecedor y responsabilizante".[5] Y lo específico de cada uno no consiste en la diversidad de funciones sino más bien *en el modo paterno –y masculino– o materno –y femenino–* de realizar una misma función que es concebir, criar, educar y dar hogar al hijo, mediante *los matices diferenciales y complementarios* que la condición de cada uno encuentra y propone aplicar para la solución de los problemas a los que se enfrenta, e incluso *en el descubrimiento y en el planteamiento* mismo de esos problemas.[6]

En definitiva, el tres, que no está dado desde el principio, se presenta como tarea y porvenir a construir. En la familia, varón y mujer se convierten en padre y madre gracias a un hijo. De este modo la familia está intrínsecamente constituida por una relación triádica. En primer lugar, sólo se puede ser padre y madre si hay hijo. En segundo lugar, sólo se es hijo si hay padre y madre. En tercer lugar, sólo hay madre si hay padre e hijo, y sólo se es padre si hay madre e hijo. Las tres escenas relacionales no son hechos, no son mera biología, son relaciones personales, es más, deben ser relaciones amorosas. Se trata, pues, de una relación de tres términos en los que cada uno es determinado por dos extremos distintos a él. Sin embargo, como la acción en último término hunde sus raíces en la ontología personal, y el ser humano es constitutivamente dual, el tres sigue llevando el sello de la dualidad, lo que se manifiesta en el futuro de la familia. En efecto, el hijo es siempre o varón o mujer, en una estructura y dinámica más *suya e íntima* que la filiación, y por su causa abandonará a sus padres para formar su propio hogar, en el que será padre o madre de su propio hijo (Cfr. Gen 2,24).

La misión en común significa, por otra parte, que el tres no es resultado de la acción de uno o de otra por separado, sino de la unidad de los dos. En este sentido, se puede decir que cada uno

---

[5] Cfr. Juan Pablo II, *Carta a las mujeres,* 1995, n. 8.

[6] Cfr. San Josemaría Escrivá de Balaguer, *Conversaciones,* n. 90. Lo afirmado para la mujer se puede aplicar igualmente al varón.

aporta la mitad. Y lo que resulta evidente en la transmisión de la vida es también necesario en el cuidado y transformación de la tierra. De un modo similar a como en la familia, sin la aportación diferencial de los dos sexos, no habría fecundidad, así también sin los recursos de la feminidad o de la masculinidad no sería posible un desarrollo sostenible en el ámbito social, económico y cultural. Juan Pablo II lo constata: "El texto de Génesis 2, 18-25 indica que el matrimonio es la dimensión primera y en cierto sentido, fundamental de esta llamada a existir recíprocamente. Pero no es única. Toda la historia del hombre sobre la tierra (…) se desarrolla en la integración, en la humanidad misma, de lo masculino y de lo femenino".[7]

3.   Hacia una familia con padre y una cultura con madre

Según el libro del Génesis, tras ser bendecidos por Dios, a Adán y a Eva *conjuntamente* se les asigna una doble y complementaria misión: "Creced, multiplicaos, llenad la tierra y dominadla" (Gen 1,28). Más adelante, después de la caída, ese mismo libro predice que el dolor, consecuencia de la ruptura con Dios, recaerá sobre la mujer de un modo algo diferente que, sobre el varón, el cual sufrirá más por los frutos que la tierra le negará, más inclinado como está al dominio de las cosas. Ella, más sensible al trato con las personas, sufrirá más afectivamente, en especial el rechazo, el abuso, la utilización servil y la cosificación hedonista por parte del machismo y soberbia del varón.

Pero, en su condición de seno de la vida y de la humanización, la mujer padecerá los dolores que le comportará la maternidad física y las profundas angustias de la psicológica y moral. La madre, por mujer, es más íntima, pues *de la intimidad humana fue creada,*

---

[7]   Juan Pablo II, Carta Apost. *Mulieris Dignitatem*, n. 7.

en vez del polvo. Este dato sobre la mujer, como santuario de la intimidad humana, que popularmente se conoce como la "costilla" del Adán-ser humano, es antropológica y psicológicamente una inagotable fuente de luz sobre el misterio del ser mujer, que la experiencia universal en culturas muy diversas confirma una y otra vez (Cfr. Gen 3, 16-19).

Gran cuestión ésta, que permite una nueva perspectiva para luchar por construir una cultura del reconocimiento, respeto y potenciación de la mujer, también del amor fiel y definitivo entre los esposos, que sea más fiel al principio de la creación. San Juan Pablo II la ha llamado "la perspectiva de la redención" cuando ha investigado las razones de las palabras que dijo Jesús a sus interlocutores cuando éstos le preguntaban por la licitud del repudio del marido a la mujer. Él respondió: "Al *principio* no fue así". (Cfr. Mt 19,3 ss. y Mc 10,2 ss.).

Pero esta propuesta de recuperar "el principio" mediante la construcción de una "civilización del amor" no sólo está escrita en libros –el Génesis y la teología– a los que se puede dar o no dar crédito. Ha sido también un hallazgo antropológico accesible a todas las personas. Este descubrimiento se ha realizado al constatar que históricamente se dividieron los roles sociales entre masculinos y femeninos, pero no es menos constatable que esos roles pudieron ser cambiantes, incluso en alguna medida transferibles e intercambiables –de acuerdo con las circunstancias históricas y las necesidades concretas de cada familia–, en tanto se asentaban sobre un sustrato constante y permanente, pues siempre hubo, en toda cultura y civilización, varones y mujeres. Dicho con palabras que ya conocemos: siempre persistió la naturaleza que la cultura necesita para las adaptaciones y los cambios de roles.

En este sentido, estuvo muy difundido que el varón ocupase la esfera pública, mientras que el peso del espacio privado –del que, en algunos momentos y culturas, no se le permitía salir–, recayó sobre la mujer.[8] Los resultados de esa distribución son patentes: ambos ámbitos han resultado perjudicados por estar los dos incompletos, separados, con la desigualdad de una superioridad del varón sobre la mujer y, lo más significativo, el considerar esos roles, con sus discriminaciones, como si fueran la naturaleza humana inmutable, cuando no son más que cultura cambiante.

Las culturas que han practicado esa atribución de lo social, político y público al varón, y lo doméstico a la mujer, aunque con distintas intensidades, han favorecido un escenario externo repleto de competitividad y economicismo, con frecuencia entregado a soluciones militares de gran crueldad, con un sentido de la justicia tan implacable como corrupto, alejado de la equidad y, por supuesto, refractario a cualquier incorporación de algo que sonase al amor y sentimientos de la intimidad personal humana. Al faltarle los recursos de la feminidad en el mundo oficial y público, sobre todo su preocupación prioritaria por las personas concretas y por sus situaciones de precariedad, esas culturas adquirieron tintes inhumanos y crearon ambientes inhabitables. Hasta las familias, no pocas –las muy formales en su rostro público e institucional, pero frías y privadamente llenas de dominios, resentimientos, odios y conflictos– sufrieron los perversos efectos de la segregación, discriminación y abuso sobre las mujeres.

Se ha constatado que las estructuras laborales y sociales del mundo actual están esperando el "genio" de la mujer para hacerlas habitables, para que se acomoden a las necesidades personales en cada etapa de la vida, para que cada persona pueda dar, en cada circunstancia, lo mejor de sí misma. Es decir, el mundo del trabajo reclama la presencia de la mujer, para que la esfera laboral esté en función de la persona y de la familia, y no al revés. Estamos hablando de una mujer que no renuncia a ninguna dimensión de su

---

[8] Hay estudios sobre esta cuestión entre los que no se puede dejar de citar como el de J. B. Elshtain, *Public man, Private Woman. Women in Social and Political Thought*, 2a. ed., Princeton University Press, 1993.

feminidad, que se sabe seno de humanidad, santuario de la vida, maestra del varón.

Caigamos en cuenta de un hecho significativo. Las culturas discriminatorias no habrían tenido efectos perversos si el ser del varón y el de la mujer solamente fueran roles relativos, artificios culturales, sin una naturaleza debajo. Evidentemente, sin sustrato natural, cualquier rol habría sido aceptable y ninguna reducción doméstica, si todo es relativo y nada es objetivo, podría tacharse de intrínsecamente discriminadora de la mujer. Ni siquiera, si todo fuera mero rol, sería criticable la privación, en algunas culturas todavía existentes hoy, del derecho a elegir marido y casarse libremente por propia voluntad; la imposición de una vestimenta que la oculte por completo so pena de delito; el repudio de la mujer como derecho exclusivo del varón; o las condenas capitales a ser lapidada cuyo reo es solamente la mujer.

Si todo es relativo, cualquier sufrimiento y discriminación sobre la mujer es también relativo. Si todo es relativo, entonces carecemos de un criterio real y verdadero sobre qué sea justo o injusto, dominación y apropiación, uso y abuso. De modo que, en un contexto relativista, carecería de sentido criticar etapas y culturas, incluidas las actuales, en las que la mujer padece injusticias, discriminaciones y sometimientos, precisamente por ser mujer.

En las sociedades desarrolladas, la mayor parte en la llamada cultura occidental, aparecen "roles" –usos y costumbres frecuentes en hombres y mujeres– que son anomalías severas con efectos desastrosos. Obviamente, no se pueden utilizar esas descalificaciones, ante la emergencia de roles "injustos y destructivos", si todo es relativo. Pero si tenemos, además de cultura, una naturaleza humana básica y objetiva –entre la que está el modo de ser personal– entonces sí podemos juzgar una cultura, cuando genera roles equivocados y negativos. Basta con el sentido común, como veremos, para darse cuenta de ello: de que son anomalías y que se juzgan así en los círculos profesionales, sobre todo la medicina y la psicología clínica. Por ejemplo, la figura y roles del "padre ausente", por razones de trabajo o por los divorcios. Los hijos de algunas familias se ven privados de la presencia de un modelo paterno, que les integre equilibradamente en las estructuras emocionales y sociales. El padre es el referente masculino "en el origen", en cuanto padre o engendrador que ama a sus hijos y a su madre; la figura que junto con la madre crea el hogar, quien encamina el descubrimiento de su identidad a los hijos varones y afirma la feminidad de las hijas. Si lo planteamos con pretensión de principio, un padre ausente es un rol nefasto. No un modelo ejemplar.

Los desequilibrios en los roles y en la praxis de hecho de las familias han estado presentes a lo largo de toda la historia humana. Pero en los últimos 200 años, sobre todo en el siglo xx –que hemos heredado en el actual– se han agravado por influencia de las ideologías de la modernidad. Precisamente en los tiempos en que la sexualidad se ha convertido en cuestión cultural expresa, y los escaparates de las librerías y los estantes de las bibliotecas están a rebosar de libros sobre la sexualidad, las alternativas familiares, y toda clase de emociones y sentimientos –justo en estos tiempos de sobreabundancia cultural–, es cuando hay más fracasos amorosos y sentimentales, las relaciones de intimidad parecen más frágiles y efímeras, y abundan los divorcios y desestructuraciones familiares.

Esta paradoja de la cultura moderna sobre la sexualidad y el amor –cuanto más estudio y atención, obtenemos peores resultados– ha sido descrita por Viladrich mediante una sugestiva e inquietante fábula: el viaje al Polo norte.[9] La lección de la citada fábula era la siguiente: si iniciamos un viaje en busca de ciertos ideales –la cultura colectiva o uno en particular–, es imprescindible hacerlo sobre una base o fundamento verdadero; si el cimiento del edificio está en falso, subiendo al tejado podríamos caernos hasta el fondo al derrumbarse los cimientos.

En la fábula se describe el desesperado intento de un viajero en alcanzar el Polo Norte –que simboliza la actual cultura sobre

---

[9] P.-J. Viladrich, *La agonía del matrimonio legal*, 5a. ed., Pamplona, EUNSA, 2012, pp. 19-20.

la sexualidad o, también, a cualquiera de nosotros–, sin darse cuenta que viaja sobre un inmenso iceberg, el cual se desliza hacia el sur a mucha mayor velocidad de la que el viajero que quiere llegar al norte. El resultado no sólo es la frustración, sino la obtención de los resultados opuestos a los buscados. Y la lección es la siguiente: si pretendes amores, relaciones, y mejoras, pero en base a un error sobre que es la persona humana, varón y mujer, lo que conseguirás es todo lo contrario. La búsqueda de ideales sobre una antropología errada –un modelo equivocado de hombre, varón y mujer– tiene como efecto producir lo contario a los ideales deseados. Tal vez, esta paradoja la padezca la postmodernidad: al pretender resolver la sexualidad humana, pero con base en una antropología que no es verdadera, el resultado es el aumento de las crisis, la fragilidad de las relaciones, la confusión de identidades.

El análisis cultural pone de relieve que el modelo social parece haber sobrevalorado las características de lo que los psicólogos llaman *animus*, y no han tenido en cuenta los valores del *anima*.[10] Como es sabido la distinción entre *animus* y *anima* proviene del psiquiatra Jung. Por *animus* entiende las características propias inicialmente de la masculinidad y por *anima* las de la feminidad. Este segundo concepto Jung lo forja al descubrir que, para tener una personalidad equilibrada y completa, los varones necesitan descubrir la parte femenina de su alma.[11] Hoy se advierte que es necesario construir *una familia con padre y una cultura con madre*,[12] siendo el varón trabajador (*animus*) y padre (*anima*), y la mujer, madre (*anima*) y trabajadora (*animus*).

---

[10] Bien lo muestra J. Ballesteros, *Postmodernidad. Decadencia o resistencia*, Madrid, Tecnos, 1988, pp. 129-136.

[11] Cfr. C. G. Jung, "Los arquetipos y el concepto de ánima" y "Los aspectos psicológicos del arquetipo de la madre", en *Arquetipos e inconsciente colectivo*, Paidós, 1970-1981-2009, pp. 49-68 y 69-102.

[12] Cfr. B. Castilla de Cortázar, *La complementariedad varón mujer. Nuevas hipótesis*, 3a. ed., en Documentos del Instituto de Ciencias para la Familia, Madrid, Rialp, 2005.

Examinando los límites y problemas más frecuentes en las familias monoparentales, se ha descubierto también que los hijos necesitan un padre y una madre, los cuales mantengan entre sí una comunicación estable, en vez de tensiones, resentimientos y conflictividad. Los hijos, cada hijo, necesita el amor de su padre y de su madre. Pero, además, el hijo solicita, por serlo, que su padre y madre, entre sí, también se amen y estén unidos. Este sentimiento y deseo son en realidad una necesidad muy profunda, una evidencia en la psicología y clínica de niños y adolescentes. Tiene una explicación sencilla pero honda: la identidad de origen del niño –de todo ser humano– es una acción conjunta del padre y la madre en la procreación, de suerte que la identidad filial intuye, desde la infancia, que su origen no es del padre sino contra la madre, ni de la madre sino contra el padre, sino de un amor conjunto y de una unión procreadora.

La unión amorosa de los padres está impresa en la identidad radical del ser hijo, en su principio filial, y opera sin que éste sea consciente de ello y lo pueda razonar. Quizás tenga un niño que resignarse –y son ya muchos– a no tener padre, a tener a padre y madre separados, divorciados, o con pésimas relaciones entre sí. El hijo, por serlo, lo sufre muy profundamente. Y cuando se es niño puede ser devastador.

Las familias tienen la responsabilidad del recambio y renovación generacional de una sociedad. Hoy hay muchas clases de "familias" y las menos tradicionales consideran como lenguaje políticamente incorrecto que no se las defina también como "familias". La tasa de natalidad, para el recambio generacional, se estima en 2.1 hijos por mujer en edad fértil. Las familias fundadas en un matrimonio estable son las más fecundas y las que de forma más eficaz construyen y sostienen un hogar educativo para sus hijos. Obviamente, hablamos en términos cuantitativos y estadísticos, no en particular o en la singularidad de un caso. Si la renovación generacional dependiera de las otras alternativas "familiares" el nivel general del 2.1

no se alcanzaría por ese grupo social. Cuando en ciertas sociedades ni siquiera se alcanza la tasa del 2.1, lo que hoy ocurre en algunos países europeos, la mayor parte de ese bajo nivel del 1.6, como en España, lo cubren las familias estables con padre y madre unidos en matrimonio.

Tanto el nivel de fecundidad como su potencia educacional dependen, en mucho, de la actitud, preparación y disposición de la mujer en el seno de un hogar familiar. En ausencia de la mujer, esposa y madre, parece más difícil que un domicilio sea un hogar. Bien lo saben los varones viudos o que viven solitarios. También lo experimentan las llamadas "repúblicas" de estudiantes exclusivamente varones. Esta constatación experimental no obstante a que sea también indudable, de modo absoluto, que el hogar familiar necesita la presencia y la cooperación activas de un padre. Sin embargo, otro dato estadístico y experimental es que las tareas del hogar siguen recayendo, en parte significativa o por entero, sobre la mujer.

Frente a la mujer, el varón y la sociedad están en deuda. Porque aporta más en algo que es un bien para todos. Ella sigue soportando casi todo el peso físico y psíquico de la dedicación a sus hijos pequeños. Y aunque la mujer sea una profesional y esté incorporada al mercado laboral, su horario es de 24 horas, cada día, al añadirse lo que ocurre en el hogar, especialmente por las noches con niños pequeños. El padre es necesario, pues es el único que puede hacer posible la maternidad familiar y social. El esposo y padre ha de entender y asumir que su presencia y cooperación garantiza que la mujer, esposa y madre, pueda serlo en paz, sin tensión y agotamientos, haciéndolo en forma reconocida, apreciada y gratificante, aunque sea arduo, sin morir en el empeño o acabar en el psiquiatra.

Si el hombre-trabajador fuera verdaderamente padre, la madre-trabajadora podría ser una realidad armónica y tranquila. Eso requiere que el hombre no olvide que es esposo y padre, cuando está en su casa y también mientras trabaja. Sin embargo, este nuevo modo, creativo y fecundo, de enfocar la vida familiar y el trabajo profesional es un reto al varón en nuestra sociedad. Un desafío para los hombres, no sólo para las mujeres.

Traer hijos al mundo es una función de primerísima importancia social que aporta a la mujer muchos valores, que después ella ha de dar, a través de su trabajo profesional, a toda la sociedad. La maternidad es ejemplo universal del amor incondicionado, o se reconoce su valía y se favorece su realización o, en caso contrario, se precipita a toda la sociedad a la soledad de sus miembros, a la tristeza de no saberse incondicionalmente queridos, a la caída de la fecundidad y al envejecimiento de la población. Pues bien, la maternidad será salvada en la medida en que haya hombres que descubran modos acertados de vivir la paternidad, es decir, siendo quienes protegen, cuidan, guardan y hacen posible que la maternidad no sea una tragedia y una soledad para la mujer.

Los amores íntimos, los que dan sentido a la vida humana y posibilitan a cada persona el despliegue de cuantos bienes y valores atesoran los diversos territorios de su intimidad –que son el secreto de la vida llena y lograda y la mejor vacuna contra la soledad y los vacíos existenciales–, están demandando una nueva relación más profunda, amplia y armónica entre varones y mujeres. En palabras de Rainer María Rilke:

> Acaso haya entre los sexos mayor grado de parentesco y afinidad que el que se supone comúnmente. Y la gran renovación del mundo consistirá quizás en que el hombre y la mujer, una vez libres de todo falso sentir y de todo hastío, ya no se buscarán mutuamente como seres opuestos y contrarios, sino como hermanos y allegados, uniéndose como personas, para sobrellevar juntos, con seriedad, sencillez y paciencia, el arduo sexo que les ha sido impuesto.[13]

---

[13] R. M. Rilke, *Cartas a un joven poeta,* Madrid, Alianza Editorial, 1980, p. 50.

Rilke termina con una recomendación a su lector, que hacemos nuestra: "Tenga fe en un amor que le queda reservado como una herencia, y abrigue la certeza de que hay en este amor una fuerza y también una bendición, de cuyo ámbito no necesita usted salirse para llegar muy lejos".[14]

Nada podría complacernos más que nuestros lectores, en especial los jóvenes estudiantes –y también sus profesores–, que, en algún momento de la lectura de este libro, sin desalentarse por sus lagunas y defectos, sintieran adentro la caricia de aquella *luz tierna* con que el *Espíritu* incendia los corazones y los empuja al universo del amar.

---

[14] *Ibidem.*

Este libro se imprimió en la Ciudad de México,
el 24 de junio, fiesta cristiana del nacimiento de San Juan Bautista,
en Litográfica Ingramex, S. A. de C.V.
Centeno 162-1, Granjas Esmeralda, Iztapalapa,
C. P. 09810, Ciudad de México, México